언어표현 자동사 내용연구

김 응 모

한국문화사

머리글

언어공동체의 세계상은 어떻게 언어 속으로 들어오는가? 세계상의 생성과 형태는 어떤 조건 때문인가? 이 물음의 대답은 언어와 민족의 역사적인 관계의 일부로 판명된다. 언어의 성능은 역사적으로 살펴볼 경우, 언어와 민족 사이의 밀접한 상호작용의 결과를 알 수 있다. 언어는 민족의 기억이다. 과거의 노력에 의해 오늘의 우리들이 다다를 수 있는 것은, 그 언어 속에 갈무리되어 있는 것만이며, 반대로 현재의 우리들이 우리의 모국어 속으로 들어가 설명한다면, 수천 년 동안의 긴 경험들이 우리의 눈 앞에 펼쳐지는 것이다. 수많은 세대의 사람들이 자연과 정신세계와의 대결에 있어서 생겨난 것이 모국어에 내재해 있는데, 이것은 '지식'으로서가 아니라 살아 있는 언어재로서이며, 이 언어재에서 전체 공동체가 사유하고 체험하며 계속 활동하는 것이다.

언어의 내용 연구는 그 시대의 텍스트를 대상으로 하여 낱말밭에 따라 어휘를 발췌하여 그 분절구조를 연구하는 것이 바람직한 연구이다. 더우기 언어 속에 내재해 있는 언어의 세계상을 발견하기 위한 가장 좋은 연구는 현재 우리 언어공동체가 일상생활에 사용하고 있는 언어재를 중심으로 연구하던가, 현재의 문헌이나 언어매체에서 낱말을 발췌하여 연구하는 것이 가장 좋은 방법이라고 허 발 선생님께서는 누누이 강조하고 권유하고 계시다. 그러나 필자의 게으름으로 인하여 방대한 문헌에서 한

4

낱말밭의 어휘를 발췌하여 연구하기란 감히 엄두도 못내고 있는 형편이다. 정년퇴임 후 차근차근히 연구하려고 마음에 다짐하곤 한다.

이 연구는 언어표현에 관련된 자동사의 어휘에 대하여 틈틈이 발표한 논문을 수정 보완하여 하나의 책으로 묶으려 하였으나, 어휘의 수가 2,369개에 이르고 있어 한 책으로 묶을 수가 없어, 일상적인 언어표현 자동사의 내용 1,409개 낱말은 『일상언어 자동사 낱말밭』으로 묶고, 실용성을 지닌 자동사의 내용 960개 낱말은 『언어표현 자동사 내용연구』로 묶어서 두 책으로 나누어 발간하게 되었다.

언어표현 자동사의 전체의 낱말은 부록에서 낱말밭 번호의 뒤에 『일상언어 자동사 낱말밭』의 책에 수록된 것은 〈-①〉로 표시하고, 『언어표현 자동사 내용연구』의 낱말에는 〈-②〉로 표시하여 수록함으로써 독자들의 편의를 제공하려고 노력하였다. 그리고 두 책 전체의 결론을 『언어표현 자동사 내용연구』의 결론 3.2에 수록하여 언어표현 자동사의 전제적인 결론을 수록하였다.

언어표현 자동사의 내용이 매우 다양하고 낱말의 수도 방대하여 작은 낱말밭의 분류에 무척 힘이 들었으며, 비속어의 낱말과 비유적으로 표현된 낱말 및 의성어·의태어로 구성된 상징어가 많이 있고, 언어표현은 심리적이고 정감적인 표현이 많아 어휘의 변별에 많은 어려움이 따랐다. 그리고 어떤 것이 일상적인 언어이며, 어떤 것이 실용적인 언어인가의 구별도 모호하여 객관성에서 무리가 따르게 되었다. 따라서 작은 밭의 분류나 일상언어와 실용언어의 구별에서도 객관성에 필자 스스로 아쉬움을 느낀다. 동학 여러 분의 질정을 받아 수정 보완할 것을 약속한다.

열악한 출판업에도 불구하고 이 책의 출판을 기꺼이 맡아주신 한국문화사 김진수 사장님께 감사하며, 책의 내용보다 책의 모양새를 더 예쁘게 꾸며주신 임직원 여러 분께 아울러 고마움을 전한다. 육십 평생이 넘도록 필자의 곁에서 연구를 도와준 혜집, 혜원이 할머께도 지면을 빌어 감사의 뜻을 전한다.

2000년 1월 25일 풍덕천 일암 서재에서

필자 씀.

차 례

8

I. 서 론

1.1 연구의 대상과 방법

언어내용연구(Sprachinhaltsforchung)는 언어를 에르곤(Ergon 作品-정적인 존재)이 아니라, 에네르게이아(Energeia-동적인 존재)로 이해하려 했던 훔볼트(M.V. Humboldt)의 언어의 동적이론에 바탕을 두고 있다. 훔볼트는 언어가 다른 것은 단순히 소리나 글자가 다른 것이 아니라, 그 언어공동체(Sprachgemeinschaft)의 세계관이 다른 데에 기인하며, 언어라는 것은 인간 상호간에 의사교환의 수단이라기보다는 오히려 인간의 정신 활동을 통하여 이루어지는 그 민족의 세계관을 발견하는 것으로 보았다. 특히 훔볼트는 언어 전체를 통한 지배적 원리를 분절(Artikulation)로 인식하고, 언어에 있어서 개별적인 존재를 부인하고, 모든 개개의 낱말들은 그 낱말이 속해 있는 낱말밭 전체의 작은 부분으로서 그 존재 가치가 있다고 보았다. 이러한 훔볼트의 언어 철학이 배경이 되어 20세기에 이르러 낱말밭 이론이 탄생되었다. 따라서 낱말의 의미에 있어서 훔볼트의 언어의 동적이론이 의미 연구에 새로운 지평을 열게 되었다.

언어 내용론은 소슈르(Saussure)의 구조이론과 게슈탈트(Gestalt) 심리학, 그리고 메이예(R.M. Meyer)의 군대 계급 용어는 그 위치가치(Stellnwert)에서 의미를 찾을 수 있다고 본 언어내용론에 힘입어 1930년대에 이르러 트리어(Jost Trier)와 포르찌히(W. Porzig) 등 유럽의 언어학자들에 의하여 이루어졌다. 트리어는 언어의 본질을 규명한다는 것은 인간 정신활동의 반영인 분절의 결과로서 성립된 언어(langue)의 구조를 명백히 하는데 있다고 보았으며, 한 낱말의 통용가치는 그 낱말에 인접해 있으면서 서로 대립되는 의미에 있다고 보았다. 즉 낱말은 낱말밭이라는 전체 속에서만 그 의미를 가지게 된다고 주장하였다. 한편 포르찌히는 통어밭(Syntaktisches Feld)을 어떤 원소가 어떤 원소와는 결합하기 쉽고, 다른 원소와는 결합하기 어려운 것과 같이, 각각의 낱말은 그 친화력에 따라 결합된다는 본질적인 의미관계를 주장하고, 동사와 형용사가 낱말밭의 핵심요소라고 하였다. 레오 바이스게르버(Leo Weisgerber)는 훔볼트의 언어철학과 트리어 포르찌히 등의 이론을 계승하여 낱말밭 이론을 완성하였다.

이 연구는 낱말밭(Wortfeld)[1] 이론에 근거하여 현대 국어 중 실용적 언어표현 자동사가 지니고 있는 개개의 낱말(word)[2]들이 하나의 낱말밭 속에서 차지하고 있는 위치가치(Stellenwert)[3]를 우리 언어공동체의 세계관

---

[1] Leo Weisgerber(1964:70)는 "ein sprachliches Feld ist ein Ausschnitt aus der muttersprachlichen Zwisschenwelt, der durch die Ganzheit einer in organischer Gliederung zusammenwirkenden Gruppe von Sprachzeichen aufgebaut wird."라고 하였다.

　신익성(1974:57)은 "개개의 언어 요소는 더욱 큰 단계 안에서 지양되고, 이 관계로부터 비로소 의미 혹은 내재적인 규정을 얻는다는 견해는 현대 언어학의 체계 개념이다. 낱말밭은 언어 내용 연구의 방법론적 중심 개념이고 동시에 언어적 세계상을 알아내기 위한 열쇠이다. 우리는 낱말밭 안에서 언어 내용의 각인(刻印)과 한계를 위해서 결정적인 모국어의 전체를 파악한다."고 하였다.

[2] E.A. Nida(1979:32)는 "To determine the linguistic meaning of any form contrast must be found, for there is no meaning apart from significant difference. If all the universe were blue, there would be no bluness, since there would be nothing to contrast with blue. The same is true for the meaning of word. They have meaning only in term of systematic contrast with other words which share certain features with them but contrast with them in respect to other features."라고 하였다.

[3] 홍승우(1988:93)는 "일정한 구성 요소의 수로 이루어진 한 낱말 영역 내에서 그 구성 요소가 차지하는 위치를 말한다. 한 낱말의 내용은 그 낱말의 고유가치(Eigenwert)와 위치가치(Stellenwert)에서 생긴다. 이때에 때로는 해, 달처럼 고유가치가 우세할 때도 있고, 위치가치가 결정적일 때가 있다"고 하였다.

(Weltansicht)과 관련하여 고찰해 보려고 시도된 것이다. 여기에서는 개별 낱말들이 다른 낱말과 변별되는 특성을 해명하는 데 주안점을 두었다.

언어의 내용연구는 문헌학적 조작방법이 낱말밭 연구에 있어 가장 믿을만한 방법이다. 즉 어느 시대의 어느 문헌을 중심으로 어휘를 발췌하여 낱말밭에 따라 어휘를 연구하여야 그 시대에 살아 움직이는 언어의 내용을 파악하게 되고, 또 언어 속에 내재해 있는 민족의 세계상을 고찰할 수 있게 된다(허 발 1985:173).

이 연구에서는 이희승(1985)「국어대사전」에서 어휘를 발췌하고, 신기철·신용철(1982)「새우리말큰사전」, 한글학회 편(1992)「우리말큰사전」, 금성사 편(1997)「국어대사전」, 김광해(1993)「유의어·반의어사전」에서 어휘를 점검 보충하였다.

이 연구는 글이나 말로써 자기의 생각과 느낌을 표현하고 주장하는 언표행위(言表行爲)[4]를 연구의 대상으로 하였다.

논의의 방법은 어휘의 내용(Inhalt)에 따라 원어휘소(Archilexem)[5]를 중심으로 하여 부분밭(Teilfeld)으로 분류하고, 먼저 큰밭(Groβfeld)[6]의 공통

---

4) 여기에서 언표행위는 언어나 문자 및 기호나 부호를 가지고 자기의 생각과 느낌을 표현하는 모든 행위를 말한다. 따라서, 필담(筆談), 수화(手話), 암호, 신호 등 모든 의사표현 행위가 포함된다.

5) Horst Geckeler(1973:23-30)는 "원어휘소는 한 낱말 전체(또는 상위분절) 내용에 상응하는 것으로서, 밭(Feld) 속에서 기능하는 모든 어휘소에 대하여 내용적 기초를 제공하는 공통분모(Nenner)이다. 일정한 밭의 어휘소는 개별 언어에 있어서 어휘적 단위로서 현실적으로 실현될 수도 있고, 존재하지 않을 수도 있다. 어휘소는 낱말밭 속에서 기능하는 단위이다"라고 하였다. 따라서, 한 낱말은 원어휘소로 집약되고, 낱말밭 구성 요소가 어휘소(Lexem)이며, 이것이 다시 의의소성(Sem)으로 분석되는 것이다. 원어휘소는 원의미소(Archisememe)의 어휘적 실현이다.

E.A. Nida(1979:187)는 "Generic meanings are nomally listed at the begining of a set, either as constituting a separate domain or as fulfilling the funtion of a title for a domain. Such generic terms may be called archilexems in hierachical classification."이라고 하였다.

6) 李益煥(1986:66)은 "color : red, black, yellow 등에서 color는 포괄적인 단어이며, red는 부분장이다. 부분장들은 그 단계에서는 하나의 독립된 장 역할을 하고, 그 장은 다시 자

18

특성을 논의한 후 여기에서 분절되어 나온 작은 영역의 공통 특성을 부가하였다. 그리고 개별 낱말의 변별적 특성(Unterscheidende züge)을 추가하였다.

우리는 언어표현 자동사의 분절성(Artikulation, Gliederung)[7]을 고찰함으로써 언어표현 자동사의 의미 요소가 우리 민족의 정신적 중간세계(die geistige Zwischenwelt)[8]에서 어떻게 분절되어 있는가를 밝히게 되며, 자동사의 어휘체계를 수립하는 데 기여하게 된다.

신이 거느리는 부분장들을 갖게 된다. 이렇게 하여 낱말밭은 계층적 성격을 띠게 된다."고 하였다.

7) Jost Trier(1973:7)는 "언어의 기본적인 본질은 분절이므로(Das durch die ganze Spracheherrachende Prinzip ist Atikulation) 분절의 결과인 최종의 구성 요소는 본질과 작용에서, 그리고, 그 언어 전체에서의 분절성에 의하여, 그 위치가치에 의하여 규정되어 있다. 개개의 낱말들은 전체 영역에서 차지하는 수와 위치에 의하여 상호 그것들의 의미를 규정하며, 개개 낱말의 이해는 전체 영역과 그것의 특별한 구조가 마음에 나타나는 것에 달렸다."고 하였다.

8) 허발(1979:91)은 정신적 중간세계를 "음성형식이 여러 가지로 나타나는 「물건」과 「일」에 마주치는 것은 정신적인 중간층을 통해서이다. 이때에 음성형식이 언어(모국어)에 속해 있다는 것은 틀림없다. 「물건」과 「일」은 외계(자연, 물질문명)에 그 위치가 주어지게 될 것이다. 그러나 두 영역은 직접적으로 마주칠 수 없다. 언제나 정신적 중간세계가 포함되어야하며, 한편으로는 음성형식, 다른 한편으로는 「물건」과 「일」이라는 양자의 결합을 가능케 하는 사고상(Gedankengebilde)이 본질적인 것으로 들어온다."고 하였다.

Leo Weisgerber(1971:121)는 정신적 중간세계를 다음과 같이 도시하였다.

Lautformen	geistige Zwischenwelt	Auβenwelt
	Gedankengebilde	Erscheinungsfulle
Baum ——————>	Baum <——————	<—————— Dinge
Tisch ——————>	Tisch <——————	<—————— Sachen

1.2 인간의 본능과 언어[9]

인간은 뛰어난 능력을 가진 종(種)에 속해 있으므로 사건들을 서로의 머릿속에 더할 나위 없이 정확하게 형상화시킬 수 있다. 그렇다고 텔레파시나 마인드컨트롤, 아니면 어떤 사이비 과학의 망상이 아니다. 사실 그것들을 신봉하는 사람들의 설명을 들어보면 그것들이 공유하고 있는 어떤 능력과 비교할 때 단지 무딘 도구에 불과하다. 그 능력은 바로 언어이다. 우리는 단지 입으로 소리를 만들어냄으로써 머릿속의 생각이 마음 속에 명확히 떠오르게 할 수 있다. 이 능력은 너무도 자연스럽게 생기기 때문에 우리는 그것이 얼마나 놀라운 것인지를 쉽게 잊어버린다.

언어적 의사소통의 진정한 동력은 우리가 어렸을 때 습득한 구어(spoken laguage)이다. 어떤 박물학이든 인간을 대상으로 한다면, 언어는 두드러진 특성으로 드러날 것이다. 홀로 고립된 인간이라도 문제를 해결하고 도구를 만들 수 있는 능력을 지니고 있다. 그러나 로빈슨크루소류의 사람들에게는 외계의 관찰자들에게 언급할만한 주제가 그리 많지 않을 것이다. 바벨탑의 이야기는 우리 종(種)의 경이로운 능력을 단적으로 보여 주고 있다. 인간은 단 하나의 언어를 사용함으로써 신이 위협을 느낄 정도로 하늘에 접근한다. 이렇듯 공통의 언어는 대단한 결집력을 가지고 한 사회의 구성원들을 정보 공유의 그물 속에 결합시킨다. 누구든 현재나 과거의 타인들이 축적해 놓은 모든 천재적인 업적과 우연한 행운 또는 시행착오를 거친 지혜의 혜택을 누릴 수 있다. 또한 사람들은 팀을 짜서 일을 할 수 있고, 그 노력은 협의된 결과를 통해 조정될 수 있다. 그 결과, 호모 사피엔스는 남조식물이나 지렁이처럼 하나의 종이면서도 지구상의 광범위한 변화를

---

9) 이 글은 Steven Pinker(1994), "The Language Instinct". Greenbee Publishing Co. 원저. 김한영·문미선·신효식 옮김(1995:15-29) : 「언어본능」, 그린비에서 필자가 임의로 발췌한 것이다.

가져왔다.

언어는 인간의 경험 속에 아주 단단히 짜여져 있어서 언어 없는 생활이란 상상하기조차 어렵다. 아마도 지구상의 어느 곳에서든 두 명 이상의 인간이 모이면 그들은 곧 말을 주고받을 것이다. 사람들은 대화할 상대가 없으면 자기 자신에게, 자신이 기르는 개에게, 심지어는 자신이 기르는 식물에게까지 말을 건다. 우리 사회에서 승리는 재빠른 자의 것이 아니라 언어적인 자의 것이다. 즉, 승리는 매혹적인 변사와 달변의 바람둥이 그리고 완력으로는 상대가 안되는 부모와 싸움에서 어떻게든 자신의 의지를 관철하고 마는 설득력 있는 아이들에게 돌아간다. 그렇기 때문에 뇌 손상의 결과로 발생하는 실어증은 어떤 병보다도 잔혹하게 느껴지며, 심한 경우 가족들은 그 사람이 완전히 그리고 영원히 사라졌다고 여기기도 한다.

역사상 처음으로 언어본능에 관하여 쓸 내용이 생겼다. 약 40년 전에 새로운 과학이 생겼다. 현재 인지과학이라 불리는 그것은 심리학, 컴퓨터 과학, 언어학, 철학, 신경생물학에서도 도구를 모아 지능의 활동을 설명한다. 특히 언어에 관한 과학은 그 후 몇 년간 눈부신 발전을 거듭했다. 카메라가 어떻게 작동하고 비장(脾臟)의 기능이 무엇인지 이해하는 것만큼 우리는 수많은 언어적 현상을 잘 이해해 나가고 있다.

언어적 능력에 대한 최근의 해명은 언어와 그것이 인간생활 속에서 수행하는 역할에 대해 인류 자체를 바라보는 우리의 관점에 대해 혁명적인 의미를 내포하고 있다. 교육을 받은 대부분의 사람들은 언어에 대해 선입견을 가지고 있다. 언어는 인간의 가장 중요한 문화적 창조물이고, 상징을 이용할 줄 아는 인간 능력의 전형적인 예이며, 인간과 다른 동물들을 결정적으로 구분짓는 미증유의 생물학적 사건이다. 또한 언어는 생각에 깊숙이 스며들어 있는 것이므로 각기 다른 언어를 사용하는 사람들은 각기 다른 방식으로 현실을 해석한다. 아이들은 주위의 어른들을 모델

삼아 말하는 법을 배운다. 과거에는 정교한 문법의 자양분이 학교에서 공급되곤 했지만, 나태한 교육과 타락한 대중문화로 인해 문법적 문장을 구성하는 일반인들의 능력이 현저히 저하되어 버렸다.

언어라는 복잡하고 특별한 기술은 의식적인 노력이나 정신교육 없이 어린 시절에 자생적으로 발전하고, 그 기초에 놓인 논리에 대한 인식이 없이 전개되며, 모든 개인에게 질적으로 동등하다는 점에서 정보를 처리하거나 현명하게 처신하는 데 필요한 더 일반적인 능력들과 구분된다. 이런 이유로 일부 인지과학자들은 언어를 하나의 심리적 능력으로, 정신 기관으로, 신경계로, 컴퓨터적 모듈로 설명했다. 그러나 이것은 색다른 용어인 '본능(instinct)'이라고 해야 한다. 이 단어는 사람들이 말하는 법을 습득하는 것은 거미가 집을 짓는 법을 아는 것과 거의 같은 의미임을 보여준다. 거미의 집짓기는 어떤 천재 거미가 발명한 것도 아니고, 적절한 교육이나 건축 혹은 건설에 대한 적성에 의존하는 것도 아니다. 오히려 거미가 집을 지을 수 있는 것은 거미가 두뇌를 가지고 있어서 그것으로부터 실을 짜는 충동과 완성의 능력을 부여받았기 때문이다. 거미집과 언어에는 차이점이 있기는 하지만, 언어와 같은 맥락에서 해석된다.

언어를 본능으로 간주하는 것은 보편적인 상식, 특히 인문학과 사회과학의 규범 속에 전수되어 온 일반적 사고를 거스르는 일이다. 언어는 직립보행과 마찬가지로 문화적 발명품이 아니다. 그리고 상징 사용의 일반적 능력을 보여주는 증거물도 아니다. 예를 들어 세 살된 아기는 문법에는 천재이지만, 시각예술이나 종교적 상징물, 교통신호나 기호학 교과과정의 주요한 사항에 대해서는 완전히 문외한이다. 언어는 살아 있는 종중에서 호모 사피엔스만 가지고 있는 독특하면서도 위대한 능력이다. 그렇다고 해서 언어 대한 연구를 생물학의 영역에서 격리할 필요는 없다. 현존하는 특정한 종에서만 볼 수 있는 어떤 위대한 능력이 있다는 것은 '동물의 왕국'에서는 결코 독특한 일이 아니다. 어떤 박쥐의 종류는 도플러 효과를 이용하여 날아다니는 곤충을 추적한다. 어떤 철새의 종류는 시간에 따른 별자리의 위치를 측정하여 수천 마일을 이동한다. 자연의 다재다능한 모습에 비추어볼 때 우리는 단지 우리 자신의 고유한 행동, 즉 숨을 내쉴 때 나오는 소리를 조절하여 누가 누구에게 무엇을 했는지에 대해 정보를 전달할 수 있는 영장류의 한 일종일 뿐이다.

일단 언어를 해명 불가능한 인간 고유의 본질로서가 아니라 정보를 전달하려는 생물학적 적응방식으로 보기 시작하면, 언어를 사고의 교활한 조정자로 보는 것은 더 이상 매력 없는 일이 될 것이고, 실제로 그것이 틀렸다는 것을 알게 될 것이다. 게다가 언어를 자연이 관할하는 경이 가운데 하나로 — 다윈에 따르면 "우리의 찬탄을 불러일으키기에 충분하고 완벽한 구조와 상호순응성"을 지닌 하나로 — 본다면, 평범하기만 한 사람들이나 비방의 표적이 되어 온 영어에 대해 존경심을 가지게 될 것이다. 다윈의 관점에서 볼 때 언어의 복잡성은 인간의 생물학적 생득권의 일부이다. "교육은 찬양할만한 것이기는 하지만, 알 가치가 있는 것은 하나도 가르치지 않는다는 점을 때때로 기억하는 것이 좋다"고 한 오스카 와일드(Oscar Wilde)의 말처럼, 그것은 부모가 가르쳐주거나 학교에서 갈고 닦는 것이 아니다. 취학 전 아동의 때묻지 않은 문법지식은 아주 두꺼운 인쇄편람이나 최첨단의 컴퓨터 언어체계보다 더 정교하다.

언어가 일종의 본능이라는 개념은 1871년 다윈에 의해 처음으로 언급되었다. 언어를 인간에 국한시키는 것이 자신의 이론에 도전이라고 생각한 그는 「인류의 기원(The Descent of Man)」에서 언어에 대한 논쟁을 전개시켰다.

언어학이라는 고상한 과학을 정립한 사람들 가운데 어떤 사람은 언어를 양조술이나 제과술과 같은 일종의 기술이라고 보았다. 그러나 언어가 아니라 글이라고 했다면 좀더 훌륭한 비유가 되었을 것이다. 언어는 순수한 본능이 아니다. 모든 언어는 학습되어야 하기 때문이다. 그러나 그것은 기술과는 크게 다르다. 어린아이에게는 술을 빚고 빵을 만들고 글을 쓰고자 하는 본능적 경향이 없는 반면, 그들의 지껄임에서 볼 수 있듯이, 인간에게는 말하고자 하는 본능적 경향이 있기 때문이다. 게다가 언어가 의도적으로 발명되었다고 가정하는 언어학자는 한 명도 없다. 언어는 여러 단계를 거쳐 천천히 그리고 무의식적으로 발전해왔다.

다윈은 언어능력이 '기술을 습득하려는 본능적 경향'이며, 인간에게만 고유한 것이 아니라 노래를 배우는 새들처럼 다른 동물에도 발견되는 것이라고 결론지었다.

언어본능이라는 말은 언어를 인간 지성의 정점으로 생각하고, 본능을 털이나 깃털 달린 얼간이들이 댐을 쌓거나 남쪽으로 날아가도록 자극하는 야만적 충동으로 간주하는 사람들에게는 귀에 거슬릴 수도 있다. 그러나 다윈의 추종자인 윌리엄 제임스(William James)는 본능을 소유한 존재라고 해서 반드시 '숙명에 따라 움직이는 자동인형'처럼 행동할 필요가 없다는 점을 지적했다. 또 그는 인간에게는 동물이 가지고 있는 본능 외에도 많은 본능이 있다고 주장했다. 인간의 유연한 지능은 서로 경쟁하는 여러 본능의 상호작용에서 비롯된다. 사실, 인간의 사고를 본능으로 보기 어려운 것은 사고의 본능적 특성 때문이다.

금세기에 이르러, 언어가 본능과 흡사하다는 가장 유명한 주장을 한 사람은 복잡한 언어체계의 베일을 벗긴 최초의 언어학자이자 언어와 인지과학 분야에서 혁명을 일으키는 데 가장 큰 역할을 한 노엄 촘스키(Noam Chomsky)이다. 1950년대에 사회과학은 존 왓슨(John Watson)과 스키너(B.F. Skinner)에 의해 내중화된 행동주의학파의 지배에 있었다. '안다', '생각한다' 같은 정신과 관련된 용어들은 비과학적인 것으로 낙인 찍혔다. '마음(mind)'이나 '선천적인(innate)'이란 용어는 불결한 말이 되었다. 행동은 쥐가 막대를 누르거나 개가 소리를 듣고 침을 흘리는 것과 같은 자극반응이론의 몇 가지 법칙들로 설명되었다. 그러나 촘스키는 언어에 관한 두 가지 근본적인 사실에 주의를 환기시켰다. 첫째는 사람이 말하거나 이해하는 모든 문장은 사실상 우주역사상 최초로 출현하는 완전한 새로운 단어의 조합이라는 것이다. 그러므로 언어는 반응의 집합이 될 수 없다. 분명히 우리의 두뇌에는 한정된 단어의 목록으로부터 무한한 문장을 만들어낼 수 있는 비책이나 프로그램이 담겨 있다. 우리는 그 프로그램(산문의 예법을 가르쳐줄 뿐인 교육상의 '문법' 또는 문체상의 '문법'과 혼동되어서는 안된다)을 정신적 문법이라고 부를 수 있다. 두 번째 근본적인 사실은 어린아이들이 이 복잡한 문법을 재빨리 그리고 공식적인 교육 없이 습득한 뒤에는 전에 한 번도 본 적이 없는 소설 속의 문장구조들을 모순 없이 해석한다는 것이다. 그러므로 어린아이들은 모든 언어의 문법에 공통적인 하나의 설계도, 즉 부모의 말에서 통사적 유형을 여과해 낼 수 있게 해주는 보편문법(Universal Grammar)을 선천적으로 갖추고 있다고 촘스키는 주장했다. 그는 다음과 같이 표현했다.

　　지난 수세기에 걸친 지식의 역사에서 신체적 발달과 정신적 발달에 접근하는 방식이 아주 달랐다는 것은 신기한 일이다. 인간이 경험을 통해 날개가 아닌 팔을 갖게 되었다거나, 특정 기관들의 기본구조가 우연한 경험에서 비롯되었다고 한다면, 아무도 이 제안을 진지하게 받아들이지 않을 것이다. 물론 크기나 성장 속도 같은 규모적 특성들은 부분적으로 외적 요인에 따라 차이를 보이기는 해도, 유기체의 신체구조는 유전적으로 결정된다는 것이 당연시되고 있다…….

　　고등생물의 인성, 행동양식 및 인지구조의 발달에 대해서는 이와는 아주 다른 방식으로 접근해 왔다. 이들 영역에서는 일반적으로 사회적 환경을 지배적 요인으로 가정한다. 시간의 흐름에 따라 발전하는 정신적 구조물들은 임의적이고 우연적인 것으로 간주된다. 결국 특정한 역사적 산물로서 발전하는 것을 제외하고는 어떤 '인간적 본성'도 존재하지 않는다…….

그러나 진지하게 탐구해 보면 인간의 인지체계는 인간 유기체가 사는 동안 발전하는 신체구조만큼이나 경이롭고 복잡하다는 사실이 드러난다. 그렇다면 왜 복잡한 신체기관을 연구하는 것처럼 언어와 같은 인지구조물의 습득을 연구해서는 안된단 말인가?

단지 처음 얼핏 보았을 때 인간의 언어가 너무 다양하다는 이유 때문이라면, 이 제안은 불합리해 보일 수도 있다. 그러나 깊이 생각해보면 그러한 의구심은 사라진다. 언어학적 보편성과 관련된 내용을 거의 몰라도 우리는 언어의 다양성이 상당히 제한되어 있다는 사실을 쉽게 알 수 있다…… 개개인이 습득하는 언어는 풍부하고 복잡한 구조물로서, (아이들이) 수용할 수 있는 파편적인 증거로는 도저히 완성될 수 없다는 것이다. 그럼에도 불구하고 한 언어집단에 속한 개인들은 본질적으로 동일한 언어를 발전시켜 왔다. 이 사실을 설명하자면, 이들 개인들이 문법의 구성을 이끄는 지극히 제한된 원리들을 사용하고 있다고 가정할 수밖에 없다.

촘스키와 기타 언어학자들은 평범한 사람들이 모국어의 일부로 수용하는 문장에 성실한 기술적 분석을 가함으로써 개별 언어에 대한 사람들의 지식의 토대를 이루는 정신문법의 이론과 개별 문법의 토대를 이루는 보편문법의 이론을 발전시켰다. 초기부터 촘스키의 작업은 다른 과학자들을 자극시켰다. 특히 에릭 레니버그(Eric Lenneberg), 조지 밀러(George Miller), 그리고 알빈 리버만(Alvin Liberman) 등을 포함한 과학자들은 아동발달과 언어인지에서부터 신경학과 유전학에 이르기까지 완전히 새로운 언어연구의 영역들을 개척하게 되었다. 지금까지 그가 제기한 문제를 연구하는 학자의 수는 수천에 이른다. 촘스키는 현재 전 인류를 통틀어 가장 많이 인용되는 1명의 저자 중 하나이며(헤겔과 시저보다 앞서고 마르크스, 레닌, 셰익스피어, 성경, 아리스토텔레스, 플라톤, 프로이트 다음으로 많다), 상위 10명 중 유일한 생존 인물이기도 하다.

그 인용물들의 내용이 무엇인가는 또 다른 문제이다. 촘스키는 사람들의 반응을 자극한다. 그 반응은 불가사의한 종교의식의 지도자들에게 바쳐질 법한 경외와 존경에서부터 고도의 기술로 발전한 학자들의 위압적인 독설에 이르기까지 다양하다. 부분적으로 이것은 아직도 20세기 지식의 기초로 작용하고 있는데, 이는 인간의 정신이 그를 둘러싸고 있는 문화에 의해 형성된다고 설명하는 '표준 사회과학 모델'을 촘스키가 공격했기 때문이다. 그러나 이것은 어떤 사상가도 그를 무시할 수 없었기 때문이기도 하다. 그를 혹독하게 비판한 사람 중 한 명인 철학자 힐러리 프트넘(Hilary Putnam)도 이 점을 인정했다.

촘스키를 읽으면 엄청난 지적 능력에 충격을 받는다. 우리는 특별한 정신과 마주치고 있다는 것을 곧 알게 된다. 이것은 그의 강한 개성에서 비롯되는 마법의 문제이기도 하지만, 그가 가진 명백한 지적 장점들, 즉 독창성(다시 말해 변덕스러운 것들과 피상적인 것들에 대한 경멸)과 시대에 뒤떨어져 보이는 견해들(예를 들어 '본유관념의 강령')을 기꺼이 회복시키려는 적극성(그리고 그렇게 해내는 능력), 핵심적이고 영구적인 중요성을 띠는 주제들(예를 들어 인간의 정신구조)에 대한 관심 등의 문제이기도 하다

그러나 촘스키는 다윈의 자연선택이론으로는 언어기관의 기원을 제대로 설명할 수 없다고 주장하여 많은 사람들을 당황시켰다. 각각의 부분들이 각기 중요한 기능을 하도록 설계한 눈과 마찬가지로, 언어를 하나의 진화적 적응의 결과로 간주하는 것이 바람직하다고 본다. 그리고 언어능력의 본질에 관한 촘스키의 주장은 단어와 문장구조에 대한 기술적 분석에 근거하고 있는데, 이는 종종 난해한 형식주의 성격을 띤다. 살아있는 인간 화자에 대한 그의 논의는 다분히 기계적이며 고도로 이상화되어 있다. 그의 많은 주장에 동의한다 할지라도 정신에 대한 결론만은 여러 가지 종류의 증거가 집중되는 경우에만 설득력을 갖는다고 생각한다.

1.3 언어와 민족10)

언어공동체의 세계상은 어떻게 언어 속으로 들어오는가? 세계상의 생성과 형태는 어떤 조건 때문인가? 이 물음들은 보다 자세히 살펴볼 경우, 언어와 민족의 역사적인 관계에 대한 보다 보편적인 문제의 일부라는 것이 판명된다. 언어의 성능을 역사적으로 살펴볼 경우, 언어와 민족 사이의 밀접한 상호작용의 결과를 알 수 있다.

한 언어의 세계상의 기원에 대한 물음이 우리를 한 언어의 역사에 관심을 갖게 될 경우, 언어 발달이란 사실이 무엇보다도 먼저 우리의 주의를 끌게 한다.

언어의 역사적 고찰에서 찾아볼 수 있는 것은 개념 형성이 항상 변천해오고 있으며, 현재의 상태는 상당히 새로운 결과로 나타난다. 그리고 언어내용 역시 개조되고 계속 발달되고 있다. 이러한 사실은 조금만 심사숙고해보아도 자명해지기 때문에 장황한 논증이 불필요하다. 언어 발달은 언어내용도 포괄하고 있으며, 언어의 주요한 성능으로 볼 때 바로 이 변화가 가장 중요한 변화라고 할 수 있다. 따라서 한 언어의 내적형식도 역사적 과정의 결과이며 수백 년 동안 어휘의 개념, 통어적 보조수단이 생성되어 왔으며, 그 완성에 대해 끊임없이 연구되고 있다.

우리는 이러한 관점에서 일정한 세계상이 어떻게 한 언어 속으로 들어오게 되는가를 알 수 있다. 우리는 그 원동력을 한 민족과 그 언어와의 역사적인 관계 속에서 찾아야만 한다. 그 까닭은 일정한 생활영역에 대한 개념, 사유형식인 언어내용이 변화를 겪고 있다는 사실은 무엇을 의미하는가? 이는 한 언어의 소유자들이 그 언어 속에서 발견해 내는 것을

---

10) '언어와 민족' 부분은 Leo Weisgerber(1929), Muttersprache und Geistesbildung. 원저를 "허 발 옮김(1993:121-142) : 「모국어와 정신형성」. 문예출판사."에서 '언어와 민족' 부분을 필자가 발췌하여 수록한 것이다.

계속 수행하고, 그들에게 중요한 것으로 판단되는 모든 자신들의 경험을 그 언어 속에 갈무리한다는 사실이다. 따라서 친척개념의 개조는 가족관계에 있어서의 일련의 변화가 언어적으로 갈무리된 것이다. 이러한 변화를 유도하는 원인을 찾기란 어려운 것이다. 결정적인 것은 언어상태에 따라서, 이를테면 초기 중고도이치말을 모국어로 습득했던 모든 사람들이 언어상태에 따라서 현재의 신고지도이치말 어휘를 바탕으로 지니고 있는 우리들과는 다른 친척권에 대한 모습을 획득했다는 것이다.

친척어의 개별적인 경우에 관해 언급되었던 것은 언어의 모든 영역에 적용된다. 현재의 언어상태는 역사적으로 성립된 것이며 언어 내용은 한 민족의 체험으로부터 생겨나 성장한 것이다. 세계를 지배하려고 시도하는 경우, 중요하고도 유용한 것은 언어 속에 갈무리되어 있는 것이다. 언어는 민족의 기억이다. 과거의 노력에 의해 오늘의 우리들이 다다를 수 있는 것은, 그 언어에 갈무리되어 있는 것 만이며, 반대로 현재의 우리들이 우리의 모국어 속으로 들어가 성장한다면, 수천 년 동안의 긴 경험들이 우리의 눈앞에 펼쳐지는 것이다. 수많은 세대의 사람들이 자연과 정신의 세계와의 대결에 있어서 생겨난 것이 모국어에 내재해 있는데, 이것은 '지식'으로서가 아니라, 살아 있는 언어재로서이며, 이 언어재에서 전체 언어공동체가 사유하고 체험하며 계속 활동하는 것이다.

따라서 우리는 언어 발달의 실상을 해명하여야 하며, 언어의 핵심성능에 의해서 언어변화의 현상들이 측정되어야만 한다. 나아가 우리는 언어사적인 고찰에 의해, 이전의 언어비교를 통해 획득했던 결과에 도달하게 된다. 즉, 모든 민족에 있어서 자신의 언어 속에 하나의 세계관이 갈무리되어 있으며, 우리는 이를 언어공동체의 운명, 지리적 역사적 형세, 그 정신적 조건과 외적 조건 속에 형성된 그 민족의 세계관이라고 말할 수 있다. 이 모든 상태가 두 민족에게 동일하지 않듯이, 두 언어에 있어서도 이러한 상태에서 생겨나서, 그 언어 속에 갈무리되어 있는 세계상 역시

동일할 수가 없다. 언어보다도 한 민족의 운명과 견고하게 결합된 것은
없으며, 한 민족과 그 언어와의 사이에서보다 더 밀접한 상호작용은 어
디에서도 발견되지 않는다.

이제 우리는 여기에서 더 나아가 한 민족의 특성은 어느 정도까지 자
신의 언어를 통해 창조되는가라는 문제를 제기해야만 한다. 역사적인 고
찰에 있어, 한 민족은 자신의 언어와 얼마나 밀접한 상호관계를 맺고 있
으며, 언어의 특질은 민족의 운명과 특성에 얼마나 제약되어 있는 가를
알게 된다면, 현존하는 언어와 이를 지니고 있는 공동체에 대한 오늘날
의 관계를 살펴볼 경우, 무엇보다도 절실하게 되는 것은 어떻게 한 언어
공동체의 공통된 언어를 통해 동일한 세계관이 매개되는가 하는 점이다.
우리는 언어에서의 낱말을 민족의 기억으로 파악하였다. 즉, 기억은 이전
의 체험만을 보존하는 것이 아니며, 이는 계속되는 활동의 토대이기도
하다. 현대인들과 우리의 모국어에 대한 우리의 관계를 생각해보자. 우리
모두가 많은 사유와 행동의 전제를 함께 지니고 있음은 특히 공통의 모
국어의 덕택인 것이다. 만약 우리들 가운데 어느 한 사람이 다른 언어 속
으로 들어가서 성장하게 되는 경우, 그 사람의 사유와 행동은 얼마나 다
르게 형성될 것인가 하는 점을 실험을 통해 확인한다는 것은 불가능한
것이기는 하지만, 그러나 실제로 여러 언어를 구사하며 언어가 다른 경
우에는 생각하는 방식도 다름을 스스로 관찰하는 사람들의 증거를 우리
는 알고 있다. 따라서 모든 언어로부터 일정한 양식의 견해가 생겨남으
로써 전체 언어공동체에게 하나의 공통적인 것, 하나의 특성이 매개되며,
우리는 한 민족의 특성에 따라 그 언어 속에 반영되는 것과 그 언어재로
부터 그 소유자들에게 공통적인 것, 그 특성으로서 생겨난 것을 엄밀히
구별할 수는 전혀 없다.

그렇다면 이러한 관점으로부터 모국어의 영향은 한 민족의 모든 문화

적 활동에 어떻게 인식될 수 있는가 하는 의문이 생겨난다. 이제까지는 이에 대해 우리가 알고 있는 바가 거의 없지만, 이 문제는 결국 한 번은 제기되어야만 하는 것이다. 예를 들면 슈텐쩰(J. Stenzel 113)이 철학의 개념 형성에 끼친 그리스어의 영향을 문제삼았던 것은 매우 정당한 이유가 있다. 왜냐하면 그러한 상호관계는 의문의 여지가 없는 것이기 때문이다. 또한 다음과 같은 문제들이 제기될 수 있다. 즉 왜 도이치말은 과학의 언어이고, 프랑스어는 외교의 언어인가? 이 물음에 대해서는 사실적인 이유와 문화적인 이유가 제기될 수 있을 것이지만, 언어 자체의 영향도 과소평가해서는 안된다.

이제 우리는 왜 한 민족의 가장 두드러진 특징을 언어에서 인정하고 있는가 하는 문제를 더 이상 길게 설명할 필요가 없다. 인간의 공속관계를 확인해 주는 특징을 찾는 경우, 선택되는 것은 언어이며, 모든 사람들은 민족의 단결에 대한 언어공동체의 자연적인 권리를 승인하지 않으면 안된다. 한 공동체를 가능하게 하고, 지탱하는 여러 힘들 가운데서 언어야말로 가장 중요한 것임이 여러 곳에서 밝혀졌다. 언어공동체는 다른 모든 공동체의 전제인데, 그 이유는 그것이 의사소통을 가능케 하는 것이기 때문만은 아니며, 무엇보다도 의사소통의 토대가 되는 공통의 세계관을 매개하기 때문이다. 따라서 많은 인간의 공동생활과 공동작용에 대한 전제가 어딘가에 있다고 한다면, 이 전제는 언어공동체 안에 있는 것이며 그렇게 해서 한 언어의 효력범위는 한 민족의 자연적인 영역이 된다. 한 언어에 속하는 모든 이들은 그 어떤 다른 공동체보다 서로 가까이 있으며, 그들은 운명적으로 서로 그리고 그들의 언어와 결합되어 있다고 할 수 있다.

II. 언어표현 자동사의 내용

실용어 자동사의 상위 분절구조는 다음과 같다.

[그림1] 실용어 자동사의 상위 분절구조(1)

```
          ┌─〈직언성〉직언하다, 바른말하다, 간언하다, 규간하다, 출반주하다
          ├─〈권유성〉권설하다, 농치다, 개유하다, 설복하다, 계급하다, 유시하다
          ├─〈호소성〉궁설하다, 하소연하다, 호소하다, 애원하다, 애걸복걸하다
          ├─〈원망성〉원망하다, 종종거리다, 앙알거리다, 원천우인하다, 오오하다
          ├─〈고함성〉소리치다, 고함치다, 악쓰다, 규소하다, 제창하다
          ├─〈절규성〉절규하다, 부르짖다, 아우성치다, 울부짖다, 호천하다, 비명치다
  ┌──┐   ├─〈인사성〉인사하다, 통성명하다, 혼정신성하다, 안부하다, 문안드리다
  │의│   ├─〈식사성〉개회사하다, 취임사하다, 환영사하다, 고별사하다, 축사하다
  │사├──┼─〈칭찬성〉칭찬하다, 칭송하다, 송덕하다, 박수갈채하다, 자찬하다
  │표│   ├─〈누설성〉누설되다, 말새다, 들통나다, 발설하다, 폭로되다
  │현│   ├─〈암시성〉귀띔하다, 말비치다, 변죽울리다, 암시주다, 언질주다
  └──┘   ├─〈소문 전파성〉소문나다, 인구전파되다, 솔발놓다, 봉인즉설하다
          ├─〈전갈성〉전갈하다, 전언하다, 답전갈하다, 구비전승되다
          ├─〈보고성〉보고하다, 복명하다, 회보하다, 첩보하다, 상소하다
          ├─〈허언성〉거짓말하다, 허언하다, 빈말하다, 구허날무하다, 혹세무민하다
          ├─〈허풍성〉과장되다, 큰소리하다, 호언장담하다, 허풍떨다, 과언하다
          ├─〈명령성〉명령하다, 복창하다, 하명하다, 조령모개하다, 청령하다
          ├─〈청취성〉청화하다, 실문하다, 방청하다, 귀기울이다, 엿듣다, 귀거슬리다
          └─〈고발성〉고발되다, 구두제소하다, 탄핵하다, 농구하다, 규탄되다
```

32

├─⟨진정성⟩진정하다, 전언하다, 계상하다, 건의하다
├─⟨심문성⟩심문하다, 힐문하다, 취조하다, 대질하다, 심리하다, 재항변하다
├─⟨진술성⟩진술하다, 표백하다, 고백하다, 자백하다, 허위자백하다
├─⟨서간성⟩편지하다, 전간하다, 발간하다, 부고하다, 부음하다, 답장하다
├─⟨전보성⟩전보하다, 타전하다, 전화하다, 통화하다, 송신하다, 수신하다
├─⟨발표성⟩발표하다, 공표하다, 선언하다, 표명하다, 칙교하다
├─⟨방송성⟩방송하다, 생방송하다, 중계방송하다, 녹음방송하다, 녹화방송하다
└─⟨설명성⟩설명되다, 해설하다, 역설하다, 설파하다, 시사해설하다

[그림2] 실용어 자동사의 상위 분절구조(2)

├─⟨강의성⟩강의하다, 속강하다, 순강하다, 청강하다, 강연하다
├─⟨연설성⟩연설하다, 즉석연설하다, 낭독연설하다, 가두연설하다, 유세하다
├─⟨회의성⟩회의하다, 좌담하다, 정담하다, 협상하다, 구수회의하다
├─⟨토론성⟩토론하다, 토의하다, 논의하다, 강론하다, 강론회하다
│   ┌정론하다, 고담활론하다, 논고하다, 난상숙의하다
├─⟨논술성⟩├논술하다, 논진하다, 추론하다, 논급되다, 주론하다, 요론하다
│   └화충협의하다, 논구하다, 논증하다, 고담웅변하다
├─⟨평론성⟩평론하다, 비평하다, 논평하다, 공평하다, 혹평하다, 가평하다
├─⟨공론성⟩공론하다, 공담하다, 허론하다, 공론공담하다, 탁상공론하다
├─⟨의결성⟩의결하다, 논결하다, 의정하다, 협정하다, 타협하다, 협의하다
├─⟨가부 결정성⟩가부결정하다, 가결하다, 표결하다, 구두표결하다, 부결되다
│   ┌싸우다, 기뇨하다, 야기요단하다, 다투다, 투쟁하다, 투한하다
│   ├사랑싸움하다, 바가지싸움하다, 물싸움하다, 말싸움하다
│   ├언쟁하다, 설전하다, 말시비하다, 요로쿵조로쿵하다, 옥신각신하다
├─⟨언쟁성⟩├시비하다, 왈가왈부하다, 신랑이질하다, 아드등거리다, 상지하다
│   ├으르렁거리다, 불근불근하다, 아웅다웅하다, 지그럭거리다
│   ├티격태격하다, 설왕설래하다, 말꼬리잡다, 벋대다, 분쟁하다
│   ├악장치다, 훤쟁하다, 부집하다, 상앗대질하다, 다떠위다, 난장판치다
│   └맞욕하다, 악다구니하다, 상욕상투하다, 수제비태견하다

의사표현성

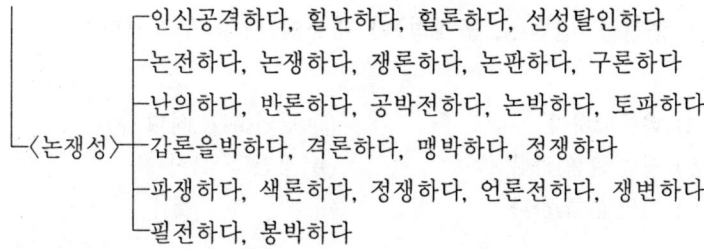

인신공격하다, 힐난하다, 힐론하다, 선성탈인하다
논전하다, 논쟁하다, 쟁론하다, 논판하다, 구론하다
난의하다, 반론하다, 공박전하다, 논박하다, 토파하다
〈논쟁성〉 갑론을박하다, 격론하다, 맹박하다, 정쟁하다
파쟁하다, 색론하다, 정쟁하다, 언론전하다, 쟁변하다
필전하다, 봉박하다

2.1 직언하다

2.1.1 직언하는 내용

이 부분밭은 이치에 맞는 바른말을 하는 내용을 함유하고 있어 〈직언성〉, 〈간언성〉, 〈회유성〉이 내용에 따라 부가된다. 직언하는 자동사의 상위 분절구조는 다음과 같다.

[그림3] 직언 자동사의 상위 분절구조

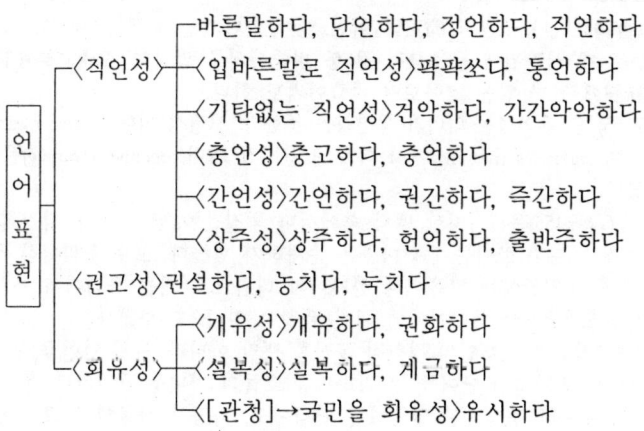

바른말하다, 단언하다, 정언하다, 직언하다
〈직언성〉 〈입바른말로 직언성〉꽉꽉쏘다, 통언하다
〈기탄없는 직언성〉건악하다, 간간악악하다
〈충언성〉충고하다, 충언하다
〈간언성〉간언하다, 권간하다, 즉간하다
〈상주성〉상주하다, 헌언하다, 출반주하다
언어표현 〈권고성〉권설하다, 농치다, 눅치다
〈개유성〉개유하다, 권화하다
〈회유성〉 〈설복성〉실복하다, 계금하다
〈[관청]→국민을 회유성〉유시하다

다음 (1)-(29)까지는 이치에 합당한 직언을 하는 내용이므로 〈직언성,

권고성, 충언성, 간언성, 훈계성〉이 내용에 따라 부가된다.

    (1) 바른말하다　　　　　　(2) 단언(端言)하다
    (3) 당인(讜言)하다　　　　　(4) 정언(正言)하다[11]
    (5) 직언(直言)하다

위의 낱말들은 "이치에 맞는 바른말을 하다"의 내용을 함유하고 있어 〈이치에 합당한 언표성＋직언성〉이 공통으로 부가되나, 주체와 객체가 무표이고, 또 "기탄 없이 제가 믿는 바를 말하다"의 개념도 공유하고 있어 〈기탄 없이 신념을 피력성〉도 공통으로 추가되는 유의어(類義語)[12]이므로 한동아리에 묶었다.

    (6) 퍅퍅쏘다　　　　　　　(7) 통언(痛言)하다

위의 (6)은 "입바른 말을 잘하다"의 개념(concept)[13]이니 〈입바른말로

---

11) '正言'은 「後漢書」에 「目見正容 耳聞正言」이란 말이 있다.
　　그리고, 조선조 때 사간원에 근무하던 정6품 벼슬아치를 말하며, 고려 때 中書門下省에 딸린 諫諍에 관한 일을 맡아보던 벼슬이기도 하다.
12) Palmer, F.R.(1976:95)는 "유의성은 의미의 동질성을 뜻한다. 감정적 의미(emotive meaning) 또는 평가적 의미(evaluative meaning)에서 다르나 인지적 의미(cognitive meaning)은 동일하다"고 하였다.
　　남기심 외 2인(1985:156)은 "어떠한 맥락 속에서나 똑같은 개념적 의미, 감정적 어조, 정서적 가치를 지니고 쓰이는 동의어들은 존재하기 힘들다. 고로 유의어라 부르는 것이 편리하다. 우리말에는 고유어와 한자어의 대립으로 되는 유의어의 유형이 크게 발달되어 있으며, 또한 외래어와의 대립 유형이 있다."고 하였다.
13) 김봉주(1988:26)는 "개념은 개개인의 정신적 구성물 뿐만 아니라, 동일 언어를 구사하는 사회적 집단들이 받아들인 단어들 및 기타의 기호들의 의미를 가리킨다. 동일 속성을 가진 대상들로부터 추상화된 일반화된 관념이고, 다양한 사물에서 그 공통된 성질에 의하여 하나의 통일된 생각을 결합시킨 하나의 심적 통일체이다."라고 하였다.
　　R.M. Kempson(1977:21)은 "언어는 전적으로 동시에 존재하는 다른 용어들로부터 기

언표성〉이 추가되고, (7)은 "듣기에 괴로울 정도의 직언을 하다"의 개념
이므로 〈심한 직언성→역이성〉이 추가되며, 또 "심하게 말하다"의 개념
도 가지고 있으나, 구체적인 내용은 알 수 없으므로 〈심한 언표성〉이 더
추가되어 분절한다.

    (8) 건악(謇諤)하다   (9) 간간악악(侃侃諤諤)하다
    (10) 간악(侃諤)하다

위의 (8)은 "꺼리지 않고 바른말을 하다"의 개념이니 〈기탄없이 직언성〉
이 추가되고, (9)와 (10)은 "성격이 곧아 말을 굽히지 않고 믿는 것을 거
리낌없이 직언하다"의 개념을 공유하고 있어 〈곧은 성품성→불굴의 신
념성→기탄 없이 직언성〉이 공통으로 추가되며, 또 "사양하지 않고 바른
말을 하다"의 개념도 공유하고 있어 〈사양하지 않고 직언성〉도 공통으로
추가되어 분절한다.

    (11) 충고(忠告)하다[14]   (12) 충언(忠言)하다
    (13) 편달(鞭撻)되다

위의 (11)과 (12)는 "충심으로 남의 허물을 경계하다"의 개념을 공유하
고 있어 〈충심으로 남의 허물을 경계성→선한 길로 권고성〉이 공통으로

인하는 상호 의존적 용어들의 한 체계이다. bachelor는 spinter, woman, husband, boy와
같은 단어들에 의하여 의미를 갖게 된다. 이와 같이 주변의 여러 가지 어휘를 통해
서 올바른 의미가 부여되는 것이다."고 하였다.
14) 沈在箕(1983:355)는 "외래동사의 국어화 과정에서 '-하-'는 유일한 국어 동사와 기능
이다. '-하-'는 파생접사로서의 기능을 가진다."고 하였고, S. Martin(1954:17)은 "'-하-'
를 명사 후행동사(postnominal verbs)라고 하고, 동사성 명사(verbal noun) 곧 동작성 선
행요소와 어울려 쓰인다."고 하였다. 그리고 G.J. Ramstedt(1939:66-67)는 "'-하-'는 동
사로서 다른 여러 종류의 동사를 형성하기 위하여 결합한다."고 하였다.

추가되고, (13)은 "경계하고 격려하다"의 개념이므로 〈경계성→격려성〉이 추가되며, 또 "잘못을 고치기 위하여 채찍으로 종아리나 볼기를 치다"의 개념도 가지고 있어 〈채찍으로 종아리, 볼기 가격성→선도 목적성〉이 더 추가되어 분절한다.

(14) 간언(諫言)하다   (15) 간언놓다(諫言-)
(16) 권간(勸諫)하다   (17) 즉간(卽諫)하다

위의 낱말들은 "윗사람이나 임금께 간하다"의 개념이니, 간언하는 주체는 아랫사람이나 신하이고, 간언의 대상은 윗사람이나 임금이므로 〈[아랫사람], [신하]→윗사람이나 임금께 간언성〉이 공통으로 추가되는 유의어이므로 한 동아리에 묶었고, (17)은 "당장 그 자리에서 간하다"의 개념이므로 〈즉석에서 간언성〉이 추가되어 분절한다.

(18) 면쟁(面諍)하다   (19) 면쟁기단(面諍其短)하다
(20) 규간(規諫)하다   (21) 잠간(箴諫)하다
(22) 신칙(申飭)하다   (23) 칙권(勅勸)하다

위의 (18)과 (19)는 "면전에서 그 잘못을 간하다"의 개념을 공유하고 있어 〈면전에서 잘못을 지적성→간언성〉이 공통으로 추가되고, (20)은 "옳은 도리로 간언하다"의 개념이므로 〈정도로 간언성〉이 추가되며, (21)은 "훈계하여 간하다"의 개념이니 〈훈계로 간언성〉이 추가된다. 그리고 (22)와 (23)은 "단단히 일러서 경계하고 권하다"의 개념을 공유하고 있어 〈엄중하게 경계성→간언성〉이 공통으로 추가되어 분절한다.

(24) 헌언(獻言)하다   (25) 상주(上奏)하다
(26) 신주(申奏)하다   (27) 출반(出班)하다

(28) 출반주(出班奏)하다   (29) 상소(上疏)하다

위의 (24)-(26)은 "임금께 의견을 말씀드리다"의 개념을 공유하고 있어 〈[신하]→임금께 의견을 상주성〉이 공통으로 추가되고, (27)과 (28)은 "여러 신하 가운데에서 특히 혼자 나아가서 임금께 아뢰다"의 개념을 공유하고 있어 〈[신하]→단독 출반성→의견을 상주성〉이 공통으로 추가되며, 또 "여러 사람이 모인 자리에서 맨 먼저 말을 꺼내다"의 개념도 공유하고 있어 〈여러 사람 중 맨 먼저 발언성〉도 공통으로 추가된다. 그리고 (29)는 "임금께 신하의 의견을 글로 써서 올리다"의 개념이니 〈[신하]→글로 상소성〉이 추가되어 분절한다.

앞에서 논의한 직언과 간언에 관련된 분절구조를 그림으로 그려보면 [그림4], [그림5]와 같은 수형도(tree diagram)[15]가 된다.

다음 (30-37)까지는 알아듣도록 말하거나 회유하는 내용이므로 〈권고성, 회유성〉이 내용에 따라 부가된다.

(30) 권설(勸說)하다   (31) 농치다

(32) 눙치다   (33) 눅치다

(34) 개유(開諭)하다   (35) 권화(勸化)하다

위의 (30)은 "권하여 타일러 말하다"의 개념이니 〈권고성＋회유성〉이

---

15) 언어외 분서을 수형두에 의하여 명시적으로 표시하는 것은 오늘날 언어학에서 많이 활용되고 있다. 이는 19세기 중엽 A. Schleider가 생물학의 본보기에 따라, 인구어의 분화 과정을 수형도로 표시한데서 유래한다.

특정적 성분의 도식화 방법에는 수형도(tree giagram) 방식, 공간분할(space) 방식, 묶음(matrix) 방식 등이 있는데, 이 연구에서는 변별의 경제성과 그리기 쉬운 이점을 고려하여 수형도 방식을 취한 것이다. 성분의 도식화 방법에는 E.A. Nida(1979:40) 참조.

[그림4] 직언하는 분절구조(1)

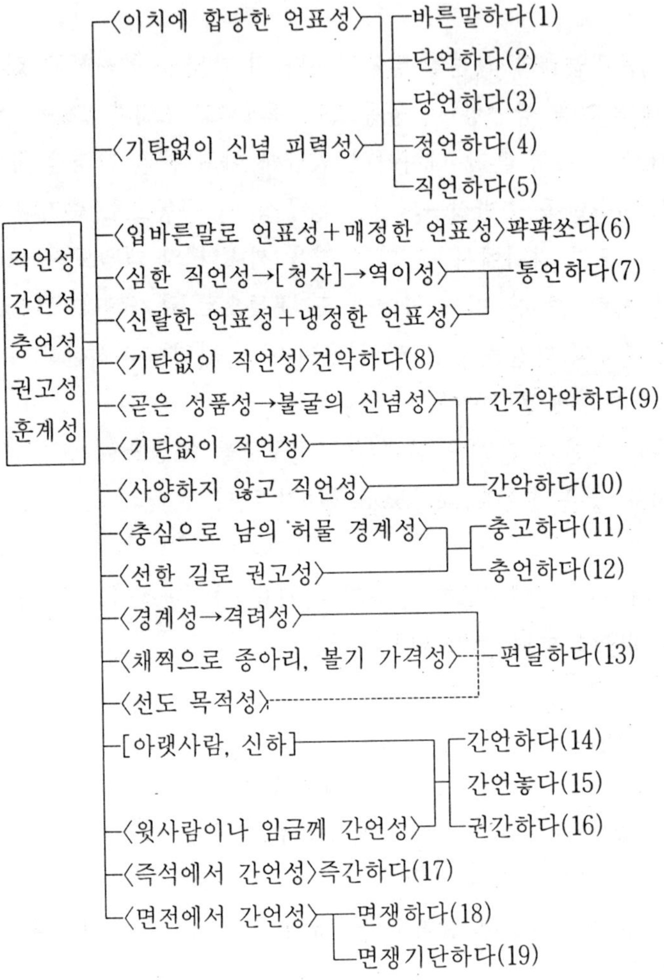

```
                    ┌─〈이치에 합당한 언표성〉──┬─바른말하다(1)
                    │                          ├─단언하다(2)
                    │                          ├─당언하다(3)
                    ├─〈기탄없이 신념 피력성〉──┼─정언하다(4)
                    │                          └─직언하다(5)
                    │
          ┌─────┐   ├─〈입바른말로 언표성+매정한 언표성〉퍅퍅쏘다(6)
          │직언성│   ├─〈심한 직언성→[청자]→역이성〉──┬─통언하다(7)
          │간언성│   ├─〈신랄한 언표성+냉정한 언표성〉─┘
          │충언성│──┤─〈기탄없이 직언성〉건악하다(8)
          │권고성│   ├─〈곧은 성품성→불굴의 신념성〉──┬─간간악악하다(9)
          │훈계성│   ├─〈기탄없이 직언성〉────────┤
          └─────┘   ├─〈사양하지 않고 직언성〉─────┴─간악하다(10)
                    ├─〈충심으로 남의 허물 경계성〉──┬─충고하다(11)
                    ├─〈선한 길로 권고성〉───────┴─충언하다(12)
                    ├─〈경계성→격려성〉──────────┐
                    ├─〈채찍으로 종아리, 볼기 가격성〉─┼─편달하다(13)
                    ├─〈선도 목적성〉┄┄┄┄┄┄┄┄┄┘
                    ├─[아랫사람, 신하]─────────┬─간언하다(14)
                    │                            ├─간언놓다(15)
                    ├─〈윗사람이나 임금께 간언성〉──┴─권간하다(16)
                    ├─〈즉석에서 간언성〉즉간하다(17)
                    └─〈면전에서 간언성〉┬─면쟁하다(18)
                                        └─면쟁기단하다(19)
```

[그림5] 직언하는 분절구조(2)

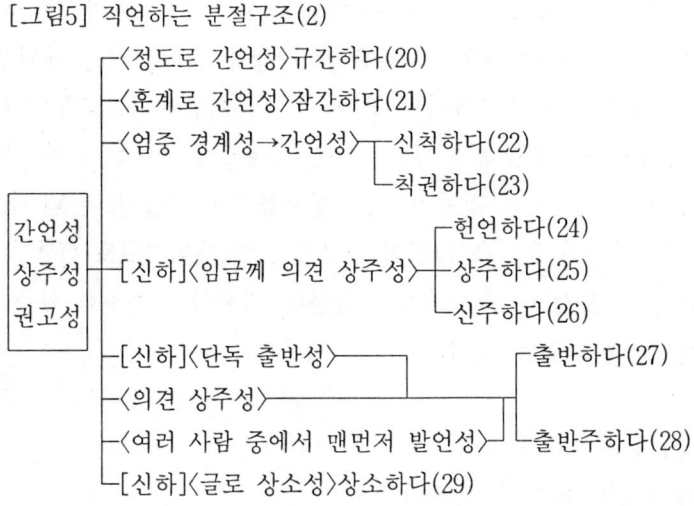

※ 낱말 뒤의 숫자는 낱말밭의 낱말 번호이다. 이하도 같다.

추가되고, (31)-(33)은 "좋은 말로 풀어서 마음이 노그라지게 하다"의 개념을 공유하고 있어 〈좋은 말로 회유성→상대의 마음을 진정시키는 행위성〉이 공통으로 추가된다. 그리고 (34)는 "사물의 이치를 깨우쳐 알아듣도록 잘 타이르다"의 개념이니 〈사물의 이치를 규명성→상대를 계도성→회유성〉이 추가되고, (35)는 "권하고 타일러서 강화시키다"의 개념이므로 〈권고성＋개유성→강화시키는 행위성〉이 추가되어 분절한다.

(36) 설복(說服)하다   (37) 계금(戒禁)하다
(38) 유시(諭示)하다

위의 (36)은 "알아듣도록 말하거나 타일러 그렇게 믜기게 하다"의 개념이니 〈개유성→사리를 규명성→[상대]→납득성〉이 추가되고, 또 "남의 주장이나 주의를 설파하여 굴복되게 하다"의 개념도 가지고 있어 〈남의 주

장, 주의를 설파성→상대를 굴복시키는 행위성〉이 더 추가되며, "달래어 굴복하게 하다"의 개념일 경우는 〈회유성→상대를 굴복시키는 행위성〉이 추가된다. 그리고 (37)은 "타일러 금지하다"의 개념이니 〈회유성→금지성〉이 추가되고, 또 불교에서 "모든 악을 경계하여 금지하다"의 개념도 가지고 있어 〈모든 악을 경계성→금지성＋불교적 신앙성〉이 더 추가되며, (38)은 "관청에서 국민을 타일러 가르치다"의 개념이므로 〈[관청]→국민을 회유성→계도성〉이 추가되어 분절한다. 지금까지 논의한 회유 자동사의 분절구조는 다음과 같다.

[그림6] 회유하는 분절구조

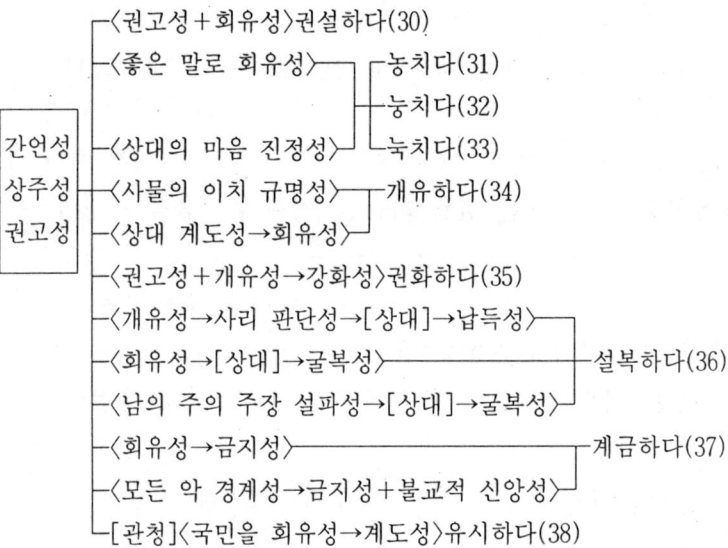

2.1.2 마무리

앞에서 직언과 간언에 관련된 38개 자동사에 대하여 개별적인 분절성을 논의하였다. 이제 이것을 바탕으로 하여 전체적인 분절구조를 고찰하려 한다.

앞에서 논의한 38개 자동사 가운데는 간언하는 내용이 16개(42.11%)이고, 직언하는 내용이 13개(34.21%)이며, 회유하는 내용이 9개(23.68%)이다.

(1) 간언하는 내용은 16개이다. 이들만의 내용을 가지고 그 많이 분포된 순으로 고찰하여 보면 다음과 같다. 신하가 임금께 상주하는 내용이 5개(31.25%)로 가장 많고, 윗사람이나 임금께 간언하는 내용이 3개(18.75%)로 다음으로 많으며, 면전에서 간언하는 내용과 엄중하게 경계하여 간언하는 내용이 각각 2개(12.5%)이다. 그리고 즉석에서 간언하는 내용, 정도로 간언하는 내용, 훈계하여 간언하는 내용, 임금께 상소하는 내용이 각각 1개(6.25%)이다.

직언하는 내용 13개 중에서, 바른말하는 내용이 5개(38.46%)이고, 기탄없이 직언하는 내용이 3개(23.08%)이며, 충심으로 간언하는 내용이 2개(15.38%)이다. 그리고, 입바른 말로 팍팍쏘는 내용과 신랄하게 직언하는 내용 및 지도 편달하는 내용이 각각 1개(6.25%)이다. 그리고 회유하는 내용 9개 중에는 좋은 말로 회유하는 내용이 4개(44.44%)이고, 사리를 따져 가며 회유하는 내용, 권고하고 개유하여 강화시키는 내용, 개유하여 납득시키는 내용, 회유하여 금지시키는 내용, 관청에서 국민을 계도하는 내용이 각각 1개(11.11%)이다.

(2) 직언이나 간언을 하는 주체 중 신분이 드러나 있는 것은 9개(23.68%)이다. 이들의 내용은 신하가 5개(13.16%)이고, 아랫사람이나 신하가 3개(7.89%)이며, 관청이 1개(2.63%)이다.

(3) 직언의 대상이나 객체가 드러나 있는 것은 24개(66.45%)이다. 이들의 내용은 의견이나 신념이 각각 6개(15.79%)이고, 임금님이 5개(13.16%)이며, 윗사람이나 임금님이 3개(7.89%)이다. 그리고 국민, 타인의 주의와 주장, 불교의 교리, 종아리, 볼기 등이 각각 1개(2.63%)이다.

(4) 직언하는 태도를 살펴보면 다음과 같다. 기탄 없는 태도와 충성스런 태도가 각각 8개(21.05%)이고, 달래는 태도가 5개(13.16%)이며, 성급한 태도와 엄숙한 태도가 각각 3개(7.89%)이다. 그리고 냉정한 태도가 2개(5.26%)이고, 매정한 태도가 1개(2.63%)이다.

(5) 직언이나 간언하는 내용은 대부분이 바람직한 긍정적인 내용이다. 이들 중 태도나 내용면에서 바람직하지 못한 부정적인 내용은 '팍팍쏘다, 통언하다' 등 2개(5.26%)이다.

(6) 우리 국어는 한자어가 수적으로 우위를 차지하고 있는 형편이다. 우리나라는 지리적으로 한문화권에 위치하여 일찍이 역사 전후를 통하여 한자 한문을 받아들여 거의 1500년에 걸쳐 오직 한자를 매개로 하여 문자생활을 해오는 동안 많은 한어가 국어 속에 스며들었으며, 조선조에 들어 비로소 국자인 한글이 창제된 뒤에도 계속 침투하여 수많은 한어가 국어와 다름없이 우리의 개념세계를 차지하여 왔고, 현재도 역시 극히 자연스럽게 사용되고 있다(朴炳采, 1973:353). 직언의 낱말밭에서도 한자어는 32개(84.21%)로 거의 전부이고, 우리 고유어는 5개(13.16%)에 불과하며, 한자어와 고유어가 융합된 혼종어는 '간언놓다' 1개(2.63%)이다. 그리고 서구 외래어는 하나도 없다.

2.2 호소하다

2.2.1 호소하는 내용

다음 (1)~(33)까지는 억울하거나 원통한 사정을 남에게 하소연하는 내용이므로 〈호소성, 신세를 한탄성, 궁한 형편을 술회성〉이 내용에 따라 부가된다.

(1) 죽는소리하다   (2) 궁설(窮說)하다

(3) 설궁(說窮)하다   (4) 설빈(說貧)하다

(5) 신세타령(身世打令)하다   (6) 팔자타령(八字打令)하다

(7) 구언(苟言)하다

위의 (1)은 "고통이나 곤란에 대하여 엄살하여 말하다"의 개념이니, 상대에게 동정이나 도움을 기대하는 내용이므로 〈고통, 곤란함을 호소성→동정, 구조를 간청성〉이 추가되고, (2)-(4)는 "궁한 형편을 이야기하다"의 개념을 공유하고 있어 〈궁한 형편을 술회성〉이 공통으로 추가되며, (5)는 "넋두리하듯이 자기 신세에 관하여 뇌까리다"의 개념이니 〈자기의 신세를 넋두리로 표현성＋신세를 한탄성〉이 추가된다. 그리고 (6)은 "불행하게 된 팔자를 한탄하거나 원망하다"의 개념이니 〈자기의 불행을 한탄성＋원망성〉이 추가되고, (7)은 "구차스런 말을 하다"의 개념이므로 〈구차스런 언표성〉이 추가되어 분절한다.

다음 (8)-(33)까지는 "자기의 딱한 사정을 말하여 남의 동정이나 도움을 받고자 하다"의 내용을 함유하고 있어 〈자기의 사정을 호소성→동정, 도움을 간청성〉이 공통으로 부가된다.

(8) 하소연하다   (9) 호소(呼訴)하다

위의 낱말들은 "동정이나 도움을 받기 위하여 원통한 일, 억울한 일, 잘못된 일, 딱한 사정 등을 간곡히 말하다"의 개념을 공유하고 있어 〈원통한 일, 억울한 일, 잘못된 일, 딱한 사정을 간곡히 호소성→동정, 도움을 간청성〉이 공통으로 추가된나.

(10) 진소(陳訴)하다   (11) 사정(事情)하다

(12) 사정사정(事情事情)하다   (13) 통사정(通事情)하다

(14) 통인정(通人情)하다

위의 (10)은 "사정을 말하여 하소연하다"의 개념이니 〈자기의 사정을 호소성〉이 추가되고, (11)은 "어떤 일의 형편이나 까닭을 남에게 말하고 어떻게 해 달라고 무엇을 간청하다"의 개념이므로 〈일의 형편, 까닭을 호소성→도와달라고 간청성〉이 추가되며, (12)는 "딱한 사정을 간곡히 하소연하거나 빌다"의 개념이니 〈딱한 사정을 간곡히 호소성→도움을 간청성〉이 추가되므로 (11)과는 계단대립(Gradulle Opposition)[16]을 이루고 있다. 그리고 (13)과 (14)는 "자기 사정을 남에게 털어놓고 말하다"의 개념을 공유하고 있어 〈자기의 사정을 언표성〉이 공통으로 추가되나, 말하는 목적은 무표로 되어 있고, 또 "다른 사람의 사정을 잘 알아주다"의 개념도 공유하고 있어 〈남의 사정을 잘 이해성〉도 공통으로 추가되어 분절한다.

(15) 비진사정(備盡事情)하다   (16) 수소(愁訴)하다

(17) 애소(哀訴)하다   (18) 애원(哀願)하다

(19) 애호(哀呼)하다   (20) 탄원(歎願)하다

(21) 어필(appeal)하다[17]

---

16) Horst Geckeler(1973:25)는 "Graduelle Opposition sind solche Glieder durch verschiedene Grade oder Abstufungen derselben Eigenschaft gekennzeichnet sind...."라고 하였다.

    허 발(1977:54)은 이태리어의 온도 형용사의 계단대립을 다음과 같이 보여주고 있다.

```
gelato ──┐                        ┌─bollente(끓는 듯한)
 (언)    │                        ├─scottante(타는 듯한)
         ├─freddo─fresco─tiepido─caldo┤─rovente(작열하는 듯한)
dhiacciato┘ (찬)  (서늘한)(훈훈한)(따뜻한) └─candente(작열하고 있는)
 (언)
```

17) 서정수(1975:31)는 "동작성을 지닌 동사나 그와 유사한 특질을 가진 외래어가 우리말 문맥에 쓰일 때에는 '-하-'를 동반하여 쓴다. 외래어의 동사형 그대로를 인용하여

위의 (15)는 "부탁을 들어 주도록 아주 간절하게 사정하다"의 개념이니 〈매우 간절히 사정성→청탁 수락을 간청성〉이 추가되고, (16)은 "정성을 다하여 애처롭게 호소하다"의 개념이므로 〈정성으로 간청성＋애처롭게 호소성→도움을 청원성〉이 추가되며, (17)-(21)은 "소원이나 요구를 들어 달라고 애처롭게 호소하다"의 개념을 공유하고 있어 〈애처롭게 호소성 →소원, 요구를 간청성〉이 공통으로 추가되는 유의어이나, (21)만은 "운동 경기에서 상대팀의 반칙행위를 지적하고 심판에게 시정을 요구하다"의 개념도 가지고 있어 〈[운동선수], [감독]→심판에게 상대의 반칙을 지적성 →시정을 요구성〉이 더 추가되어 분절한다.

> (22) 청원(稱冤)하다   (23) 칭굴(稱屈)하다
> (24) 호원(呼冤)하다   (25) 원소(怨訴)하다

위의 (22)-(24)는 "원통함을 호소하다"의 개념을 공유하고 있어 〈원통 함을 호소성→설원을 간청성〉이 공통으로 추가되고, (25)는 "원망스런 하 소연을 하다"의 개념이므로 〈원망스럽게 호소성〉이 추가되어 분절한다.

> (26) 애걸(哀乞)하다   (27) 복걸(伏乞)하다
> (28) 애걸복걸(哀乞伏乞)하다   (29) 만단애걸(萬端哀乞)하다
> (30) 혼야애걸(昏夜哀乞)하다

위의 (26)은 "상대의 동정심에 호소하여 부탁을 들어 달라고 슬피 하소 연하여 빌다"의 개념이니 〈상대의 동정심에 슬프게 호소성→청탁 수락을 기원성〉이 추가되고, (27)과 (28)은 "부탁을 들어 달라고 애처롭게 사정히

쓰는 경우라도, 국어에서는 일단 명사형이나 명사처럼 간주하고 '-하-'를 첨가하여 동사 형식을 갖게 하는 과정을 거친다. 이때 선행 요소가 서술적 기능을 가지고 있어 '-하-'는 형식적 요소이거나 잉여적 요소에 불과하다."고 하였다.

여 엎드려 간절히 빌다"의 개념을 공유하고 있어 〈엎드려 애처롭게 호소
성→청탁 수락을 기원성〉이 공통으로 추가된다. 그리고 (29)는 "여러 가지

[그림7] 호소하는 분절구조(1)

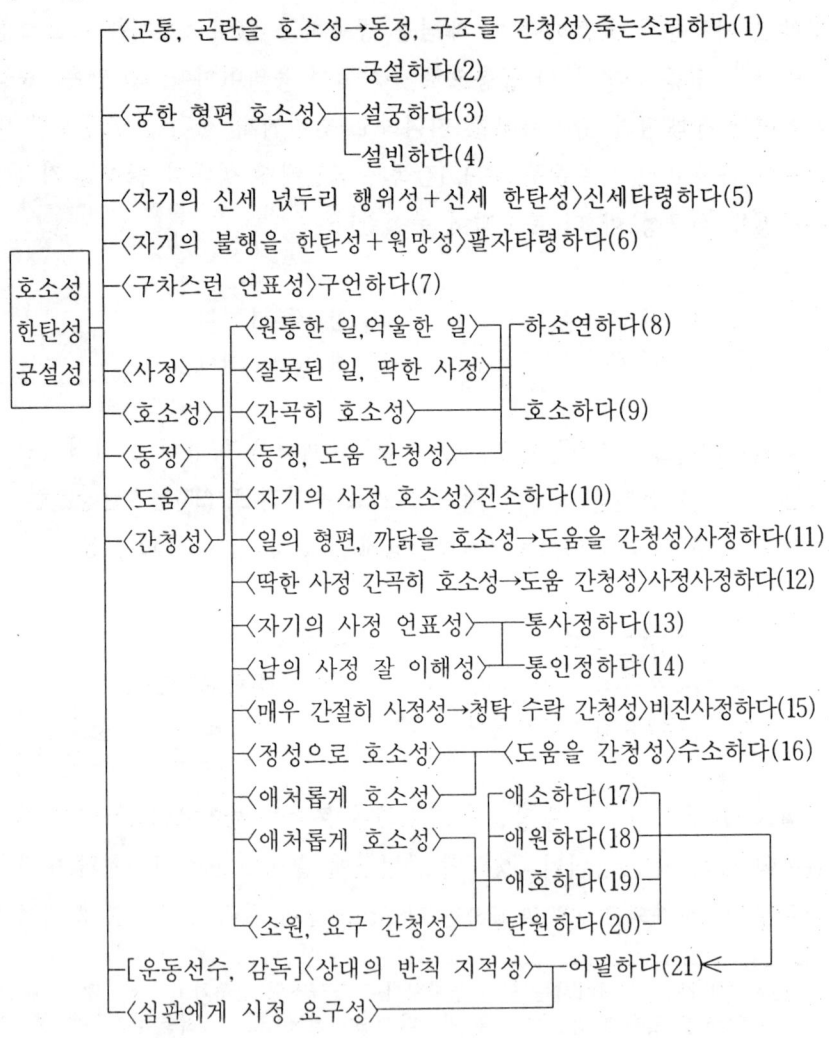

[그림8] 호소하는 분절구조(2)

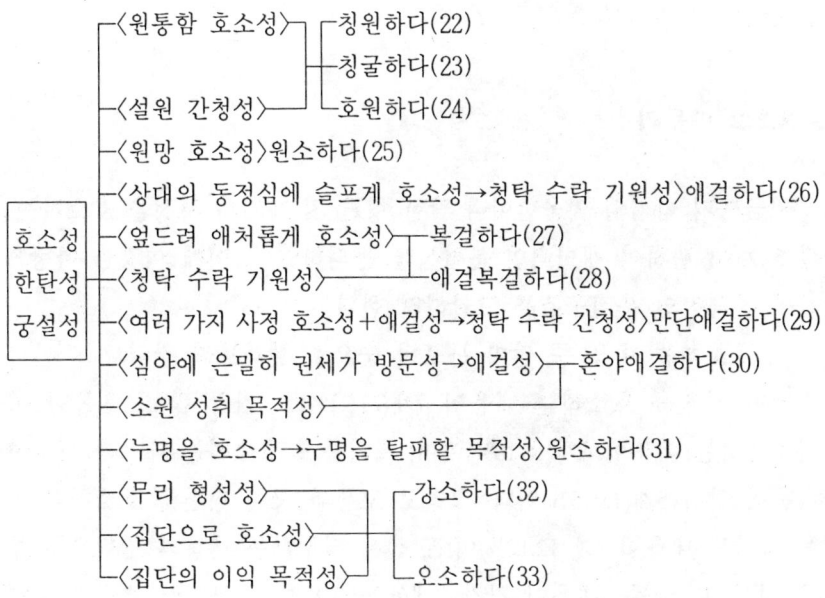

〈원통함 호소성〉 ─┬─ 칭원하다(22)
　　　　　　　　├─ 칭굴하다(23)
〈설원 간청성〉 ──┴─ 호원하다(24)
〈원망 호소성〉원소하다(25)
〈상대의 동정심에 슬프게 호소성→청탁 수락 기원성〉애걸하다(26)
〈엎드려 애처롭게 호소성〉─┬─ 복걸하다(27)
〈청탁 수락 기원성〉─────┴─ 애걸복걸하다(28)
〈여러 가지 사정 호소성＋애걸성→청탁 수락 간청성〉만단애걸하다(29)
〈심야에 은밀히 권세가 방문성→애걸성〉─┬─ 혼야애걸하다(30)
〈소원 성취 목적성〉──────────┘
〈누명을 호소성→누명을 탈피할 목적성〉원소하다(31)
〈무리 형성성〉────┬─ 강소하다(32)
〈집단으로 호소성〉 ─┤
〈집단의 이익 목적성〉┴─ 오소하다(33)

호소성
한탄성
궁설성

사정을 말하여 애걸하다"의 개념이니 〈여러 가지 사정을 호소성＋애걸성
→청탁 수락을 간청성〉이 추가되고, (30)은 "깊은 밤에 사람이 없는 틈을
타서 권세 있는 사람에게 애걸하다"의 개념이므로 〈심야에 은밀히 권세
가를 방문성→애걸성→소원 성취할 목적성〉이 추가되어 분절한다.

　(31) 원소(冤訴)하다　　　　　(32) 강소(强訴)하다
　(33) 오소(嗷訴)하다

　위의 (31)은 "억울한 죄를 호소하다"의 개념이니 〈누명을 호소성→누
명을 탈피할 목적성〉이 추가되고, (32)-(33)은 "무리를 지어 호소하다"의
개념을 공유하고 있어 〈무리 형성성→집단으로 호소성→집단의 이익을
추구할 목적성〉이 공통으로 추가되어 분절한다.

　지금까지 논의한 호소에 관련된 자동사의 분절구조는 [그림7], [그림8] 과 같다.

2.2.2 마무리

　지금까지 자기의 억울함이나 딱한 형편 및 자기의 사정을 호소하는 낱 말 33개에 관하여 개별적인 분절성을 논의하였다. 이제 이것을 바탕으로 하여 전체적인 분절구조를 고찰하려 한다.

　(1) 호소하는 내용 중 많이 분포된 순으로 살펴보려 한다.

　딱한 사정을 호소하는 내용이 7개(21.21%)로 가장 많고, 원통한 일을 하소연하는 내용이 6개(18.18%)이며, 애처롭게 호소하는 내용과 애걸하는 내용이 각각 5개(15.15%)이다. 그리고 고통과 궁한 형편을 호소하여 도움 을 청하는 내용이 4개(12.12%)이고, 신세 타령하는 내용과 집단으로 무리 를 지어 호소하는 내용이 각각 2개(6.06%)이며, 구차스런 호소와 누명을 호소하는 내용이 각각 1개(3.03%)이다.

　위와 같은 내용으로 보아 우리 언어공동체는 딱한 사정을 호소하는 내 용에 가장 큰 관심이 드러나 있고, 원통한 일을 호소하는 내용과 자기의 사정을 애걸하여 도움을 받으려는 내용에도 깊은 관심이 표현되어 있다. 그리고 자기의 궁한 형편을 호소하여 도움을 요청하는 내용에도 약간의 관심을 나타내고 있다.

　(2) 호소하는 사람의 신분이 드러나 있는 것 중 궁한 형편에 놓인 사람 이 15개(45.45%)이고, 원통한 일을 당한 사람이 7개(21.21%)이며, 무엇을 부탁하는 사람이 5개(15.15%)이다. 그리고 무리를 형성한 집단이 2개 (6.06%)이고, 운동선수나 감독, 불행한 사람, 누명 쓴 사람이 각각 1개 (3.03%)이다.

　(3) 호소하는 대상이나 객체는 윗사람의 언행이 11개(73.33%)이고, 타인

의 불만스런 언행이 2개(13.33%)이며, 하늘과 집단의 이익이 각각 1개(6.67%)이다.

(4) 우리 국어는 한자어가 수적으로 우위를 차지하고 있다. 국어사 전반을 통하여, 국어는 중국어와 가장 광범위하고 긴 접촉관계를 수립하여 왔다. 국어를 표기하기에 알맞은 고유 문자를 가지지 못한 채 수립된 중국어와의 접촉에서 국어는 심원한 영향을 받아왔다. 애초에 소수의 어휘 차용에서 차자표기법을 창안했고 드디어 한문 전부를 문자언어에 수용하게 되었다. 그래서 순수한 한문과 고유 국어문을 생각할 수 없게 되어 국한문 혼용체가 쓰이게 되었다(沈在箕, 1983:214).

호소하는 낱말밭에서는 한자어가 30개(90.91%)이고, 고유어는 '죽는소리하다, 하소연하다' 등 2개(6.06%)이며, 서구 외래어는 '어필(appeal)하다' 1개(3.03%)이다.

2.3 원망하다

2.3.1 원망하는 내용

다음 (1)-(15)까지는 "남의 행위에 대하여 마음에 마뜩치 않게 여기어 탓하거나 불평을 가지고 미워하다"의 내용을 함유하고 있어 〈남의 행위에 불평성+증오성→원망성〉이 공통으로 부가된다.

(1) 원망(怨望)하다   (2) 원대(怨懟)하다

이들은 "남의 행위에 대하여 마음에 마뜩치 않게 여기어 탓하거나 불평을 가지고 미워하여 말하다"의 개념을 공유하고 있어 〈남의 행위에 불만 불평성→타인 증오성→원망성〉이 공통으로 추가되는 유의어이므로

한 동아리에 묶었다.

(3) 종종거리다[18] (4) 쫑쫑거리다
(5) 쭝쭝거리다 (6) 앙알거리다
(7) 앙알앙알하다[19] (8) 엉얼거리다
(9) 엉얼엉얼하다 (10) 앙잘거리다
(11) 앙잘앙잘하다 (12) 엉절거리다
(13) 엉절엉절하다

---

18) 沈在箕(1983:401)는 "先行素가 지시하는 동작에 反復性을 추가하여 서술적 기능을 완결시킨다. 이것은 [-대-]와 交互選擇的으로 쓰일 수 있다(기웃거리, 달랑거리, 출렁거리). 이 동사화소는 통사적 기능에 변환을 불러오지 않고 선행 어근의 서술적 기능을 본래의 의미에 맞추어 완결시켜 주는 서술기능 완결소들이다."라고 하였다.
　신현숙(1986:81)은 [-거리다]를 다음과 같이 의미 분석하고 있다.
　① 화자의 흉내말인 어근을 동적인 표현으로 바꾸기 위하여 [-거리다]를 선택하고 있다.
　② 어근이 지시하는 흉내말을 연속되는 움직임으로 바꾸기 위하여 선택한다. 움직임이 2회 이상 계속될 때 선택한다.
　③ 움직임의 양끝을 인지하지 못하고 완성되지 않은 움직임처럼 인지한다.
　④ 동적인 표현과 밀접하게 관련되므로 정적인 어근과 잘 어울리지 않는다.
　⑤ 움직임, 소리, 느낌, 생김새의 모양이 다르게 나타나는 어근은 제한을 받는 정도가 높다.
　⑥ 완성된 움직임이라고 화자가 인지되면 선택하지 않는다.
19) 서정수(1975:31)는 "동작성을 지닌 동사나 그와 유사한 특질을 가진 외래어가 우리말 문맥에 쓰일 때에는 '-하-'를 동반하여 쓴다. 외래어의 동사형 그대로를 인용하여 쓰는 경우라도, 국어에서는 일단 명사형이나 명사처럼 간주하고 '-하-'를 첨가하여 동사 형식을 갖추게 하는 과정을 거친다. 이때 선행 요소가 서술적 기능을 가지고 있어 '-하-'는 형식적 요소이거나 잉여적 요소에 불과하다."고 하였다.
　신현숙(1986:87)은 '-하다'의 의미 특성을 다음과 같이 기술하고 있다.
　① 화자가 정적인 것으로 인지한 현상을 표현하거나 정적인 것으로 추리한 현상을 표현하기 위하여 선택하는 형식이다.
　② 어근이 지시하는 움직임을 단속(斷續)적인 움직임으로 바꾸어 표현하기 위하여 선택된다. 따라서 2회 이상 움직임을 지시하면서도 연속된 것으로 인지되지 않는다.
　③ 움직임의 출발점과 도착점을 모두 인지할 수 있는 완성된 움직임을 표현하기 위하여 선택된다. 따라서 완성상을 나타내는 형식이다.

위의 (3)-(5)는 "여자나 어린아이들이 남이 잘 알아듣지 못할 만큼 자꾸 원망하듯 군말로 종알거리다"의 개념을 공유하고 있어 〈[여자], [어린아이]→계속 원망하듯 어눌성＋불평성〉이 공통으로 추가된다. 이들은 평음과 경음, 양성모음과 음성모음의 교체로 어감(語感)[20]의 차이에서 오는 뉘앙스에 의하여 서로 분절되므로 (6)은 〈약한 어감〉이 더 추가되고, (4)는 〈강한 어감〉이 더 추가되며, (5)는 〈매우 강한 어감〉이 더 추가되어 분절한다. 그리고 (6)-(9)는 "윗사람에게 원망하는 뜻으로 종알종알 군소리를 하다"의 개념을 공유하고 있어 〈[아랫사람]→종알종알 어눌성→윗사람을 원망성〉이 공통으로 추가되나, 이들도 접사의 교체와 모음의 교체로 어감의 차이에서 오는 뉘앙스에 의하여 서로 분절된다. 따라서 (6)은 〈연속성＋약한 어감〉, (7)은 〈단속성＋약한 어감〉, (8)은 〈연속성＋중간정도의 어감〉, (9)는 〈단속성＋중간정도의 어감〉이 각각 더 추가되어 분절한다. (10)-(13)은 "낮은 소리로 윗사람에게 원망하는 뜻으로 종알거리다"의 개념을 공유하고 있어 〈[아랫사람]→저음으로 종알종알 어눌성→윗사람 원망성〉이 공통으로 추가되나, 이들도 접사와 모음의 교체로 어감의 차이에서 오는 뉘앙스에 의하여 서로 분절된다. 따라서 (10)은 〈연속성＋

---

20) 金敏洙(1972:142)는 "국어의 어감 표현은 母音相對의 차이(指小意素), 子音加勢의 차이(加勢意素). 음절의 길이, 疊形, 말음변환이다. 상징어는 거의 음의 반복으로 된 첩어들이다. 즉 音相의 對蹠(antipodes)에 따라 어감의 차이를 가장 인상 깊게 하는 의미의 전이(semantic shift)이다."라고 하고, 다음과 같은 표로 보여 주고 있다.

母音音素	덧意素
ㅏ ㅐ ㅗ(ㅚ) ㅑ ㅒ	小 少 明 急 輕 淸 銳 陽 薄 强
ㅓ ㅔ ㅜ(ㅟ) ㅡ ㅣ	大 多 暗 緩 重 濁 鈍 陰 厚 弱

子音音素	덧意素	語感의 크기
ㅂ ㄷ ㅈ ㄱ ㅅ ㅇ	順平·普通	예사 어감
ㅃ ㄸ ㅉ ㄲ ㅆ ㅎ	銳利·輕小	센 어감
ㅍ ㅌ ㅊ ㅋ	硬濁·鈍重	게센 어감

단 語感 부분은 필자가 첨가한 것이다.

약한 어감〉, (11)은 〈단속성＋약한 어감〉, (12)는 〈연속성＋중간정도의 어
감〉, (13)은 〈단속성＋중간정도의 어감〉이 각각 더 추가되어 분절한다.

　　(14) 원천우인(怨天尤人)하다　　　(15) 오오(嗷嗷)하다

　위의 (14)는 "하늘을 원망하고 사람을 탓하다"의 개념이니 〈하늘 원망
성＋사람을 탓하는 행위성〉이 추가되고, (15)는 "많은 사람이 원망하고
떠들다"의 개념이므로 〈[군중]→불평성＋원망성＋떠드는 행위성〉이 추가
되어 분절한다.

[그림9] 원망하는 분절구조

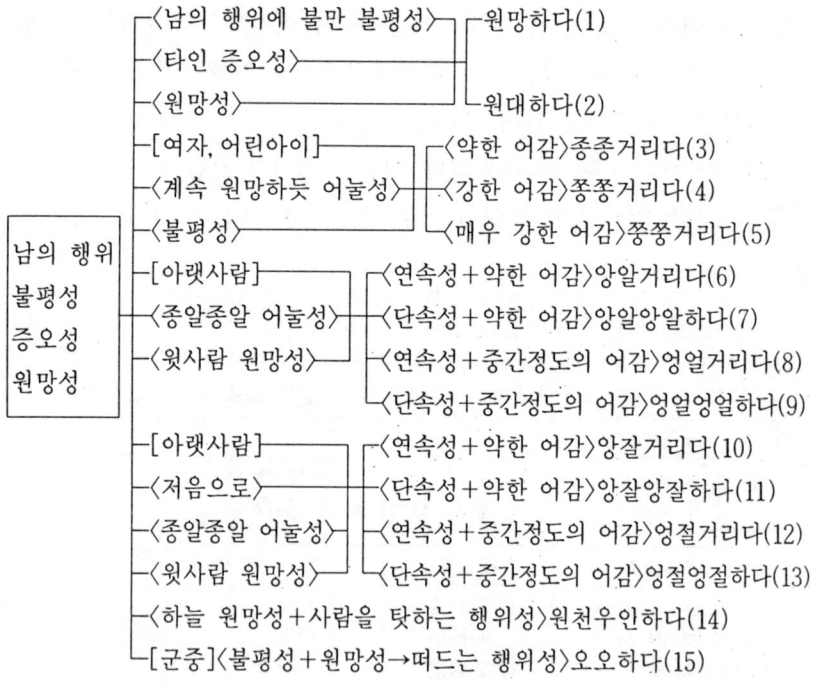

앞에서 논의한 원망에 관련된 자동사의 분절구조를 그림으로 그려보면 [그림9]와 같다.

2.3.2 마무리

이제까지 논의한 원망에 관련된 15개의 자동사에 대하여 개별적인 분절성을 논의하였다. 이제 이것을 바탕으로 하여 전체적인 분절구조를 요약하려 한다.

(1) 남을 원망하는 내용 중 많이 분포된 순으로 살펴보면 다음과 같다. 아랫사람이 윗사람께 불평하는 내용이 8개(53.53%)이고, 여자나 어린이가 원망하듯 종알거리는 내용이 3개(20%)이며, 불평 불만을 털어놓는 내용이 2개(13.33%)이다. 그리고 하늘을 원망하고 사람을 탓하는 내용과 무리를 지어 원망하며 떠드는 내용이 각각 1개(6.67%)이다.

위의 내용으로 보아 우리 민족은 아랫사람이 윗사람에게 불평하는 내용에 가장 큰 관심이 드러나 있다. 이는 가부장적 제도 하에서 윗사람이 아랫사람에게 복종만을 요구하는 우리의 세계상이 반영된 것으로 이해되며, 또 윗사람에게 정면으로 불평을 못하고 속으로만 중얼거리던 사회현상이 반영된 것으로 생각된다.

(2) 원망하는 주체를 알 수 있는 것은 12개(80%)이다. 이들의 내용은 아랫사람이 8개(53.33%)이고, 여자와 어린이가 3개(20%)이며, 군중이 1개(6.67%)이다.

(3) 원망하는 대상이나 객체는 윗사람의 언행이 11개(73.33%)이고, 타인의 불만스런 언행이 2개(13.33%)이며, 하늘과 집단의 이익이 각각 1개(6.67%)이다.

(4) 우리 국어는 수적으로 한자어가 우위를 차지하고 있다. 국어에 한자어가 결정적으로 많은 이유는 흔히 한자문화의 우위성에 두고 있음은

중요한 이유가 된다. 그러나 이것보다 더욱 결정적인 이유로서 국어와 한자어가 가진 형태적 조건을 들 수 있다. 국어는 형태상으로 보아 다음절어가 많기 때문에 단음절어인 한자어와의 의미충돌에서 항상 불리한 입장에 있다. 따라서 같은 뜻을 나타내기 위하여 음절수가 많은 고유어를 쓰는 것보다 간단한 한자어를 쓰는 것을 언중이 좋아하는 것은 너무도 당연한 일이다(千時權·金宗澤, 1986:156). 그런데 원망의 낱말밭에서는 고유어가 11개(73.33%)이고, 한자어는 4개(26.67%)이다. 그리고 혼종어와 서구 외래어는 하나도 없는 것이 특징이다.

2.4 절규하다

2.4.1 절규하는 내용

다음 (1)-(24)까지는 "큰 목소리로 외치거나 부르짖다"의 내용을 함유하고 있어 〈고함성, 절규성〉이 공통으로 부가된다.

(1) 소리지르다   (2) 소리치다
(3) 외치다   (4) 방성(放聲)하다
(5) 고함고함(高喊高喊)하다 (6) 고함지르다(高喊-)
(7) 고함치다(高喊-)   (8) 대규(大叫)하다
(9) 고함대규(高喊大叫)하다 (10) 고함질하다(高喊-)[21]

위의 낱말들은 "소리를 크게 지르다"의 내용을 함유하고 있어 〈고함성, 대규성〉이 공통으로 추가된다. 따라서 (1)-(4)는 "소리를 크게 지르다"의 개념을 공유하고 있어 〈고함성〉이 공통으로 추가되나, (2)는 "소릿바

---

21) 서정수(1975:25) 앞의 책 참조.

람을 마구 내다"의 개념도 가지고 있어 〈소릿바람을 함부로 발성성〉이 더 추가되므로 그만큼 정보량(entropy)[22]이 크다. 그리고 (5)-(8)은 "큰 목소리로 외치거나 부르짖다"의 개념을 공유하고 있어 〈큰 목소리로 고함성＋절규성〉이 공통으로 추가되고, (9)는 "높은 목소리로 크게 부르짖다"의 개념이므로 〈고성으로 크게 절규성〉이 추가되며, (10)은 "큰 목소리로 외치거나 부르짖다"의 내용을 속되게 표현한 말이므로 〈큰 목소리로 고함성＋절규성＋속된 표현성〉이 추가되어 분절한다.

(11) 악쓰다 (12) 일후(一吼)하다
(13) 극수(戟手)하다 (14) 왜장치다
(15) 규소(叫騷)하다 (16) 선소리치다

위의 (11)은 "악을 내어 소리치다"의 개념이니 〈악을 써서 고함성〉이 추가되고, (12)는 "크게 한 번 소리내어 울부짖다"의 개념이므로 〈크게 한 번 절규성〉이 추가되며, (13)은 "두 손을 창가지처럼 펼치거나 주먹을 불끈 쥐고 내저으며 소리를 지르다"의 개념이니 〈두 손으로 창가지 모양 형성성＋주먹 쥐어 내젓는 행위성→고함성〉이 추가된다. 그리고 (14)는 "누구라 맞대지 않고 헛되이 큰 소리를 치다"의 개념이니 〈특정 대상 없이 건성으로 고함성〉이 추가되고, 또 "왜장치며 돌아다니다"의 개념도 가지고 있어 〈왜장치며 돌아다니는 행위성〉이 더 추가되며, (15)는 "외치며 떠들다"의 개념이므로 〈고함치며 떠드는 행위성〉이 추가된다. (16)은 "맨 앞에 서서 소리를 치다"의 개념이니 〈선두에서 고함성〉이 추가되어 분절한다.

(17) 납함(納喊)하다 (18) 제성(齊聲)하다

---

22) 金芳漢 譯(1982:230)은 "한 코무니케이션 기호에 포함된 정보를 정보량(entropy)이라 한다. 대치의 가능성이 크면 클수록 그 기호가 전하는 정보량도 크다. 그러나 정보의 예측 가능성은 적다."고 하였다.

(19) 함성치다(喊聲-)   (20) 제창(齊唱)하다
(21) 일호백락(一呼百諾)하다

위의 낱말들은 여러 사람이 다 함께 소리지르는 내용이므로 〈[여러 사람]→제창성〉이 공통으로 추가된다. 따라서 (17)-(20)은 "여러 사람이 다 같이 큰 소리를 지르다"의 개념을 공유하고 있어 〈[여러 사람]→일제히 고함성〉이 공통으로 추가되나, (20)은 "동일 선율을 두 사람 이상이 동시에 노래 부르다"의 개념도 가지고 있어 〈[두 사람 이상]→동일 선율을 동시에 가창성〉이 더 추가되고, 또 "일제히 말을 연습하다"의 개념일 경우는 〈일제히 언어 연습성〉이 더 추가되는 다의어(多義語)23)이다. 그리고 (21)은 "한 사람이 소리를 내어 외치면 여러 사람이 이에 따르다"의 개념이므로 〈[한 사람]→선창성→[여러 사람]→제창성〉이 추가되어 분절한다.

(22) 뇌고납함(擂鼓納喊)하다   (23) 고함(鼓喊)하다
(24) 신불림하다

위의 (22)는 "북을 마구 치며 큰소리로 고함을 지르다"의 개념이니 〈마구 타고성→크게 고함성〉이 추가되고, (23)은 "북을 치면서 여러 사람 앞

---

23) 李益煥(1986:95)은 "다의어(polysemy)는 하나의 어휘가 둘 이상의 의미적 장(semantic field)에 참여하거나 혹은 하나의 場 내에서 같은 어휘가 더 포괄적인 장에 속하고, 또 그 장 내의 더 독특한 부분장(sub-field)에도 속하는 경우가 될 때 나타난다."고 하였다.

金敏洙(1983:50)는 "多義性과 관련된 것은 의미적 우연성이다. 이것은 어떤 단어의 의미에서 다른 의미가 파생될 경우, 그 原義와 轉義의 사이에 파생의 연유가 되는 어떤 聯想關係가 있어서 생긴다. 그런데, 原義가 사라지지 않고 계속 쓰이면 그 단어의 두 의미는 유연적 다의성이 된다."고 하였다.

Kempson(1980:9-10)은 "한 어휘에 두 가지 해석을 줄 수 있는 하나의 환경에서 동시에 가능한 상황에서만 그 어휘의 다의성이 인정된다. 그렇지 않는 경우는 모두 동음이의어로 처리해야 한다."고 하였다.

에서 큰 소리를 지르다"의 개념이므로 〈여러 사람 앞에서 타고성→큰 소리로 고함성〉이 추가되며, (24)는 "신장수가 신발을 팔기 위하여 소리 높이 외치다"의 개념이니 〈[신장수]→고함성→신발 팔기 위한 목적성〉이 추가되어 분절한다.

다음 (25)-(41)까지는 "큰 소리로 말하거나 소리치다"의 내용을 함유하고 있어 〈절규성〉이 공통으로 추가된다.

(25) 절규(絶叫)하다   (26) 부르짖다
(27) 규호(叫號)하다   (28) 규후(叫吼)하다

위의 (25)는 "힘을 다하여 부르짖다"의 개념이니 〈전력으로 절규성〉이 추가되고, (26)은 "큰 소리로 말하거나 소리치다"의 개념이므로 〈고성으로 언표성〉과 〈고성으로 절규성〉이 내용에 따라 추가되고, 또 "소리 높이 주장하거나 하소연하다"의 개념도 가지고 있어 〈소리 높여 주장성〉과 〈소리 높여 하소연하는 행위성〉도 내용에 따라 추가되며, "원통한 사정을 말하며 크게 울다"의 개념일 경우는 〈원통한 사정을 술회성→방성대곡성〉이 더 추가된다. 그리고 (27)은 "큰 소리로 부르짖다"의 개념이니 〈큰 소리로 절규성〉이 추가되고, (28)은 "큰 소리를 내어 울며 부르짖다"의 개념이므로 〈방성대곡성→절규성〉이 추가되며, 또 "바람이나 파도 따위가 세차게 요란한 소리를 내다"의 개념도 가지고 있어 〈[바람], [파도]→세차고 요란한 소리를 생성성〉이 더 추가되어 분절한다.

(29) 아우성치다   (30) 규고(叫苦)하다

위의 (29)는 "여러 사람이 한꺼번에 기세를 올리거나 악을 쓸 때 고함지르다"의 개념이니 〈[여러 사람]→기세가 등등성＋악쓰는 행위행→동시

58

에 고함성〉이 추가되고, (30)은 "괴로움을 부르짖다"의 개념이므로 〈괴로
움을 절규성〉이 추가되어 분절한다.

(31) 애호(哀號)하다   (32) 비소(悲嘯)하다
(33) 반호(攀號)하다   (34) 호천(呼天)하다
(35) 호천고지(呼天叩地)하다

위의 (31)과 (32)는 "슬프게 부르짖다"의 개념을 공유하고 있어 〈슬프게
절규성〉이 공통으로 추가되고, (33)은 "억울하거나 원통하거나 슬프거나
할 때에 땅을 치고 부르짖다"의 개념이므로 〈억울성＋원통성＋비통성→
땅을 치며 절규성〉이 추가된다. 그리고 (34)는 "하늘을 우러러 부르짖다"
의 개념이니 〈하늘을 우러러 절규성〉이 추가되고, (35)는 "매우 애통하여
하늘을 우러러 부르짖고 땅을 치다"의 개념이므로 〈매우 애통성→하늘
을 우러러 절규성→땅을 치는 행위성〉이 추가되어 분절하므로, (34)와는
계단대립을 이루고 있다.

(36) 우짖다   (37) 울부짖다
(38) 비명(悲鳴)하다   (39) 비명울리다(悲鳴-)

위의 (36)과 (37)은 "울며 부르짖다"의 개념을 공유하고 있어 〈울며 절
규성〉이 공통으로 추가되나, (36)은 "새가 울어 지저귀다"의 개념도 가지
고 있어 〈[새]→우짖는 행위성〉이 더 추가된다. 그리고 (38)은 "위험, 공포
등을 느낄 때에 갑자기 외마디 소리를 지르다"의 개념이니 〈위험, 공포
에 봉착성→비명성〉이 추가되고, 또 "슬피 울다"의 개념도 가지고 있어
〈슬프게 읍곡성〉이 더 추가되며, (39)는 "일이 어려운 형편에 놓여 있을
때에 견뎌내지 못하고 약한 소리를 내다"의 개념이므로 〈어려운 일에 당

면성→인내에 한계성→약한 소리를 발성성〉이 추가되어 분절한다.

    (40) 기겁하다   (41) 기급(氣急)하다

이들은 "갑자기 몹시 놀라거나 겁에 질리어 숨이 막힐 듯한 소리를 지르다"의 개념을 공유하고 있어 〈갑자기 경악성→공포성→숨막히듯 비명성〉이 공통으로 추가되어 분절한다.

다음은 기뻐서 환호하거나 신에게 소원을 비는 내용을 함유하고 있다.

    (42) 환호(歡呼)하다   (43) 환성지르다(歡聲-)
    (44) 환호작약(歡呼雀躍)하다

위의 (42)와 (43)은 "기쁘거나 반가워서 큰 소리로 고함을 지르다"의 개념을 공유하고 있어 〈환희성＋반색성→크게 환성성〉이 공통으로 추가되고, (44)는 "기뻐서 소리치며 날뛰다"의 개념이므로 〈환희성＋펄펄 뛰는 행위성〉이 추가되어 분절한다.

    (45) 이령수하다   (46) 주원(呪願)하다

위의 (45)는 "두 손을 싹싹 비비면서 신에게 말로 고하다"의 개념이니 〈신에게 비손성→말로 비는 행위성〉이 추가되고, (46)은 "식사 때나 법회 때에 주문을 읽으며 일의 성취나 복을 빌다"의 개념이므로 〈[불교 신자]→식사 때, 법회 때에 주문을 낭송성→사업 성취, 행복을 기원성〉이 추가되어 분절한다.

앞에서 논의한 절규 자동사의 분절구조는 다음과 같다.

[그림10] 절규하는 분절구조(1)

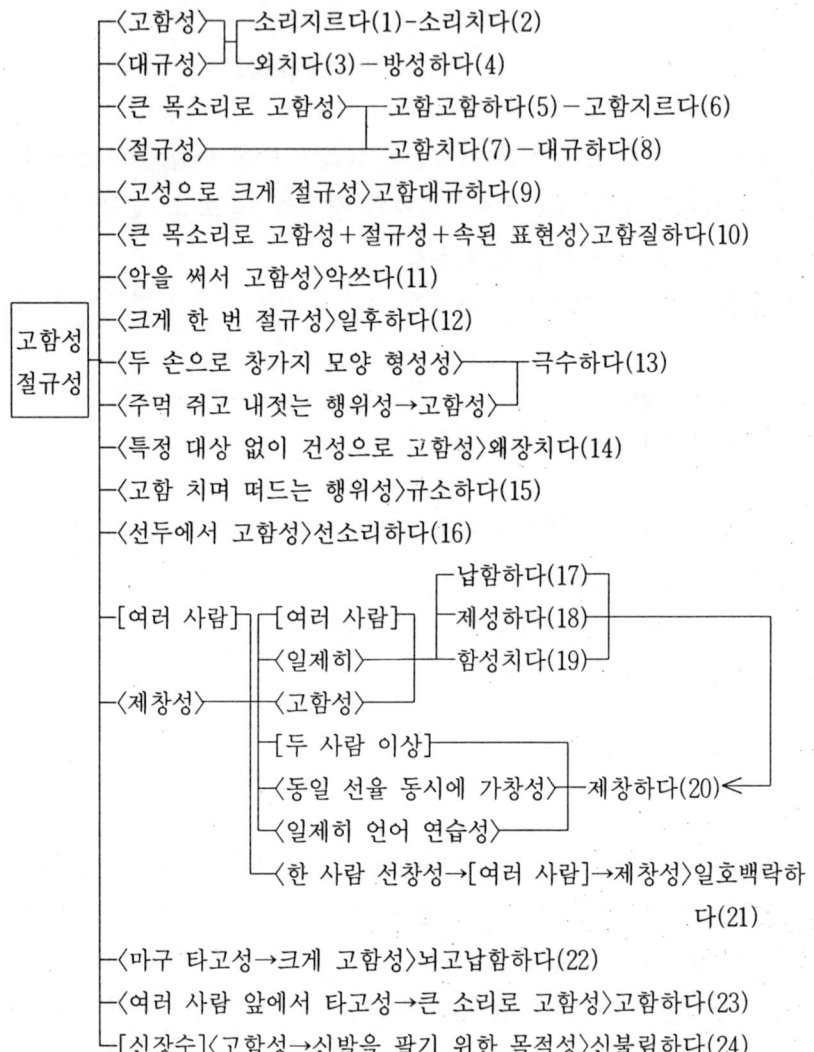

[그림11] 절규하는 분절구조(2)

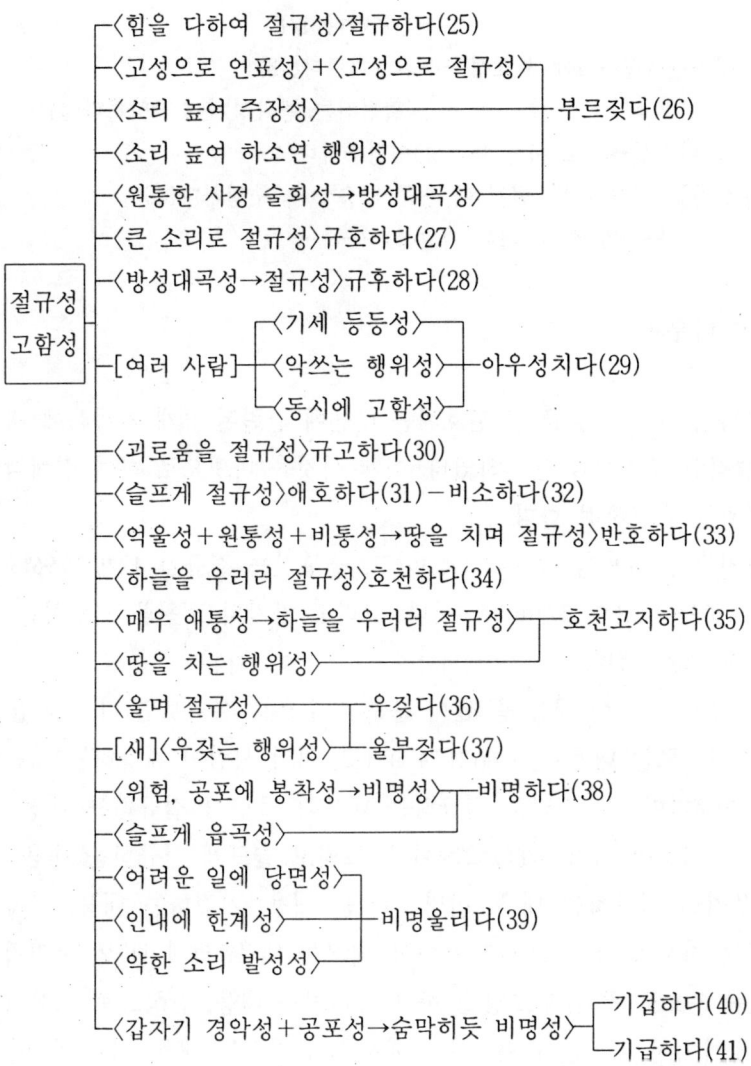

[그림12] 환호, 기원하는 분절구조

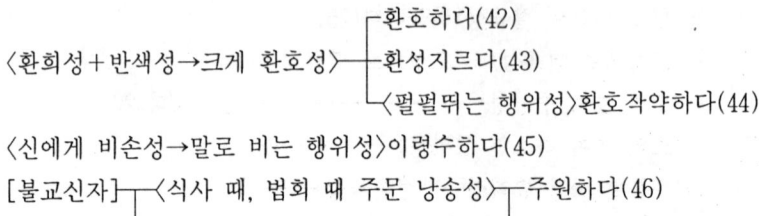

2.4.2 마무리

이제까지 고함과 절규 및 환호치는 내용에 관련된 46개 자동사에 대하여 개별적인 분절성을 논의하였다. 이제 이것을 바탕으로 하여 전체적인 분절구조를 요약하려 한다.

고함지르는 내용이 24개(52.17%)이고, 울부짖는 절규가 17개(36.96%)이며, 환호하는 내용이 3개(6.52%)이다. 그리고 자기의 소원을 기원하는 내용이 2개(4.35%)이다.

(1) 앞에서 논의한 내용 중 많이 분포된 순으로 살펴보면 다음과 같다. 크게 소리지르는 내용이 10개(21.74%)이고, 여러 사람이 제창하는 내용이 5개(10.87%)이며, 큰 소리로 절규하는 내용과 울면서 절규하는 내용 및 환호치는 내용이 각각 3개(6.52%)이다. 그리고 슬프게 절규하는 내용, 하늘을 우러러 절규하는 내용, 비명 지르는 내용, 기겁하는 내용, 신에게 기원하는 내용이 각각 2개(4.35%)이고, 악쓰는 내용, 크게 한 번 소리치는 내용, 두 손으로 창가지 모양을 하고 소리치는 내용, 건성으로 고함치는 내용, 고함치며 떠드는 내용, 맨 앞에서 고함지르는 내용, 북을 치며 고함치는 내용, 여러 사람 앞에서 북을 치며 고함치는 내용, 신장수가 신을 팔기 위해 소리치는 내용, 여러 사람이 절규하는 내용, 괴로움을 절규하는 내용, 억울하여 땅을 치며 절규하는 내용 등이 각각 1개(2.17%)이다.

(2) 절규하는 주체의 신분을 알 수 있는 것은 7개이다. 이들의 내용은 여러 사람이 5개(10.87%)이고, 신장수와 불교신자가 각각 1개(2.17%)이다.

(3) 절규하는 대상과 객체를 알 수 있는 것은 28개이다. 이들의 내용은 원통함이 9개(19.57%)이고, 놀람이 4개(8.7%)이며, 기쁨과 울음이 각각 3개 (6.52%)이다. 그리고 어려운 일과 북이 각각 2개(4.35%)이다. 그리고, 신발, 노래, 위험, 신(神), 부처, 법회, 식사, 사업, 행복, 소원, 인내 등이 각각 1 개(2.17)이다.

(4) 우리 국어는 한자어가 수적으로 우위를 점유하고 있다. 훈민정음이 비록 어리석은 백성을 위한 문자로 창제되었다 하나, 그것을 실제로 배 우고 쓴 계층이 실질적으로 사대부들이었음을 감안하면, 그 사대부들에 의하여 한자어가 한글로 적혀오는 과정에서 한자어는 국어 어휘체계 속 에 점진적으로 확산되고 정착되어 왔다고 믿어진다. 따라서 한자어가 계 속 증가되어 마침내 국한문 혼용이라는 기구한 문자생활을 하게 된, 이 른바 개화기에 와서 오늘날과 같은 한자어 폭주현상을 겪게 된 것이다. 더구나 한문화를 바탕으로 하는 학문과 문화적 풍토는 고유어에 의한 조 어 능력마저 감퇴되기에 이르러 오늘날 우리는 한자어를 쓰지 않고 노랫 말 한 줄은커녕 편지글 한 대목도 쓸 수 없는 기형적 언어생활을 하지 않을 수 없게 된 것이다. 석보상절뿐만 아니라, 선조대왕의 언문 교지나 숙종 때의 사대부의 편지글들이 고유어로 짜여졌으면서도 얼마나 아름 답고 풍부한가를 보면 오늘날 우리들이 국어를 다듬기 위해서 해야 할 일이 무엇인가를 새삼 깨닫게 된다(김종택, 1992:88).

절규하는 낱말밭에서도 한자어가 27개(58.7%)로 과반수가 넘고 있으며, 우리 고유어는 13개(28.26%)에 불과하고, 한자어와 고유어가 융합된 혼종 어는 6개(15.22%)이다. 그리고 서구 외래어는 하나도 없다.

2.5 인사하다

2.5.1 인사하는 내용

이 부분밭은 "안부를 묻거나 공경하는 뜻을 나타내기 위하여 예를 표하다"의 내용(inhalt)[24]을 함유하고 있어 〈인사성, 문안성〉이 공통으로 부가된다.

(1) 인사(人事)하다　　　　(2) 통성명(通姓名)하다
(3) 통성(通姓)하다　　　　(4) 입인사하다(-人事-)
(5) 평인사(平人事)하다　　(6) 근화사례(近火謝禮)하다

위의 (1)은 "안부를 묻거나 공경하는 뜻을 나타내기 위하여 예를 표하다"의 개념이니 〈문안성＋공경의 뜻을 표현성→예의 표현성〉이 추가되고, 또 "서로 알지 못하던 사람끼리 서로 통성명으로 자기 소개를 하다"의 개념일 경우는 〈초면성→상호 통성명성→자기 소개성〉, "사람들 사이에 지켜야 할 예의를 지키다"의 개념일 경우는 〈인륜지예의 준수성〉, "입은 은혜를 갚거나 치하하다"의 개념일 경우는 〈보은성＋입은 은혜를 치하성〉, "자연의 힘에 대하여 사람이 할 일을 하다"의 개념일 경우는 〈자연에 대해 인간의 의무를 수행성〉, "기업 경영 등에서 인사관리를 하다"의 개념일 경우는 〈인사관리성→기업을 경영성〉이 내용에 따라 각각 추가되어 분절되는 다의어(多義語)[25]이다. 그리고 (2)와 (3)은 "처음으로 인사할 때 성명을 알려주다"의 개념을 공유하고 있어 〈초면성→상호 통성

---

24) 金敏洙(1983:13)는 "언어는 음성형식으로써 정신 내용을 전달한다. 그런데, 형식적인 음성은 물리현상이며, 내용인 의미는 순전한 정신현상이다. 정신 현상의 연구는 심리학의 영역이지만, 전달 행위에서 음성과 관련지어진 심리현상은 언어학의 대상이다"고 하였다.

25) 李益煥(1986:95), 金敏洙(1983:50) 앞의 책 참조.

명성→자기 소개성〉이 공통으로 추가되는 유의어(類義語)26)이므로 한 동아리에 묶었고, (4)는 "절인사가 아닌 말로 인사하다"의 개념이니 〈구두로 인사성〉이 추가된다. (5)는 "특별한 격식을 차리지 않고 보통으로 인사하다"의 개념이니 〈특별한 격식 무시성→보통으로 인사성〉이 추가되고, (6)은 "자기 집에서 불이 나 이웃집이 손해는 안 입었으나 근심을 끼쳐서 미안하다고 인사하다"의 개념이므로 〈자기 집에서 화재 발생성→이웃에 피해가 없는 상태성→염려 끼쳐 죄송하다는 인사성〉이 추가되어 분절한다.

(7) 혼정(昏定)하다27)　　　　(8) 신성(晨省)하다
(9) 혼정신성(昏定晨省)하다　　(10) 출필고(出必告)하다
(11) 반필면(反必面)하다28)

위의 낱말들은 자식들이 부모님께 인사드리는 내용이므로 〈[자식들]→부모님께 인사성〉이 공통으로 추가된다. 따라서 (7)은 "밤에 잘 때 부모님의 침소에 가서 밤새 안녕하시기를 여쭙다"의 개념(concept)29)이니 〈[자식]→밤마다 부모님의 침소 방문성→문안 인사성〉이 추가되고, (8)은 "아침에 일어나 부모님의 침소에 가서 밤새 안녕했는가를 여쭙다"의 개념이므로 〈[자식]→아침마다 부모님의 침소 방문성→문안 인사성〉이 추가되며, (9)는 "조석으로 부모님의 안부를 물어 살피다"의 개념이니 〈[자식]→조석으로 부모님께 문안 인사성〉이 추가된다. 그리고 (10)은 "밖으로 나갈 때마다 부모님께 가는 곳을 반드시 알리다"의 개념이니 〈[자식]→외출할 때마다 부모님께 외출처 보고성→외출 인사성〉이 추가되고, (11)은 "밖에서 돌아왔을 때마다 반드시 부모님를 뵙고 돌아왔음을 알리다"의

---

26) Palmer, F.R.(1976:95), 남기심 외 2인(1985:156) 앞의 책 참조.
27) 沈在箕(1983:355), S. Martin(1954:17), G.J. Ramstedt(1939:66~67) 앞의 책 참조.
28) '出必告 反必面'은 「禮記 曲禮 上」에 보인다.
29) 김봉주(1988:26), R.M. Kempson(1977:21) 앞의 책 참조.

66

개념이므로 〈[자식]→귀가 때마다 부모님께 보고성→귀가 인사성〉이 추
가되어 분절한다.

(12) 안부(安否)하다   (13) 탐후(探候)하다
(14) 문안(問安)하다   (15) 문안드리다(問安-)
(16) 사후(伺候)하다   (17) 승후(承候)하다

위의 (12)와 (13)은 "남의 안부를 묻다"의 개념을 공유하고 있어 〈남에
게 안부 인사성〉이 공통으로 추가되고, (14)와 (15)는 "웃어른께 안부를
여쭈어 인사하다"의 개념을 공유하고 있어 〈웃어른께 안부 인사성〉이 공
통으로 추가되나, (15)는 〈존대어 사용성〉이 더 추가되어 분절한다. 그리
고 (16)과 (17)은 "웃어른께 문안드리다"의 개념을 공유하고 있어 〈웃어른
께 문안 인사성〉이 공통으로 추가되어 분절한다.

(18) 세배(歲拜)하다   (19) 세문안(歲問安)하다
(20) 세알(歲謁)하다   (21) 새해인사하다(-人事-)
(22) 서발하다

위의 낱말들은 "섣달 그믐이나 정초에 웃어른께 인사로 절하다"의 개
념을 공유하고 있어 〈섣달 그믐, 정초에 웃어른 예방성→세배성〉이 공통
으로 추가되는 유의어이므로 한 동아리에 묶었다.

(23) 사빙(使聘)하다   (24) 음문(音問)하다
(25) 문후(問候)하다   (26) 상후(上候)하다

위의 (23)은 "심부름꾼을 보내어 안부를 묻다"의 개념이니 〈심부름꾼
파견성→문안성〉이 추가되고, (24)는 "먼 곳에 소식을 전하여 안부를 묻

다"의 개념이니 〈문안 편지성〉이 추가된다. 그리고 (25)와 (26)은 "웃어른께 편지로 안부를 묻다"의 개념을 공유하고 있어 〈웃어른께 문안 편지성〉이 공통으로 추가되나, (26)은 "임금님이 편지하다"의 개념도 가지고 있어 〈임금님이 편지성〉이 더 추가되어 분절한다.

(27) 사과(謝過)하다   (28) 사죄(謝罪)하다
(29) 진사(陳謝)하다

위의 낱말들은 "상대편에게 자기가 잘못한 허물에 대하여 용서를 빌다"의 개념을 공유하고 있어 〈자기의 허물을 용서하길 간구성＋사죄성〉이 공통으로 추가되어 분절한다.

(30) 고별(告別)하다   (31) 사결(辭訣)하다
(32) 사별(辭別)하다

위의 (30)은 "작별을 고하다"의 개념이니, 작별을 아뢰는 것이 변별성을 가지고 있어 〈작별을 고하는 행위성〉이 추가되고, (31)은 "작별하는 인사의 말을 하다"의 개념이므로, 작별의 인사가 변별력을 가지므로 〈작별의 인사말 행위성〉이 추가되며, (32)는 "만나서 인사를 하고 헤어지다"의 개념이니, 직접 만나서 인사를 나눈 후 헤어지는 것이니 〈직접 상면성→작별 인사성〉이 추가되어 분절한다.

(33) 식사(式辭)하다   (34) 개식사(開式辭)하다
(35) 폐식사(閉式辭)하다   (36) 폐회사(閉會辭)하다
(37) 송년사(送年辭)하다   (38) 취임사(就任辭)하다
(39) 환영사(歡迎辭)하다   (40) 주례사(主禮辭)하다
(41) 고별사(告別辭)하다   (42) 조사(弔辭)하다

위의 낱말들은 어떤 식장에서 그 식에 대하여 인사말을 하는 내용이므로 〈식장에서 인사말 행위성〉이 공통으로 추가된다. 따라서 (33)은 "식장에서 그 식에 대하여 인사말을 하다"의 개념이니 〈식장에서 그 식에 대해 인사말 행위성〉이 추가되므로, 이 작은 부분밭에서 원어휘소[30]가 된다. 그리고 (34)는 "의식을 시작할 때 인사말을 하다"의 개념이니 〈의식이 시작될 때 인사말 행위성+개식사 행위성〉이 추가되고, (35)는 "의식이 끝날 때에 인사말을 하다"의 개념이므로 〈의식이 끝날 때에 인사말하는 행위성〉이 추가되며, (36)은 "폐회할 때에 인사말을 하다"의 개념이니 〈폐회 때에 인사말 행위성〉이 추가된다. (37) "묵은 해를 보내면서 서로 나누는 인사말이나 이야기를 하다"의 개념이니 〈송년 때 상호 인사말 행위성+상호 담화성〉이 추가되고, (38)은 "취임하는 사람이 취임할 때 인사말을 하다"의 개념이므로 〈취임 때 인사말 행위성〉이 추가되며, (39)는 "환영의 뜻을 나타내는 인사말을 하다"의 개념이니 〈환영의 뜻으로 인사말 행위성〉이 추가된다. 그리고 (40)은 "주례가 혼례식에 참석한 신랑 신부와 여러 내빈에게 축사하다"의 개념이니 〈[주례]→혼례식에서 축사성〉이 추가되고, (41)은 "전임(轉任), 퇴관(退官) 또는 퇴직할 때에 작별을 고하는 말을 하다"의 개념이므로 〈전임, 퇴관, 퇴직 때 고별 인사성〉이 추가되며, 또 "장례식 때 죽은 사람에게 이별을 고하는 말을 하다"의 개념이니 〈장례식 때 망자와 고별하는 인사말 행위성〉이 더 추가된다. (42)는 "죽은 이를 슬퍼하여 조상(弔喪)의 뜻을 표하다"의 개념이니 〈망자를 애도하는 조상의 뜻 표현성〉이 추가되어 분절한다.

---

30) 허 발 엮어 옮김(1997:433)에서 "언어 안에서 단순한 낱말로서 존재하는 개개의 단위는 모두 내용적으로 하나의 어휘소이다. 그리고, 한 낱말밭의 내용 전체에 상응하는 단위는 '원어휘소'이다. 예를 들어 Rind(소)는 Ochse(거세된 황소), Kuh(암소), Bulle(종우), Stier(황소), Kalb(송아지)에 대한 원어휘소이다. 그러나, 모든 언어가 원어휘소가 있는 것은 아니다. 그래서 jung-new-alt에는 원어휘소가 없다. 이런 경우에는 어휘소가 원어휘소가 될 수도 있다."고 하였다.

앞에서 논의한 인사 자동사의 분절구조를 그림으로 그려보면 다음과
같은 수형도(tree diagram)31)가 된다.

[그림13] 인사하는 분절구조(1)

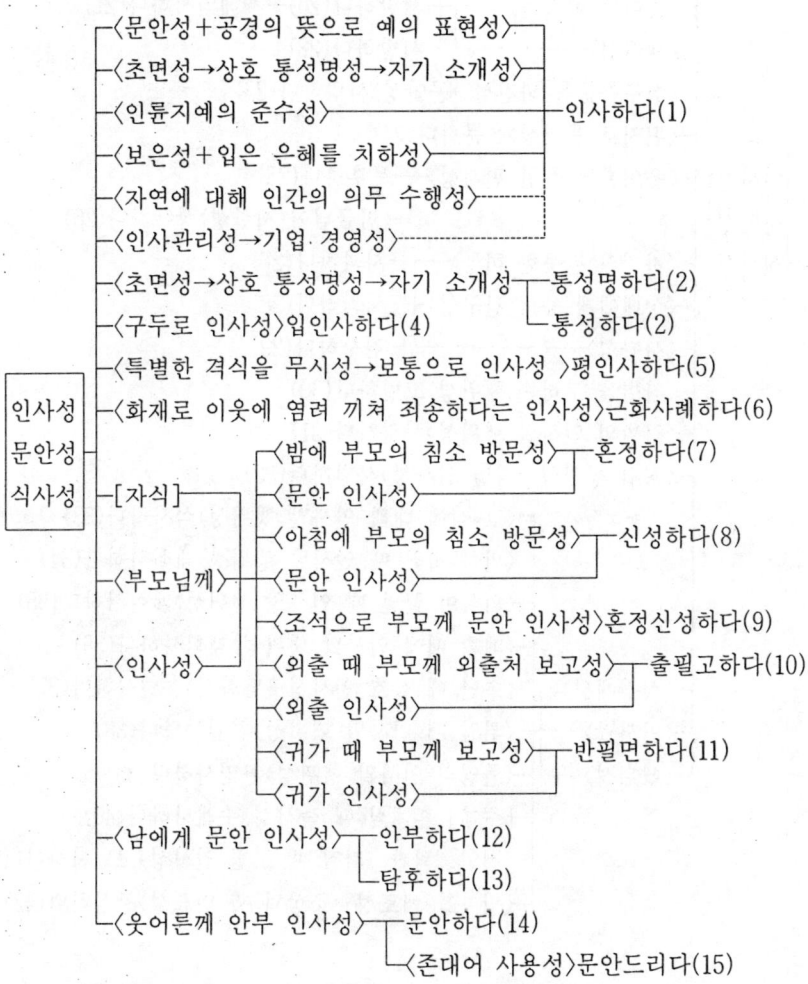

_____

31) E.A. Nida(1979:40) 앞의 책 참조.

[그림14] 인사하는 분절구조(2)

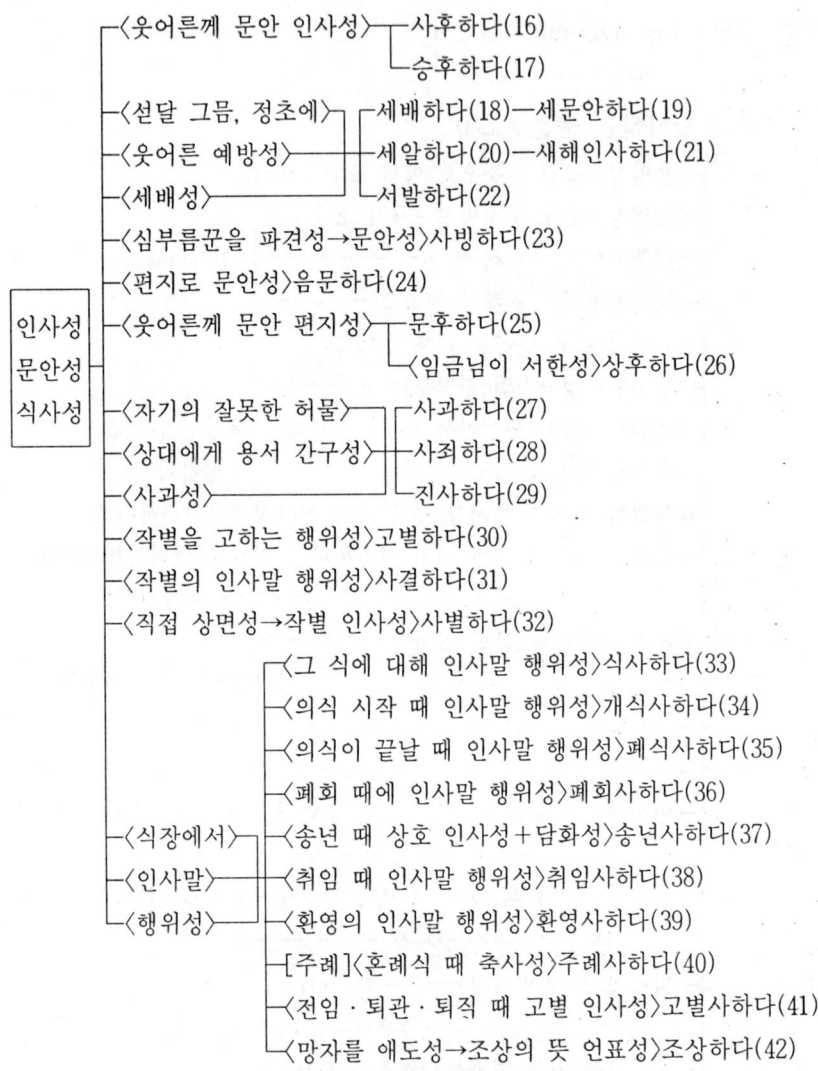

〈웃어른께 문안 인사성〉┬사후하다(16)
                        └승후하다(17)

〈섣달 그믐, 정초에〉┬세배하다(18)—세문안하다(19)
〈웃어른 예방성〉──┼세알하다(20)—새해인사하다(21)
〈세배성〉──────└서발하다(22)

〈심부름꾼을 파견성→문안성〉사빙하다(23)

〈편지로 문안성〉음문하다(24)

〈웃어른께 문안 편지성〉┬문후하다(25)
                        └〈임금님이 서한성〉상후하다(26)

〈자기의 잘못한 허물〉┬사과하다(27)
〈상대에게 용서 간구성〉┼사죄하다(28)
〈사과성〉──────└진사하다(29)

〈작별을 고하는 행위성〉고별하다(30)

〈작별의 인사말 행위성〉사결하다(31)

〈직접 상면성→작별 인사성〉사별하다(32)

인사성
문안성
식사성

〈식장에서〉
〈인사말〉
〈행위성〉

〈그 식에 대해 인사말 행위성〉식사하다(33)

〈의식 시작 때 인사말 행위성〉개식사하다(34)

〈의식이 끝날 때 인사말 행위성〉폐식사하다(35)

〈폐회 때에 인사말 행위성〉폐회사하다(36)

〈송년 때 상호 인사성＋담화성〉송년사하다(37)

〈취임 때 인사말 행위성〉취임사하다(38)

〈환영의 인사말 행위성〉환영사하다(39)

[주례]〈혼례식 때 축사성〉주례사하다(40)

〈전임·퇴관·퇴직 때 고별 인사성〉고별사하다(41)

〈망자를 애도성→조상의 뜻 언표성〉조상하다(42)

2.5.2 마무리

현대 국어 자동사 가운데 인사에 관련된 42개의 낱말에 대하여 개별적인 분절성을 해명하였다. 이제 이것을 바탕으로 하여 전체적인 분절구조를 고찰하려 한다.

(1) 인사에 관련된 자동사의 내용을 많이 분포된 순으로 살펴보면 다음과 같다.

의식석상에서 인사말을 하는 내용이 10개(23.81%)로 가장 많고, 새해에 웃어른께 세배 드리는 내용이 5개(11.91%)로 다음으로 많으며, 웃어른께 문안드리는 내용이 4개(9.52%)로 세 번째로 많다. 그리고 초면에 상호 통성명하는 내용, 웃어른께 문안 편지를 드리는 내용, 자기 잘못을 사과하는 내용, 작별인사를 하는 내용이 각각 3개(7.14%)이고, 남에게 문안을 드리는 내용이 2개(4.76%)이며, 막연히 인사하는 내용, 구두로 인사하는 내용, 특별한 격식이 없이 보통으로 인사하는 내용, 밤에 부모님의 침소에 가서 문안드리는 내용, 아침에 부모님의 침소에 가서 문안드리는 내용, 조석으로 부모님께 인사드리는 내용, 외출할 때 부모님께 인사드리는 내용, 귀가하여 부모님께 인사드리는 내용, 심부름꾼을 보내어 문안드리는 내용이 각각 1개(2.38%)이다.

위의 분포로 보아 우리 언어공통체(Sprachgemeinschaft)[32]는 새해에 웃어른께 세배 드리는 내용과 조석으로 부모님께 문안드리는 내용 및 웃어른께 문안드리는 내용에 깊은 관심이 드러나 있고, 초면에 상호 통성명하는 내용과 문안편지 드리는 내용에도 큰 관심이 표현되어 있다.

---

32) Leo Weisgerber(1967:21)는 "der Inbegriff der Menschen, die in Wirkungszusammenhang der stehen"이라고 하였다. 언어 공동체를 결속시키는 것은 모국어의 세계상이다. 즉 모국어의 작용을 통해 언어공동체 전구성원들이 공통의 차원에 올라서고, 이러한 차원 위에서 그들의 정신적 만남이 가능하다. 물론 모국어의 세계상은 긴 세월의 흐름 속에서 언어공동체의 노력을 통해 형성된다.

(2) 인사말을 하는 주체는 아랫사람이 12명(28.57%)으로 가장 많고, 자식이 5명(11.91%)으로 다음으로 많으며, 인사말을 하는 일반인, 처음 만나는 사람, 잘못을 저지른 사람, 작별하는 사람이 각각 3명(7.14%)이다. 그리고 심부름꾼, 불을 낸 사람, 의식석상에서 인사말 하는 사람, 개식사하는 사람, 폐식사하는 사람, 폐회사하는 사람, 송년사하는 사람, 취임사하는 사람, 환영사하는 사람, 혼례의 주례, 전임자, 퇴직자, 조사를 하는 사람 등이 각각 1명(2.38%)이다.

(3) 인사말을 받는 사람과 대상 및 인사말에 등장하는 객체는 중복되는 내용이 있어 어휘의 수는 46개로 늘어난다. 이들의 내용은 다음과 같다.

웃어른이 13명(28.26%)으로 가장 많고, 초면인 사람, 부모님, 의식이 거행되고 있는 장소에 참석자가 각각 5명(10.87%)으로 다음으로 많으며, 사과를 받는 사람과 작별하는 사람이 각각 3명(6.52%)이다. 그리고 문안을 받는 사람이 2명(4.35%)이고, 공경하는 사람, 인간의 의무, 화재를 낸 사람의 이웃집 사람, 임금님의 편지, 신랑과 신부, 혼례식의 하례객, 취임식에 참여자, 환영식장에 참여자, 취임식장에 참석자, 장례식장에 참여자가 각각 1명(2.17%)이다.

(4) 인사말의 내용은 모두 바람직한 긍정적인 내용이다.

(5) 인사말이 이루어지고 있는 장소는 다음과 같다.

웃어른이 살고 있는 곳이 14개(33.33%)로 가장 많고, 구체적으로 장소를 알 수 없는 곳이 13개(30.95%)로 다음으로 많으며, 의식이 거행되고 있는 장소가 8개(19.05%)이다. 그리고 부모님의 침소가 5개(11.91%)이고, 이웃집과 장례식장 및 혼례식장이 각각 1개(2.38)이다. 따라서 인사말이 이루어지고 있는 장소는 웃어른이 살고 계신 곳과 의식이 거행되고 있는 장소와 부모님의 침소의 순으로 되어 있다.

(6) 우리 국어는 한자어가 수적으로 우위를 차지하고 있다.

인사말을 하는 낱말밭에서도 이러한 현상이 나타나 한자어는 38개

(90.48%)로 거의 전부이고, 우리 고유어는 1개(2.38)이다. 그리고 한자어와 고유어가 융합된 혼종어는 3개(7.14%)이고, 서구 외래어는 하나도 없다.

2.6 축하하다

2.6.1 축하하는 내용

이 부분밭은 "기쁘고 즐거운 일을 빌고 치하하다"의 내용을 함유하고 있어 〈기쁘고 즐거운 일 기원성→치하성＋축하성〉이 공통으로 부가된다.

(1) 축하(祝賀)하다   (2) 치하(致賀)하다
(3) 축사(祝辭)하다   (4) 축언(祝言)하다
(5) 하사(賀詞)하다

위의 (1)은 "기쁘고 즐거운 일을 빌고 치하하다"의 개념이니 〈기쁘고 즐거운 일을 기원성→치하성＋축하성〉이 추가되고, (2)는 "축하·칭찬의 말을 하다"의 개념이므로 〈축하성＋칭찬의 말을 표현성〉이 추가되며, (3) 은 "축하하는 뜻의 글이나 말을 하다"의 개념이니, 축하의 글과 말이 변별력을 가지고 있어 〈말이나 글로 축하성〉이 추가된다. 그리고 (4)와 (5) 는 "축하나 축복하는 말을 하다"의 개념을 공유하고 있으므로, 축하나 축복을 말로 표현함이 변별력을 가지고 있어 〈말로 축하성＋축복성〉이 공통으로 추가되어 분절한다.

(6) 하례(賀禮)하다   (7) 하의(賀儀)하다
(8) 내하(來賀)하다   (9) 변하(抃賀)하다
(10) 백배치하(百拜致賀)하다 (11) 하수(賀壽)하다

위의 (6)과 (7)은 "축하의 예를 드리다"의 개념을 공유하고 있어, 예의 표현이 변별력을 가지고 있어 〈축하의 예를 표현성〉이 공통으로 추가되고, (8)은 "와서 축하하다"의 개념이므로, 축하하기 위해서 내방함이 문제가 되므로 〈내방성→축하성〉이 추가되며, (9)는 "기뻐서 손뼉을 치며 하례하다"의 개념이니, 기뻐서 손뼉을 치는 행위가 변별력을 가지고 있으므로 〈기뻐서 박수갈채성→하례성〉이 추가된다. 그리고 (10)은 "여러 번 절하면서 칭찬하여 축하하다"의 개념이니, 여러 번 절하는 행위가 문제가 되어 〈여러 번 절하는 행위성→칭찬성＋축하성〉이 추가되고, (11)은 "오래도록 살기를 축하하다"의 개념이므로, 축하의 목적이 장수에 있어 〈장수를 축하성〉이 추가되어 분절한다.

(12) 답인사(答人事)하다   (13) 답사(答辭)하다
(14) 답례(答禮)하다   (15) 사례(謝禮)하다
(16) 사사(謝辭)하다

위의 낱말들은 남에게 인사나 은혜를 받고 그 답례로 인사하는 내용을 함유하고 있으므로 〈인사, 은혜에 답례성〉이 공통으로 추가된다. 따라서 (12)는 "남에게 인사를 받고 그 답례로 인사하다"의 개념이니 〈남의 인사에 답례로 인사성〉이 추가되고, (13)은 "식장에서 고사(告辭)·식사(式辭)·축사 등에 대하여 대답으로 말하다"의 개념이므로 〈의식석상에서 고사·식사·축사에 답사성〉이 추가되며, 또 "대답으로 말하다"의 개념일 경우는 〈물음에 직접 대답성〉, "회답으로 말하다"의 개념일 경우는 〈물음에 직접 간접으로 회답성〉, 천주교의 미사에서 "계(啓)에 대하여 문구로 응하다"의 개념일 경우는 〈미사에서 계에 대해 문구로 호응성〉이 내용에 따라 각각 추가되는 다의어이다. 그리고 (14)와 (15)는 "언행으로나, 선물로 고마운 뜻을 상대편에게 나타내는 인사를 하다"의 개념을 공유하고

있어 〈언행, 선물로 고마운 뜻 표현성＋인사성〉이 공통으로 추가되고, (16)은 "사례의 말을 하다"의 개념이므로 〈사례의 뜻 언표성〉이 추가되며, 또 "사죄의 말을 하다"의 개념일 경우는 〈사죄의 뜻 언표성〉도 추가되며, "예를 갖추어 사양하다"의 개념일 경우는 〈예로써 사양성〉이 내용에 따라 추가되어 분절한다.

     (17) 식고(食告)하다

이는 천도교의 신자들이 "식사할 때 한울님께 고하다"의 개념이니 〈[천도교 신자]→한울님께 식사 기도성＋감사 기도성〉이 추가된다.

     (18) 결례(缺禮)하다   (19) 실례(失禮)하다

위의 낱말들은 "예의범절에서 벗어나는 언행을 하다"의 개념을 공유하고 있어 〈예의범절에서 벗어난 언행성＋결례성〉이 공통으로 추가되고, 또 "인사나 경례를 하지 않다"의 개념도 공유하고 있으므로 〈인사, 경례 불이행성→결례성〉도 공통으로 추가되어 분절한다.

축하에 관련된 자동사의 분절구조를 그림으로 그려보면 [그림15]와 같은 수형도가 된다.

2.6.2 마무리

현대 국어 자동사 가운데 축하에 관련된 19개의 낱말에 대하여 개별적인 분절성을 해명하였다. 이제 이것을 바탕으로 하여 전체적인 분절구조를 고찰하려 한다.

  (1) 축하 자동사의 내용을 많이 분포된 순으로 살펴보면 다음과 같다.

[그림15] 축하하는 분절구조

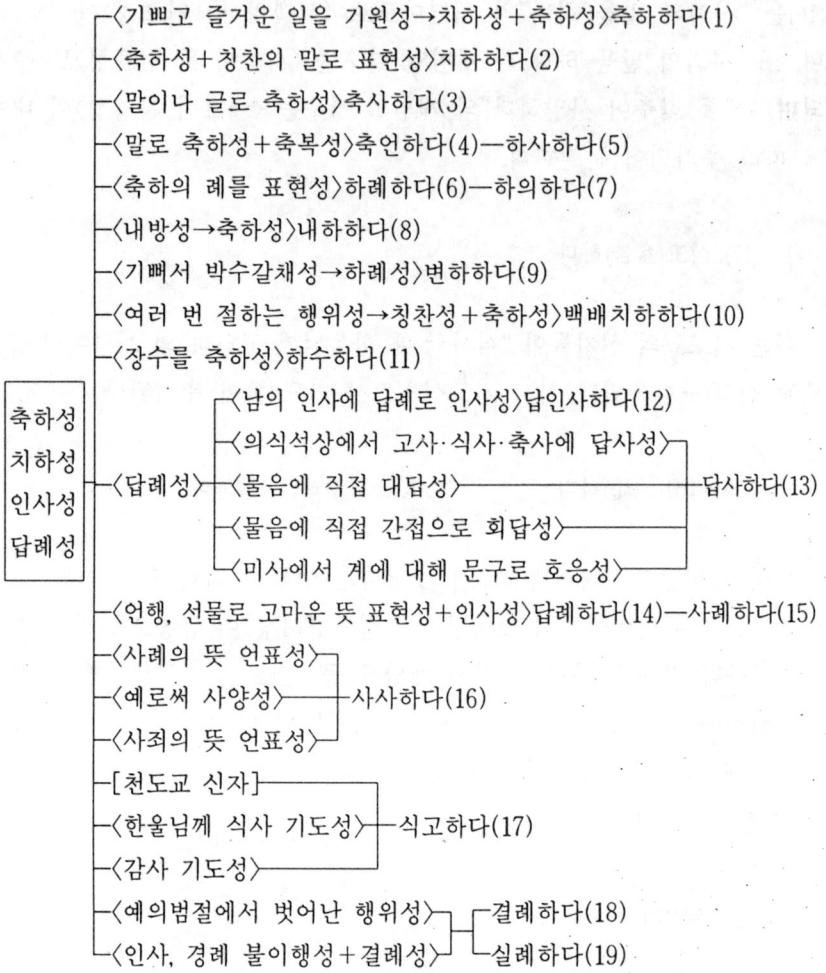

말로 축하의 뜻을 표현하는 내용이 4개(21.05%)로 가장 많고, 기쁘고 즐거운 일을 축하하는 내용과 언행이나 선물로 고마운 뜻을 전하는 내용 및 예절에 어긋난 언행을 하는 내용이 각각 2개(10.53%)로 다음으로 많다. 그리고 말이나 글로 축하하는 내용, 내방하여 축하하는 내용, 기뻐서

박수갈채하여 하례하는 내용, 장수를 축하하는 내용, 남의 인사에 대하여 답례하는 내용, 의식석상에서 축하에 대하여 답사하는 내용, 사례의 뜻을 전하는 내용, 천도교의 신자가 식사 때 감사 기도하는 내용, 백배치하는 내용 등이 각각 1개(5.26%)이다.

(2) 축하하는 주체는 축하객이 11명(57.89%)으로 과반수가 넘고 있으며, 남에게 축하를 받는 사람이 5명(26.32%)으로 다음으로 많으며, 결례자가 2명(10.53%)이다. 그리고 천도교 신자가 1명(5.26%)이다.

(3) 축하를 받는 대상이나 축하의 방법에 사용되는 객체는 중복되는 내용이 있어 어휘의 수는 25개로 늘어난다. 이들의 내용은 다음과 같다. 기쁘고 즐거운 일이 10개(40%)로 가장 많고, 답례가 4개(16%)로 다음으로 많으며, 예의범절이 2개(8%)이다. 그리고 방문(訪問), 박수갈채, 배례, 장수, 문구, 미사, 사례, 한울님, 식사의 감사기도 등이 각각 1개(4%)이다.

(4) 축하의 낱말밭에서 바람직한 긍정적인 내용은 17개(89.47%)로 거의 전부이고, 바람직하지 못한 부정적인 내용은 '결례하다, 실례하다' 등 2개 (10.53%)이다. 그리고 종교와 관련된 내용은 '답사하다, 식고하다' 등 2개 (10.53%)인데, 천도교와 천주교에 관련된 내용이다.

(5) 우리 국어는 수적으로 한자어가 우위를 차지하고 있다.

축하의 낱말밭에서도 이러한 현상이 드러나 19개의 낱말 모두가 한자어이고, 우리 고유어나 혼종어 및 서구 외래어는 하나도 없는 것이 특징이다.

2.7 칭찬하다

2.7.1 칭찬하는 내용

이 부분밭은 "잘하고 훌륭한 일에 대하여 높이 평가하여 말하다"의 내

용을 함유하고 있어 〈잘하고 훌륭한 일을 높이 평가하여 칭찬성〉이 공통
으로 추가된다.

(1) 찬양(讚揚)하다　　　　(2) 칭찬(稱讚)하다
(3) 칭예(稱譽)하다　　　　(4) 칭도(稱道)하다
(5) 칭사(稱辭)하다　　　　(6) 칭설(稱說)하다
(7) 칭송(稱頌)하다　　　　(8) 송찬(頌讚)하다

위의 (1)은 "칭찬하여 기리어 드러나다"의 개념이니 〈칭찬성→기리어
선양성〉이 추가되고, (2)와 (3)은 "잘하고 훌륭한 일에 대하여 높이 평가하
여 말하다"의 개념이므로 〈잘하고 훌륭한 일을 높이 평가하여 칭찬성〉이
공통으로 추가된다. 그리고 (4)-(6)은 "칭찬하여 말하다"의 개념이니 〈말
로 칭찬 표현성〉이 공통으로 추가되고, (7)과 (8)은 "칭찬하여 일컫다"의
개념을 공유하고 있어 〈칭찬하여 일컫는 행위성〉이 공통으로 추가되며,
또 "공덕을 일컬어 기리다"의 개념도 공유하고 있어 〈공덕을 찬양성〉도
공통으로 추가되어 분절한다.

(9) 극구(極口)하다　　　　(10) 전칭(傳稱)하다

위의 (9)는 "갖은 말을 다하여 칭찬하다"의 개념이니 〈극구 칭찬성〉이
추가되고, (10)은 "서로 전하여 칭찬하다"의 개념이므로 〈[상호]→칭찬의
말을 전달성〉이 추가되며, 또 "여러 사람 또는 이전부터 전하여 말하여
지다"의 개념도 가지고 있어 〈여러 사람께 전수성〉과 〈고래로 구비 전승
성〉이 내용에 따라 추가되어 분절한다.

(11) 칭선(稱善)하다　　　　(12) 송덕(頌德)하다

위의 (11)은 "착함을 칭찬하다"의 개념이니 〈착함을 칭찬성〉이 추가되고, 또 "칭찬하여 좋게 여기다"의 개념도 가지고 있어 〈칭찬하여 좋게 인정성〉이 더 추가되며, "착함을 이야기하다"의 개념일 경우는 〈착함에 대하여 담화성〉도 더 추가된다. 그리고 (12)는 "공덕을 칭송하다"의 개념이므로 〈공덕을 칭송성〉이 추가되어 분절한다.

   (13) 갈채(喝采)하다   (14) 박수갈채(拍手喝采)하다
   (15) 가장(嘉奬)되다

위의 (13)은 "주로 찬양이나 환영의 뜻을 나타내기 위하여 기뻐서 크게 소리를 내어 떠들며 칭찬하다"의 개념이니 〈환호성＋떠들며 칭찬성→찬양과 환영의 뜻 표현성〉이 추가되고, (14)는 "두 손뼉을 치며 환영하거나 찬성이나 칭찬을 하다"의 개념이므로 〈박수갈채성→환영, 찬성, 칭찬의 뜻 표현성〉이 추가되어 분절한다. 그리고 (15)는 "칭찬하여 권장하다"의 개념이니 〈칭찬하여 권장성〉이 추가되어 분절한다.

   (16) 공치사(空致辭)하다   (17) 자화자찬(自畵自讚)하다
   (18) 자찬(自讚)하다

위의 (16)은 "아무런 보람 없이 공연히 치사하다"의 개념이니 〈공연히 치사성〉이 추가되고, 또 "빈말로 치사하다"의 개념도 가지고 있어 〈빈말로 치사성〉이 더 추가되며, (17)과 (18)은 "자기가 한 일을 자기 스스로가 칭찬하다"의 개념을 공유하고 있어 〈자기가 한 일 자기가 칭찬성〉이 공통으로 추가되어 분절한다.

   (19) 공치사(功致辭)하다   (20) 덕색질하다(德色-)[33]

위의 (19)는 "남을 위하여 애쓴 것을 자기가 잘한 듯이 생색을 내려고 자랑하다"의 개념이니 〈남을 위해 헌신성→생색내어 자랑성〉이 추가되고, (20)은 "남에게 고마운 일을 하고 이내 이것을 자랑하여 말하다"의 개념이므로 〈타인에 고마운 일 실행성→그것을 자랑하여 언표성〉이 추가되어 분절한다.

지금까지 논의한 칭찬 자동사의 분절구조를 그림으로 그려보면 [그림 16]과 같다.

2.7.2 마무리

현대 국어 자동사 가운데 칭찬에 관련된 20개의 낱말에 대하여 개별적인 분절성을 해명하였다. 이제 이것을 바탕으로 하여 전체적인 분절구조를 고찰하려 한다.

(1) 칭찬 자동사의 내용을 많이 분포된 순으로 살펴보면 다음과 같다.

잘하고 훌륭한 일을 높이 평가하여 칭찬하는 내용이 6개(30%)로 가장 많고, 공덕을 찬양하는 내용이 3개(15%)로 다음으로 많으며, 자기가 한 일을 자기 스스로가 찬양하는 내용이 2개(10%)이다. 그리고 극구 칭찬하는 내용, 상호 칭찬의 말을 전달하는 내용, 상대의 착함을 칭찬하는 내용, 환호성하며 떠들썩하게 찬양하는 내용, 박수갈채로 칭찬의 뜻을 표현하는 내용, 칭찬하여 권장하는 내용, 공치사하는 내용, 남을 위해 한 일을 생색내는 내용, 남에게 고마운 일을 베풀고 자랑하는 내용 등이 각각 1

---

33) 서정수(1975:25)는 "동작성 선행요소＋질(M＋질)는 국어의 비동작성 명사의 일부, 동작성 명사의 일부, 동사의 어간 등에 '-질-'이 첨가되면 '-하-'의 선행요소가 된다. 그리고 '-질-'은 '노릇'이라는 말과 같이 동작성 기능 표시의 의미요소이다. Martin은 '-질-'을 'act, behavior, way of doing'이라 하였고, 송병학이 'action nominal marker'라 한 것도 동작성 표시 기능을 지적한 것이라고 생각한다. '-질-'이 첨가되면 품위 없는 말이 되기도 한다."고 하였다.

개(5%)이다.

[그림16] 칭찬하는 분절구조

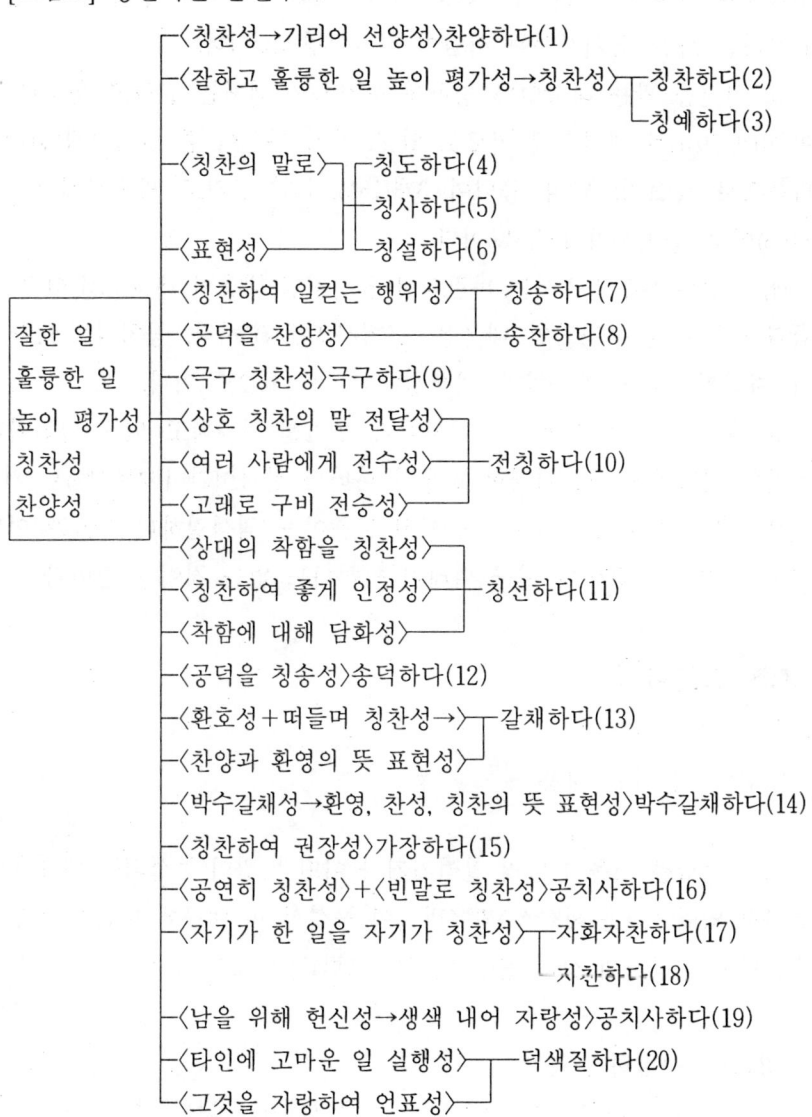

(2) 칭찬하는 주체는 다음과 같다. 남을 칭찬하는 사람이 11명(55%)으로 과반수가 넘고 있고, 자기 자신이 4명(20%)으로 다음으로 많으며, 박수갈채로 칭찬하는 사람이 2명(10%)이다. 그리고 화자와 청자, 잘한 일을 권장하는 사람, 공치사하는 사람이 각각 1명(5%)이다.

(3) 칭찬을 받는 대상이나 칭찬에 등장하는 객체는 잘하고 훌륭한 일이 10개(50%)로 과반수에 이르고 있고, 자기 자신이 한 일이 4개(20%)로 다음으로 많으며, 남의 공덕이 3개(15%)이다. 그리고 박수갈채가 2개(10%)이고, 공치사가 1개(5%)이다.

(4) 칭찬의 낱말밭에서는 바람직한 긍정적인 내용이 15개(75%)이고, 바람직하지 못한 부정적인 내용은 '공치사(功致辭)하다, 공치사(空致辭)하다, 자화자찬하다, 자찬하다, 덕색질하다' 등 5개(25%)이다.

(5) 우리 국어는 수적으로 한자어가 우위를 차지하고 있는 형편이다. 칭찬의 낱말밭에서도 이러한 현상이 나타나 한자어가 19개(95%)로 거의 전부이고, 한자어와 고유어가 융합된 혼종어는 '덕색질하다' 1개(5%)이다. 그리고, 우리 고유어와 서구 외래어는 하나도 없는 것이 특징이다.

2.8 소문나다

2.8.1 소문나는 내용

이 부분밭은 소문이 널리 알려지거나 어떤 비밀이 누설되는 내용을 함유하고 있어 〈소문 확산성〉과 〈비밀이 누설성〉이 내용에 따라 부가된다. 소문나는 자동사의 상위 분절구조는 [그림17]과 같다.

2.8.1.1 누설하는 분절

다음 (1)-(24)까지는 "비밀이 밖으로 새어나가게 되다"의 개념을 함유

[그림17] 소문 자동사의 상위 분절구조

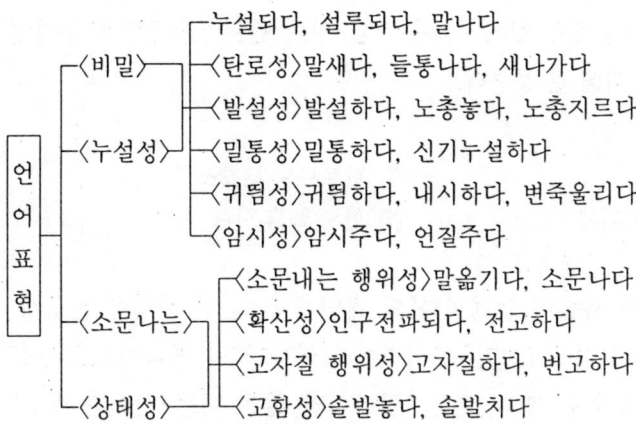

하고 있어 〈비밀 누설성, 비밀 발설성, 암시성, 귀띔성〉이 내용에 따라 부가된다.

(1) 누설(漏泄)되다   (2) 설루(說漏)되다
(3) 말나다   (4) 말새다
(5) 새나가다

위의 (1)과 (2)는 "비밀이 밖으로 새어나가게 되다"의 개념을 공유하고 있어 〈비밀 누설성〉이 공통으로 추가되고, 또 "액체·기체 따위가 밖으로 새어나가다"의 개념도 공유하고 있으므로 〈[액체·기체]→밖으로 누출성〉도 공통으로 추가되는 유의어이므로 한 동아리에 묶었다. 그리고 (3)은 "남이 모르는 사실이나 비밀한 일이 드러나다"의 개념이니 〈미지의 사실, 비밀이 탄로성〉이 추가되고, 또 "이야기거리로 밀이 되다"의 개념도 가지고 있어, 이야기거리는 시비를 판별할 일이거나 사람들이 관심의 대상이 되는 것으로 이해되므로 〈시비거리 발생성〉이나 〈관심의 사건 발

생성〉이 내용에 따라 추가된다. (4)와 (5)는 "숨겨야 할 일이 남에게 알려지다"의 개념을 공유하고 있어 〈숨겨야 할 일이 탄로성→곤란한 입장성〉이 공통으로 추가되어 분절한다.

(6) 들통나다   (7) 탄로나다(綻露-)
(8) 폭로(暴露)되다   (9) 현로(顯露)되다

위의 (6)은 "숨긴 사실이 알려지다"의 개념이니 〈숨긴 사실이 탄로성→난처한 입장성〉이 추가되고, (7)은 "비밀이 드러나다"의 개념이므로 〈비밀이 탄로성〉이 추가되며, (8)과 (9)는 "알려지지 않은 나쁜 일이나 음모나 비밀 따위가 대중에게 알려지다"의 개념을 공유하고 있어 〈부정한 일, 음모, 비밀이 세상에 탄로성→위기에 봉착성〉이 공통으로 추가되어 분절한다.

(10) 발설(發說)하다   (11) 설로(泄露)하다
(12) 노총놓다   (13) 노총지르다

위의 (10)은 "말을 내어 남이 알게 하다"의 개념이니 〈비밀을 발설성→남들이 인지성〉이 추가되고, (11)은 "누설되어 탄로나다"의 개념이므로 〈비밀 누설성→세상에 탄로성〉이 추가되며, (12)와 (13)은 "남에게 알리지 않아야 할 기밀을 남에게 알리다"의 개념을 공유하고 있어 〈숨겨야 할 비밀을 누설성→범법적 행위성〉이 공통으로 추가되어 분절한다.

(14) 밀통(密通)하다   (15) 신기누설(神機漏泄)하다

위의 (14)는 "소식이나 사정을 몰래 알려주다"의 개념이니 〈소식, 사정을 비밀리에 통보성＋범법적인 행위성〉이 추가되고, 또 "부부가 아닌 남

녀가 남몰래 정을 통하다"의 개념도 가지고 있어 〈[부부가 아닌 남녀]→
남몰래 사통성〉이 더 추가되며, (15)는 "감추어져 있는 신묘한 계기를 누
설하다"의 개념이므로 〈신묘한 계기를 누설성＋범죄적 행위성〉이 추가
되고, 또 "국가의 기밀을 누설하다"의 개념도 가지고 있어 〈국가의 기밀
을 누설성＋범죄적 행위성〉이 더 추가되어 분절한다.

  (16) 귀띔하다   (17) 내시(內示)하다
  (18) 귀띔질하다[34]   (19) 말비치다

 위의 (16)-(18)은 "어떤 사실을 상대방이 눈치를 알아차릴 수 있도록
미리 슬며시 일깨워 주다"의 개념을 공유하고 있어 〈귀띔하는 행위성→
상대가 눈치채게 암시성〉이 공통으로 추가되나, (18)은 귀띔하는 행위를
속되게 표현한 말이므로 〈속된 표현성〉이 더 추가된다. 그리고 (19)는
"상대자가 알아차릴 수 있을 만큼 넌지시 말을 건네다"의 개념이므로 〈언질
성→상대가 알도록 암시성〉이 추가되며, 또 "남들이 말하는 자리에 끼어
한마디하다"의 개념도 가지고 있어 〈남의 대화에 끼어 드는 행위성〉이
더 추가되어 분절한다.

  (20) 변죽울리다(邊—)   (21) 변죽치다(邊—)
  (22) 비사치다   (23) 암시주다(暗示—)
  (24) 언질주다(言質—)

 위의 (20)-(22)는 "똑바로 말하지 않고 에둘러서 말하여 은근히 알아차
리게 하다"의 개념을 공유하고 있어 〈완곡표현성→남이 눈치채게 하는
행위성〉이 공통으로 추가된다. 이들은 비유적인 표현(figurative languge)[35]

---

34) 서정수(1975:25) 앞의 책 참조.

86

[그림18] 누설하는 분절구조(1)

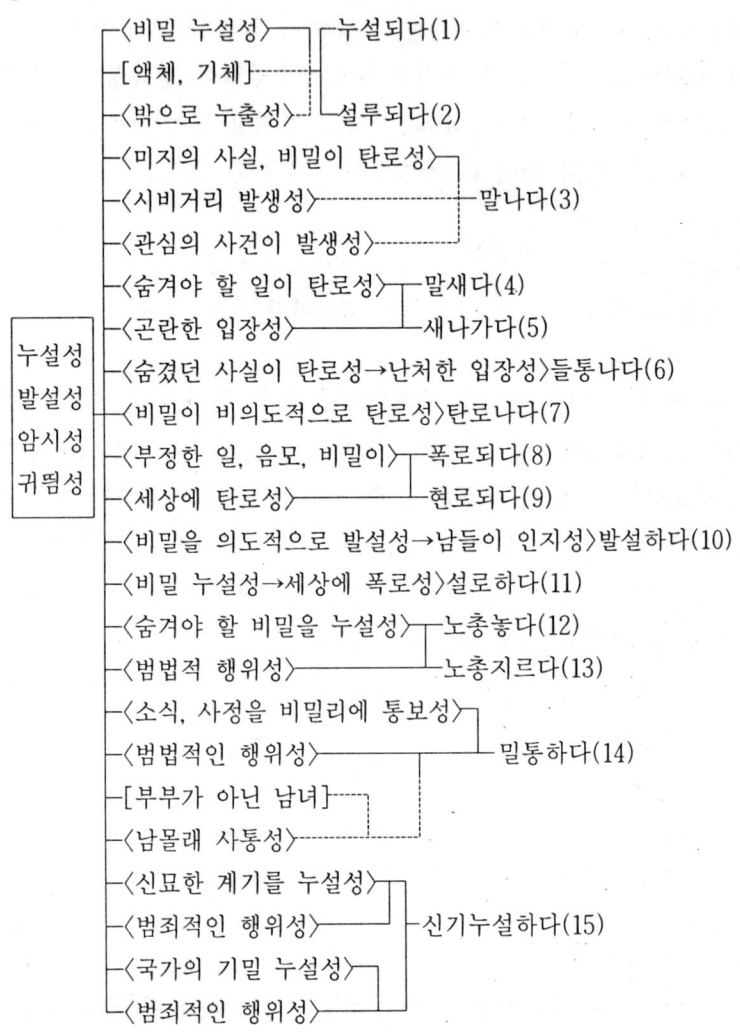

35) 임지룡(1993:214-215)는 "낱말은 고유한 의미 이외에 비유적인 의미를 획득하기도 한
다. 그 결과 고유한 의미와 비유적인 의미가 공존될 경우 다의어가 형성되는 것이
다. Ullmann은 비유적 표현(figurative language)을 사물의 유사성에 바탕을 둔 은유
(metaphor)와 사물의 인접성에 바탕을 둔 환유(metonymy)를 들고 있다."고 하였다.

[그림19] 누설하는 분절구조(2)

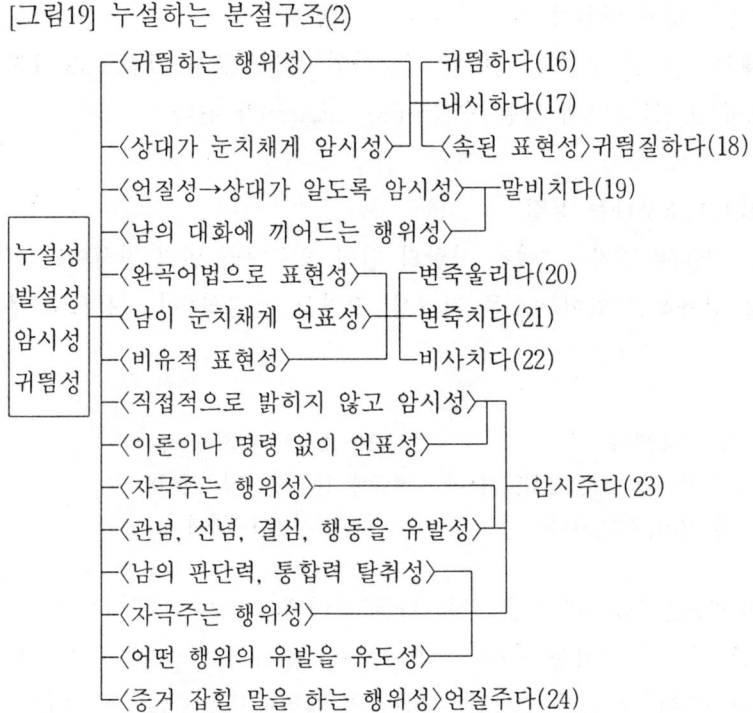

이므로 〈비유적 표현성〉이 더 추가된다. 그리고 (23)은 "어떤 것이라고 꼭 집어서 밝히지 않고 넌지시 깨우쳐주다"의 개념이니 〈직접적으로 밝히지 않고 암시성〉이 추가되고, 또 "이론이나 명령을 포함하지 않고 말을 하다"의 개념일 경우는 〈이론, 명령 없이 언표성〉, "자극에 의해서 어떤 사람에게 관념, 결심, 행동 따위를 유발하다"의 개념일 경우는 〈자극 주는 행위성→관념, 결심, 행동을 유발할 목적성〉, "어떤 사람이 남의 비판과 통합의 능력을 빼앗아 어떤 헹동을 일으키기 위해서 자극을 주다. 보통 언어를 많이 쓴다"의 개념일 경우는 〈남의 비판력, 통합력 탈취성→자극 주는 행위성→어떤 행위를 유발할 목적성〉이 각각 내용에 따라 추가된다. (24)는 "남에게 증거 잡힐 말을 하다"의 개념이니 〈증거

잡힐 말을 하는 행위성>이 추가되어 분절한다.

앞에서 논의한 누설에 관련된 자동사의 분절구조를 그림으로 그려보면 [그림18], [그림19]와 같은 수형도(tree diagram)가 된다.

2.8.1.2 소문나는 분절

다음 (25)-(40)까지는 "여러 사람의 입에 오르내려 널리 전하여지다"의 내용을 함유하고 있어 <소문 전파성, 전언성, 전달성>이 공통으로 부가가 된다.

(25) 말옮기다 (26) 소문나다(所聞―)
(27) 이구전파(異口傳播)되다 (28) 인구전파(人口傳播)하다
(29) 전고(傳告)되다 (30) 전전(輾轉)하다

위의 (25)는 "남에게 들은 말을 다른 이에게 전하여 퍼뜨리다"의 개념이니 <남에게서 청취성→타인에 전파성>이 추가되고, (26)은 "여러 사람의 입에 오르내려 소문이 널리 퍼지다"의 개념이므로 <소문이 인구에 회자성→널리 전파성>이 추가되며, (27)은 "이 사람 저 사람의 입으로 전하여 퍼지다"의 개념이니 <이 사람 저 사람의 입을 통해 전파성>이 추가된다. 그리고 (28)은 "말이 여러 입을 건너서 여러 곳으로 전해 퍼지다"의 개념이니 <말이 여러 입에 전파성→사방으로 전파성>이 추가되고, (29)는 "어떤 일이 전하여 알려지다"의 개념이므로 <어떤 일의 내용 전달성→여러 사람에 인지성>이 추가되며, (30)은 "여러 사람을 이리저리 거쳐서 전해지다"의 개념이니 <[소문]→여러 사람 경유성→전달성>이 추가되어 분절한다.

(31) 입문(入聞)하다 (32) 고자질하다
(33) 번고(煩告)하다 (34) 소문내다(所聞―)

(35) 소문놓다(所聞—)   (36) 유포(流布)하다

위의 (31)은 "소문이 윗사람의 귀에 들어가다"의 개념이니 〈소문 확산성→웃어른 인지성〉이 추가되고, (32)는 "남의 잘못이나 저지른 죄 등을 관계자에게 살짝 일러바치거나 헐뜯어 말하다"의 개념이므로 〈남의 허물, 범죄를 관계자에 고자질 행위성〉과 〈남의 허물, 범죄를 비난성〉이 내용에 따라 추가되며, (33)은 "번거롭게 일러바치다"의 개념이니 〈번거롭게 일러바치는 행위성〉이 추가된다. 그리고 (34)와 (35)는 "소문을 퍼지게 하다"의 개념을 공유하고 있어 〈의도적으로 소문 전파성〉이 공통으로 추가되고, (36)은 "어떤 소문이나 물건을 널리 퍼뜨리다"의 개념이므로 〈소문, 물품을 의도적으로 널리 유포성〉이 추가되어 분절한다.

(37) 솔발놓다[36)   (38) 솔발치다

위의 (37)은 "비밀의 일을 여기저기 돌아다니면서 소문을 내다"의 개념이니 〈비밀을 여기저기 돌아다니며 전파성〉이 추가되고, 또 "무슨 일을 여러 사람에게 알리려고 손발을 흔들다"의 개념도 가지고 있어 〈손을 흔들어 여러 사람들에 알리는 행위성〉이 더 추가되며, (38)은 "자기가 알아낸 것을 여러 사람에게 알리려고 외치다"의 개념이니 〈고함치는 행위성→파악한 비밀을 만천하에 공개성〉이 추가되어 분절한다.

(39) 봉인즉설(逢人卽說)하다   (40) 봉인첩설(逢人輒說)하다

위의 낱말들은 "만나는 사람마다 붙들고 지껄여 소문을 널리 퍼뜨리

---

36) '솔발'은 군령이나 경고를 발할 때에 울리는 놋쇠로 만든 종 모양의 큰 방울이다. 위에 쇠자루가 달리고 안에 작은 쇠뭉치가 달려 있다.

다"의 개념을 공유하고 있어 〈만나는 사람마다 소문 전파성〉이 공통으로 추가되어 분절한다.

앞에서 논의한 소문에 관련된 자동사의 분절구조는 다음과 같다.

[그림20] 소문나는 분절구조

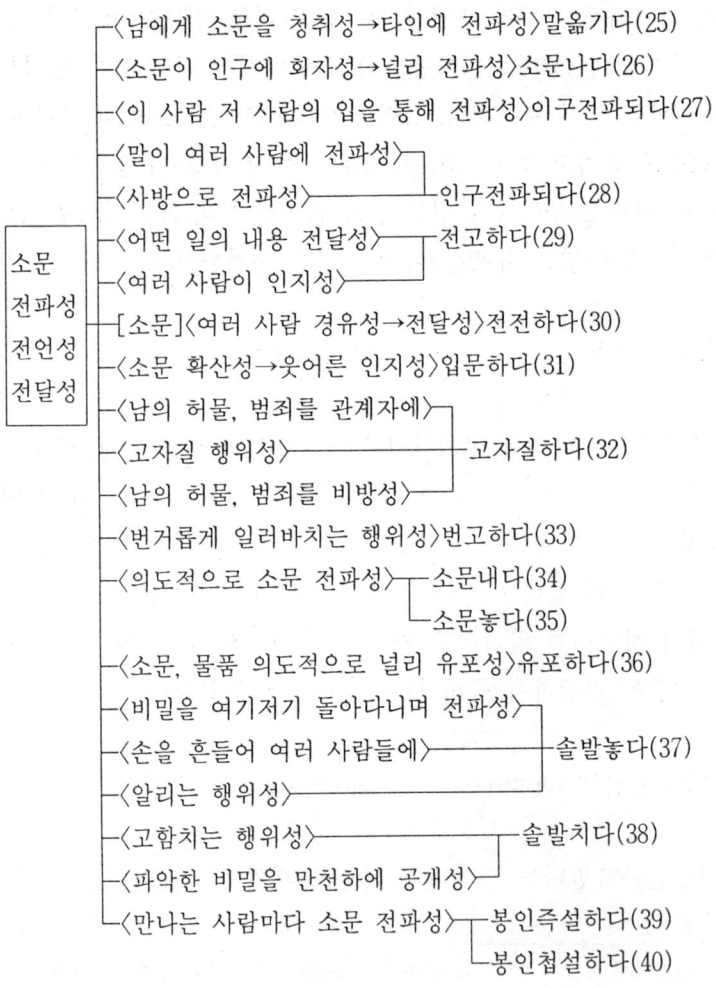

2.8.2 마무리

현대 국어 자동사 가운데 소문에 관련된 40개의 낱말에 대하여 개별적인 분절성을 해명하였다. 이제 이것을 바탕으로 하여 전체적인 분절구조를 고찰하려 한다.

(1) 소문 자동사의 내용을 많이 분포된 순으로 살펴보면 다음과 같다. 소문에 관련된 자동사는 누설에 관련된 24개(60%)와 소문에 관련된 내용 16개(40%)로 구별하여 논의하였다. 이제 누설에 관련된 내용만 가지고 그 분포를 살펴보려 한다. 비밀이 누설되는 내용이 5개(20.83%)로 가장 많고, 비밀이 탄로되는 내용, 비밀을 폭로시키는 내용, 귀띔하는 내용, 암시를 주어 눈치채게 하는 내용이 각각 4개(16.67%)로 다음으로 많으며, 밀통하는 내용, 신묘한 계기를 누설하거나 국가의 기밀을 누설하는 내용, 언질을 주는 내용이 각각 1개(4.17%)이다.

소문에 관련된 자동사 16개만의 분포는 다음과 같다. 여러 사람의 입을 통해 소문이 나는 내용이 5개(31.25%)로 가장 많고, 소문을 내어 여러 사람에게 알리는 내용이 4개(25%)로 다음으로 많으며, 고자질하는 내용, 비밀을 여기저기 돌아다니며 알리는 내용, 만나는 사람마다 소문을 전하는 내용이 각각 2개(12.5%)이다. 그리고 소문이 전파되어 웃어른이 알게 되는 내용이 1개(6.25%)이다.

(2) 비밀이나 소문을 전달하는 주체는 다음과 같다. 귀띔하는 사람과 소문을 내는 사람이 각각 9명(22.5%)으로 가장 많고, 비밀이 8개(20%)로 다음으로 많으며, 비밀의 탄로자가 7명(17.5%)이다. 그리고 소문이 5개 (12.5%)이고, 고자질하는 사람이 2개(5%)이다.

(3) 비밀이나 소문을 내는 대상이나, 여기에 사용되는 객체는 중복되는 내용이 많이 있어 어휘의 수는 58개로 늘어난다. 이들의 분포를 살펴보면 다음과 같다. 비밀이 16개(27.59%)로 가장 많고, 미지의 사실이 11개

(18.97%)로 다음으로 많으며, 소문이 7개(12.07%)이다. 그리고 사람의 입이 3개(5.17%)이고, 액체, 기체, 시비거리, 사람의 관심사, 소식, 사정, 신묘한 계기, 국가의 기밀, 이론, 관념, 신념, 결심, 판단력, 통합력, 자극, 언질, 웃어른, 남의 허물, 남의 범죄, 물품, 여러 사람 등이 각각 1개(1.72%)이다.

(4) 이 부분밭의 내용 중 바람직한 긍정적인 내용은 19개(47.5%)이고, 바람직하지 못한 부정적인 내용은 21개(52.5%)이다. 이러한 현상은 비밀을 누설하거나 쓸데없이 소문을 내는 내용을 우리 언어공동체(Sprach-geneinschaft)[37]는 부정적으로 보고 있음이 드러나 있다.

(5) 우리 국어는 수적으로 한자어가 우위를 차지하고 있는 형편이다. 소문의 낱말밭에서도 이러한 현상이 드러나 한자어는 18개(45%)이고, 우리 고유어는 14개(35%)이며, 한자어와 고유어가 융합된 혼종어는 8개(20%)이다. 그리고 서구 외래어는 하나도 없다.

2.9 보고하다

2.9.1 보고하는 내용

이 부분밭은 의견을 전달하는 내용과 일정한 일을 일반에게 알리거나 상부기관에 보고하는 내용을 함유하고 있으므로 〈의견을 전달성〉과 〈어떤 사실을 보고성〉이 내용에 따라 부가된다. 보고하는 자동사의 상위 분절구조는 다음과 같다.

---

37) Leo Weisgerber(1967:21) 앞의 책 참조.

[그림21] 보고 자동사의 상위 분절구조

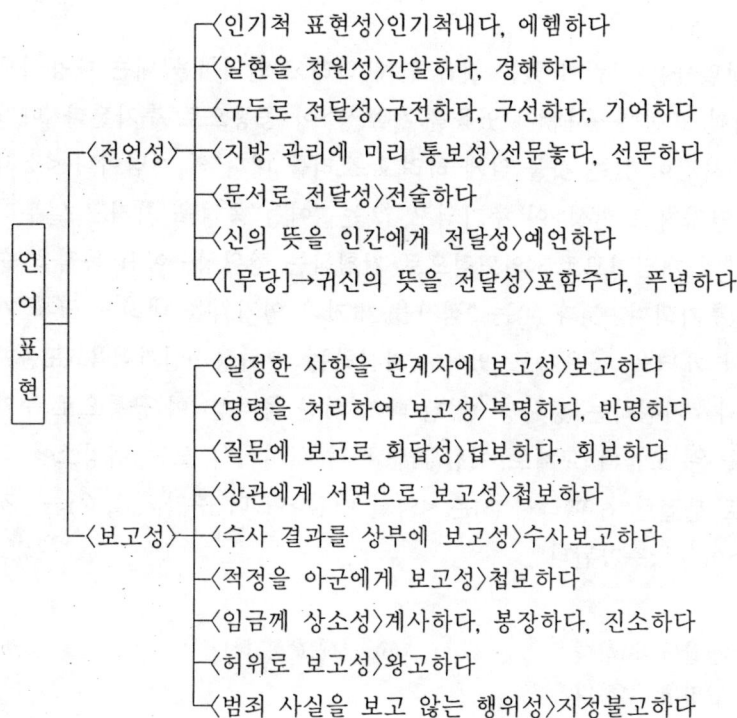

언어표현
〈전언성〉
　〈인기척 표현성〉인기척내다, 에헴하다
　〈알현을 청원성〉간알하다, 경해하다
　〈구두로 전달성〉구전하다, 구선하다, 기어하다
　〈지방 관리에 미리 통보성〉선문놓다, 선문하다
　〈문서로 전달성〉전술하다
　〈신의 뜻을 인간에게 전달성〉예언하다
　〈[무당]→귀신의 뜻을 전달성〉포함주다, 푸념하다

〈보고성〉
　〈일정한 사항을 관계자에 보고성〉보고하다
　〈명령을 처리하여 보고성〉복명하다, 반명하다
　〈질문에 보고로 회답성〉답보하다, 회보하다
　〈상관에게 서면으로 보고성〉첩보하다
　〈수사 결과를 상부에 보고성〉수사보고하다
　〈적정을 아군에게 보고성〉첩보하다
　〈임금께 상소성〉계사하다, 봉장하다, 진소하다
　〈허위로 보고성〉왕고하다
　〈범죄 사실을 보고 않는 행위성〉지정불고하다

2.9.1.1 전달하는 분절

다음 (1)-(34)까지는 사람을 방문했을 때 인기척을 내어 알리거나 어떤 말을 전하는 내용을 함유하고 있으므로 〈전언성, 전달성, 통지성, 전파성, 인기척을 표시성〉이 내용에 따라 부가된다.

　(1) 인기척내다(人一)　　　　　(2) 헛기침하다[38]

---

38) 천소영(1996:60-61)은 "신체언어에는 신체적인 접촉 이외에도 기침, 입맛다심, 혀차기와 같은 생리적 物理音이 언어음보다 효과적일 수 있다. 이런 물리음은 주로 어른들이 사용하는 관습음으로 옛날 대가족제도의 가정에서 훌륭한 의사소통 수단으로

(3) 애햄하다   (4) 에헴하다

위의 낱말들은 사람이 있는 것을 알게 하려고 인기척을 내는 내용이므로 <인기척 표현성→사람이 있음을 통보성>이 공통으로 추가된다. 따라서 (1)은 "사람이 있는 것을 알게 하려고 소리를 내다"의 개념이니 <소리를 내어 인기척 표현성>이 추가되고, (2)는 "어떤 목적을 가지고 일부러 기침하다"의 개념이므로 <의도적으로 기침하는 행위성→어떤 목적을 수행성>이 추가되며, (3)과 (4)는 "점잔을 빼거나 인기척을 내려고 크게 기침하다"의 개념을 공유하고 있어 <기침하는 행위성→인기척을 표현할 목적성>과 <기침하는 행위성→점잔 빼기 위한 목적성>이 공통으로 추가된다. 이들은 모음의 교체로 어감(語感)39)의 차이에서 오는 뉘앙스에 의하여 서로 분절한다. 따라서 (3)은 <약한 어감>이 더 추가되고, (4)는 <강한 어감>이 더 추가된다.

(5) 간알(干謁)하다   (6) 경해(驚駭)하다
(7) 납명(納名)하다

위의 (5)는 "사사로운 일로 지체 높은 분을 만나 보기를 청하다"의 개념이니 〈고귀한 분께 알현을 청원성→사적인 일을 청탁성〉이 추가되고, (6)은 "윗사람에게 뵙기를 청할 때 자기가 있음을 알리기 위하여 헛기침으로 인기척을 내다"의 개념이므로 〈윗사람께 알현을 청원성→방문성→

쓰이기도 했다"고 한다. 그리고 또 "노크가 사생활의 자유를 중히 여기는 서양인의 것이라면 기침은 이에 호응하는 우리 고유의 언어다. 노크가 인위적인 데 반해 기침은 자연스런 생리현상으로 돌릴 수 있어 상호 어색하거나 무안하지 않아서 좋다. '한국인의 기침은 백 가지 말을 할 줄 안다'는 서양 선교사의 지적은 이런 점에서 매우 적절하다고 하겠다."고 기술하고 있다.

39) 金敏洙(1972:142) 앞의 책 참조.

헛기침으로 인기척을 표현성〉이 추가되며, (7)은 "윗사람에게 왔다는 것을 알리기 위하여 이름을 알리다"의 개념이니 〈윗사람께 이름을 통보성→내방을 인지시킬 목적성〉이 추가되어 분절한다.

(8) 구전(口傳)하다   (9) 구선(口宣)하다
(10) 기어(寄語)하다   (11) 기언(寄言)하다

위의 (8)은 "말로 전하다"의 개념이니 〈구두로 전달성〉이 추가되고, 또 "말로 전해 내려오다"의 개념도 가지고 있어 〈구비전승성〉이 더 추가되며, (9)는 "말로써 베풀어 아뢰다"의 개념이므로 〈구두로 술회성〉이 추가된다. 그리고 (10)과 (11)은 "말로써 기별하여 보내다"의 개념을 공유하고 있어 〈구두로 기별성〉이 공통으로 추가되고, 또 "말로 부탁하다"의 개념도 공유하고 있어 〈구두로 부탁성〉도 공통으로 추가되어 분절한다.

(12) 전어(傳語)되다   (13) 전언(傳言)되다
(14) 전갈(傳喝)되다

위의 (12)와 (13)은 "말을 전하다"의 개념을 공유하고 있어 <말로 전달성>이 공통으로 추가되고, 또 "전화를 걸다"의 개념도 공유하고 있어 <전화로 전달성>도 공통으로 추가되며, (14)는 "사람을 시켜서 안부를 묻거나 말이 전해지다"의 개념이므로 <심부름꾼을 파견성→문안성>과 <심부름꾼을 파견성→전달성>이 내용에 따라 추가되고, 또 "임금이나 상전의 말을 받아 이어서 전달되다"의 개념도 가지고 있어 <임금, 상전의 명령을 수령성→신속히 전달성>이 더 추가되며, "전날 남을 방문하였을 때나 남녀간의 대화 때에 그 종을 불러서 전달하다"의 개념일 경우는 <타인을 방문성＋남녀간의 대화성→하인을 불러 전언성>이 더 추가되어 분절한다.

(15) 선문(先文)하다   (16) 선문놓다(先文—)

(17) 창달(暢達)하다   (18) 구전심수(口傳心授)하다

위의 (15)와 (16)은 "지방에 출장할 때 벼슬아치가 도착할 날짜를 미리 알리다"의 개념을 공유하고 있어 〈[관리]→지방의 관아에 출장지 도착 일을 미리 통보성〉이 공통으로 추가되고, 또 "사전에 통지하다"의 개념도 공유하고 있어 〈사전에 통지성〉도 공통으로 추가되나, 통지되는 내용은 무표이다. 그리고 (17)은 "자기의 의견, 견해, 주장 따위를 거침없이 자유로이 표현하여 전달하다"의 개념이니 〈자기의 의견, 견해, 주장을 기탄없이 피력성→널리 전달성〉이 추가되고, 또 "거리낌 없이 쑥쑥 뻗어 발달하다"의 개념도 가지고 있어 〈거침없이 성장 발달성〉이 더 추가되며, (18)은 "일정한 형식을 차리지 않고 입으로 전해 주고 일상생활을 통하여 자기도 모르는 사이에 습관화 되게 하다"의 개념이므로 〈형식 무시성→구두로 전달성→일상생활에 습관화되게 시도성〉이 추가되어 분절한다.

(19) 도달(導達)하다   (20) 답전갈(答傳喝)하다

(21) 구전하교(口傳下敎)하다   (22) 전술(傳述)하다

위의 (19)는 "윗사람이 알지 못하는 사정을 아랫사람이 가끔 넌지시 알려 주다"의 개념이니 <[아랫사람]→윗사람이 모르는 사실을 넌지시 전달성>이 추가되고, (20)은 "대답으로 전갈하다"의 개념이므로 <대답으로 전갈성>이 추가된다. 그리고 (21)은 "임금의 명령을 말로 전하다"의 개념이니 <임금의 명령을 구두로 전달성>이 추가되고, (22)는 "기술하여 전하다"의 개념이므로 <전달 내용을 기술성→전달성>이 추가되어 분절한다.

(23) 구승(口承)하다   (24) 구비전승(口碑傳承)되다
(25) 예언(豫言)하다

위의 (23)은 "입에서 입으로 전하여 내려오다"의 개념이니, 전해 내려
오는 객체가 무엇인지 알 수가 없다. 따라서 〈입에서 입으로 전승성〉이
추가되고, (24)는 "예로부터 사람들이 말로 전하여 내려오다"의 개념이므
로 〈자고로 구전 계승성〉이 추가되며, (25)는 "앞에 올 일을 미리 짐작하
여 말하다"의 개념이니 〈미래에 올 일을 추정하여 예언성〉이 첨가되고,
또 "유대교, 기독교 등에서 신택(神宅)을 받은 자가 신의 말을 듣고 신의
의지를 사람에게 전하다"의 개념도 가지고 있어 〈[유대교, 기독교에서 신
택을 받은 자]→신의 말씀을 수령성→인간에 전달성〉이 더 추가되어 분
절한다.

(26) 유언(遺言)하다[40]   (27) 녹음유언(錄音遺言)하다[41]
(28) 촉언(囑言)하다

위의 (26)은 "죽음에 의하여 가족들에게나 사회에 부탁하는 말을 남기
다"의 개념이니 〈[임종에 달한 자]→가족이나 사회에 유언성〉이 추가되고,
(27)은 "죽음에 임하여 가족이나 사회에 부탁의 말을 녹음하여 남기다"의
개념이니 (26)의 내용과 동일하나 유언의 내용을 녹음한 것이 더 첨가되므

---

40) 유언은 자기의 사망으로 인하여 효력을 발생시킬 것으로 하여 일정한 방식에 따라
서 행하는 상대방 없이 단독으로 의사 표시를 한다. 17세 이상의 사람은 누구나 할
수 있으며 금치산자나 한정 치한자라도 단독으로 할 수 있다. 유언은 일정한 방식에
따라서 하며 그 방식에는 자필증서, 녹음, 공정증서, 비밀증서, 구수증서(口授證書)
등 다섯 가지가 있다.
41) 녹음유언은 유언자가 유언의 취지, 그 성명과 연월일을 구술하고, 이에 참여한 증인
이 유언의 정확함과 그 성명을 구술하게 되어 있다. 의사의 능력이 없는 금치산자가
심신이 회복되어 녹음 유언을 할 경우에는, 이에 참여한 의사가 그 금치산자가 정상
상태에 있다는 것을 구술한 다음에 녹음해야 한다.

로 〈유언의 내용을 녹음성〉이 더 첨가되므로 (26)과는 계단대립(Graduelle Opposition)[42]을 이루고 있다. 그리고 (28)은 "뒷일을 말로 부탁하다"의 개념이니 〈뒷일을 말로 부탁성〉이 추가되어 분절한다.

    (29) 공수하다   (30) 공수받다

    (31) 공수주다   (32) 포함하다

    (33) 포함주다   (34) 푸념하다

위의 (29)-(31)은 "무당이 원한을 품고 죽은 사람의 넋을 풀어줄 때 죽은 사람의 넋의 말을 전하다"의 개념을 공유하고 있어 〈[무당]→굿을 거행성→진혼성→원혼의 말 전달성＋민간 신앙성〉이 공통으로 추가되고, (32)와 (33)은 "무당이 귀신의 말을 받아서 호령하다"의 개념을 공유하고 있어 〈[무당]→귀신의 말을 수령성→호령성＋민간 신앙성〉이 공통으로 추가된다. 그리고 (34)는 "굿을 할 때에 무당이 신의 뜻이라 하여 치성드리는 사람에게 꾸지람을 하다"의 개념이니 〈[무당]→굿을 거행성→신의 뜻을 수령성→치성드리는 자를 질책성＋민간 신앙성〉이 추가되고, 또 "마음속에 품은 불평을 길게 늘어놓다"의 개념도 가지고 있어 〈심중의 불평을 장황하게 언표성〉이 더 추가되어 분절한다.

앞에서 논의한 말로 전달하는 자동사의 분절구조는 다음과 같다.

---

42) Horst Geckeler(1973:25)는 "Graduelle Opposition sind solche Glieder durch verschiedene Grade oder Abstufungen derselben Eigenschaft gekennzeichnet sind...."라고 하였다.
허 발(1977:54)은 다음과 같이 단계적 대립을 예시하고 있다.

    frz——gele——froid—— frais—— tiede—— chaud——brulaut
    언   찬   서늘한 훈훈한 따뜻한 타는듯한

[그림22] 전달하는 분절구조(1)

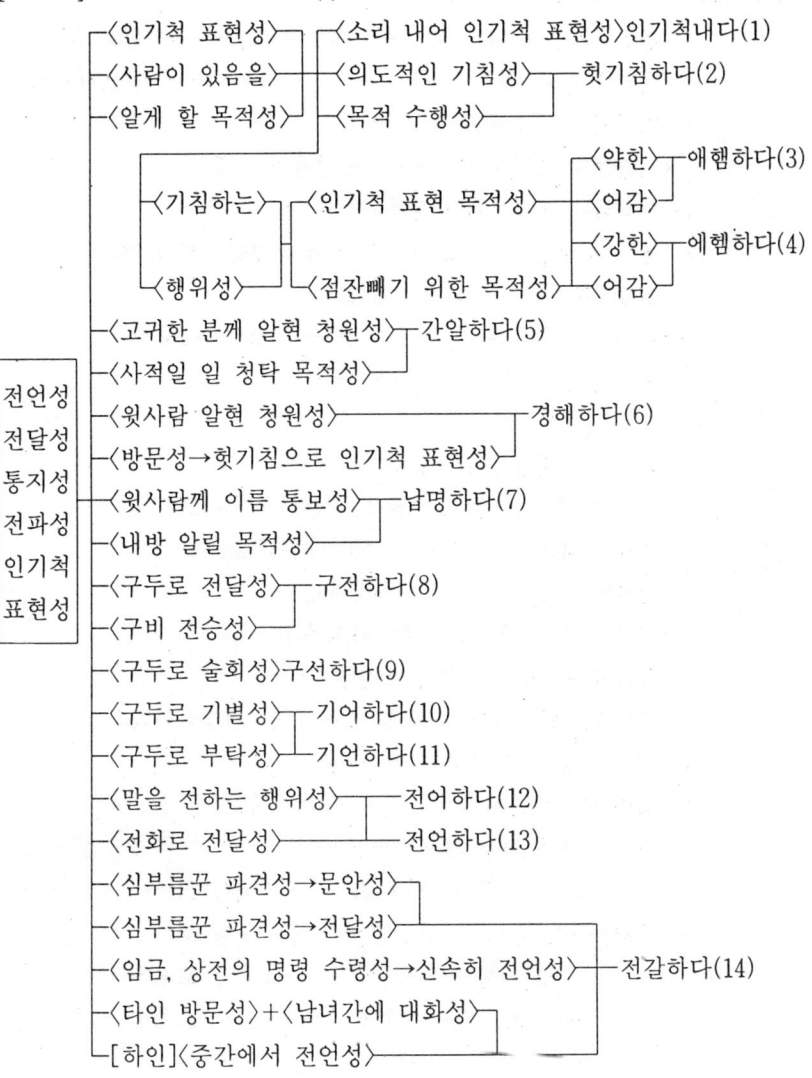

[그림23] 전달하는 분절구조(2)

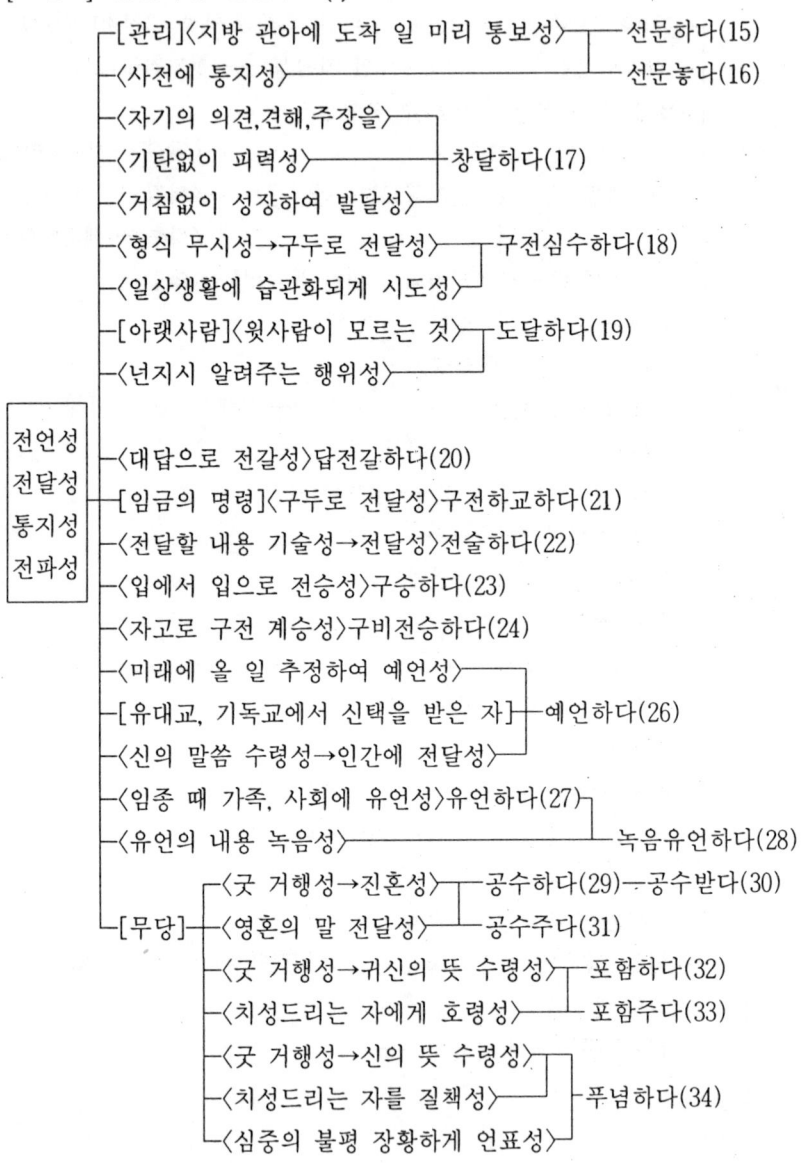

2.9.1.2 보고하는 분절

다음 (35)~(58)까지는 "일정한 일에 관하여 연구하거나 조사한 사항 및 일어난 사실을 상부나 일반에게 알리다"의 내용을 함유하고 있어 〈보고 성→연구 조사한 사항을 상부나 일반에게 진술 통보성〉이 부가된다.

(35) 보고(報告)하다   (36) 탈(頉)하다
(37) 내보(來報)하다

위의 (35)는 "일정한 일에 관하여 연구하거나 조사한 사항을 상부나 일 반에게 알리어 진술하다"의 개념이니 〈일정한 사항을 연구 조사성→상 부, 일반에게 진술 보고성〉이 추가된다. 이 낱말은 보고의 낱말밭에서 원 어휘소에 해당한다. 그리고 (36)은 "탈이 있어 일자리나 갈 곳에 나가지 못하는 사유를 말하다"의 개념이니 〈사고 발생성→결근, 결과의 사유를 보고성〉이 추가되고, (37)은 "직접 와서 보고하다"의 개념이므로 〈직접 내방성→보고성〉이 추가되며, 또 "전보나 전화가 오다"의 개념도 가지고 있어 〈전보, 전화를 송전성〉이 더 추가되어 분절한다.

(38) 복명(復命)하다   (39) 반명(反命)하다
(40) 논보(論報)하다   (41) 첩보(牒報)하다

위의 (38)과 (39)는 "명령을 처리하고 그 결과를 보고하다"의 개념을 공 유하고 있어 〈명령을 수령성→처리성→결과 보고성〉이 공통으로 추가되 고, (40)은 "아래 관청에서 위 관청에 대하여 자기의 의견을 붙여 보고하 다"의 개념이므로 〈자기 의견 첨부성→상부 관정에 보고싱〉이 추가되며, (41)은 "상관에게 서면으로 보고하다"의 개념이니 〈상관에게 서면으로 보 고성〉이 추가되어 분절한다.

(42) 상보(詳報)하다   (43) 답보(答報)하다

(44) 회보(回報)하다

위의 (42)는 "상세하게 보고하다"의 개념이니 〈상세히 보고성〉이 추가되고, (43)과 (44)는 "질문에 대하여 회답하여 보고하다"의 개념을 공유하고 있어 〈질문에 회답을 보고성〉이 공통으로 추가되며, 또 "돌아가거나 돌아와서 보고하다"의 개념도 가지고 있어 〈도착성＋귀착성→보고성〉도 공통으로 추가되어 분절한다.

(45) 수사보고(搜査報告)하다   (46) 상황보고(狀況報告)하다

(47) 직접보고(直接報告)하다   (48) 첩보(諜報)하다[43]

(49) 첩보(捷報)하다

위의 (45)는 "사법경찰관이 범죄 수사에 관한 보고를 하다"의 개념이니 〈[사법경찰]→범죄 수사를 보고성〉이 추가되며, (46)은 "전술적 또는 행정적 상황을 요약해서 상부나 일반에게 알리어 진술하거나 보고하다"의 개념이므로 〈[군인, 관리]→전술적 행정적 상황 요약성→상부, 일반에게 진술성＋보고성〉이 추가되며, (47)은 "시각, 무선, 음탐기로 적과 접촉하였을 때에 보고하다"의 개념이니 〈시각, 무선, 음탐기로 적과 직접 접촉성→상황 보고성〉이 추가된다. 그리고 (48)은 "적의 형편을 정찰하여 제 편에 보고하다"의 개념이니 〈[군인]→적의 형편을 정찰성→아군에게 보고성〉이 추가되며, (49)는 "승전에 대하여 보고하다"의 개념이므로 〈승전을 보고성〉이 추가되며, 또 "싸움에 이긴 보고를 하다"의 개념도 가지고 있어 〈싸움의 승리를 보고성〉이 더 추가되어 분절한다.

---

43) 적과 최초로 접촉하였을 때 바로 접수된 첩보를 보내는 것을 최초 직접보고라 하며, 추가하는 첩보를 포함하여 계속적인 보고는 상세보고라 한다.

(50) 계사(啓事)하다   (51) 상서(上書)하다

(52) 상소(上疏)하다   (53) 봉장(封狀)하다

(54) 주소(奏疏)하다   (55) 진소(陳疏)하다

위의 (50)은 "임금에게 일을 아뢰다. 서면으로 그 사실을 적어 올리기도 하고 직접 아뢰기도 한다"의 개념이니 〈서면이나 구두로 임금께 보고성〉이 추가되고, (51)은 "관청이나 웃어른이 귀인에게 글을 올리다"의 개념이므로 〈[관청], [웃어른]→귀인에게 서면 보고성〉이 추가되며, 또 "조신이 동궁에게 글을 올리다"의 개념도 가지고 있어 〈[조신]→동궁께 서면으로 보고성〉이 더 추가되며, "신하가 임금께 글을 올리다"의 개념일 경우는 〈[신하]→임금께 서면 보고성〉이 더 추가된다. 그리고 (52)-(55)는 "임금에게 글을 올리다"의 개념을 공유하고 있어 〈임금께 상소성〉이 공통으로 추가되어 분절하다.

(56) 왕고(枉告)하다   (57) 지정불고(知情不告)하다

(58) 수첩(受牒)하다

위의 (56)은 "사실을 헛되게 고하다"의 개념이니 〈허위 보고성〉이 추가되고, (57)은 "남의 범죄 사실을 알고 있으면서 관계기관에 알리지 아니하다"의 개념이므로 〈남의 범죄 사실을 인지성→관계기관에 고발하지 않는 행위성〉이 추가되며, (58)은 "공식적인 문서로 통지를 받다"의 개념이니 〈공식 문서로 통지문을 수령성〉이 추가되어 분절한다.

앞에서 논의한 보고에 관련된 자동사의 분절구조를 그림으로 그려보면 다음과 같다.

104

[그림24] 보고하는 분절구조

```
                    ┌─〈일정한 사항 연구 조사성〉─────┬─보고하다(35)
                    ├─〈상부, 일반에게 진술 보고성〉──┘
                    ├─〈사고 발생성→결근, 결과의 사유 보고성〉탈하다(36)
                    ├─〈직접 내방성→보고성〉──┬─내보하다(37)
                    ├─〈전화, 전보 송전성〉────┘
                    ├─〈명령을 처리성→보고성〉복명하다(38)-반명하다(39)
        ┌──┐       ├─〈자기의 의견 첨부성〉──┬─논보하다(40)
        │보│       ├─〈상부 관청에 보고성〉──┘
        │고│───────┤
        │성│       ├─〈상관에게 서면 보고성〉첩보(牒報)하다(41)
        └──┘       ├─〈상세히 보고성〉상보하다(42)
                    ├─〈질문에 회답 보고성〉──────┬─답보하다(43)
                    ├─〈도달성+귀착성→보고성〉───┴─회보하다(44)
                    ├─[사법경찰]〈범죄수사를 보고성〉수사보고하다(45)
                    ├─[군인, 관리]────────────┐
                    ├─〈전술적 행정적 상황 요약성〉──┬─상황보고하다(46)
                    ├─〈상부, 일반에게 진술 보고성〉──┘
                    ├─[군인]〈시각, 무선, 음탐기로〉────────┬─직접보고하다(47)
                    ├─〈적과 직접 접촉성→상황 보고성〉─────┘
                    ├─〈적의 형편 정찰성→아군에 보고성〉첩보(諜報)하다(48)
                    ├─〈승전 보고성〉+〈싸움의 승리를 보고성〉첩보(捷報)하다(49)
                    ├─〈서면이나 구두로 임금께 보고성〉계사하다(50)
                    ├─[관청, 웃어른]〈귀인에게 서면 보고성〉+〈상소성〉상서하다(51)
                    ├─[신하]〈상소성〉상소하다(52)-봉장하다(53)-주소하다(54)-진소하다(55)
                    ├─〈허위 보고성〉왕고하다(56)
                    ├─〈남의 범죄 인지성→관계기관에 고발 않는 행위성〉지정불고하다(57)
                    └─〈공식 문서로 통지 수령성〉수첩하다(58)
```

2.9.2 마무리

현대 국어 자동사 가운데 보고에 관련된 58개의 낱말에 대하여 개별적인 분절성을 해명하였다. 이제 이것을 바탕으로 하여 전체적인 분절구조를 고찰하려 한다.

(1) 보고 자동사의 내용을 많이 분포된 순으로 살펴보면 다음과 같다.

보고 자동사의 낱말밭에서는 의사를 전달하는 내용이 34개(58.62%)이고, 어떤 상황을 보고하는 내용이 24개(41.38%)이다. 구두로 전달하는 내용과 임금께 상소하는 내용이 각각 5개(8.62%)로 가장 많고, 기침 소리를 내어 인기척을 표현하는 내용이 4개(6.91%)로 다음으로 많으며, 무당이 굿할 때 신의 뜻을 전달하는 내용과 무당이 신의 뜻을 받아 치성드리는 사람을 호령하는 내용 및 상관에게 서면으로 보고하는 내용이 각각 3개(5.17%)로 세 번째로 많다. 그리고 말을 전하는 내용, 중앙의 관리가 지방의 관아에게 도착 일자를 통보하는 내용, 입에서 입으로 전해지는 내용, 유언하는 내용, 명령을 처리하여 보고하는 내용, 질문에 대하여 대답으로 보고하는 내용, 군인이 적의 형편을 정찰하여 보고하는 내용 등이 각각 2개(3.45%)이고, 사적으로 청탁을 하기 위해 고귀한 분께 알현을 청하는 내용, 윗사람을 방문하여 인기척을 내는 내용, 윗사람을 방문하여 이름을 알리는 내용, 심부름꾼을 보내어 문안드리는 내용, 자기의 의견을 기탄없이 피력하는 내용, 형식을 무시하고 구두로 전달하는 내용, 윗사람이 모르는 사실을 넌지시 알려주는 내용, 대답으로 전갈하는 내용, 전달의 내용을 기록하여 전하는 내용, 예언하는 내용, 일정한 사항을 연구 조사하여 상부나 일반에게 보고하는 내용, 사고가 발생하여 결근하는 이유를 보고하는 내용, 직접 방문하여 보고하는 내용, 자기의 의견을 첨부하여 보고하는 내용, 상세히 보고하는 내용, 사법경찰이 수사한 내용을 보고하는 내용, 승전을 알리는 내용, 허위로 보고하는 내용, 공식 문서로 보고를 수령하는 내용, 남의 죄를 알면서 보고하지 않는 내용 등이 각각 1개 (1.72%)이다.

(2) 의사를 전달하거나 어떤 사항을 보고하는 주체는 중복되는 내용이 4개가 있어 어휘의 수는 62개로 늘어난다. 이들의 내용도 많이 분포된 순으로 고찰하려 한다. 의사를 전달하는 사람이 12명(19.35%)으로 가장 많고, 아랫사람이 9명(14.52%)으로 다음으로 많으며, 신하가 7명(11.29%)으로 세 번째로 많다. 그리고 무당이 6명(9.68%)이고, 막연히 보고하는 사람과 관리 및 군인이 각각 4명(6.45%)이며, 말을 전하는 사람, 임종에 이른 사람, 명령을 수령한 사람, 질문을 받은 사람이 각각 2명(3.23%)이다. 하인, 답 전갈하는 사람, 유대교인, 기독교인, 사법경찰, 불고지자, 보고를 수령한 사람 등이 각각 1명(1.61%)으로 분포되어 있다.

(3) 보고하는 자동사의 낱말밭에서 보고의 대상이나 보고에 등장하는 객체는 중복되는 내용이 4개가 있어 어휘의 수는 62개로 늘어난다. 이들의 내용은 다음과 같다. 말[言語]이 10개(16.13%)로 가장 많고, 귀신의 뜻이 6개(9.68%)로 다음으로 많으며, 임금님이 5개(8.06%)이다. 그리고 기침과 보고서가 각각 4개(6.45%)이고, 윗사람이 3개(4.48%)이며, 지방의 관리, 임금님의 명령, 명령의 처리, 질문, 적군이 각각 2개(3.23%)이다. 사사로운 일, 자기의 이름, 심부름꾼, 상전의 명령, 의견, 견해, 주장, 미지의 사실, 전갈, 전달할 내용, 예언, 하느님의 말씀, 가족, 사회, 녹음기, 연구나 조사의 내용, 결근의 사유, 자기의 의견, 범죄 수사를 한 내용, 전쟁의 승리, 허위보고, 남의 범죄 사실, 통지서 등이 각각 1개(1.61%)이다.

(4) 바람직한 긍정적인 내용은 55개(88.71%)로 거의 전부이고, 바람직하지 못한 부정적인 내용은 '간알하다, 왕고하다, 지정불고하다' 등 3개 (5.17%)이다. 그리고 종교적인 내용은 민간 신앙적인 내용이 6개(10.34%)이고, 유대교와 기독교가 각각 1개(1.72%)이다.

(5) 우리 국어는 수적으로 한자어가 우위를 차지하고 있다.

보고의 낱말밭에서도 이러한 현상이 드러나 한자어는 48개(82.76%)로 거의 전부이고, 우리 고유어는 8개(15.52%)에 불과하며, 한자어와 고유어가 융합된 혼종어는 2개(3.45%)이다. 그리고 서구 외래어는 하나도 없는 것이 특징이다.

2.10 명령하다

2.10.1 명령하는 내용

이 부분밭은 "윗사람이 아랫사람에게 무엇을 하도록 시키다"의 내용을 함유하고 있어 〈윗사람이 아랫사람에게 명령성, 분부성〉이 고통으로 추가된다.

(1) 명령(命令)하다		(2) 출령(出令)하다	
(3) 분부(分付)하다		(4) 하명(下命)하다	
(5) 하령(下令)하다			

위의 (1)은 "분부를 하다. 곧 윗사람이 아랫사람에게 무엇을 하도록 시키다"의 개념일 경우는 〈[윗사람]→아랫사람에게 명령성＋분부성〉이 추가되고, 또 "행정인이 특정인에게 대하여 의무나 구체적인 처분을 부과하다"의 개념일 경우는 〈[행정인]→특정인에 구체적인 처분 부과성〉이 더 추가되며, "국가의 행정기관이 법의 형식을 제정하다. 법률의 실시를 위히여 또는 법률의 위임을 받아서 제정된다"의 개념일 경우는 〈[국가의 행정기관]→법의 형식을 제정성〉과 〈[국가의 행정기관]→법률의 위임을 수령성→법의 형식을 제정성→법을 실시할 목적성〉이 내용에 따라 더 추가된다. 그리고 "재판장이나 법원의 기관인 법관이 그 권한에 속하는

사항에 관하여 재판을 행하다"의 개념일 경우에 〈[재판장, 법관]→주어진 권한 내에서 재판성〉이 추가되고, "서식·구두·신호 등에 의하여 상급자로부터 부하에게 지시를 전달하다"의 개념일 경우는 〈[상급자]→부하에게 서식·구두·신호로 통지성〉이 내용에 따라 추가되는 다의어이다. 그리고 (2)는 "윗사람이나 상관이 아랫사람이나 부하에게 명령을 내리다"의 개념이므로 〈[윗사람], [상관]→아랫사람, 부하에게 명령을 하달성〉이 추가되고, (3)은 "아랫사람에게 무슨 일을 어떻게 하라고 명령을 내리다"의 개념이니, 존대어로 표현함이 분절성을 지니고 있으므로 〈[윗사람]→아랫사람에게 분부성＋존대어 사용성〉이 추가되며, (4-5)는 "윗사람이 아랫사람에게 명령하다"의 개념을 공유하고 있으므로, 명령의 주체자가 윗사람이나 상관이어야 됨이 강조되어 있어 〈[윗사람]→아랫사람에게 명령성〉이 공통으로 추가되나, (5)는 "왕세자가 영지를 내리다"의 개념을 더 가지고 있어 〈[왕세자]→영지를 하달성〉이 더 추가되어 분절한다.

(6) 구령(口令)하다   (7) 복창(復唱)하다
(8) 복명(復命)하다

위의 (6)은 "여러 사람의 동작을 일제히 취하게 하기 위하여 호령을 부르다"의 개념이니 〈구령성→여러 사람의 동작을 통일시킬 목적성〉이 추가된다. 이 구령에는 예령과 동령이 있다. 그리고 (7-8)은 "남의 말을 그대로 받아서 다시 외우다"의 개념을 공유하고 있어 〈남의 말을 복창성〉이 공통으로 추가된다.

(9) 말떠러지다   (10) 일하(一下)하다
(11) 갈도(喝道)하다

위의 (9)는 "승락·명령 따위의 말이 나오다"의 개념이니, 이는 어떤 요구에 대하여 허락이나 그 문제의 해결을 위하여 명령을 내리는 내용으로 이해되어 〈요구 사항을 승낙성〉과 〈요구나 문제 해결에 대해 명령성〉이 내용에 따라 추가되고, (10)은 "분부 또는 명령 같은 것이 한 번 내리다"의 개념이므로, 분부나 명령에서 1회성이 문제가 되므로 〈분부, 명령 1회로 하달성〉이 추가된다. (11)은 "큰 소리로 꾸짖어 길을 치우다"의 개념이니 〈호령으로 질책성→길을 치울 목적성〉이 추가되고, 또 "지체 높은 사람이 행차할 때 구종이 소리를 질러 일반인의 통행을 금지시키다"의 개념도 가지고 있어 〈고귀한 분이 행차성→[구종]→통행금지토록 호령성〉이 더 추가되며, "옛날 사간원이나 옥당의 관원이 출근할 때 하례(下隸)가 앞에 서서 길을 치우며 인도하다"의 개념일 경우는 〈[사간원], [옥당의 관원]→출근성→[하례]→앞서서 행로를 정리성→인도성〉이 더 추가되어 분절한다.

(12) 의명(依命)하다   (13) 명령하달(命令下達)하다

위의 (12)는 "상사의 명령에 의거하여 행하다"의 개념이니, 사건의 처리가 상사의 명령에 의거함이 분절성이므로 〈상사의 명령에 의거성→사건을 처리성〉이 추가되고, (13)은 "상관의 명령을 부하에게 전달하다"의 개념이므로, 명령의 하달에 전달자가 있음이 변별력을 가지고 있어 〈[명령 전달자]→상관의 명령을 부하에 전달성〉이 추가되어 분절한다.

(14) 훈령(訓令)하다   (15) 발훈(發訓)하다
(16) 행호시령(行號施令)하다   (17) 촉훈(促訓)하다

위의 (14-15)는 "상급 관청이 하급 관청에 권한 행사를 지휘·감독하기

위하여 명령하다"의 개념을 공유하고 있어 〈[상급 관청]→하급 관청에 명령성→권한 행사를 지휘·감독할 목적성〉이 공통으로 추가되고, (16)은 "상급기관에서 하급기관을 지휘하여 명령하다"의 개념이므로 〈[상급기관]→하급기관을 지휘 명령성〉이 추가되며, (17)은 "훈령으로 독촉하다"의 개념이니 〈[상급기관]→하급기관에 훈령으로 독촉성〉이 추가되나, 독촉의 내용은 알 수 없다.

(18) 일일명령(一日命令)하다   (19) 조령모개(朝令暮改)하다
(20) 조령석개(朝令夕改)하다

위의 (18)은 "야전(野戰)에 있어서 작전과 관련이 없거나 또는 영향을 받지 않는 제반 사항에 대하여 명령하다"의 개념이니, 명령의 주체자는 군대일 것이므로 〈[군대]→야전성→작전에 무관한 제반 사항을 명령성〉이 추가되고, (19-20)은 "아침에 명령을 내렸다가 저녁에 다시 바뀌어 내린다는 뜻으로 명령이 자주 이리저리 둔갑하여 뒤바뀌다"의 개념을 공유하고 있으므로, 비유적 표현(figurative language)44)을 하고 있다. 따라서 〈명령이 변화무쌍성〉이 공통으로 추가되어 분절한다.

---

44) 박영순(1994:184)은 "은유는 두 사물간에 유사성이 있을 때 기존의 단어를 새로운 상황에 쓰는 언어 현상을 말한다. 이러한 은유는 곧 의미의 확장을 야기하게 되고, 다의어를 생성하게 된다. 은유는 언어의 창조적인 힘을 가장 잘 나타내는 언어 표현으로, 말하자면 의미의 전이(transfer)라 할 수 있다. Searle(1979)은 '직설적인 표현만으로는 표현되지 못하는 그러한 공백(semantic gap)을 메우어 주는 것이야말로 은유의 기능이다'라고 말한다."고 하였다.

鄭元容(1996:2-3)은 "Metaphor consists in giving the thing a name that belongs to something else: the tranceference being ether form genus to species, or form species to genus, or from specise to specise, or on grounds of analogy."라고 하였다.

"은유는 어떤 사물이 다른 사물에 속하는 명칭을 주는데 있다. 그 명칭의 전이는 일방적 명칭을 특수 대상에 대한 명칭으로, 특수 대상의 명칭을 다른 사물의 명칭으로, 또 혹은 유사성을 근거로 명칭을 서로 바꿈으로 이루어진다."고 하였다.

(21) 청령(聽令)하다　　　　　(22) 청명(聽命)하다
(23) 품명(稟命)하다　　　　　(24) 피명(被命)하다

위의 (21-22)는 "명령을 듣다"의 개념을 공유하고 있어 〈명령을 수령성〉
이 공통으로 추가되고, 또 "심부름을 하다"의 개념도 공유하고 있으므로
〈심부름을 하는 행위성〉도 공통으로 추가되며, (23-24)는 "명령을 받다"의
개념을 공유하고 있어, 명령을 받는 쪽은 아랫사람이거나 하부기관일 것이
므로 〈[하부기관]→상부의 명령을 수령성〉이 공통으로 추가되어 분절한다.

(25) 응명(應命)하다　　　　　(26) 유낙(唯諾)하다
(27) 유유낙낙(唯唯諾諾)하다　　(28) 낙낙(諾諾)하다
(29) 역명(逆命)하다

위의 (25)는 "명령에 응하다"의 개념이니 〈명령에 복종성〉이 추가되고,
(26-27)은 "명령하는 말에 대하여 언제든지 공손하게 응낙하다"의 개념을
공유하고 있어, 공손하게 순종함이 분절성이므로 〈명령에 항상 공손히
복종성〉이 공통으로 추가된다. 그리고 (28)은 "'예, 예'하면서 오로지 남의
말대로 순종하여 응낙하다"의 개념이니, 남의 말에 항상 순종함이 문제
가 되어 〈남의 말에 '예, 예'하며 순종성〉이 추가되며, (29)는 "임금이나
윗사람의 명령을 거역하다"의 개념이므로 〈[신하·백성]→임금, 윗사람의
명령에 불복종성+항명성〉이 추가되며, 또 "정도에서 벗어난 포악한 명
령을 내리다"의 개념도 가지고 있어 〈정도에서 일탈성→포악하게 명령
성〉이 더 추가되어 분절한다.

(30) 강화(降話)하다

이는 "천도교에서 한울님[하느님]이 세상 사람에게 말씀을 내리다. 마

112

음을 죄에서 회개하고 도를 닦으면 일동일정(一動一靜)에 한울님의 말씀을 들을 수 있다고 한다"의 개념이니 〈[한울님]→천도교 신자에게→말씀을 하달성(회개성＋수도성→일동 일정에서 말씀을 청취성)〉이 추가되어 분절한다.

지금까지 명령에 관련된 30개의 자동사에 대하여 개별 낱말의 분절성을 논의하였다. 이제 이것을 바탕으로 하여 전체적인 분절구조를 그림으로 그려보면 다음과 같은 수형도(tree diagram)가 된다.

[그림25] 명령하는 분절구조(1)

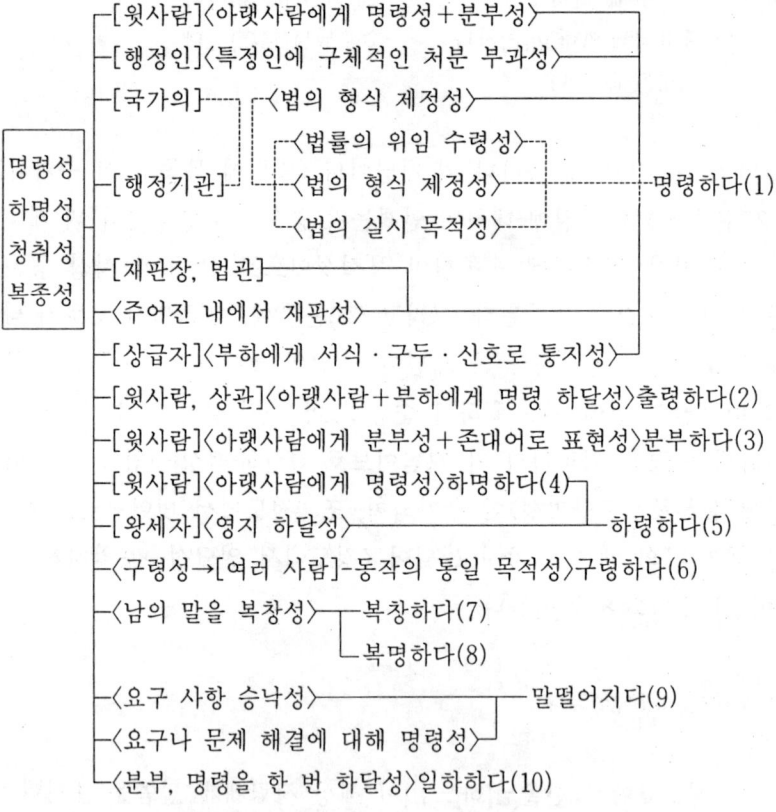

[그림26] 명령하는 분절구조(2)

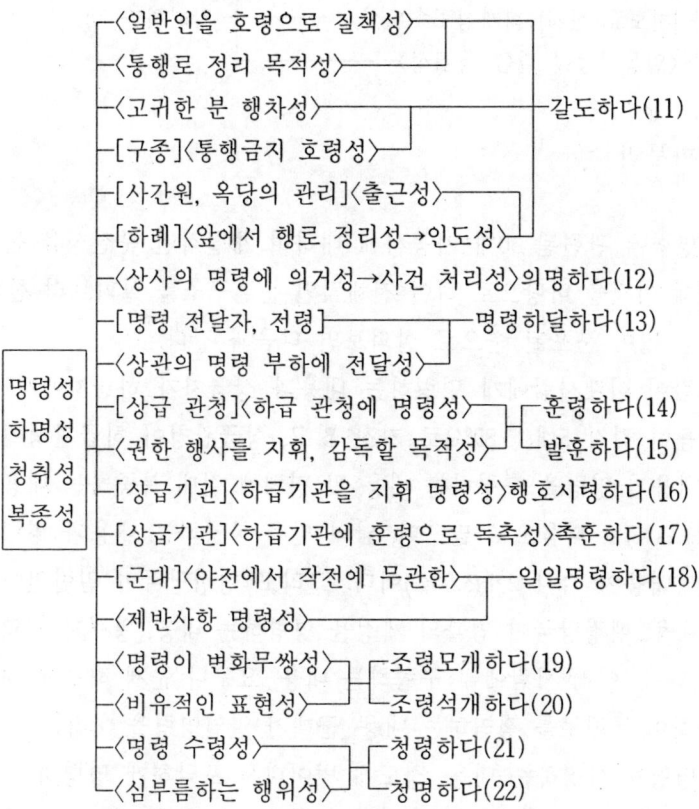

〈일반인을 호령으로 질책성〉
〈통행로 정리 목적성〉
〈고귀한 분 행차성〉
[구종]〈통행금지 호령성〉
[사간원, 옥당의 관리]〈출근성〉
[하례]〈앞에서 행로 정리성→인도성〉
갈도하다(11)

〈상사의 명령에 의거성→사건 처리성〉의명하다(12)

[명령 전달자, 전령]
〈상관의 명령 부하에 전달성〉
명령하달하다(13)

명령성
하명성
청취성
복종성

[상급 관청]〈하급 관청에 명령성〉
〈권한 행사를 지휘, 감독할 목적성〉
훈령하다(14)
발훈하다(15)

[상급기관]〈하급기관을 지휘 명령성〉행호시령하다(16)

[상급기관]〈하급기관에 훈령으로 독촉성〉촉훈하다(17)

[군대]〈야전에서 작전에 무관한〉
〈제반사항 명령성〉
일일명령하다(18)

〈명령이 변화무쌍성〉
〈비유적인 표현성〉
조령모개하다(19)
조령석개하다(20)

〈명령 수령성〉
〈심부름하는 행위성〉
청령하다(21)
청명하다(22)

[그림27] 명령하는 분절구조(3)

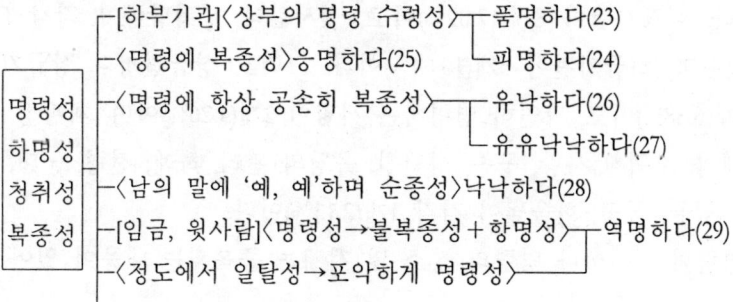

[하부기관]〈상부의 명령 수령성〉
〈명령에 복종성〉응명하다(25)
품명하다(23)
피명하다(24)

명령성
하명성
청취성
복종성

〈명령에 항상 공손히 복종성〉
유낙하다(26)
유유낙낙하다(27)

〈남의 말에 '예, 예'하며 순종성〉낙낙하다(28)

[임금, 윗사람]〈명령성→불복종성＋항명성〉역명하다(29)

〈정도에서 일탈성→포악하게 명령성〉

```
┌[한울님]〈천도교 신자에게 말씀 하달성〉┐
├[천도교 신자]〈회개성＋수도성〉─────┼─강화하다(30)
└〈일동일정에 말씀 청취성〉─────────┘
```

2.10.2 마무리

앞에서 명령에 관련된 30개 자동사에 대하여 개별적인 분절성을 논의 하였다. 이제 이것을 바탕으로 하여 전체적인 분절구조를 살펴보려 한다. 먼저 내용을 많이 분포된 순으로 살펴보면 다음과 같다.

(1) 윗사람이 아랫사람에게 명령하는 내용과 상급자가 하급자에게 명 령하는 내용이 각각 5개(13.89%)로 가장 많고, 상급관청이 하급관청에게 명령하는 내용과 명령을 수령하는 내용 및 명령에 절대 복종하는 내용이 각각 4개(11.11%)로 다음으로 많으며, 남의 말을 복창하는 내용과 명령이 변화무쌍한 내용이 각각 2개(5.56%)이다. 그리고 행정당국이 일반인에게 명령하는 내용, 행정당국이 법률의 제정을 명령하는 내용, 왕세자가 영지 를 내리는 내용, 여러 사람에게 구령하는 내용, 요구나 문제 해결에 대한 명령, 호령하여 통행로를 정리하는 내용, 군대가 일일명령을 내리는 내용, 윗사람의 명령에 항명하는 내용, 정도에 벗어나서 포악하게 명령하는 내 용, 한울님이 세상 사람에게 말씀을 내리는 내용이 각각 1개(2.78%)이다.

(2) 명령을 하는 주체자는 중복되는 내용이 많아 어휘의 수는 47개로 늘어난다. 아랫사람이 8개(17.02%)이고, 윗사람과 행정당국이 각각 6개 (12.77%)이며, 하급기관이 5개(10.64%)이다. 그리고 상급관청과 상급자가 각각 3개(6.38%)이고, 막연히 명령하는 사람이 2개(4.26%)이며, 재판장, 법 관, 왕세자, 고귀한 사람, 구종, 사간원, 옥당의 관리, 하례, 전령, 군대, 심 부름꾼, 임금, 폭군, 한울님이 각각 1개(2.13%)이다.

(3) 명령의 대상이나 명령의 장소 및 객체는 중복되는 내용이 있어 어

휘의 수는 43개로 늘어난다. 이들의 내용은 다음과 같다. 아랫사람이 6개 (13.95%)로 가장 많고, 명령과 하급관청 및 복종이 각각 4개(9.31%)로 다음으로 많으며, 여러 사람과 통행로가 각각 3개(6.98%)이다. 그리고 부하와 상부의 명령이 각각 2개(4.65%)이고, 특정인, 법의 형식, 재판, 서식, 구두, 신호, 왕세자의 영지, 요구 사항, 사건 처리, 일일명령, 심부름, 항명, 포악한 명령, 천도교 신자, 일반인이 각각 1개(2.33%)이다.

(4) 명령의 내용은 거의 모두가 바람직한 긍정적인 내용이다. 그런데, 바람직하지 못한 부정적인 내용은 '조령모개하다, 조령석개하다, 역명하다' 등 3개(10%)가 있다.

(5) 우리 국어는 수적으로 한자어가 우위를 차지하고 있다.

명령의 낱말밭에서도 이러한 현상이 드러나 한자어는 29개(96.67%)로 거의 전부이고, 우리 고유어는 '말떨어지다' 1개(3.33%)이다. 그리고 혼종어와 서구 외래어는 하나도 없는 것이 특징이다.

2.11 청취하다

2.11.1 청취하는 내용

이 부분밭은 "남이 하는 말이나 이야기 및 명령을 듣다"의 내용을 함유하고 있으므로 〈청취성, 방청성, 경청성〉이 내용에 따라 부가된다.

(1) 청화(聽話)하다   (2) 방참(傍參)하다
(3) 방청(傍聽)하나   (4) 곁듣다

위의 (1)은 "이야기를 듣다"의 개념이니 〈이야기를 청취성〉이 추가되고, "곁에서 방청하기 위하여 참여하다"의 개념이므로 〈방청석에 참여성→방

청할 목적성〉이 추가된다. 그리고 (3-4)는 "직접 관계가 없는 사람이 회의·연설·공판 같은 것에 참여하여 듣다"의 개념을 공유하고 있어 〈[사건에 무관한 사람]→회의·연설·공판장에 참여성→청취성〉이 공통으로 추가되는 유의어이므로 한 동아리에 묶었다.

(5) 실문(實聞)하다   (6) 허문(虛聞)하다

위의 (5)는 "직접 자기의 귀로 듣다"의 개념이니 〈직접 청취성〉이 추가되고, (6)은 "세상에 떠도는 헛소문을 듣다"의 개념이므로 〈헛소문을 청취성〉이 추가되어 분절한다.

(7) 귀기울이다   (8) 경청(傾聽)하다
(9) 측이(側耳)하다   (10) 귀재다

위의 (7-8)는 "귀를 기울이고 정신을 가다듬어 잘 듣다"의 개념을 공유하고 있어 〈귀를 기울이는 행위성→정신 집중성→경청성〉이 공통으로 추가되고. (9)는 "귀를 기울여 자세히 듣다"의 개념이므로 〈귀를 기울이는 행위성→자세히 경청성〉이 추가되며, (10)은 "혹시 잘못 들은 것이 아닌가하여 귀를 기울이다"의 개념이니 〈잘못 들은 것으로 의심성→귀를 기울이는 행위성→경청성〉이 추가되어 분절한다.

(11) 귀에익다   (12) 확문(確聞)되다
(13) 청찰(聽察)하다   (14) 해어(解語)하다

위의 (11)은 "많이 들어서 음성이나 언어가 익숙하다"의 개념이니 〈많이 청취성→음성, 언어에 익숙성〉이 추가되고, (12)는 "음성이나 소리가 확실하게 들리다"의 개념이므로 〈음성, 소리를 확실히 청취성〉이 추가된

다. 그리고 (13)은 "들어서 알다"의 개념이니 〈청취성→내용을 인지성〉이 추가되고, (14)는 "말하는 뜻을 이해하다"의 개념이므로 〈언표의 내용을 이해성〉이 추가되어 분절한다.

(15) 귀맛들다   (16) 귀맛나다
(17) 구수(口受)하다   (18) 흠흠하다
(19) 귀뜨이다   (20) 귀띄다

위의 (15)는 "어떤 말에 마음이 끌리다"의 개념이니 〈어떤 언표에 매력성〉이 추가되고, (16)은 "이야기를 듣고 재미가 나다"의 개념이므로 〈이야기 청취성→흥미진진성〉이 추가되며, (17)은 "말로 하는 것을 받아들이다"의 개념이니 〈상대의 언표를 수용성〉이 추가된다. 그리고 (18)은 "만족스럽거나 또는 남의 말을 흥겹게 들을 때에 흠흠 콧숨을 내쉬다"의 개념이니 〈담화에 흥미성＋만족성→흠흠하며 탄성성〉이 추가되고, (19-20)은 "어떤 말이나 소리에 선뜻 정신이 끌리다"의 개념을 공유하고 있어 〈어떤 담화나 소리에 선뜻 매혹성〉이 공통으로 추가되어 분절한다.

(21) 문손(聞損)하다   (22) 편문(片聞)하다
(23) 편청(偏聽)하다   (24) 계청(計聽)하다

위의 (21)은 "들어서 손해를 보다"의 개념이니 〈청취성→손해성〉이 추가되고, (22)는 "한쪽편의 말만 듣다"의 개념이므로 〈한쪽의 말만 청취성〉이 추가된다. 그리고 (23)은 "한편의 말만 듣고 신용하다"의 개념이니, 진실 파악에 무리가 따를 것으로 이해되어 〈한쪽의 말만 청취성→신용성→진실 파악에 문제성〉이 추가되고, (24)는 "계략을 듣다"의 개념이므로 〈계략을 청취성〉이 추가되어 분절한다.

(25) 문법(聞法)하다   (26) 청참(聽讒)하다

위의 (25)는 "불교에서 설법하는 것을 듣다"의 개념이니 〈불교의 설법을 청취성〉이 추가되고, (26)은 "거짓 꾸며서 남을 헐뜯는 말을 듣다"의 개념이므로 〈참언을 청취성〉이 추가되어 분절한다.

(27) 청죄(聽罪)하다   (28) 청소(聽訴)하다
(29) 청송(聽訟)하다

위의 (27)은 "죄의 고백을 듣다"의 개념이니, 청취자가 누구인지는 알 수 없으나 〈죄의 고백을 청취성〉이 추가되고, (28-29)는 "재판하기 위해서 송사를 듣다"의 개념을 공유하고 있어 〈송사를 청취성→재판할 목적성〉이 공통으로 추가되어 분절한다.

(30) 엿듣다   (31) 도청(盜聽)하다
(32) 잠청(潛聽)하다   (33) 귀주다

위의 낱말들은 "남의 하는 말을 몰래 가만히 엿듣다"의 개념을 공유하고 있어 〈남의 언표를 도청성〉이 공통으로 추가된다. 다만 (33)만은 "남에게 살그머니 알리어 조심하게 하다"의 개념을 더 가지고 있어 〈넌지시 통보성→주의를 환기성〉이 더 추가되어 분절한다.

(34) 귀거슬리다   (35) 역이(逆耳)하다
(36) 솔다   (37) 귀따갑다

위의 (34)는 "어떤 말에 비위가 상하다"의 개념이니 〈어떤 말에 비위가 상한 상태성〉이 추가되고, (35)는 "어떤 말이 귀에 거슬리다"의 개념이니

〈어떤 말에 역이성〉이 추가되며, (36-37)은 "몹시 시끄러운 소리나 같은 말을 너무 많이 들어서 귀가 아프다"의 개념을 공유하고 있어 〈강한 소음을 청취성+같은 말을 많이 청취성→귀따가운 상태성〉이 공통으로 추가되어 분절한다.

[그림28] 청취하는 분절구조(1)

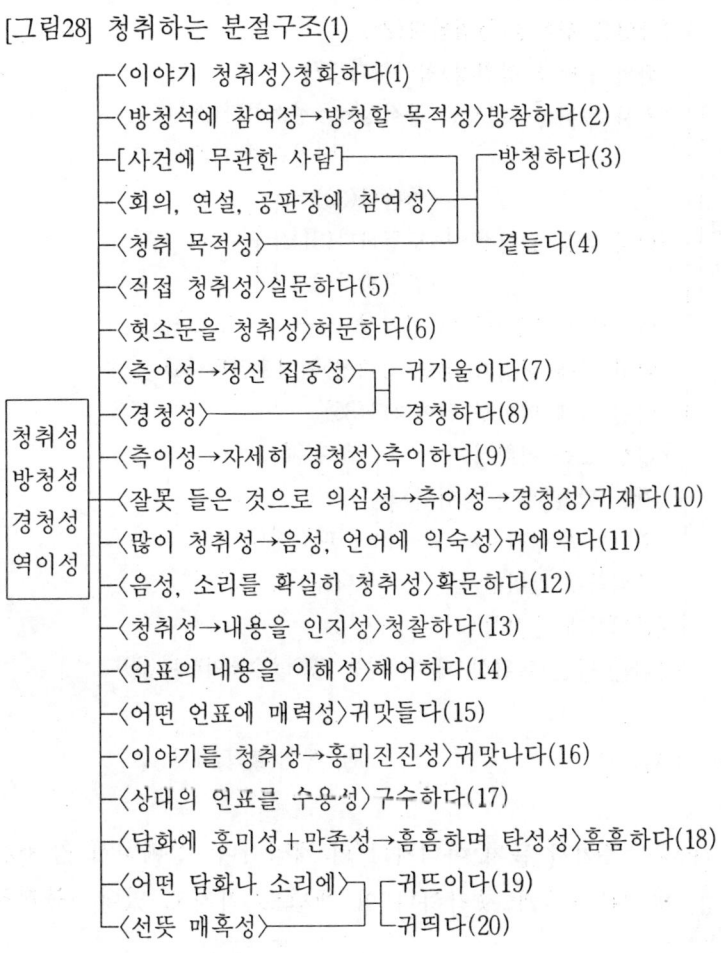

〈이야기 청취성〉청화하다(1)
〈방청석에 참여성→방청할 목적성〉방참하다(2)
[사건에 무관한 사람] ┐
〈회의, 연설, 공판장에 참여성〉 ├─ 방청하다(3)
〈청취 목적성〉 ┘└─ 곁듣다(4)
〈직접 청취성〉실문하다(5)
〈헛소문을 청취성〉허문하다(6)
〈측이성→정신 집중성〉 ┐ 귀기울이다(7)
〈경청성〉 ┘ 경청하다(8)
〈측이성→자세히 경청성〉측이하다(9)
〈잘못 들은 것으로 의심성→측이성→경청성〉귀재다(10)
〈많이 청취성→음성, 언어에 익숙성〉귀에익다(11)
〈음성, 소리를 확실히 청취성〉확문하다(12)
〈청취성→내용을 인지성〉청찰하다(13)
〈언표의 내용을 이해성〉해어하다(14)
〈어떤 언표에 매력성〉귀맛들다(15)
〈이야기를 청취성→흥미진진성〉귀맛나다(16)
〈상대의 언표를 수용성〉구수하다(17)
〈담화에 흥미성+만족성→흠흠하며 탄성성〉흠흠하다(18)
〈어떤 담화나 소리에〉 ┐ 귀뜨이다(19)
〈선뜻 매혹성〉 ┘ 귀띄다(20)

청취성
방청성
경청성
역이성

[그림29] 청취하는 분절구조(2)

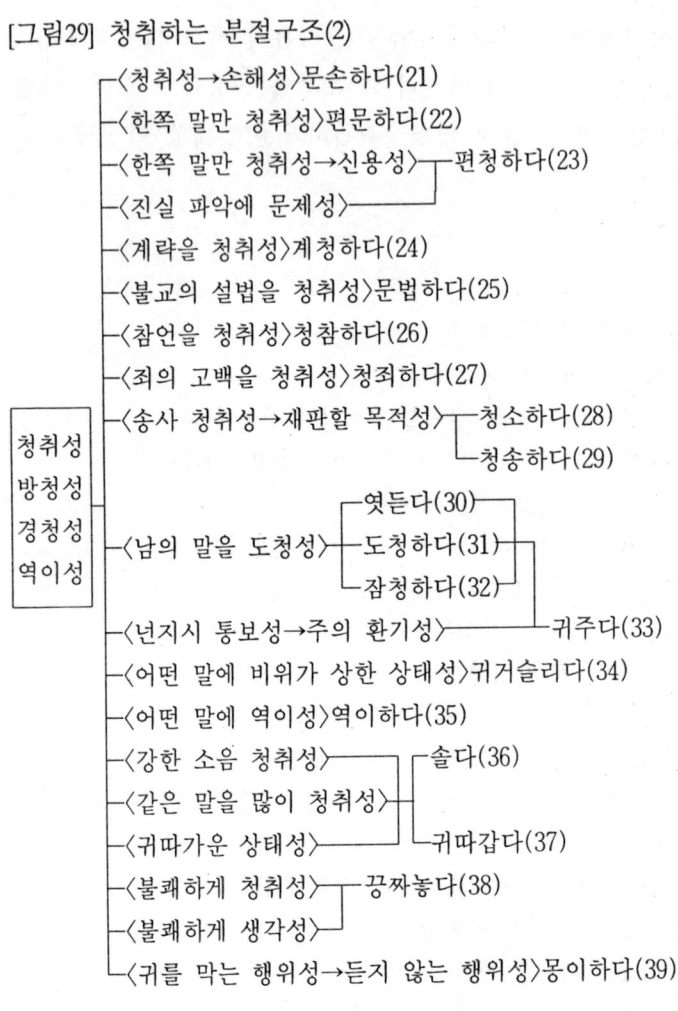

(38) 끙짜놓다   (39) 몽이(蒙耳)하다

위의 (38)은 "즐겨서 듣지 아니하다"의 개념이니 〈불쾌하게 청취성〉이
추가되고, 또 "불쾌하게 생각하다"의 개념도 가지고 있어 〈불쾌하게

생각성〉이 더 추가되며, (39)는 "귀를 막고 듣지 아니하다"의 개념이므로 〈귀를 폐쇄성→듣지 않는 행위성〉이 추가되어 분절한다.

지금까지 청취에 관련된 자동사 39개에 대하여 개별 낱말의 분절성을 논의하였다. 이제 이것을 바탕으로 하여 전체적인 분절구조를 [그림28], [그림29]의 수형도로 제시하려 한다.

2.11.2 마무리

지금까지 청취하는 자동사 39개에 대하여 개별적인 분절성을 논의하였다. 이제 이것을 바탕으로 하여 전체적인 분절구조를 요약하려 한다.

(1) 청취하는 39개 내용 중 많이 분포된 순으로 고찰하려 한다. 경청하는 내용과 상대의 말에 매혹되는 내용 및 남의 말을 엿듣는 내용이 각각 4개(10.26%)이고, 방청하는 내용이 3개(7.69%)이며, 말의 뜻을 이해하는 내용, 흥미진진한 이야기의 내용, 한쪽 말만 듣고 신용하는 내용, 송사의 진술을 듣는 내용, 어떤 말이 귀에 거슬리는 내용, 시끄러워 귀가 따가운 내용이 각각 2개(5.13%)이다. 그리고 이야기를 듣는 내용, 직접 듣는 내용, 헛소문을 듣는 내용, 많이 들어서 귀에 익은 내용, 확실히 듣는 내용, 들어서 손해보는 내용, 계략을 듣는 내용, 설법을 듣는 내용, 참언을 듣는 내용, 죄의 고백을 듣는 내용, 불쾌하게 듣는 내용, 귀를 막고 듣지 않는 내용이 각각 1개(2.56%)이다.

(2) 말을 듣는 주체자는 아래와 같다. 이야기에 매혹되는 사람이 6명 (15.38%)으로 제일 많고, 막연한 청취자가 5명(12.82%)으로 다음으로 많으며, 도청자와 경청자기 각각 4명(10.26%)이다. 그리고 방청자와 법관 및 소음에 시달리는 사람이 각각 3명(7.69%)이고, 담화의 내용을 이해하는 사람과 한쪽 말만 듣는 내용 및 말을 듣고 비위가 상한 사람이 각각 2명 (5.13%)이며, 이야기를 듣고 손해를 보는 사람, 계략을 듣는 사람, 불교의

신자, 참언을 듣는 사람, 귀를 막고 듣지 않는 사람이 각각 1개(2.56%)이다.

(3) 말을 듣는 대상이나 말을 할 때 사용되는 객체는 중복되는 내용이 많이 있어 어휘의 수는 52개로 늘어난다. 이들의 객체는 다음과 같다. 막연한 청취자와 이야기의 매력이 각각 6개(11.54%)로 가장 많고, 이야기가 5개(9.62%)로 다음으로 많으며, 도청이 4개(7.69%)이다. 그리고 방청석, 회의장, 연설장, 공판장이 각각 3개(5.77%)이고, 청취한 내용, 음성, 한쪽의 말, 송사, 시끄러운 소리가 각각 2개(3.85%)이며, 헛소문, 말씨, 소리, 손해, 계략, 설법, 참언, 죄의 고백, 귀가 각각 1개(1.92%)이다.

(4) 청취하는 내용 중 바람직하지 못한 부정적인 내용은 다음과 같다. '허문하다, 문손하다, 편문하다, 편청하다, 청참하다, 엿듣다, 도청하다, 잠청하다, 귀주다, 귀기울이다, 솔다, 귀따갑다, 끙짜놓다, 몽이하다' 등 14개 (35.9%)이다.

(5) 청취의 낱말밭에서 한자어는 24개(61.54%)로 과반수가 훨씬 넘으며, 우리 고유어는 15개(38.46%)이다. 그리고 혼종어와 서구 외래어는 하나도 없는 것이 특징이다.

2.12 고발하다

2.12.1 고발하는 내용

이 부분밭은 "법인이나 고소권자 이외의 제삼자가 수사기관에 범죄 사실을 신고하여 그 수사와 소추를 구하는 의사 표시를 하다"의 내용 (inhalt)[45]을 함유하고 있으므로 〈고발성, 심문성, 진술성, 고백성〉이 내용

---

45) 金芳漢 譯(1982:182)은 "내용과 표현은 상호 이해에 불가결한 기본적인 두 범주이다. 내용은 전달된 살아 있는 현실 그 자체이다. 표현은 내용에 관한 정보를 전달하는 모든 수단을 포함한다."고 하였다.

에 따라 부가된다. 이 고발하는 상위 분절구조는 다음과 같다.

[그림30] 고발 자동사의 상위 분절구조

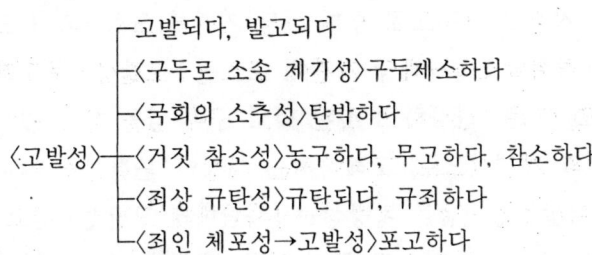

               ┌고발되다, 발고되다
               ├〈구두로 소송 제기성〉구두제소하다
               ├〈국회의 소추성〉탄박하다
〈고발성〉├〈거짓 참소성〉농구하다, 무고하다, 참소하다
               ├〈죄상 규탄성〉규탄되다, 규죄하다
               └〈죄인 체포성→고발성〉포고하다

   (1) 고발(告發)되다   (2) 발고(發告)되다
   (3) 구두제소(口頭提訴)하다   (4) 규탄(糾彈)되다
   (5) 규죄(糾罪)하다

위의 (1-2)는 "법인이나 고소권자 이외의 제삼자가 수사기관에 범죄 사실을 신고하여 그 수사와 소추를 구하는 의사 표시를 하다"의 개념 (concept)을 공유하고 있어 〈[법인·고소권자 이외의 사람]→수사기관에 범죄 사실을 신고성→수사와 소추를 청원성〉이 공통으로 추가되는 유의어 이므로 한 동아리에 묶었다. 그리고 (3)은 "재판의 절차를 간단히 하기 위하여 구두로 소송을 제기하다. 소송의 가액(價額)이 10만원 미만인 소액 사건에 관하여, 순회 판사로 하여금 재판하도록 한다"의 개념이므로 〈구두로 소송 제기성→재판의 절차를 간편히 할 목적성〉과 〈[순회판사]→10만원 미만의 소액 사건을 재판성〉이 내용에 따라 추가되고, (4)는 "잘못이나 옳지 못한 일을 폭로하고 공격하다"의 개념이므로 〈부정 부패를 폭로성→공격성〉이 추가되며, (5)는 "죄상을 폭로하고 공격하다"의 개념이니 〈죄상을 폭로성→공격성〉이 추가되어 분절한다.

(6) 무고(誣告)되다   (7) 참소(讒訴)되다

(8) 농구(弄口)하다

위의 (6)은 "없는 사실을 거짓으로 꾸며 해당 기관에 고소되거나 고발
되다"의 개념이니 〈허위날조성→해당 기관에 고소성＋고발성＋무고죄에
해당성〉이 추가되고, (7)은 "간사하고 헛된 말로 꾸며 남을 헐어 윗사람
에게 고해 바치다"의 개념이므로, 고해바치는 대상이 분절성을 지니고
있어 〈간사하게 허위날조성→남을 비방성→윗사람에게 고발성＋참소성〉
이 추가된다. 그리고 (8)은 "거짓으로 꾸며 남을 참소하다"의 개념이니
〈허위날조성→해당자에 고소성＋고발성＋무고죄에 해당성〉이 추가되어
(6)과 같은 내용이나, 이 낱말은 또 "말을 많이 하다"의 개념도 가지고 있
어 〈다언성＋수다성〉이 더 추가되어 분절한다.

(9) 탄박(彈駁)되다   (10) 탄핵(彈劾)되다

위의 낱말들은 "죄상을 들추어 논란하여 책망되거나 규탄되다"의 개
념을 공유하고 있어 〈죄상을 지적성＋책망성→규탄성〉이 추가되고, 또
"일반 법원에서는 소추가 곤란한 정부의 고급 공무원, 또는 법관과 같은
신분 보장이 되어 있는 공무원이 직무상 저지른 중대한 비행을 국회의
소추에 따라 이를 처벌 파면하다"의 개념도 공유하고 있어 〈[일반 법원
에서 소추가 곤란한 법관]·[고급 공무원]→직무상의 비행성→[국회]→소
추성→처벌성＋파면성〉이 공통으로 더 추가되어 분절한다.

(11) 포고(捕告)하다

이는 "죄인을 체포하여 관가에 고발하다"의 개념이니, 죄인을 체포한

사람은 사정당국이 아니므로 〈[일반인]→죄인을 체포성→관가에 고발성〉
이 추가되어 분절한다.

앞에서 고발에 관련된 11개의 자동사에 대하여 개별 낱말의 분절성을
논의하였다. 이제 이것을 바탕으로 하여 전체적인 분절구조를 수형도
(tree diagram)로 제시하려 한다.

[그림31] 고발하는 분절구조

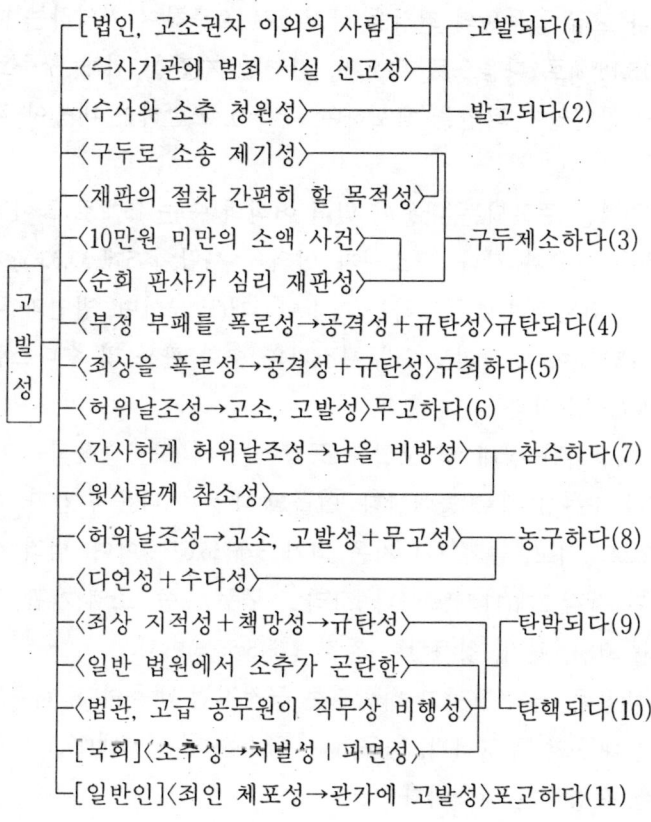

2.12.2 마무리

지금까지 고발에 관련된 자동사 11개에 대하여 개별적인 분절성을 논의하였다. 이제 이것을 바탕으로 하여 전체적인 분절구조를 살펴보려 한다. 고발 자동사의 내용을 많이 분포된 순으로 살펴보면 다음과 같다.

(1) 사실을 허위날조하여 무고하는 내용이 3개(27.27%)로 가장 많고, 부정 부패를 폭로하고 규탄하는 내용과 고발당하는 내용 및 신분이 보장되어 있는 법관이나 고급 공무원의 죄상을 국회에서 소추하여 처벌하는 내용이 각각 2개(18.18%)로 다음으로 많으며, 간편한 재판을 위해 구두로 제소하는 내용과 일반인이 죄인을 체포하여 관가에 고발하는 내용이 각각 1개(9.09%)이다.

(2) 고발하는 주체는 중복되는 내용이 있어 어휘의 수는 15개로 늘어난다. 이들의 내용은 다음과 같다. 고소권자 이외의 사람이 5개(33.33%)이고, 범죄 사실을 허위날조하여 무고하는 사람이 3개(30%)이며, 법인과 국회가 각각 2개(13.33%)이다. 그리고 구두제소자와 순회 판사 및 수다스런 사람이 각각 1개(6.67%)이다.

(3) 고발하는 대상이나 상대 및 고발에 등장하는 객체는 중복되는 내용이 있어 어휘의 수는 18개로 늘어난다. 이들의 내용은 다음과 같다. 수사기관이 4개(22.22%)이고, 범죄자가 지은 죄가 3개(16.67%)이며, 범죄 사실과 부정 부패가 각각 2개(11.11%)이다. 그리고 구두 소송, 소액 재판, 고급 공무원, 법관, 죄인, 관가, 윗사람이 각각 1개(5.56%)이다.

(4) 고발하는 내용은 거의 모두가 바람직한 긍정적인 내용이나, 허위날조하여 무고하는 내용인 '무고하다, 농구하다, 참소하다' 등 3개(27.27%)는 바람직하지 못한 부정적인 내용이다.

(5) 우리 국어는 한자어가 수적으로 우위를 차지하고 있다.

고발의 낱말밭에서도 이러한 현상이 두드러져 11개 모두가 한자어이다.

2.13 심문하다

2.13.1 심문하는 내용

심문하는 낱말밭은 사정당국이 범죄적인 사실을 밝히기 위하여 범죄 혐의자를 캐어묻는 내용을 함유하고 있어 〈[사정당국]→혐의자를 심문성〉이 공통으로 부가된다. 심문 자동사의 상위 분절구조는 다음과 같다.

[그림32] 심문 자동사의 상의 분절구조

```
              ┌─[사정기관]〈죄인 심문성〉심문하다, 힐문하다
              ├─〈죄상을 조사성〉국죄하다, 문죄하다, 취조하다
  〈심문성〉──┼─〈증인에 질문성〉증질하다, 증인심문하다
              ├─〈대질 심문성〉대질하다, 면질하다, 대질심문하다
              ├─〈삼자 대질성〉삼자대질하다, 삼조대질하다
              ├─[법관]〈사건을 심리성〉심리하다, 구두심리하다
              ├─〈죄상을 심문성→처벌성〉추단하다
              └─〈법원의 판결에 다시 항변성〉재항변하다
```

이 부분밭은 "캐어묻다, 따져서 묻다"의 내용을 함유하고 있어 〈심문성〉이 공통으로 부가된다.

(1) 심문(審問)하다[46]   (2) 힐문(詰問)하다

위의 (1)온 "사법 경찰관·판사·검사 그 밖의 국가기관이 어떤 사건에 대하여 피고인·피의자·증인 등에 구두로 캐어물어 사실을 조사하다"의 개

---

46) 高永根(1974:9), 沈在箕(1983:355), S. Martin(1954:17), G.J. Ramstedt(1939:66~67) 앞의 책 참조.

넘이니 〈[사법 경찰관, 검사, 국가 기관]→피의자·피고인·증인에 사실을 조사성〉이 추가되고, 또 "캐어묻다. 따져서 묻다"의 개념도 가지고 있으므로, 심문하는 주체와 대상이 무표로 되어 있어, 모든 사람에게 두루 해당되므로 〈사실을 심문성〉이 더 추가되며, (2)는 "잘못된 점을 따지어 묻다"의 개념이니 〈잘못된 점을 심문성〉이 추가되어 분절한다.

(3) 국죄(鞠罪)하다   (4) 문죄(問罪)하다
(5) 취문(取問)하다   (6) 취조(取調)하다

위의 (3-4)는 "죄를 다스리기 위하여 캐어묻다"의 개념을 공유하고 있어, 심문자는 사정당국이고 심문을 받는 사람은 범죄자로 이해되므로 〈[사정당국]→죄인을 심문성→처벌할 목적성〉이 공통으로 추가되고, (5-6)은 "범죄 사실을 밝히려고 혐의자나 죄인을 따져 조사하다"의 개념을 공유하고 있어 〈[사법관]→혐의자, 범죄자를 심문성→범죄 사실을 조사성〉이 공통으로 추가된다.

(7) 증질(證質)되다[47]   (8) 증인심문(證人審問)하다
(9) 증언(證言)되다

위의 (7)은 "증인이 질문을 받다"의 개념이니, 질문의 목적은 사실을 조사하기 위함이므로 〈증인에 질문성→사실을 규명할 목적성〉이 추가되고, (8)은 "증인을 심문하여 증거를 조사하다"의 개념이므로, 증인의 심문

---

47) 高永根(1974:7)은 "'-지다'는 준 접미사의 범주에 속하며, 대개 부사형을 매개로 하여 통합된다. 규칙적인 것으로는 '떨어-, 깨-, 꿰-, 늘어-' 등이 있고, 불규칙적인 것으로는 '꺼꾸러-, 자빠-, 부러-' 등이 있다."고 하였다.
　裵禧任(1988:5)은 "피동은 반드시 문법적 징표(marker)가 나타나야 하며, 이 징표는 서술어에서 접미사 파생에 의한 피동사이거나 '아/어지다', '되다'형으로 나타난다."고 하였다.

자는 사정관일 것이므로 〈[사정관]→증인을 심문성→증거를 확보할 목적성〉이 추가된다. 그리고 (9)는 "사실에 증거가 되는 말을 하다"의 개념이니 〈[증인]→사실의 증거를 진술성＋증언성〉이 추가되고, 또 "법정이나 국회 등에서 증인으로서 진술하다"의 개념도 가지고 있어 〈[증인]→법정, 국회에서 증거의 사실을 진술성〉이 더 추가되어 분절한다.

(10) 대질(對質)하다
(11) 면질(面質)하다
(12) 대질심문(對質審問)하다
(13) 삼조대면(三造對面)하다
(14) 삼자대면(三者對面)하다
(15) 삼조대질(三造對質)하다

위의 낱말들은 모두 대질 심문하는 내용이므로 〈대질심문성〉이 공통으로 추가된다. 따라서 (10-12)는 "형사소송에서 당사자 또는 증인을 심문할 때 필요에 따라 증인과 타증인 또는 피고인을 상면시켜서 동시에 심문하다"의 개념이니 〈형사 소송성→당사자, 증인, 타증인, 피고인을 대면성→동시에 심문성〉이 공통으로 추가되며, 또 "민사소송에서 재판장·수명판사(受命判事)·수탁판사(受託判事)가 증인 상호, 당사자 상호, 또는 당사자와 증인과를 대질시키어 심문하다"의 개념도 공유하고 있어 〈민사 소송성→[재판장, 수명판사, 수탁판사]→증인 상호, 당사자 상호, 당사자와 증인을 대질 심문성〉이 공통으로 더 추가된다. 그리고 (13-14)는 "원고, 피고, 증인 세 편이 모이어 대면시켜서 심문하다"의 개념을 공유하고 있어 〈[사정당국]→원고, 피고, 증인 삼자대면성→동시에 심문성〉이 공통으로 추가되어 분절한다.

(16) 심리(審理)되다
(17) 구두심리(口頭審理)하다
(18) 심문받다(審問-)

위의 (16-17)은 "사실의 조리를 자세히 취조하여 처리되다"의 개념을 공유하고 있어 〈사실의 조리를 자세히 취조성→사실을 처리성〉이 공통으로 추가되고, 또 "재판의 기초인 사실 관계 및 법률 관계를 명확히 하기 위하여 법인을 조사하다"의 개념도 공유하고 있어 〈[법인]→사실 관계, 법률 관계를 명확히 조사성→재판의 기초를 확립할 목적성〉도 공통으로 추가되며, "옛날에 옥에 가둔 죄인의 죄안(罪案)의 특지(特旨)로써 다시 심사하다"의 개념도 공유하고 있어 〈[포도청]→수감자를 죄안의 특지로 재심리성〉도 공통으로 추가되어 분절한다. 그런데 (17)은 구두로 심리하는 내용이므로 〈구두로 심리성〉이 더 추가된다. 그리고 (18)은 "조사를 하기 위하여 자세히 따져 묻다"의 개념이니 〈자세히 심문성→조사할 목적성〉이 추가되고, 또 "법원이 서면이나 구두로, 당사자나 그밖에 이해 관계가 있는 사람에게 개별적으로 진술의 기회가 주어지다"의 개념도 가지고 있어 〈[법원]→당사자, 이해 관계자에 서면, 구두로 진술할 기회를 허용성〉이 더 추가되어 분절한다.

    (19) 추단(推斷)되다   (20) 편언절옥(片言折獄)하다
    (21) 재항변(再抗辯)하다

위의 (19)는 "죄상을 심문하여 처단하다"의 개념이니 〈[사법관]→죄상을 심문성→죄인을 처단성〉이 추가되고, 또 "미루어 판단하다"의 개념도 가지고 있어 〈추측하여 판단성〉이 더 추가되며, (20)은 "한두 마디 말로 송사의 시비를 가리다"의 개념이니 〈한두 마디 말로 송사의 시비를 판별성〉이 추가된다. 그리고 (21)은 "항변에 대하여 다시 이것을 배척하는 사유를 주장하다. 이를테면 원고의 채무이행 청구에 대하여 피고가 소멸시효로써 항변한 데 대하여 원고가 시효 중단 사유를 들어 다시 항변하다"의 개념이니 〈항변성→배척의 사유를 주장성〉이 추가되어 분절한다.

앞에서 심문 자동사 21개에 대하여 개별적인 분절구조를 논의하였다.
이제 이것을 바탕으로 하여 전체적인 분절구조를 수형도로 제시하면 다
음과 같다.

[그림33] 심문하는 분절구조(1)

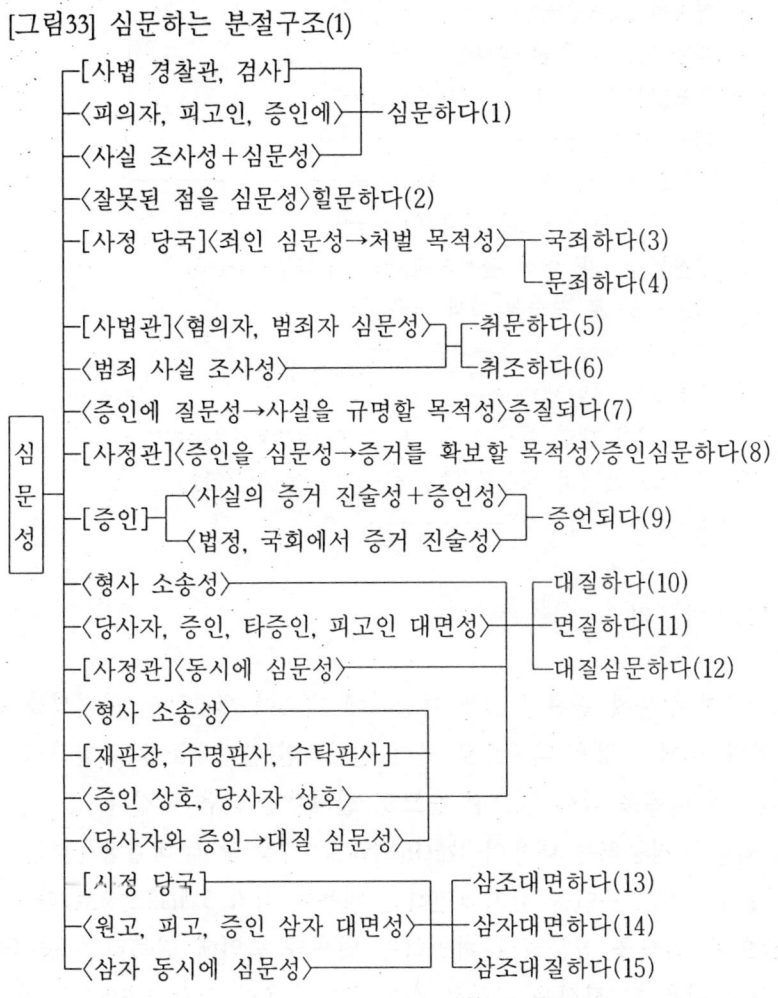

[그림34] 심문하는 분절구조(2)

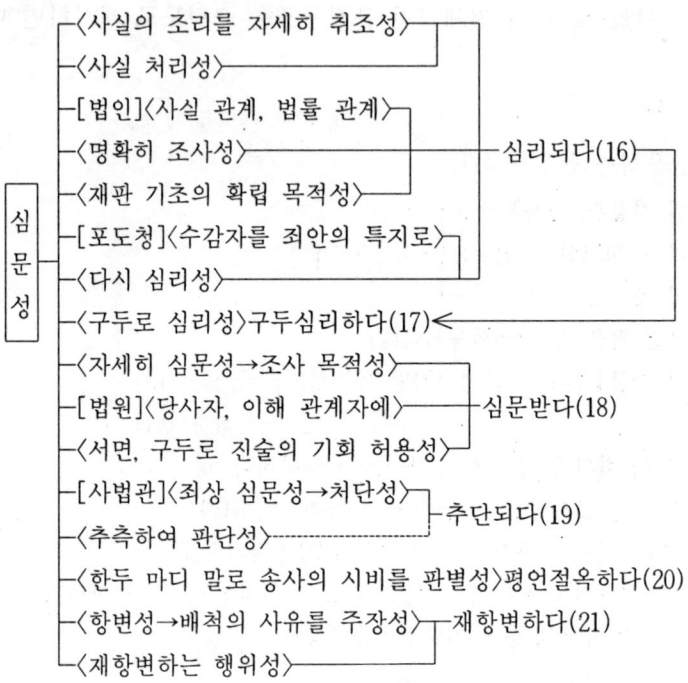

2.13.2 마무리

지금까지 심문에 관련된 21개 자동사에 대하여 개별적인 분절성을 논의하였다. 이제 이것을 바탕으로 하여 전체적인 분절구조를 고찰하려 한다. 이들의 내용을 많이 분포된 순으로 살펴보면 다음과 같다.

(1) 죄상을 심문하는 내용이 4개(16.67%)로 가장 많고, 대질심문하는 내용과 원고, 피고, 증인을 삼자대면하는 내용이 각각 3개(12.5%)로 다음으로 많으며, 죄상을 심문하여 처벌하는 내용과 증인에 질문하여 증거를 확보하는 내용 및 사실을 구두로 심리하는 내용이 각각 2개(8.33%)이다. 그리고 증언하는 내용, 사실을 취조하는 내용, 자세히 심문하는 내용, 당

사자가 구두나 서면으로 진술하는 내용, 죄상을 심문하여 처벌하는 내용, 추측하여 판단하는 내용, 한두 마디로 송사의 시비를 판별하는 내용, 배척의 사유를 들어 재항변하는 내용이 각각 1개(4.16%)이다.

(2) 심문하는 주체는 중복되는 내용이 많아 어휘의 수는 51개로 늘어난다. 이들의 내용은 다음과 같다. 증인이 12개(23.53%)로 가장 많고, 피고인이 8개(15.69%)로 다음으로 많으며, 사건의 당사자가 7개(13.73%)이다. 그리고 원고와 죄인이 각각 4개(7.84%)이고, 범죄의 사실이 3개(5.88%)이며, 혐의자와 죄상이 각각 2개(3.92%)이다. 국회, 법정, 사실관계, 법률관계, 재판의 기초, 죄안의 특지, 서면, 구두, 송사의 시비가 각각 1개(1.96%)이다.

(3) 심문하는 대상이나 심문에 드러나는 객체는 중복되는 내용이 많아 어휘의 수는 56개로 늘어난다. 이들의 내용을 많이 분포된 순으로 고찰하려 한다. 증인이 14개(25%)이고, 피고인이 12개(21.43%)이며, 사건의 당사자가 10개(17.86%)이다. 그리고 죄인이 4개(7.14%)이고, 원고와 범죄 사실이 각각 2개(5.36%)이며, 증언, 법원, 국회, 증거, 원고, 수감자, 재판의 기초, 송사의 시비, 배척의 사유가 각각 1개(1.79%)이다.

(4) 심문하는 내용은 모두 바람직한 긍정적인 내용이다.

(5) 심문의 낱말밭에서는 한자어가 20개(95.24%)로 거의 전부이고, 고유어와 한자어가 융합된 혼종어는 '심문받다' 1개(4.76%)뿐이며, 우리 고유어와 서구 외래어는 하나도 없는 것이 특징이다.

2.14 진술하다

2.14.1 진술하는 내용

이 부분밭은 어떤 문제에 대하여 자기의 의견이나 희망을 말하는 내용을 함유하고 있으므로 〈실정·사정을 진술성, 고백성〉이 공통으로 부가된다. 진술하는 자동사의 상위 분절구조는 다음과 같다.

[그림35] 진술·고백하는 자동사의 상위 분절구조

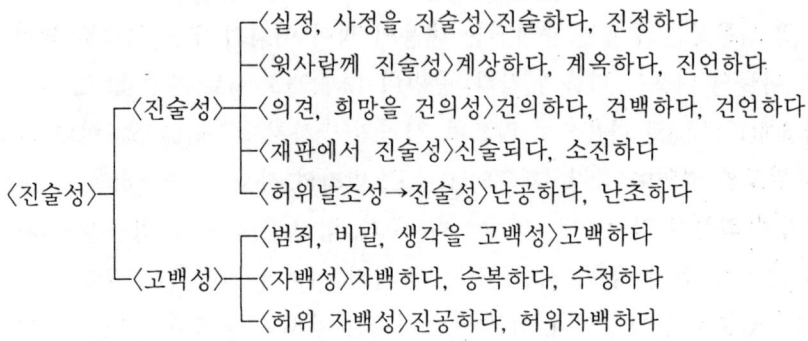

이 부분밭은 "실정이나 사정을 진술하다"의 내용을 함유하고 있어 〈실정, 사정 진술성, 고백성〉이 내용에 따라 부가된다.

(1) 진주(陳奏)하다   (2) 계상(啓上)하다
(3) 진언(進言)하다   (4) 계옥(啓沃)하다

위의 (1)은 "사정을 말하여 윗사람의 귀에 들어가게 하다"의 개념이니 〈사정을 진술성→윗사람이 알게 하는 행위성〉이 추가되고, (2)는 "윗사람에게 말씀을 올리다"의 개념이므로, 말씀을 올리는 내용은 알 수 없기 때문에 〈윗사람께 말씀을 사뢰는 행위성〉이 추가된다. 그리고 (3)은 "윗사람께 자기의 의견을 들어 말하다"의 개념이니 〈윗사람께 자기의 의견을 제시성〉이 추가되고, (4)는 "충성스런 말을 임금께 사뢰다"의 개념이므로 〈임금께 충언을 상주성〉이 추가되며, 또 "흉금을 털어놓고 상대자에게 일러 주다"의 개념도 가지고 있어 〈상대에게 흉금을 털어놓는 행위성〉이 더 추가되어 분절한다.

  (5) 건백(建白)하다   (6) 건언(建言)하다

  (7) 건의(建議)하다   (8) 조언(助言)하다

위의 (5-7)은 "어떤 문제에 대하여 의견이나 희망을 올리다"의 개념을 공유하고 있어 〈의견, 희망을 건의성→문제 해결을 조언성〉이 공통으로 추가되고, 또 "임금이나 조정에 대하여 의견을 진술하다"의 개념도 공유하고 있어 〈임금, 조정에 대해 의견을 진술성〉도 공통으로 추가되며, (8)은 "말로 깨우치거나 거들어 주어서 돕다"의 개념이므로 〈경각심을 자극성＋거들어 주는 언표성＋조언성〉이 추가되어 분절한다.

  (9) 신술(申述)되다   (10) 진술(陳述)하다

  (11) 진정(陳情)하다   (12) 소진(訴陳)하다

위의 (9-10)은 "자세히 벌여 말하다"의 개념을 공유하고 있어 〈상세히 진술성〉이 공통으로 추가되고, 또 "민사 소송에서 당사자가 법원에 대하여 지식을 표백하다"의 개념도 공유하고 있으므로 〈[민사 소송의 당사자]→법원에 지식을 표백성〉이 공통으로 더 추가된다. 이는 권리나 법률관계의 존부(存否)에 관하여 하는 법률상의 진술과, 사실의 존부에 관하여 하는 사실상의 진술로 나누어진다. 그리고 또 "형사 소송에서 공술(供述)을 뜻하는 경우와 사실상 또는 법률상의 의견을 말하다"의 개념도 공유하고 있어 〈형사 소송성→공술성〉과 〈형사 소송성→사실상, 법률상의 의견을 진술성〉이 내용에 따라 공통으로 더 추가된다. (11)은 "실정이나 사정을 진술하다"의 개념이니 〈실정, 사정을 진술성〉이 추가되고, 또 "심정을 펴서 말하다"의 개념도 가지고 있으므로 〈심정을 진술성〉이 더 추가되며, (12)는 "소송의 뜻을 진술하다"의 개념이니 〈소송의 뜻을 진술성〉이 추가되고, 또 "원고와 피고가 진술하다"의 개념도 가지고 있어 〈[원고, 피고]→사실을 진술성〉이 더 추가되어 분절한다.

(13) 난공(亂供)하다   (14) 난초(亂招)하다

이들은 "죄인이 심문에 대하여 함부로 꾸며서 아무렇게나 횡설수설 진술하다"의 개념을 공유하고 있어 〈[사법관]→죄인을 심문성→[죄인]→허위날조성＋횡설수설 진술성〉이 공통으로 추가되어 분절한다.

(15) 변론(辯論)하다   (16) 구두변론(口頭辯論)하다

이들은 "사리를 밝혀 옳고 그름을 바로 따지다"의 개념일 경우는 〈사리를 규명성→진위를 판별성〉, "민사 소송법상, 좁은 뜻으로는 수소(受訴) 법원의 변론 기일에 있어서 당사자가 말로써 신청 및 공격 방어 방법에 대하여 진술하다"의 개념일 경우는 〈[민사 소송의 당사자]→수소 법원의 변론 기일 내에 구두로 신청성＋공격 방어의 방법 진술성〉, "넓은 뜻으로는 이와 결합된 법원의 소송 지휘·증거 조사·재판의 선고 절차를 말하다"의 개념일 경우는 〈[법원]→소송을 지휘성＋증거를 조사성＋선고의 절차 진술성〉이 내용에 따라 추가되어 분절한다. 다만 (16)은 "직접 심리 형식으로 법관 앞에서 하는 당사자 또는 그 대리인이 변론하다"의 개념이므로 〈[소송의 당사자·그 대리인]→법관에 구두로 변론성＋직접 심리 형식성〉이 더 추가되어 분절한다.

다음 (17-26)까지는 지은 죄나 비밀 및 생각한 바를 솔직히 말하는 내용이므로 〈고백성〉이 공통으로 부가된다.

(17) 고백(告白)하다   (18) 자백(自白)하다
(19) 승복(承服)하다   (20) 수정(輸情)하다
(21) 진공(陳供)하다   (22) 허위자백(虛僞自白)하다

위의 (17)은 "지은 죄나 비밀 및 생각한 바를 솔직히 말하다"의 개념이

니 〈범죄, 비밀, 생각을 솔직히 진술성＋고백성〉이 추가되고, 또 "기독교
인이 하느님과 예수에 대하여 칭찬과 신앙을 표백하다"의 개념도 가지고
있어 〈[기독교인]→하느님, 예수님께 찬양성＋신앙을 표백성〉이 더 추가
된다. 그리고 (18)은 "자기가 저지른 일이나 또는 범죄 사실을 스스로 남
에게 고백하다"의 개념이니 〈자기의 과실, 범죄 사실을 남에게 고백성〉
이 추가되고, 또 "민사 소송에 있어서 자기에게 불리한 법률관계의 기초
가 되는 사실의 존재를 시인하다"의 개념도 가지고 있으므로 〈민사 소송
성→자기에 불리한 법률관계를 시인성〉이 더 추가되며, "형사 소송에서
피고인이 자기의 범죄 사실을 긍정하는 범인 자신이 진술하다"의 개념도
더 가지고 있어 〈형사 소송성→[피고인]→범죄 사실을 긍정성＋자백성〉
이 더 추가되어 분절한다. (19)는 "자기의 죄를 스스로 고백하다"의 개념
이니 〈자기의 죄를 스스로 고백성〉이 추가되고, 또 "자기 스스로 알아서
따르다"의 개념이므로 〈자진하여 승복성〉이 더 추가되며, (20)은 "죄인이
범죄 사실을 남김없이 고백하다"의 개념이므로 〈[죄인]→범죄 사실을 모
두 고백성〉이 추가되고, 또 "자기 나라의 속 내막을 적국에 알려 주다"의
개념을 더 가지고 있어 〈국가 기밀을 적국에 누설성〉이 더 추가되어 분
절한다. 그리고 (21)은 "죄를 저지른 사람이 그 죄상을 사실대로 말하다"
의 개념이니 〈[죄인]→자기의 죄상을 사실대로 고백성〉이 추가되며, (22)
는 "자기의 죄를 허위로 자백하다"의 개념이므로 〈[죄인]→허위로 자백
성〉이 추가되어 분절한다.

(23) 고죄(告罪)하다   (24) 고백성사(告白聖事)하다
(25) 고해성사(告解聖事)하다   (26) 회전(悔悛)하다

위의 낱말들은 천주교에서 자기의 죄를 천주님이나 사제에게 고백하는
내용이므로 〈[천주교 신자]→천주님, 사제께 자기의 죄를 고백성→사죄

138

목적성〉이 공통으로 추가된다. 따라서 (23)은 "스스로 진 모든 죄를 천주님이나 천주님의 대리자인 사제 앞에서 고백하다"의 개념이니 〈[천주교신자]→자기의 모든 죄를 천주님, 사제께 고백성→죄 사함을 기원성〉이 추가되고, (24-26)은 라틴어로 Sacramentum Poenitentiae이란 말로 "영세를

[그림36] 진술하는 분절구조(1)

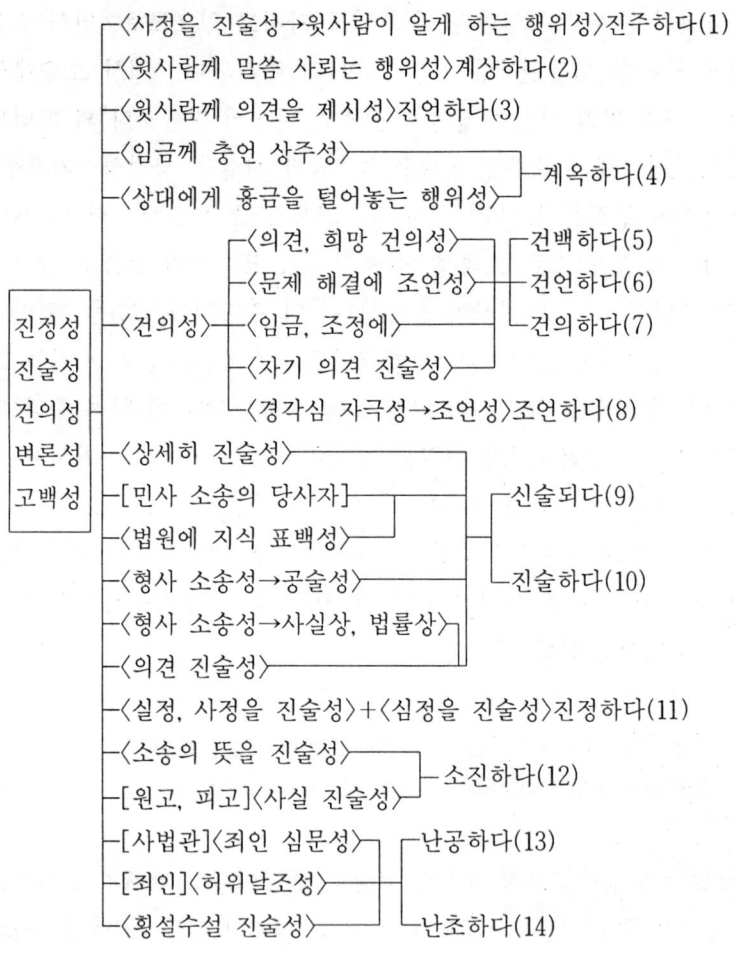

[그림37] 진술하는 분절구조(2)

〈사리 규명성→진위 판별성〉
─[민사 소송의 당사자]〈수소 법원의〉
〈변론 기일 내에 구두로 신청성〉──── 변론하다(15)
〈공격, 방어의 방법 진술성〉
─[법원]〈소송 지휘성＋증거 조사성〉
〈선고의 절차 진술성〉

─[소송의 당사자, 그 대리인]
〈법관에 구두로 변론성〉──── 구두변론하다(16)
〈직접 심리 형식성〉

진정성
진술성
변론성
고백성

〈범죄, 비밀, 생각 솔직히 진술성〉
─[기독교인]〈하느님, 예수님께〉──── 고백하다(17)
〈찬양성＋신앙 표백성〉

〈고백성〉──〈자기의 과실, 범죄 고백성〉
〈민사 소송성→자기에 불리한〉
〈법률 관계를 시인성〉──── 자백하다(18)
〈형사 소송성→[피고인]
〈범죄 사실 긍정성＋자백성〉

〈범죄 사실을 스스로 고백성〉승복하다(19)
─[죄인]〈범죄 사실 모두 고백성〉── 수정하다(20)
〈국가의 기밀 적국에 누설성〉

─[죄인]〈죄상을 사실대로 고백성〉진공하다(21)
─[죄인]〈허위로 자백성〉허위자백하다(22)

─[천주교의 영세자]〈천주님, 사제님께〉─ 고죄하다(23)
〈지은 죄 고백성→죄 사함 목적성〉── 고백성사하다(24)
〈용서받기 기원성〉──── 고해성사하다(25)
└ 회전하다(26)

받은 천주교 신자가 범한 죄를 뉘우치고 천주님께 직접 또는 천주님의 대리자인 사제에게 고백하여 용서를 받다"의 개념을 공유하고 있어 〈[천주교의 영세자]→지은 죄를 회개성→천주님, 사제께 고백성→용서성〉이 공통으로 추가되어 분절한다.

지금까지 진정에 관련된 26개 자동사에 대하여 개별적인 분절성을 논의하였다. 이제 이것을 가지고 전체적인 분절구조를 [그림36], [그림37]의 수형도로 제시하려 한다.

2.14.2 마무리

현대 국어 자동사 가운데 진술에 관련된 26개의 낱말에 대하여 개별적인 분절성을 해명하였다. 이제 이것을 바탕으로 하여 전체적인 분절구조를 고찰하려 한다.

(1) 진술에 관련된 내용은 중복되는 것이 있어 어휘의 수는 40개로 늘어난다. 이들의 내용을 고찰하면 다음과 같다. 윗사람께 건의하는 내용, 임금이나 조정에 의견을 진술하는 내용, 죄인이 범죄 사실을 자백하는 내용, 천주교의 영세자가 천주님이나 천주교의 사제께 지은 죄를 고백하는 내용이 각각 4개(10%)이고, 죄인이 허위날조하여 횡설수설 진술하는 내용, 상세히 진술하는 내용, 민사 소송의 당사자가 법원에 지식을 표백하는 내용, 형사 소송에서 공술하는 내용, 형사 소송에서 사실상, 법률상의 의견을 말하는 내용, 변론하는 내용이 각각 2개(5%)이다. 그리고, 소송의 뜻을 진술하는 내용, 원고와 피고가 사실을 진술하는 내용, 범죄, 비밀, 생각을 고백하는 내용, 기독교인이 신앙을 고백하는 내용, 허위로 자백하는 내용, 개인의 사정을 말하여 윗사람이 알게 하는 내용, 윗사람께 사실을 아뢰는 내용, 윗사람께 의견을 제시하는 내용, 임금께 충성으로 간언하는 내용, 흉금을 털어놓는 내용, 개인 사정을 진술하는 내용, 개인의 심정을 진술하는 내용이 각각 1개(2.5%)이다.

(2) 진술하는 주체는 중복되는 내용이 많이 있어 어휘의 수는 45개로 늘어난다. 이들의 내용은 아래와 같다. 죄인이 9개(20%)로 가장 많고, 아랫사람과 일반인이 각각 7개(15.56%)로 다음으로 많으며, 신하가 5개(11.11%)이다. 그리고 민사 소송의 당사자와 천주교의 영세자가 각각 4개(8.89%)이고, 형사 소송의 피의자가 2개(4.44%)이며, 원고, 공격 방어의 방법, 법원, 소송의 대리인, 기독교인, 사법관, 피고인이 각각 1개(2.22%)이다.

(3) 진술을 듣는 대상과 진술의 객체는 중복되는 내용이 많아 어휘의 수는 61개로 늘어난다. 이들의 내용은 다음과 같다. 범죄 사실이 8개(13.11%)이고, 임금님이나 조정, 건의, 진술, 천주님, 천주교의 사제, 신앙상의 죄가 각각 4개(6.56%)이며, 개인의 사정, 윗사람, 의견, 법원, 있는 사실이 각각 3개(4.92%)이다. 그리고 죄인과 변론이 각각 2개(3.28%)이고, 개인의 심정, 흉금, 소송의 뜻, 공격과 방어의 방법, 증거의 조사, 선고의 절차, 하느님, 예수님, 자기의 과실, 허위자백이 각각 1개(1.64%)이다.

(4) 진술의 내용 중 바람직하지 못한 부정적인 내용은 범죄 사실을 허위로 횡설수설 진술하는 내용인 '난공하다, 난초하다'와 자기의 죄를 거짓으로 자백하는 '허위자백하다' 및 국가의 기밀을 누설하는 '수정하다' 등 4개(15.38%)이다.

(5) 진술의 낱말밭에서 26개 모두가 한자어이고, 우리 고유어나 혼종어 및 서구 외래어는 하나도 없는 것이 특징이다.

2.15 편지하다

2.15.1 편지하는 내용

서신 자동사의 낱말밭은 "소식을 서로 알리거나 용건을 적어 보내다"

의 내용을 함유하고 있어 〈서신성→소식을 전달성〉이 공통으로 부가된
다. 편지를 보내고 받는 내용의 상위 분절구조는 다음과 같다.

[그림38] 편지 자동사의 상위 분절구조

〈서신성〉
- 〈소식, 용건 서신성〉편지하다
- 〈편지 발송성〉부서하다, 전간하다
- 〈편지 왕래성〉편지질하다, 서사왕복하다
- 〈내간성〉안편지하다, 내간하다, 내찰하다
- 〈서면으로 의사 소통성〉서통하다, 문통하다
- 〈서신으로 청탁성〉청편지하다, 청간하다
- 〈부고성〉부고하다, 통부하다, 부음하다
- 〈답장성〉답장하다, 회통하다, 회신하다

(1) 편지(便紙)하다 (2) 편지(片紙)하다
(3) 서간(書簡)하다 (4) 서간(書柬)하다
(5) 서독(書牘)하다 (6) 서자(書字)하다
(7) 서찰(書札)하다 (8) 서척(書尺)하다
(9) 서한(書翰)하다 (10) 서함(書函)하다
(11) 서함(書械)하다 (12) 찰한(札翰)하다
(13) 편저(片楮)하다 (14) 수찰(手札)하다
(15) 신서(信書)하다 (16) 서신(書信)하다
(17) 안서(雁書)하다 (18) 안신(雁信)하다
(19) 레터(letter)하다

위의 낱말들은 모두 "소식을 서로 알리거나 용건을 적어 보내다"의 개
념이니 〈소식, 용건을 기록성→전달성＋편지하는 행위성〉이 공통으로 추
가되는 유의어(類義語)[48]이므로 한 동아리에 묶었다. 편지에 관련된 이음

---

48) Palmer, F.R(1976:95), 남기심 외 2인(1985:156) 앞의 책 참조.

동의어(異音同義語)[49]가 19개나 됨은 우리 민족이 편지에 많은 관심을 가지고 있었으며, 편지가 우리의 일상생활에 중요했던 것으로 이해되며, 우리 언어공동체(Sprachgemeinschaft)의 세계상이 반영된 것으로 생각된다.

(20) 부서(付書)하다   (21) 전간(傳簡)하다
(22) 전서(傳書)하다   (23) 전신(傳信)하다

위의 (20)은 "편지를 부치다"의 개념이니, 편지의 발송이 분절성을 지니고 있어 〈편지를 발송성〉이 추가되고, (21-23)은 "사람을 시켜서 편지를 전하다"의 개념을 공유하고 있으므로, 편지의 전함에 있어서 인편에 전하는 것이 변별력을 가지고 있으므로 〈인편에 편지 전달성〉이 공통으로 추가되나, (23)은 "소식을 전하다"의 개념도 가지고 있어 〈인편에 소식을 전달성〉이 더 추가되므로 그만큼 정보량(entropy)[50]이 크다.

(24) 발간(發柬)하다   (25) 편지질하다(便紙-)
(26) 서사왕복(書辭往復)하다   (27) 안편지하다(-便紙-)
(28) 내간(內簡)하다   (29) 내서(內書)하다
(30) 내찰(內札)하다   (31) 행문(行文)하다

위의 (24)는 "손님을 청하는 글월을 보내다"의 개념이니, 편지의 목적이 손님을 청하는 데 있으므로 〈손님 초청의 서신성〉이 추가되고, 또

---

49) 임지룡(1993:135-136)은 "동의관계(synonymy)는 둘 이상의 어휘소가 동일한 의미를 지닐 때 성립되며, 동의관계에 있는 어휘소들을 동의어(synonym)라고 한다. 절대적 동의관계(absolute synonymy)는 두 어휘소가 아무런 의미 차이 없이 모든 문맥에서 치환될 수 있을 때만 성립된다. 그러나, 전문어나 감정가치에 있어서는 중립적이므로 완전 교체 가능한 절대적 동의관계가 성립될 수 있지만, 일반적으로 객관적 의미, 감정적 어조, 환기적 가치를 조금도 바꾸지 않고 완전히 교체될 수 있는 동의어는 거의 없다"고 하였다.

50) 金芳漢 譯(1982:230) 앞의 책 참조.

"초대장을 보내다"의 개념도 가지고 있으므로 〈초대장 발송성〉이 더 추가되며, (25-26)은 "편지를 주고받고 하다"의 개념을 공유하고 있어, 편지의 왕래가 문제되므로 〈편지 내왕성〉이 공통으로 추가된다. 그리고 (27-30)은 "가정과 가정끼리 편지를 주고받고 하다. 곧 아낙네가 편지를 보내거나 받다"의 개념을 공유하고 있어 〈[아낙네]→서신 왕래성〉이 공통으로 추가되고, (31)은 "관청의 문서가 오고 가다"의 개념이므로, 관청과 관청 간에 공무를 처리하기 위함이므로 〈공문서 왕래성→공무를 처리할 목적성〉이 추가되며, 또 "작문을 하다"의 개념도 더 가지고 있어 〈작문성〉이 더 추가되어 분절한다.

(32) 속달(速達)하다   (33) 착신(着信)하다

위의 (32)는 "편지를 속히 배달하다"의 개념이니, 배달의 속도가 변별력을 지니고 있으므로 〈편지를 속달성〉이 추가되나, 이 낱말은 편지에 국한된 내용이 아니므로 〈물품을 신속히 배달성〉이 더 추가될 수 있으며, 또 "속히 다다르다"의 개념도 자기고 있어, 속히 다다르는 주체가 물건이나 사람 및 각종 운송기구일 수도 있으니 〈[사람·물건·운송기구]→속히 도달성〉을 가지고 이동동사의 밭에서도 분절한다. 그리고 (33)은 "편지나 전보 등의 통신이 도착하다"의 개념이니, 도착이 분절성이므로 〈통신이 도착성〉이 추가되어 분절한다.

(34) 서통(書通)하다   (35) 문통(文通)하다
(36) 음신(音信)하다   (37) 통음(通音)하다
(38) 밀어상통(密語相通)하다

위의 (34-35)는 "서면을 보내서 뜻을 서로 통하다"의 개념을 공유하고 있어, 서면을 통하여 서로 의사가 통하는 것이 분절성이므로 〈서면으로

의기가 상통성〉이 공통으로 추가되고, (36-37)은 "소식이나 편지가 서로 통하다"의 개념을 공유하고 있으므로 〈소식과 편지가 상통성〉이 공통으로 추가된다. 그리고 (38)은 "남몰래 서신으로 서로가 의사를 통하다"의 개념이니, 편지에 의해 밀통함이 분절성을 지니고 있으므로 〈은밀히 서신성→상호 밀통성〉이 추가되어 분절한다.

    (39) 청편지(請便紙)하다   (40) 청간(請簡)하다
    (41) 청찰(請札)하다

    위의 낱말들은 "어떤 일을 하는데 남에게 부탁하여 그 힘을 비는 편지를 하다"의 개념을 공유하고 있어, 하는 일에 도움을 청하는 편지이므로 〈서신으로 도움을 청탁성→일의 성취 목적성〉이 공통으로 추가되고, 또 "어떤 일을 하는데 남에게 부탁하여 도움을 받아 수락을 얻어내는 편지를 하다"의 개념도 공유하고 있어, 도움을 받아낸 것이 분절성이므로 〈서신으로 도움을 청탁성→[타인]→청탁을 수락성〉이 공통으로 더 추가되어 분절한다.

    (42) 부고(訃告)하다   (43) 고부(告訃)하다
    (44) 통부(通訃)하다   (45) 문부(聞訃)하다
    (46) 부음(訃音)하다

    위의 (42-44)는 "사람의 죽음을 알리다"의 개념을 공유하고 있어, 능동적으로 알리는 행위이니 〈능동적인 부고성〉이 공통으로 추가되고, (45-46)은 "사람의 죽음을 듣다"의 개념을 공유하고 있으므로, 피동적으로 사망의 소식을 듣는 내용이므로 〈사망의 소식을 청취성〉이 공통으로 추가되어 분절한다.

(47) 생례(省禮)하다   (48) 생식(省式)하다

위의 낱말들은 "상중에 있는 사람에게 보내는 편지의 첫머리에 예절을 생략하여 쓰다"의 개념을 공유하고 있어 〈초상집 상주께 서신성→서두의 예절 생략성〉이 공통으로 추가되어 분절한다.

(49) 답간(答簡)하다   (50) 답서(答書)하다
(51) 답장(答狀)하다   (52) 답찰(答札)하다
(53) 답배하다(答-)   (54) 답패(答牌)하다
(55) 답신(答申)하다

위의 (49-52)는 "회답으로 편지를 보내다"의 개념을 공유하고 있어 〈상대의 편지에 답장성〉이 공통으로 추가되고, (53-54)는 "신분이 낮은 사람의 편지에 답장하다"의 개념을 공유하고 있으므로, 답장에서 신분관계가 문제가 되어 〈신분이 낮은 사람에게 답장성〉이 공통으로 추가되며, (55)는 "상사의 물음에 대답하는 상신을 하다"의 개념이므로 〈상사의 질문에 대답으로 상신성〉이 추가되어 분절한다.

(56) 답신(答信)하다   (57) 회답(回答)하다
(58) 회서(回書)하다   (59) 회한(回翰)하다
(60) 회전(回傳)하다   (61) 회통(回通)하다

위의 (56)은 "통신이나 서신으로 회답하다"의 개념이니 〈통신, 서신으로 회답성〉이 추가되고, (57-58)은 "물음·서신·연락 따위에 회답하다"의 개념을 공유하고 있어 〈물음, 서신, 연락에 회답성〉이 공통으로 추가된다. 그리고 (59-60)은 "회답하여 전하다"의 개념을 공유하고 있어 〈회답을 전달성〉이 공통으로 추가되나, (60)은 "빌려 온 물건을 돌려보내다"의

개념을 더 가지고 있어 〈빌려 온 물건을 반환성〉이 더 추가되며, (61)은 "여러 사람이 돌려보는 통지문에 대하여 회답하다"의 개념이므로 〈회람에 대해 회답성〉이 추가되어 분절한다.

[그림39] 편지하는 분절구조(1)

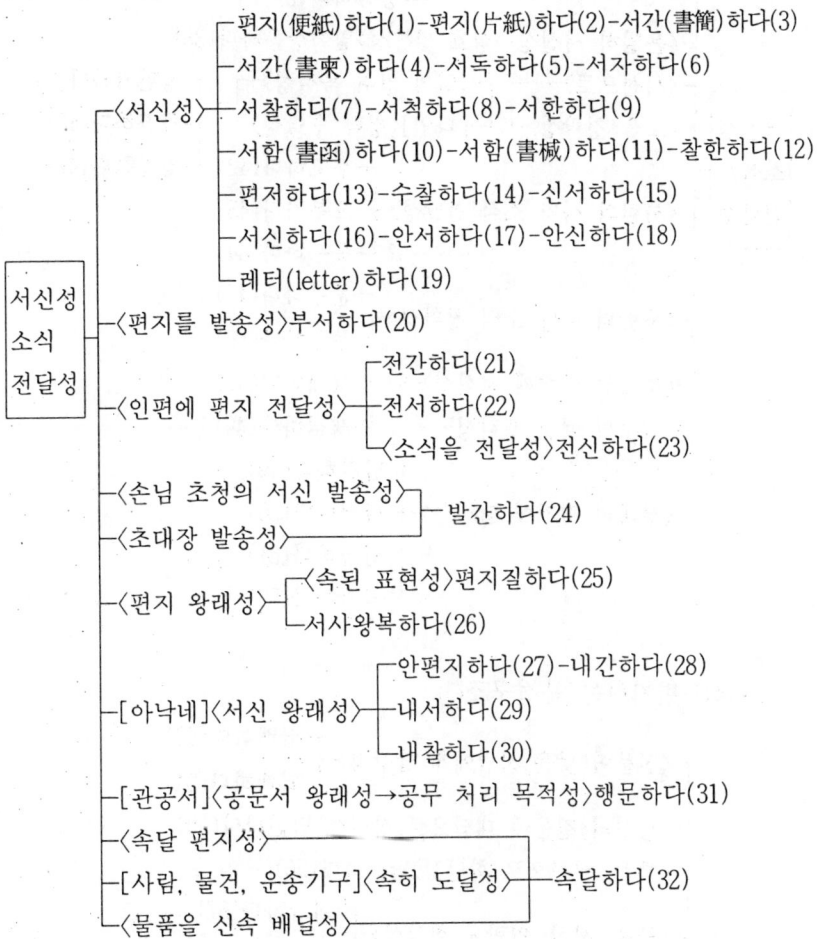

148

[그림40] 편지하는 분절구조(2)

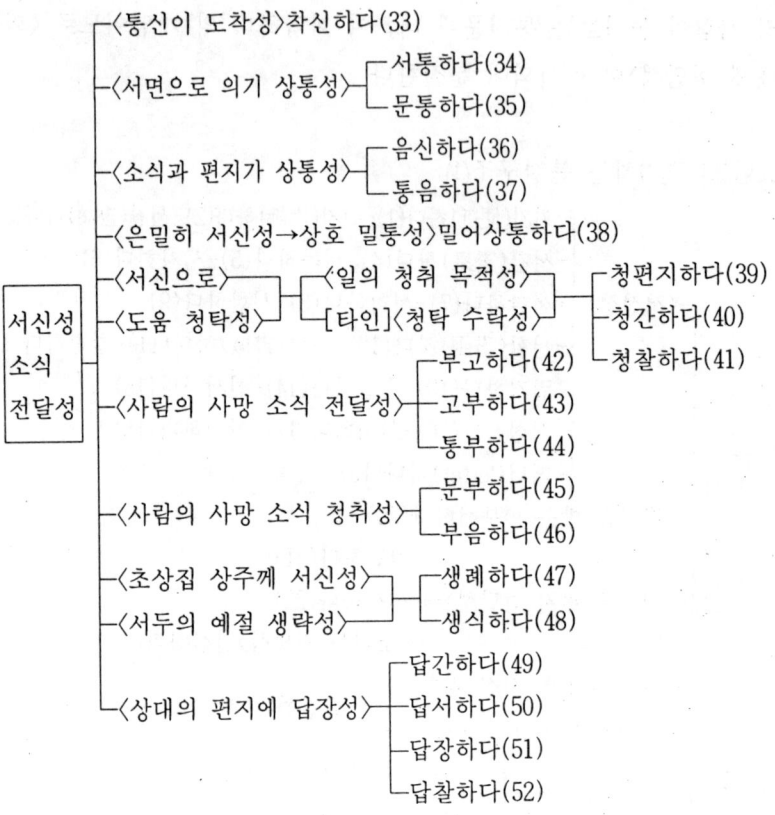

〈통신이 도착성〉착신하다(33)

〈서면으로 의기 상통성〉
- 서통하다(34)
- 문통하다(35)

〈소식과 편지가 상통성〉
- 음신하다(36)
- 통음하다(37)

〈은밀히 서신성→상호 밀통성〉밀어상통하다(38)

서신성
소식
전달성

〈서신으로〉 〈일의 청취 목적성〉 청편지하다(39)
〈도움 청탁성〉 [타인]〈청탁 수락성〉 청간하다(40)
청찰하다(41)

〈사람의 사망 소식 전달성〉
- 부고하다(42)
- 고부하다(43)
- 통부하다(44)

〈사람의 사망 소식 청취성〉
- 문부하다(45)
- 부음하다(46)

〈초상집 상주께 서신성〉
〈서두의 예절 생략성〉
- 생례하다(47)
- 생식하다(48)

〈상대의 편지에 답장성〉
- 답간하다(49)
- 답서하다(50)
- 답장하다(51)
- 답찰하다(52)

[그림41] 편지하는 분절구조(3)

〈신분이 낮은 사람에게 답장성〉
- 답배하다(53)
- 답패하다(54)

〈상사의 질문에 대답으로 상신성〉답신하다(55)

〈통신, 서신으로 회답성〉답신하다(56)

〈물음, 서신, 연락에 회답성〉
- 회답하다(57)
- 회서하다(58)

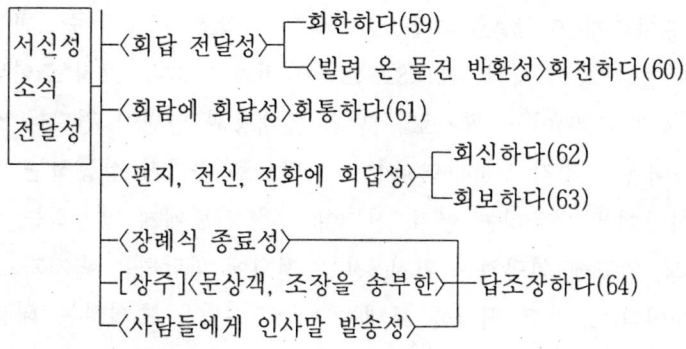

(62) 회신(回信)하다   (63) 회보(回報)하다

(64) 답조장(答弔狀)하다

위의 (62-63)은 "편지, 전신, 전화 등에 회답하다"의 개념을 공유하고 있어 〈편지, 전신, 전화에 회답성〉이 공통으로 추가되고, (64)는 "장례식이 끝나고 문상객들과 조장을 보내온 사람들에게 인사말을 보내다"의 개념이므로 〈장례식 종료성→[상주]→문상객, 조장의 송부자께 인사말 발송성〉이 추가되어 분절한다.

앞에서 편지에 관련된 64개 자동사에 대하여 개별적인 낱말의 분절성을 논의하였다. 이제 이것을 바탕으로 하여 전제적인 분절구조를 [그림39], [그림40], [그림41]의 수형도로 제시하려 한다.

2.15.2 마무리

앞에서 편지에 관련된 자동사 64개에 대하여 개별적인 분절성을 논의하였다. 이제 이것을 바탕으로 하여 전체적인 분절구조를 고찰하려 한다. 먼저 편지 자동사의 내용을 많이 분포된 순으로 살펴보면 다음과 같다.

(1) 막연히 편지하는 내용이 19개(29.69%)로 가장 많고, 상대의 편지에

답장하는 내용이 7개(10.94%)로 다음으로 많으며, 상호 편지를 주고받는 내용과 부고하는 내용이 각각 5개(7.81%)로 세 번째로 많다. 그리고 아낙네의 내간이 4개(6.25%)이고, 편지로 청탁하는 내용과 인편에 편지나 소식을 전하는 내용이 각각 3개(4.69%)이며, 서면으로 의기가 상통하는 내용, 초상집 상주에게 위로하는 편지, 신분이 낮은 사람에게 답장하는 편지, 물음, 서신, 연락에 회답하는 편지, 전신, 전화에 회답하는 편지가 각각 2개(3.13%)이다. 그리고 편지를 보내는 내용, 손님을 초청하는 내용, 관공서의 공문, 편지의 도착, 은밀히 서신을 왕래하는 내용, 상사의 질문에 회답하는 내용, 초상을 치르고 나서 문상객들에게 인사말을 보내는 내용이 각각 1개(1.56%)이다.

위와 같은 내용의 분포로 보아 우리 언어공동체는 편지를 보내는 내용에 가장 깊은 관심이 드러나 있고, 받은 편지에 대하여 답장하는 내용과 서로 편지를 주고받는 내용 및 사람의 죽음을 알리는 부고에도 많은 관심이 표현되어 있다. 그리고 아낙네의 내간과 인편에 소식이나 편지를 보내는 내용에도 약간의 관심이 드러나 있다. 이러한 현상은 통신시설이 열악했던 과거에는 편지가 유일한 통신 수단이었고, 또 인편에 편지나 소식을 전하는 방법도 과거에 많이 성행했던 것이 우리 언어에 반영된 것으로 이해된다.

(2) 편지를 하는 주체자는 다음과 같다. 편지하는 사람이 25개(39.06%)로 가장 많고, 상대의 편지에 답장하는 사람이 12개(18.75%)로 다음으로 많으며, 편지로 교제하는 사람이 5개(7.81%)이다. 그리고 아낙네가 4개(6.25%)이고, 서신으로 도움을 청하는 사람과 부고하는 사람이 각각 3개(4.69%)이며, 부고를 받는 사람과 윗사람이 각각 2개(3.13%)이다. 손님을 초대하는 사람, 관공서, 통신, 부하 직원, 상주, 속달 편지를 내는 사람이 각각 1개(1.56%)이다.

(3) 편지를 하는 대상이나 편지의 객체는 중복되는 내용이 많아 객체

의 수는 85개로 늘어난다. 이들의 내용은 다음과 같다. 편지가 31개 (36.47%)이고, 답장이 14개(16.47%)이며, 교제 편지와 부고가 각각 5개 (5.88%)이다. 그리고 심부름꾼과 청탁 편지가 각각 3개(3.53%)이고, 위로 편지, 상주, 예절, 아랫사람, 통신, 질문, 전신, 전화가 각각 2개(2.35%)이 며, 초대장, 공문서, 속달 우편, 물건, 운송기구, 회람, 문상객, 인사 편지 가 각각 1개(1.18%)이다.

(4) 편지의 내용은 모두 바람직한 긍정적인 내용이다.

(5) 우리 국어는 수적으로 한자어가 우위를 차지하고 있다.

편지의 낱말밭에서도 이러한 현상이 나타나, 한자어는 60개(93.75%)로 거의 전부이고, 혼종어는 3개(4.69%)이며, 서구 외래어는 'letter하다' 1개 (1.56%)이다. 그런데 우리 고유어가 하나도 없는 것이 특징이다.

2.16 전보하다, 전화하다

2.16.1 전보, 전화하는 내용

이 부분밭은 "전신의 시설에 의해서 통신을 주고받다"의 내용을 함유 하고 있어 〈전신의 시설 이용성→발신과 수신성〉이 공통으로 부가된다.

[그림42] 전보·전화하는 자동사의 상위 분절구조

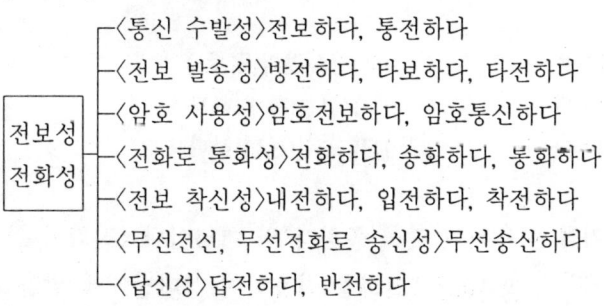

전보성 전화성	〈통신 수발성〉전보하다, 통전하다
	〈전보 발송성〉방전하다, 타보하다, 타전하다
	〈암호 사용성〉암호전보하다, 암호통신하다
	〈전화로 통화성〉전화하다, 송화하다, 봉화하다
	〈전보 착신성〉내전하다, 입전하다, 착전하다
	〈무선전신, 무선전화로 송신성〉무선송신하다
	〈답신성〉답전하다, 반전하다

전보·전화하는 상위 분절구조는 [그림42]와 같다.

(1) 전보(電報)하다   (2) 통전(通電)하다

위의 (1)은 "전신의 시설을 이용하여 통신을 수발(受發)하다"의 개념이니, 전신의 시설을 이용한 통신이 분절성을 지니고 있으므로 〈전신 시설을 이용성→통신을 수발성〉이 추가되고, (2)는 "각지로 널리 전보로 통보하다"의 개념이므로 〈전보 이용성→각지로 널리 통보성〉이 추가되며, 또 "전류가 통하다"의 개념도 가지고 있어 〈전류 유전성〉이 더 추가되어 분절한다.

(3) 타보(打報)하다   (4) 타전(打電)하다
(5) 발전(發電)하다   (6) 암호전보(暗號電報)하다
(7) 암호통신(暗號通信)하다

위의 (3-5)는 "전보를 치다"의 개념을 공유하고 있어 〈전신 시설 이용성→타전성〉이 공통으로 추가되나, (5)는 "전기를 일으키다"의 개념을 더 가지고 있어 〈전기 발전성〉이 더 추가된다. 그리고 (6-7)은 "은어나 서로 약속한 말을 사용하여 전보치다"의 개념을 공유하고 있어 〈은어, 암호 사용성→남이 모르게 타전성〉이 공통으로 추가되어 분절한다.

(8) 전화(電話)하다   (9) 전화걸다(電話-)
(10) 송화(送話)하다   (11) 언송(言送)하다
(12) 통화(通話)하다   (13) 송신(送信)하다

위의 (8)은 "전화기를 이용하여 말을 통하다"의 개념이니 〈전화기 이용성→통화성〉이 추가되고, (9-10)은 "전화를 이용하여 상대방에게 말을 보

내다"의 개념을 공유하고 있어 〈전화기 이용성→상대방에 송화성〉이 공통으로 추가된다. 그리고 (11)은 "상대에게 말을 건네어 보내다"의 개념이니 〈상대에게 말을 보내는 행위성〉이 추가되고, 또 "어떤 일에 관하여 의견을 말하다"의 개념도 가지고 있어 〈어떤 일에 의견을 피력성〉이 더 추가되며, "말이 어느 곳까지 미치다"의 개념일 경우는 〈언표성→어느 곳에 영향성〉이 더 추가된다. (12)는 "전화 따위로 말을 서로 통하다"의 개념이니 〈전화로 통화성〉이 추가되며, 또 "말을 서로 주고받다"의 개념도 가지고 있어 〈[상호]→대화성〉이 더 추가되며, (13)은 "편지, 전보 등의 통신을 보내다. 일반적으로 여러 가지 내용을 전기 신호로 바꾸어 전기적 수단에 의하여 먼 곳으로 보내는 것이다"의 개념이므로 〈전기 이용성→먼 곳에 통신성〉이 추가되어 분절한다.

(14) 내전(來電)하다   (15) 입전(入電)하다
(16) 착전(着電)하다

위의 낱말들은 "전화, 전신, 전보 등이 들어오다"의 개념을 공유하고 있어 〈전화, 전신, 전보가 착전성〉이 공통으로 추가되어 분절한다.

(17) 혼선(混線)되다   (18) 혼신(混信)되다
(19) 무선송신(無線送信)하다

위의 (17)은 "무선통신에 있어서 송신국 이외의 송신국의 전화가 혼입되어 수신의 방해를 일으키다"의 개념이니 〈무선 통신성→다른 송신국의 전화가 혼입성→수신을 방해성〉이 추가뇌고, 또 "전선 상호간의 유도 직용 또는 접착에 의하여 전선이나 전화의 신호 통화 등이 엉클어지다"의 개념도 가지고 있으므로 〈전선 상호간에 유도 작용성+접착성→전화, 신

호, 통화에 혼선성〉이 더 추가되며, "언행에 맥락이 없어 종잡을 수가 없다"의 개념일 경우는 〈언행에 맥락 결여성→의미 파악에 혼란성〉이 더 추가된다. 그리고 (18)은 "전신에서 일정한 송신국 이외의 송신이 섞이어 감수되다"의 개념이니 〈송신성→다른 송신국의 송신이 혼입성→수신 방해성〉이 추가되고, (19)는 "전파로 무선전신과 무선전화의 신호를 보내다"의 개념이므로 〈무선전신, 무선전화를 전파로 송신성〉이 추가되어 분절한다.

(20) 답전(答電)하다   (21) 반전(反電)하다
(22) 회전(回電)하다

위의 낱말들은 "상대의 전보에 회답으로 전보하다"의 개념을 공유하고 있어 〈상대의 전보에 회답성〉이 공통으로 추가되어 분절한다.

(23) 수신(受信)하다   (24) 수화(受話)하다
(25) 방수(傍受)하다

위의 (23)은 "우편, 전보 등의 통신문을 받다"의 개념이니 〈우편, 전보 등 통신문을 수령성〉이 추가되고, 또 "유무선 통신에 있어서 그 신호를 받다"의 개념도 가지고 있어 〈유무선 통신성→신호를 접수성〉이 더 추가된다. 그리고 (24)는 "전화를 받다"의 개념이니 〈수화성〉이 추가되고, (25)는 "무선 통신에 있어서 직접 상대가 아닌 다른 사람이 그 통신을 우연이나 고의적으로 수신하다"의 개념이므로 〈무선 통신성→[다른 사람]→의도적, 비의도적으로 수신성〉이 추가되어 분절한다.

앞에서 전보와 전화에 관련된 25개 자동사에 대하여 개별적인 낱말들의 분절성을 논의하였다. 이제 이것을 바탕으로 하여 전체적인 분절구조를 수형도로 제시하면 [그림43], [그림44]와 같다.

[그림43] 전보, 전화하는 분절구조(1)

```
                  ┌─〈전신 시설을 이용성→통신 수발성〉전보하다(1)
                  ├─〈전보 이용성→각지로 널리 통보성〉┐
                  ├─〈전류가 통하는 상태성〉-------------┴─통전하다(2)
                  ├─〈전신 시설 이용성〉─┬─타보하다(3)
                  │                    ├─타전하다(4)
                  ├─〈타전성〉──────────┴─〈전기 발전성〉발전하다(5)
                  ├─〈은어, 암호 사용성〉─┬─암호전보하다(6)
                  ├─〈남이 모르게 타전성〉─┴─암호통신하다(7)
                  ├─〈전화기 이용성→통화성〉전화하다(8)
 ┌──────┐        ├─〈전화기 이용성〉──┬─전화걸다(9)
 │전보성 │        │                   ├─송화하다(10)
 │전화성 │──────┤                   │
 └──────┘        ├─〈상대에게 송화성〉─┬─〈어떤 일에 의견 피력성〉─┐
                  │                   └─〈언표성→어느 곳에 영향성〉─┴─언송하다(11)
                  ├─〈전화로 통화성〉+〈상호 대화성〉송화하다(12)
                  ├─〈전신기 이용성→먼 곳에 통신성〉송신하다(13)
                  │                              ┌─내전하다(14)
                  ├─〈전화, 전신, 전보가 착전성〉─┼─입전하다(15)
                  │                              └─착전하다(16)
                  ├─〈무선 통신성→다른 송신국의 전화 혼입성〉┐
                  ├─〈수신 방해성〉─────────────────────────┤
                  ├─〈전선 상호간에 유도 작용성+접착성〉─────┼─혼선되다(17)
                  ├─〈전화, 신호, 통화에 혼선성〉────────────┤
                  └─〈언행에 맥락 결여성→의미 파악에 혼란성〉┘
```

[그림44] 전보, 전화하는 분절구조(2)

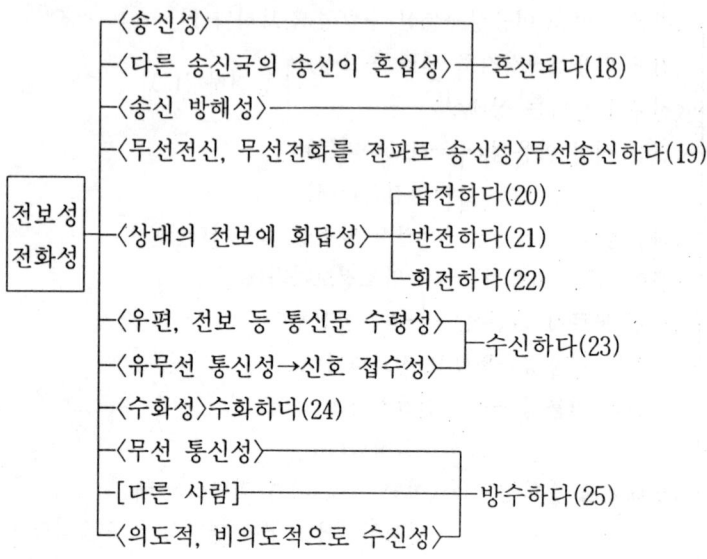

2.16.2 마무리

전보와 전화의 낱말 25개에 대하여 앞에서 논의한 것을 요약하면 다음과 같다.

(1) 전보와 전화의 내용은 전보가 12개(48%)이고, 전화가 13개(52.37%)이다. 이들의 구체적인 내용은 다음과 같다.

전화로 통화하는 내용이 6개(24%)로 가장 많고, 전보치는 내용과 전신전화가 오는 내용 및 상대에게 회답하는 통신이 각각 3개(12%)이며, 암호로 통신하는 내용, 통신을 받는 내용, 무선 통신이 혼선되는 내용이 각각 2개(8%)이다. 그리고 전보의 수발, 전보로 널리 통보하는 내용, 무선으로 통신하는 내용, 무선 통신을 다른 사람이 청취하는 내용이 각각 1개(4%)이다.

위와 같은 내용으로 보아 전화는 앞으로 무선 전화가 일반화됨에 따라 더 많은 용어가 등장할 것이고, 인터넷을 통한 서신의 왕래로 인하여 많은 새로운 용어가 사전에 등재될 것으로 기대된다.

(2) 전보나 전화를 거는 주체는 다음과 같다. 전화 거는 사람이 6개(24%)로 가장 많고, 전보치는 사람과 전화를 받는 사람이 각각 5개(20%)로 다음으로 많으며, 상대의 통신에 회전하는 내용이 3개(12%)이다. 그리고 암호로 통신하는 사람과 무선으로 송신하는 사람이 각각 2개(8%)이다. 무선 송신을 받는 사람과 남의 무선 통신을 청취하는 사람이 각각 1개(4%)이다.

(3) 전보와 전화를 받는 상대나 전보와 전화를 걸 때 사용되는 객체는 중복되는 내용이 많아 어휘의 내용은 49개로 늘어난다. 이들의 내용은 다음과 같다.

전신기가 11개(22.49%)이고, 전화기가 8개(16.33%)이며, 통신과 무선전신기 및 무선전화가 각각 5개(10.2%)이다. 그리고 회답 전보가 3개(6.12%)이고, 은어, 암호, 다른 송신국이 각각 2개(4.08%)이며, 전류, 각 지방, 개인의 의견, 전신, 신호, 우편물, 통신의 당사자가 아닌 다른 사람이 각각 1개(2.04%)이다.

(4) 전보와 전화의 내용은 거의 모두가 바람직한 긍정적인 내용이나, '혼선되다, 혼신되다, 방수하다' 등 3개(12%)는 바람직하지 못한 부정적인 내용이다.

(5) 전보와 전화의 낱말밭에서는 한자어가 24개(96%)이고, 혼종어는 1개(4%)이며, 우리 고유어와 서구 외래어는 하나도 없는 것이 특징이다.

2.17 발표하다

이 부분밭은 "어떤 사실이나 결과를 널리 드러내어 세상에 알리다"의 내용을 함유하고 있어 〈발표성→세상에 통보성, 공포성, 공고성, 선포성,

선전성〉이 내용에 따라 부가된다. 발표하는 자동사의 상위 분절구조는
다음과 같다.

[그림45] 발표 자동사의 상위 분절구조

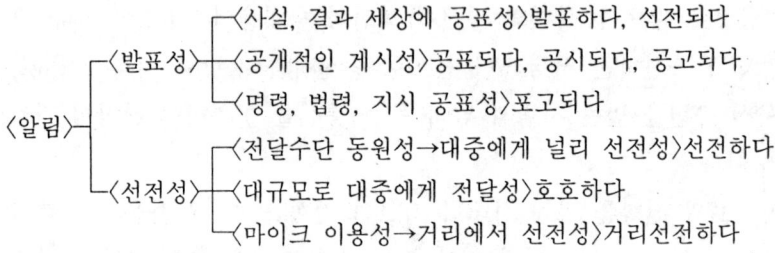

2.17.1 발표하는 내용

(1) 발표(發表)하다   (2) 선포(宣布)되다
(3) 공고(公告)되다   (4) 공표(公表)되다
(5) 공포(公布)되다   (6) 공시(公示)되다

위의 (1)은 "어떤 사실이나 결과를 널리 드러내어 세상에 알리다"의 개
념이니, 행위의 주체는 공공기관으로 이해되어 〈[공공기관]→어떤 사실,
결과를 널리 공표성〉이 추가되고, (2-3)은 "세상에 널리 펴 알려지다"의
개념을 공유하고 있으므로 〈세상에 널리 선포성〉이 공통으로 추가되나,
(3)은 "법령의 규정에 의거하거나 행정상의 필요에 의하여 일정한 사항
을 국가 또는 공공단체가 광고·게시 등의 방법으로 널리 일반 국민에게
알리다"의 개념도 가지고 있어 〈[국가·공공단체]→법령의 규정＋행정상
의 필요한 내용을 광고, 게시성→국민에 공고성〉이 더 추가된다. 그리고
(4)는 "어떤 사실을 세상에 공개하여 널리 발표하다"의 개념이니, 공표의
주체는 공공기관으로 이해되어 〈[공공기관]→어떤 사실을 세상에 공개성

→널리 발표성〉이 추가되고, (5)는 "어떤 일이 일반에게 널리 알려지다"
의 개념이므로 〈어떤 일을 일반에게 공표성〉이 추가되며, 또 "이미 확정
된 법률, 조약, 명령, 예산 같은 것을 정부 및 국민이 이것을 따르도록 의
무를 지우기 위하여 널리 알리다"의 개념도 가지고 있어 〈[행정 당국]→
확정된 법률, 조약, 명령, 예산을 공포성→정부, 국민에 의무를 부과할 목
적성〉이 더 추가된다. (6)은 "일정한 사실이나 내용을 공개적으로 게시하
여 널리 일반에게 알리다"의 개념이니 〈[공공기관]→일정한 사실, 내용을
공개 게시성→일반에개 공시성〉이 추가되어 분절한다.

    (7) 선언(宣言)하다   (8) 폭탄선언(爆彈宣言)하다
    (9) 표명(表明)되다   (10) 성언(聲言)하다
    (11) 성명(聲明)하다   (12) 포고(布告)되다

  위의 (7)은 "널리 펴서 말하여 의견을 공표하다"의 개념일 경우는 〈널
리 선언성＋의견을 공표성〉이 추가되고, 또 "단체나 국가가 필요에 의하
여 자기의 방침과 주장을 외부에 정식으로 표명하다"의 개념일 경우는
〈[국가·단체]→방침과 주장을 외부에 정식으로 표명성〉, "어떤 나라가 다
른 나라에 대하여 일방적으로 의사 표시를 하다"의 개념일 경우는 〈[국
가]→타국에 일방적인 의사 표시성〉, "사회집단이나 개인이 어떤 문제에
대한 행동·태도·의견·결의 및 그것에 의하여 어떤 결과를 가져온 사실
을 대외적으로 공표하다"의 개념일 경우는 〈[사회집단·개인]→문제에 대
한 행동·태도·의견·결의 및 그 결과를 대외에 공표성〉, "어떤 회의의 진
행 한계를 두기 위하여 말하다"의 개념일 경우는 〈회의성→의사 진행의
한계를 발의성〉이 내용에 따라 추가된다. 그리고 (8)은 "어떤 국면이니
상태에 폭발적인 작용과 전기(轉機)·반향(反響)을 일으키는 결정적인 선
언을 하다"의 개념이니 〈결정적인 선언성→어떤 국면과 상태에 폭발적

인 작용성+전기가 마련된 상태성+반향 야기성〉이 추가되고, (9)는 "의
사나 태도를 명백히 드러내다"의 개념이므로 〈의사, 태도를 명백히 표명
성〉이 추가되며, (10-11)은 "일정한 상황에 관한 견해나 의견을 사람에게
발표하다"의 개념을 공유하고 있어 〈일정한 상황에 대한 견해, 의견을
일반에게 발표성〉이 공통으로 추가된다. (12)는 "명령·법령·지시 등을 공
표하여 널리 알리다"의 개념이니 〈[행정기관]→명령·법령·지시를 국민에
게 공포성→공지할 목적성〉이 추가되어 분절한다.

    (13) 칙교(勅敎)하다   (14) 칙어(勅語)하다
    (15) 칙유(勅諭)하다   (16) 선유(宣諭)하다
    (17) 훈유(訓諭)하다

위의 낱말들은 "임금님의 가르침과 타이름을 널리 백성에게 공포하
다"의 개념을 공유하고 있어 〈[조정]→임금의 교지, 훈유를 백성에게 공
포성〉이 공통으로 추가되어 분절한다.

    (18) 선전(宣傳)되다   (19) 호호(呼號)하다
    (20) 거리선전(距離宣傳)하다   (21) 가두선전(街頭宣傳)하다
    (22) 홍경(弘經)하다

위의 (18)은 "특정인이 아닌 대중의 생각이나 태도나 행동 따위를 특정
한 방향으로 전향시키거나 유도하기 위하여 전달 수단을 통하여 알려지
다"의 개념이니 〈대중의 생각·태도·행동을 선전성→특정 방향으로 전향
목적성+유도성〉이 추가되고, (19)는 "크게 선전하다"의 개념이므로 〈대대
적인 선전성〉이 추가되며, 또 "큰 소리로 부르며 외치다"의 개념도 가지
고 있어 〈크게 호명성+고함성〉이 추가되므로 (18)과는 계단대립(Graduelle
Opposition)[51]을 이루고 있다. 그리고 (20-21)은 "마이크 장치 등을 이용하

여 거리에서 선전하다"의 개념을 공유하고 있어 〈마이크 이용성→거리에
서 선전성〉이 공통으로 추가되고, (22)는 "불경을 세상에 널리 선전하다"

[그림46] 발표하는 분절구조(1)

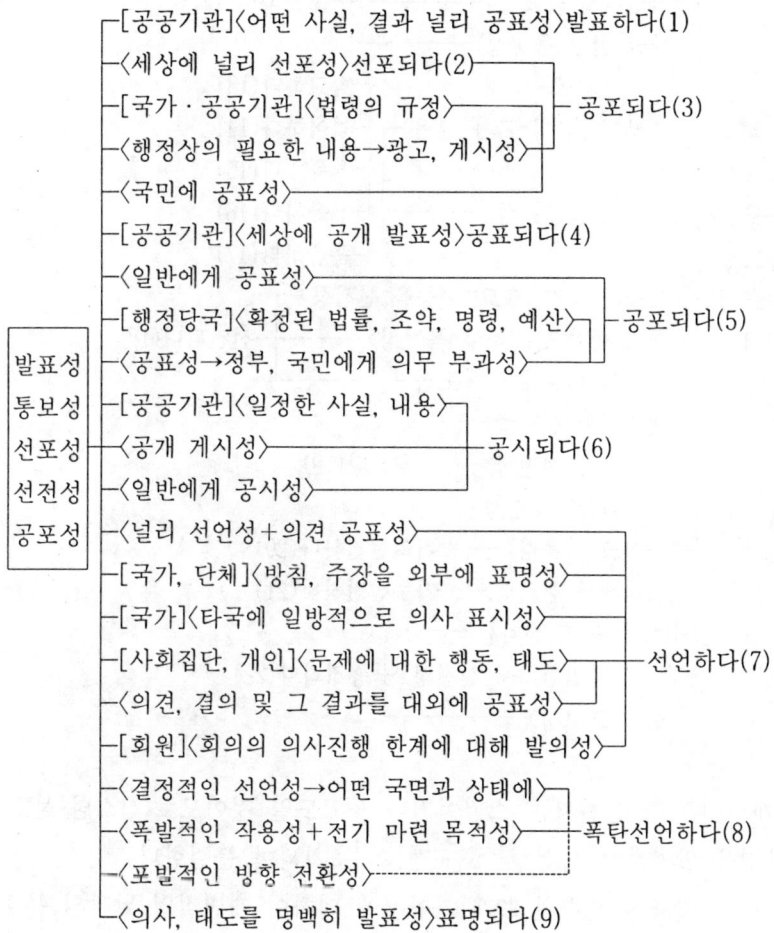

발표성
통보성
선포성
선전성
공포성

┌─[공공기관]〈어떤 사실, 결과 널리 공표성〉발표하다(1)
├─〈세상에 널리 선포성〉선포되다(2)
├─[국가·공공기관]〈법령의 규정〉─── 공포되다(3)
├─〈행정상의 필요한 내용→광고, 게시성〉
├─〈국민에 공표성〉
├─[공공기관]〈세상에 공개 발표성〉공표되다(4)
├─〈일반에게 공표성〉
├─[행정당국]〈확정된 법률, 조약, 명령, 예산〉─ 공포되다(5)
├─〈공표성→정부, 국민에게 의무 부과성〉
├─[공공기관]〈일정한 사실, 내용〉
├─〈공개 게시성〉─── 공시되다(6)
├─〈일반에게 공시성〉
├─〈널리 선언성＋의견 공표성〉
├─[국가, 단체]〈방침, 주장을 외부에 표명성〉
├─[국가]〈타국에 일방적으로 의사 표시성〉
├─[사회집단, 개인]〈문제에 대한 행동, 태도〉─ 선언하다(7)
├─〈의견, 결의 및 그 결과를 대외에 공표성〉
├─[회원]〈회의의 의사진행 한계에 대해 발의성〉
├─〈결정적인 선언성→어떤 국면과 상태에〉
├─〈폭발적인 작용성＋전기 마련 목적성〉─폭탄선언하다(8)
├─〈포발적인 방향 전환성〉
└─〈의사, 태도를 명백히 발표성〉표명되다(9)

51) Horst Geckeler(1973:25), 허 발(1977:54) 앞의 책 참조.

[그림47] 발표하는 분절구조(2)

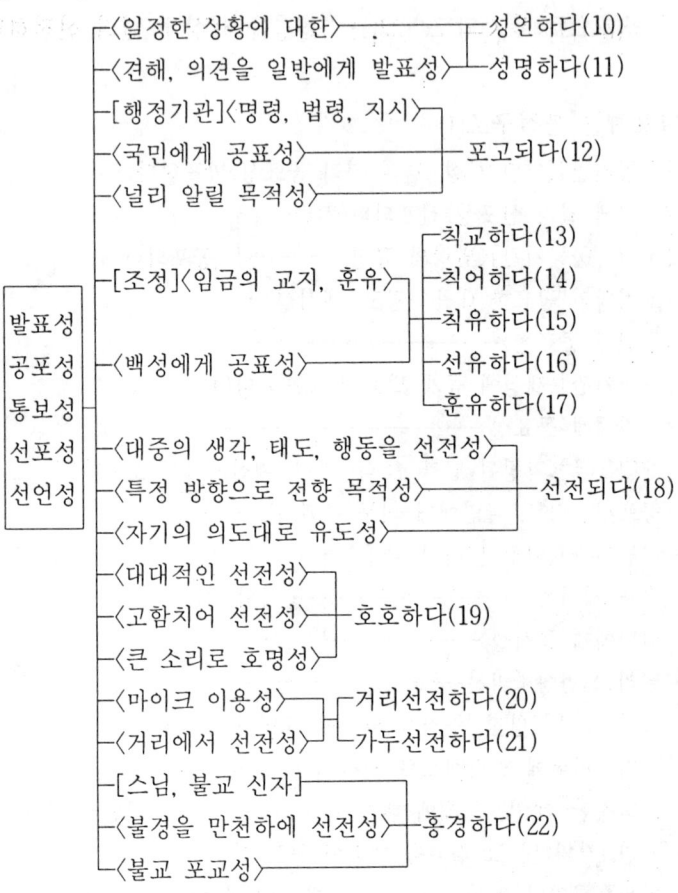

의 개념이므로, 선전자는 스님이거나 불교도일 것이므로 〈[스님·불교도]
→불경을 만천하에 선전성＋포교성〉이 추가되어 분절한다.

앞에서 발표에 관련된 22개 자동사에 대하여 개별적인 낱말의 분절성
을 논의하였다. 이제 이것을 바탕으로 하여 전체적인 분절구조를 [그림
46], [그림47]의 수형도로 제시하려 한다.

2.17.2 마무리

앞에서 논의한 발표에 관련된 22개 자동사의 분절구조를 요약하면 다음과 같다.

(1) 발표 자동사의 내용은 중복되는 내용이 있어 그 내용은 25개로 늘어난다. 이들의 내용은 다음과 같다. 행정당국이 국민에게 널리 공표하는 내용이 6개(24%)로 가장 많고, 임금님의 교시를 백성에게 알리는 내용이 5개(20%)로 다음으로 많으며, 선전하는 내용이 4개(16%)이다. 그리고 행정기관이나 단체가 일정한 상황에 대해 의견을 일반에게 발표하는 내용이 2개(8%)이고, 자기 의견이나 주장을 선전하는 내용, 국가나 단체가 방침이나 주장을 선언하는 내용, 국가가 타국에 대해 일방적으로 의사를 표시하는 내용, 사회 집단이나 개인이 태도나 의견을 표명하는 내용, 의사 진행의 한계를 발의하는 내용, 자기의 의견이나 태도를 명백히 표명하는 내용, 행정기관이 포고하는 내용, 불교의 경전을 선전하는 내용이 각각 1개(4%)이다.

위와 같은 내용으로 보아 우리 민족은 행정당국이나 국가의 최고 통치자인 임금이 백성에게 널리 공표하는 내용에 가장 큰 관심을 보이고 있고, 일반 대중에게 널리 선전하는 내용에도 많은 관심이 표현되어 있다.

(2) 발표하는 주체는 중복되는 내용이 많아 어휘의 수는 32개로 늘어난다. 이들의 내용은 다음과 같다. 국가의 공공기관 및 사회단체가 각각 7개(21.86%)이고, 임금님이 5개(15.63%)이며, 국가가 2개(6.25%)이다. 그리고 회원, 공무원, 스님, 불교 신자가 각각 1개(3.13%)이다.

(3) 발표하는 내용을 듣는 내싱과 발표의 객체는 중복되는 내용이 있어 객체의 수는 42개로 늘어난다. 이들의 내용을 살펴보면 다음과 같다. 국민이 6개(14.29%)이고, 임금님의 교시가 5개(11.9%)이며, 대중의 생각·태도·행동이 4개(9.52%)이다. 그리고 어떤 사실, 개인의 행동·태도·의견·결의·

결과, 어떤 상황에 대한 견해나 의견, 명령, 마이크, 길거리 등이 각각 2개 (4.76%)이고, 국가의 방침, 국가의 주장, 단체의 방침, 단체의 주장, 어떤 사실의 결과, 행정상의 필요한 내용, 조약, 다른 나라, 의사 진행의 한계, 폭발적인 작용이나 전기, 불경 등이 각각 1개(2.38%)이다.

(4) 발표하는 내용은 모두 바람직한 긍정적인 내용이나, 선언의 내용에 따라 부정적으로 볼 수 있는 내용으로는 '폭탄선언하다'가 있고, 종교적인 내용으로는 불경을 널리 선전하는 내용인 '홍경하다'가 한 개가 있다.

(5) 발표하는 낱말밭의 어휘는 모두 한자어이고, 우리 고유어나 혼종어 및 서구 외래어는 하나도 없는 것이 특징이다.

2.18 방송하다

2.18.1 방송하는 내용

이 부분밭은 "방송국에서 일반 대중이 직접 수신할 수 있도록 무선통신으로 방송하다"의 내용을 함유하고 있어 〈[방송국]→무선통신으로 방송성→[일반 대중]→직접 수신성〉이 공통으로 부가된다. 방송 자동사의 상위 분절구조는 다음 그림과 같다.

[그림48] 방송 자동사의 상위 분절구조

```
                  ┌〈전파 이용성→널리 방송성〉방송하다
     〈방송성〉─┼〈직접 방송성〉생방송하다, 직접방송하다, 중계방송하다
                  └〈예보성〉일기예보하다, 홍수예보하다, 호우예보하다
```

(1) 방송(放送)하다   (2) 생방송(生放送)하다
(3) 직접방송(直接放送)하다   (4) 중계방송(中繼放送)하다
(5) 중계(中繼)되다   (6) 이중방송(二重放送)하다

(7) 녹음방송(錄音放送)하다　　(8) 녹화방송(錄畵放送)하다

위의 낱말들은 "송방국에서 일반 대중이 직접 수신할 수 있도록 무선 통신을 하다"의 내용을 함유하고 있어 〈[방송국]→무선으로 통신성→일반 대중이 직접 수신성〉이 공통으로 부가된다. 따라서 (1)은 "방송국에서 일반 대중이 직접 수신할 수 있도록 무선으로 통신하다. 라디오, 텔레비전으로 수신할 수 있도록 정치·문화·사회·경제 등 여러 현상의 보도나 논평, 또는 교양·음악·연예 따위의 음성이나 영상을 전파로 바꾸어 보내다"의 개념이니 〈[방송국]→정치·문화·사회·경제 논평성+교양·음악·연예·음성·영상을 전파로 교체성→무선으로 송신성→[일반 대중]→라디오, 텔레비전으로 직접 수신성〉이 추가되고, 또 "방송기구를 통하여 말하거나 연주하다"의 개념도 가지고 있어 〈방송기구 이용성→언표성+연주성〉이 더 추가되며, "구속자를 석방하다"의 개념일 경우는 〈[당국]→구속자를 석방성〉이 추가된다. 그리고 (2-3)은 "녹화나 녹음을 하지 않고 직접 방송하다"의 개념을 공유하고 있어 〈현장에서 직접 방송성〉이 공통으로 추가되고, (4-5)는 "방송국 이외의 장소에서 실황·강연·연예·스포츠 따위를 방송국으로 중계하여 방송하다"의 개념을 공유하고 있어 〈방송국 이외의 장소에서 실황·강연·연예·스포츠 등을 중계성→[방송국]→중계 방송성〉이 공통으로 추가되며, 또 "어떤 방송국의 프로그램을 다른 방송국에서 중계하여 방송하다"의 개념도 공유하고 있어 〈다른 방송국의 프로그램을 중계 방송성〉이 공통으로 더 추가된다. 다만 (5)는 "양쪽의 중간에서 받아넘기거나 받아서 전하다"의 개념도 가지고 있어 〈양쪽의 중간에서 중계성〉이 더 추가되어 분절한다. 그리고 (6)은 "한 방송국에서 동시에 두 가지의 방송을 하다"의 개념이니 〈[방송국]→동시에 두 가지를 방송성〉이 추가되고, (7)은 "라디오 방송에서 녹음 장치에 의해서 소리를 재생시키어 방송하다. 현지 로케이션, 야간방송 등에 긴요한 것으로 현재 사용되

고 있는 녹음 방법에는 레코드판에 의하는 것과 테이프 레코오더(tape recorder)에 의한 두 가지가 있다"의 개념이니 〈레코드판, 테이프 리코오더에 녹음성→현지 로케이션, 야간방송에서 소리를 재생성→라리오 방송성〉이 추가되며, (8)은 "텔레비전의 화상(畵像)을 비디오 테이프 따위에 기록하여 놓았다가 방송하다. 텔레비전의 시차 방송, 재생 방송에 주로 방영한다"의 개념이니 〈화상을 비디오 테이프에 입력성→텔레비전 방영성→주로 시차 방송＋재생 방송에 이용성〉이 추가되어 분절한다.

(9) 라디오게임(radio game)하다

이는 "라디오 방송에 의해서 오락, 스무고개, 문답 등 다양한 오락 게임을 하다"의 개념이니 〈다양한 오락 게임(오락, 스무고개, 재치문답 등) 거행성→라디오 방송성〉이 추가되어 분절한다.

(10) 일기예보(日氣豫報)하다
(11) 홍수예보(洪水豫報)하다
(12) 호우주의보(豪雨注意報)하다
(13) 태풍주의보(颱風注意報)하다

위의 (10)은 "기상대의 기상측정에 따라 방송국에서 날씨를 미리 국민에게 알리다"의 개념이니 〈[기상대]→기상을 측정성→[방송국]→일기예보 방송성〉이 추가되고, (11)은 "강의 상류의 강우량을 측정하여 하류에 홍수의 정도나 그 시각 등을 미리 통보하다"의 개념이므로 〈[기상대]→상류의 강우량을 측정성→[방송국]→하류의 피해 정도, 위험의 시각을 미리 통보성〉이 추가된다. 그리고 (12)는 "24시간의 강우량이 80mm 이상의 호우와 이로 인한 피해가 얼마간 있을 것이 예상될 때에 미리 발표하다"의 개념이니 〈24시간의 강우량이 80mm 강우성→피해가 예상성→[방송국]→호우

주의보를 방송성〉이 추가되고, (13)은 "태풍의 중심에서 우리나라 해안선
의 자장 가까운 지점이 500km 밖에 있거나 태풍에 따라 얼마간의 피해가
예상될 때에 태풍주의보를 발표하다"의 개념이므로 〈태풍의 중심이 해안
선에서 500km 밖에 위치성→피해 예상성→[방송국]→태풍주의보 방송성〉
이 추가된다. 그런데 요즈음 자주 방송되는 '오존주의보(ozone 注意報)'는
우리의 어휘 사전(辭典)52)에는 아직 공백(lexical gap)53)으로 되어 있다.

  (14) 호우경보(豪雨警報)하다   (15) 홍수경보(洪水警報)하다
  (16) 태풍경보(颱風警報)하다   (17) 공습경보(空襲警報)하다

  위의 (14)는 "24시간의 강우량이 150mm 이상의 호우와 이로 인한 피해

---

52) 한인희(1976:49)는 "언어학의 필수 문헌인 사서에 대하여 그것을 너무 존엄시하고 도
   전의 전의조차 갖고 있지 않다. 그러나, 기존의 사서는 오늘날의 언어학의 발달 내
   지 시대적 조류에 너무나 격리된 인상을 풍기고 있다"고 하였다.
     "기존의 사서는 시시각각으로 변화발전되는 언어 문화 속에서 적절한 어휘의 사
   용과 이해는 점점 복잡다기화하는 어휘체계와 더불어 효율적인 실효를 거두기에는
   매우 어려운 일이다. 그러므로, 종래 어휘집의 이용도는 단조로우며 다양한 방편이
   되지 못한다. 이러한 사서의 효율을 늘리기 위하여 어휘의 구조적인 분석을 본격적
   으로 학문화하여 연구하기 시작한 것은 최근의 일이라 하겠다"고 하였다.
53) 李益煥(1986:95)은 "공백(lexical gap)은 어휘체계 내에 있을 법한 어휘가 존재하지 않
   는 경우로 부분장(sub-field)에서 어휘가 둘 기대되는데 사실은 하나가 결여된 현상
   이다"라고 말하고 다음과 같은 보기를 들고 있다.

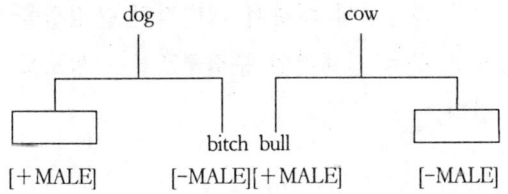

   허 발(1977:33)은 "체계의 네벨에 있어서 내용으로서는 존재하고 있으나 규범의
   네벨에서는 낱말로 실현되어 있지 않은 경우를 말한다. Coseriu는 체계에 포함되어
   있으나 아직도 낱말로 실현되어 있지 않지만 가능성으로서는 존재하는 것이다"라고
   하였다.

가 클 것이 예상될 때에 호우경보를 발표하다"의 개념이니 〈24시간의 강우량이 150mm 이상성→큰 피해 예상성→[방송국]→호우경보 방송성〉이 추가되고, (15)는 "장마나 폭우 등으로 어느 지역에 홍수가 일 것을 미리 알아서 경계시키다"의 개념이므로 〈장마, 호우로 홍수 지역 예상성→[방송국]→홍수경보 방송성〉이 추가된다. 그리고 (16)은 "태풍의 중심에서 우리나라 해안선의 가장 가까운 지점이 500km 범위 안에 들어가거나 상당한 피해가 예상될 때에 태풍경보를 방송하다"의 개념이니 〈태풍의 중심이 해안선의 500km 안에 위치성→큰 피해 예상성→[방송국]→태풍경보 방송성〉이 추가되고, (17)은 "적의 항공기가 공습해 왔을 때에 공습경보를 방송하다. 사이렌의 3분 파장, 종의 난타, 청색 깃발 게양, 육성으로 '청색 경보'를 반복 고함하다"의 개념이므로 〈[적기]→공습성→[방송국]→공습경보 방송성＋[민방위]→사이렌 3분 파장성, 종을 난타성, 청색 깃발 게양성＋'청색 경보' 고함성〉이 추가되어 분절한다.

(18) 합조(合調)하다

이는 "라디오 수신기를 조정하여 방송국의 주파수에 맞추다"의 개념이니 〈[국민]→라디오 수신기를 조정성→방송국의 주파수에 고정성〉이 추가되어 분절한다.

앞에서 방송에 관련된 18개 자동사에 대하여 개별적인 분절성을 논의하였다. 이제 이것을 바탕으로 하여 전체적인 분절구조를 수형도로 제시하면 [그림49], [그림50]과 같다.

2.18.2 마무리

앞에서 논의한 방송에 관련된 18개 자동사에 대하여 개별적인 분절성

을 논의하였다. 이제 이것을 바탕으로 하여 전체적인 분절구조를 살펴보
려 한다.

[그림49] 방송하는 분절구조(1)

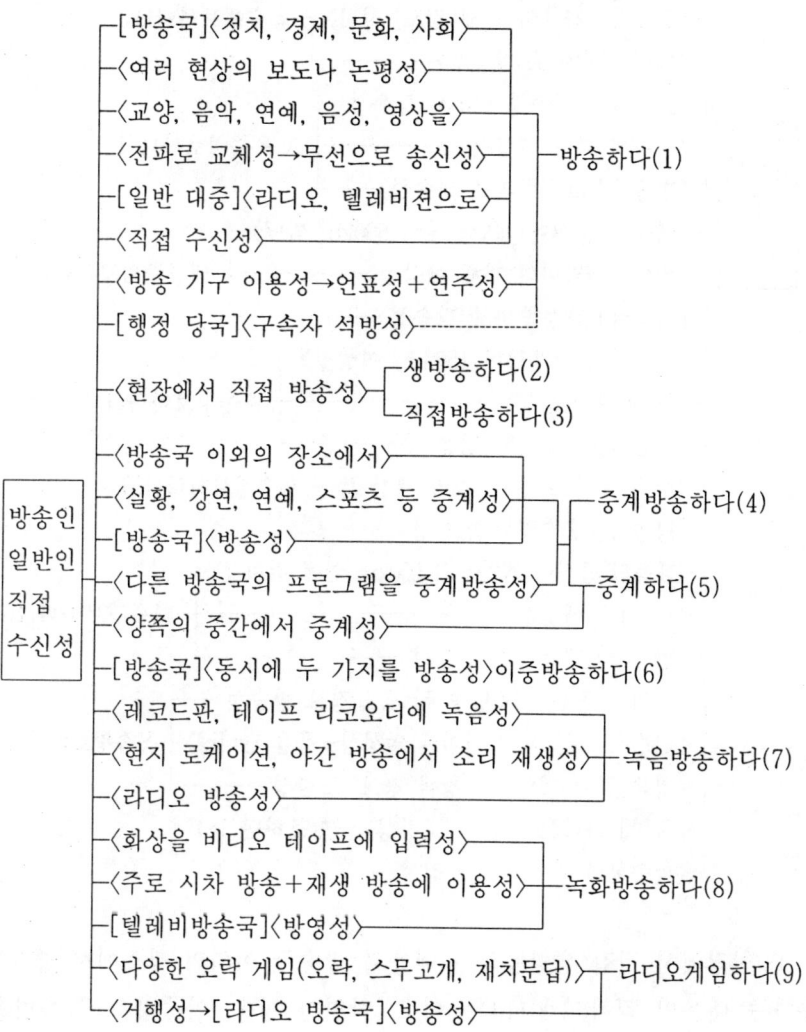

[그림50] 방송하는 분절구조(2)

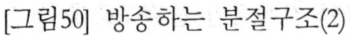

┌─[기상대]〈기상 측정성〉──────┐
│   ├─일기예보하다(10)
├─[방송국]〈일기예보 방송성〉─┘
│
├─[기상대]〈상류의 강우량 측정성〉──┐
│   │
├─[방송국]〈하류의 피해 정도, 시각〉─┤─홍수예보하다(11)
│   │
├─〈미리 홍수예보 방송성〉───────────┘
│
├─〈24시간의 강우량 80mm 강우성〉──┐
│   │
[방송성 ├─〈얼마의 피해 예상성〉────────────┤─호우주의보하다(12)
일반인   │   │
직접   ├─[방송국]〈호우주의보 방송성〉─────┘
수신성] │
├─〈태풍의 중심이 해안선에서 500km 밖에〉─┐
│   │
├─〈위치성→얼마의 피해 예상성〉────────────┤─태풍주의보하다(13)
│   │
├─[방송국]〈태풍주의보 방송성〉────────────┘
│
├─〈24시간의 강우량이 150mm 이상성〉─┐
│   │
├─〈큰 피해 예상성〉──────────────────┤─호우경보하다(14)
│   │
├─[방송국]〈호우경보 방송성〉────────┘
│
├─〈장마, 호우로 홍수 지역 예상성〉─┐─홍수경보하다(15)
│   │
├─[방송국]〈홍수경보 방송성〉────────┘
│
├─〈태풍의 중심이 해안선의 500km 안에 위치성〉─┐
│   │
├─〈큰 피해 예상성〉────────────────────────────┤─태풍경보하다(16)
│   │
├─[방송국]〈태풍경보 방송성〉──────────────────┘
│
├─〈적기가 공습성→[방송국]〈공습경보 방송성〉─┐
│   │
├─[민방위]〈3분 파장 사이렌 발성성+종을 난타성〉─┤─공습경보하다(17)
│   │
├─〈청색 깃발 게양성+'청색 경보' 고함성〉──────┘
│
├─[국민]〈라디오 수신기 조정성〉─┐─합조하다(18)
│   │
└─〈방송국의 주파수에 고정성〉───┘

(1) 현장에서 직접 생방송하는 내용과 방송국 이외의 장소에서 중계방
송하는 내용이 각각 2개(11.11%)이고, 막연한 방송, 이중방송, 녹음방송,
녹화방송, 라디오게임, 일기예보, 홍수예보, 호우주의보, 태풍주의보, 호우

경보, 홍수경보, 태풍경보, 공습경보, 라디오 수신기를 방송국의 주파수에 맞추는 내용이 각각 1개(5.56%)이다.

위와 같은 내용으로 미루어 보아 방송에 있어서는 홍수나 태풍의 피해를 방지하기 위하여 주의보나 경보가 가장 관심사로 드러나 있다.

(2) 방송하는 주체는 모두가 방송국이다. 그런데, 이들의 주체는 중복되는 내용이 많아 주체의 행위는 34개로 늘어난다. 이들의 내용은 다음과 같다. 방송국이 17개(50%)이고, 기상대가 8개(23.23%)이며, 일반 국민과 행정 당국이 각각 3개(8.82%)이다. 그리고 연예인, 가수, 민방위가 각각 1개(2.94%)이다.

(3) 방송의 객체나 방송에 사용되는 기구는 중복되는 내용이 많아 객체의 수는 44개로 늘어난다, 이들의 내용을 살펴보면 다음과 같다. 라디오나 텔레비전이 18개(40.9%)이다. 이는 방송을 수신할 수 있는 기구는 라디오나 텔레비전이기 때문에 자장 많음은 당연한 결과이다. 그리고 방송국 이외의 장소, 강우량, 태풍의 중심 위치, 홍수 지역, 상류의 강우량, 하류의 피해정도 등이 각각 2개(4.55%)이다. 그리고 정치, 경제, 문화, 사회, 논평, 보도, 교양, 음악, 연예, 음성, 연주, 구속자, 다른 방송국의 프로그램, 두 가지의 프로그램, 레코드판, 테이프 리코더, 비디오 테이프, 오락게임, 오락, 스무고개, 재치문답, 기상 측정, 일기, 적기의 공습, 방송국의 주파수 등이 각각 1개(2.27%)이다.

(4) 방송의 낱말밭에서 한자어는 17개(94.44%)로 거의 전부이고, 서구 외래어는 '라디오게임(radio game)하다' 1개(5.56%)이다. 그리고 우리 고유어나 혼종어는 하나도 없는 것이 특징이다.

2.18.3 통신 자동사의 내용 요약

현대 국어 자동사 가운데 통신(편지·전보와 전화·발표·방송)에 관련된

129개의 낱말에 대하여 개별적인 분절성을 해명하였다. 이제 이것을 바탕으로 하여 전체적인 분절구조를 고찰하려 한다.

앞에서 논의한 부분밭의 분포도는 다음과 같다.

〈표1〉 통신 자동사의 분포도

내 용	편지	전보·전화	발표·공고	방송	계
어휘수	64	25	22	18	129
백분율	50.61%	19.38%	17.05%	13.95%	100%

위의 분포에서 보듯이 편지가 과반수 이상을 차지하고 있다. 이러한 현상은 과거에 우리의 통신 수단은 편지에 있었고, 또 편지나 소식을 전하는 방법에도 인편에 보내는 것이 많았으며, 조선시대의 부인들은 나들이에 많은 제약이 있었음으로 내간이 또한 많았다. 이는 우리의 사회 현상이 그대로 반영되어 있고, 또 언어 속에서 우리 민족의 세계상을 엿볼수 있다.

그리고 전화가 전보보다 약간 많이 분포되어 있는 데 앞으로는 무전전화와 인터넷의 활용으로 더 많은 새로운 용어가 사전에 수록될 것이다.

국민에게 널리 알린 주체는 국가의 최고 통치자인 임금이 많이 분포되어 있고, 국가의 행정을 담당한 행정당국이 많음은 당연한 결과로 이해된다. 그리고 방송에 있어서도 호우나 태풍의 피해를 예방하기 위해서 주의보나 경보가 많이 분포된 것도 앞으로 방송매체가 다양화되고, 선전의 내용도 다양화될 것이므로 어휘의 분포도 다르게 될 것이다.

2.19 설명하다

2.19.1 설명하는 내용

이 부분은 "일정한 내용이 상대편에게 알 수 있도록 말하다"의 내용을 함유하고 있으므로 〈설명성, 주석성, 진술성, 서술성, 해설성〉이 내용에 따라 부가된다. 설명 자동사의 상위 분절구조는 다음과 같다.

[그림51] 설명 자동사의 상위 분절구조

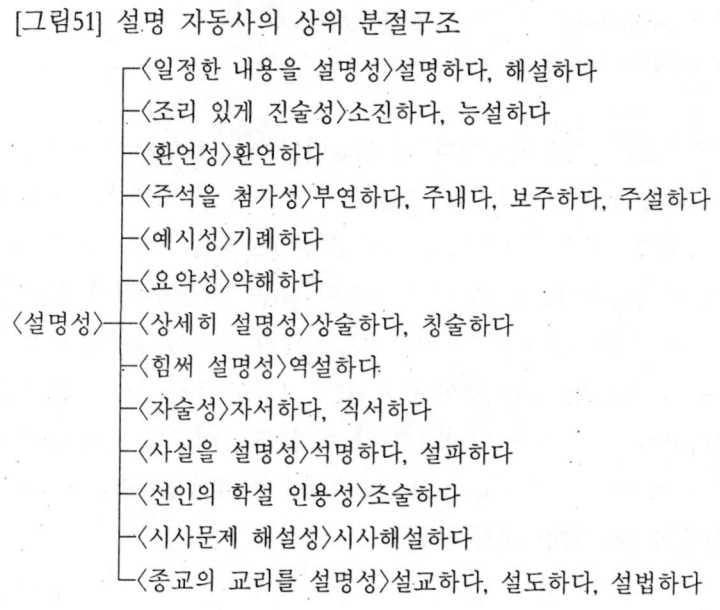

〈설명성〉

- 〈일정한 내용을 설명성〉설명하다, 해설하다
- 〈조리 있게 진술성〉소진하다, 능설하다
- 〈환언성〉환언하다
- 〈주석을 첨가성〉부연하다, 주내다, 보주하다, 주설하다
- 〈예시성〉기례하다
- 〈요약성〉약해하다
- 〈상세히 설명성〉상술하다, 칭술하다
- 〈힘써 설명성〉역설하다
- 〈자술성〉자서하다, 직서하다
- 〈사실을 설명성〉석명하다, 설파하다
- 〈선인의 학설 인용성〉조술하다
- 〈시사문제 해설성〉시사해설하다
- 〈종교의 교리를 설명성〉설교하다, 설도하다, 설법하다

(1) 설명(說明)되다   (2) 해설(解說)되다

위의 (1)은 "일정한 내용이 상대편에게 알 수 있도록 말해지다"의 개념이니, 어떤 내용을 설명함이 분절성을 지니고 있으므로 〈일정한 내용을 설명성→상대편이 알게 할 목적성〉이 추가되고, 또 "일정한 사물의 있는

그대로의 상태를 밝힐 뿐만 아니라, 그것이 어떠한 법칙에 의해서 생겼느냐고 하는 과학적인 근거까지 밝히다"의 개념도 가지고 있어 〈일정한 사물의 상태를 규명성〉과 〈과학적인 근거에 준거성→사물의 생성 근원을 규명성〉이 내용에 따라 추가되며, (2)는 "어떤 문제를 쉽게 풀어서 설명하다"의 개념이므로, 문제를 쉽게 풀어서 설명하는 것이 분절성이므로 〈문제를 쉽게 풀이성→설명성〉이 추가되어 분절하므로, (1)과는 계단대립 (Graduelle Opposition)을 이루고 있다.

(3) 소진(疏陳)하다 (4) 능설(能說)하다
(5) 환언(換言)하다

위의 (3)은 "조리 있게 진술하다"의 개념이니, 언어표현에서 논리성이 분절성을 지니고 있어 〈논리적인 진술성〉이 추가되고, 또 "상소하여 진술하다"의 개념도 가지고 있으므로, 임금님께 상소하는 내용이므로 〈[신하]→임금께 상소성→진술성〉이 더 추가되며, (4)는 "서투른 데가 없이 능란하고 익숙하게 설명하다"의 개념이므로, 설명의 방법이 능숙함이 문제가 되어 〈능수능란하게 설명성〉이 추가된다. 그리고 (5)는 "먼저 한 말을 표현을 달리하여 알기 쉽게 설명하다"의 개념이니, 설명의 방법과 표현상의 문제가 분절성을 지니고 있으므로 〈전술한 내용을 환언성→알기 쉽게 설명성〉이 추가되어 분절한다.

(6) 부연(敷衍)하다 (7) 주내다(註-)
(8) 보주(補註)하다 (9) 주설(註說)하다
(10) 자주(自註)하다

위의 낱말들은 설명을 알기 쉽게 하기 위하여 주석을 달아주는 내용이므로 〈주석을 첨가성→쉽게 설명할 목적성〉이 공통으로 추가된다. 따라서 (6)은 "이야기 등에서 알기 쉽게 뜻을 첨가하여 자세히 넓혀서 말하다"의 개념이니 〈담화에 알기 쉽게 의미 첨가성→자세히 부연 설명성〉이 추가되고, (7)은 "문장에 글의 뜻을 주석하다"의 개념이므로 〈문장에 주석을 첨가성→주해할 목적성〉이 추가되며, 또 "본문에 주해를 붙이다"의 개념도 가지고 있어 〈본문에 주석을 첨가성→주해할 목적성〉이 추가된다. 그리고 (8)은 "풀이가 좀 부족한 것을 보충하다"의 개념이니, 설명의 부족한 점을 보충해 주는 것이 분절성이므로 〈부족한 설명에 보충성〉이 추가되고, 또 "설명에 부족한 부분에 주해를 붙이다"의 개념이므로, 부족한 설명에 주해를 붙여 주는 것이 분절성이므로 〈부족한 설명에 주해를 첨부성〉이 더 추가되며, (9)는 "중요한 부분을 기록하여 두다"의 개념이니 〈중요한 부분을 기록성〉이 추가되고, 또 "설명을 덧붙이다"의 개념도 가지고 있어 〈설명을 첨부성〉이 추가된다. (10)은 "자기가 쓴 글에 자기가 스스로 주석을 붙이다"의 개념이니, 자기 글에 자기가 주석을 붙임이 분절성이므로 〈자기의 글에 자기가 주석을 첨부성〉이 추가되어 분절한다.

    (11) 기례(起例)하다   (12) 약해(略解)하다
    (13) 상술(詳述)하다   (14) 칭술(稱述)하다
    (15) 역설(力說)하다

위의 (11)은 "유례(類例)를 들어 설명하다"의 개념이니, 예를 들어 설명함이 분절성이므로 〈예를 들어 설명성〉이 추가되고, (12)는 "골자만 추려서 대강의 뜻을 풀이하다"의 개념이므로 〈요약 설명성→개략을 해설성〉이 추가되며, 또 "말이나 글의 뜻을 대강 이해하다"의 개념도 가지고 있어 〈어문의 뜻을 대강 이해성〉이 추가된다. 그리고 (13)은 "자세히 설명하여 말하다"의 개념이니, 설명의 상세함이 분절성이 되어 〈상세히 설명

성〉이 추가되고, (14)는 "의견을 자세히 진술하다"의 개념이므로 〈자기의
의견을 상세히 진술성〉이 추가되며, (15)는 "자기의 의견을 힘써 설명하
다"의 개념이니, 자기의 의견을 역설함이 분절성이므로 〈자기의 의견을
힘써 설명성＋역설성〉이 추가되어 분절한다.

    (16) 자서(自敍)하다   (17) 직서(直敍)하다

  위의 (16)은 "자기가 자기 자신의 일을 설명하다"의 개념이니 〈자신의
일을 자술성〉이 추가되고, (17)은 "상상이나 감상 등을 덧붙이지 않고 있
는 그대로 서술하다"의 개념이므로, 상상이나 감상의 배제가 분절성을 지
니고 있으므로 〈상상, 감상을 배제성→사실대로 서술성〉이 추가되어 분
절한다.

    (18) 석명(釋明)되다   (19) 설파(說破)되다
    (20) 조술(祖述)하다   (21) 설문(說文)하다

  위의 (18)은 "사실을 설명하여 내용이 밝혀지다"의 개념이니, 사실의
규명이 분절성이므로 〈사실을 설명성→내용 규명성〉이 추가되고, 또 "오
해나 비난 등에 대하여 사정을 설명하고 양해를 구하다"의 개념도 가지
고 있어 〈남이 오해성＋비난성→[본인]→사정을 설명성→양해를 간구성〉
이 더 추가되며, (19)는 "진리가 될만한 것을 듣는 사람이 납득하도록 밝
혀 말하다"의 개념이므로 〈진리를 설파성→[청중]→납득하게 할 목적성〉
이 추가되고, 또 "상대방의 이론이 완전히 깨뜨려져 뒤엎어지다"의 개념
도 가지고 있어 〈상대의 이론을 논박성→완파되어 번복성〉이 추가된다.
그리고 (20)은 "선인(先人)의 설을 근본으로 하여 그 뜻을 펴 서술하다"의
개념이니, 자기의 학설의 바탕을 선인의 학설에 근거함이 분절성이 되어
〈선인의 학설에 준거성→자기의 학설을 서술성〉이 추가되고, (21)은 "문

자의 성립과 원의(原義)를 설명하다"의 개념이므로, 설명의 대상이 문자의 성립과 원의에 있으므로 〈문자의 성립, 원의를 설명성〉이 추가되어 분절한다.

(22) 시사해설(時事解說)하다   (23) 설병(說病)하다

위의 (22)는 "국내, 국제의 중요한 시사 문제를 일반 대중에게 알기 쉽게 풀어 설명하다"의 개념이니, 해설의 대상이 시사에 있으므로 〈국내외 중요한 시사 문제를 해설성〉이 추가되고, (23)은 "환자가 자기의 병의 증세를 말하다"의 개념이므로 〈[환자]→자기의 병세를 설명성〉이 추가되어 분절한다.

(24) 설교(說敎)하다   (25) 설도(說道)하다
(26) 설법(說法)하다   (27) 대기설법(對機說法)하다
(28) 설경(說經)하다   (29) 홍계(弘戒)하다

위의 낱말들은 종교의 교리를 설명하는 내용이므로 〈종교의 교리를 설명성〉이 공통으로 추가된다. 따라서 (24)는 "신도를 모아 놓고 종교의 교리를 설명하다"의 개념이니 〈신도들에게 종교의 교리를 설명성〉이 추가되고, 또 "어떤 일의 관점이나 견해를 다른 사람에게 설득시키기 위하여 단단히 타일러 가르치다"의 개념도 가지고 있어 〈어떤 사안의 관점, 견해를 설파성→남을 회유성→설득할 목적성〉이 더 추가되며, (25)는 "도리를 설명하다"의 개념이므로 〈도리를 설명성〉이 추가된다. 그리고 (26)은 "불교의 교의를 풀어 밝히다"의 개념이니 〈불교의 교의를 설법성〉이 추가되고, 또 "생각하고 있는 바를 법식으로 말하다"의 개념도 가지고 있어 〈자기의 생각을 법식으로 피력성〉이 더 추가되며, (27)은 "상대편이 이해할 수 있도록 자질에 맞추어 설법하다"의 개념이므로, 청중의

자질에 맞추어 설법함이 분절성이 되어 〈청중의 자질을 감안성→쉽게 이해하게 설법성〉이 추가된다. (28)은 "불경, 교의를 풀어 중서(衆庶)를 화도(化導)하다"의 개념이니 〈불경, 교의 해설성→중서를 화도성〉이 추가되고, 또 "경전을 설명하다"의 개념도 가지고 있어 〈경전 설명성〉이 더 추

[그림52] 설명하는 분절구조(1)

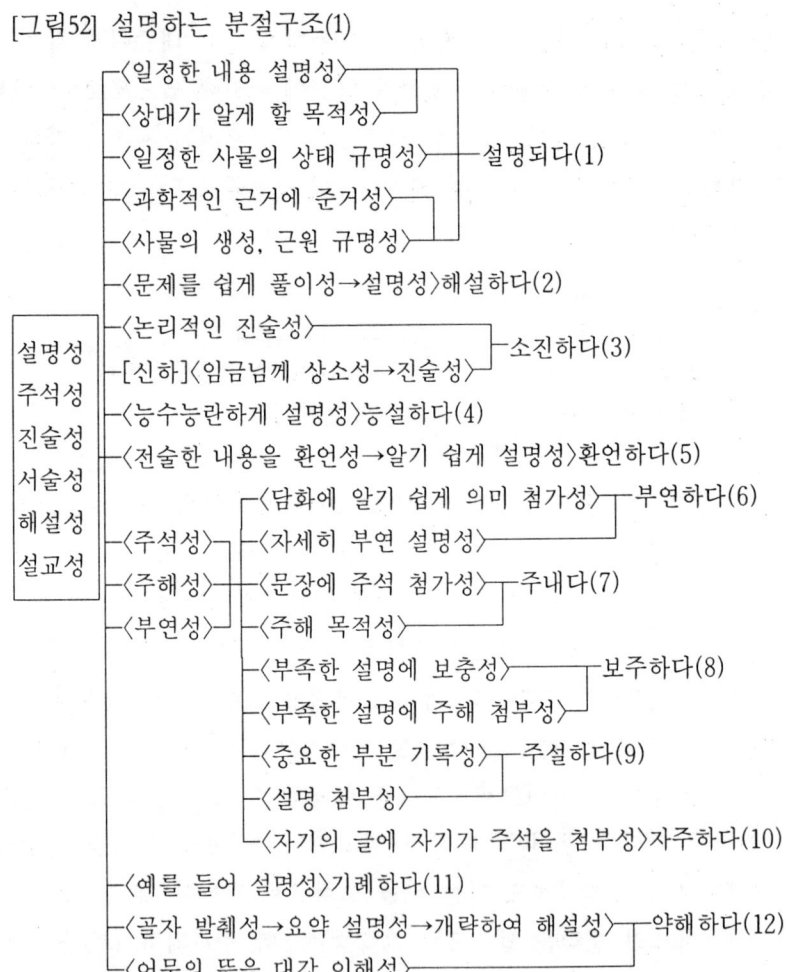

[그림53] 설명하는 분절구조(2)

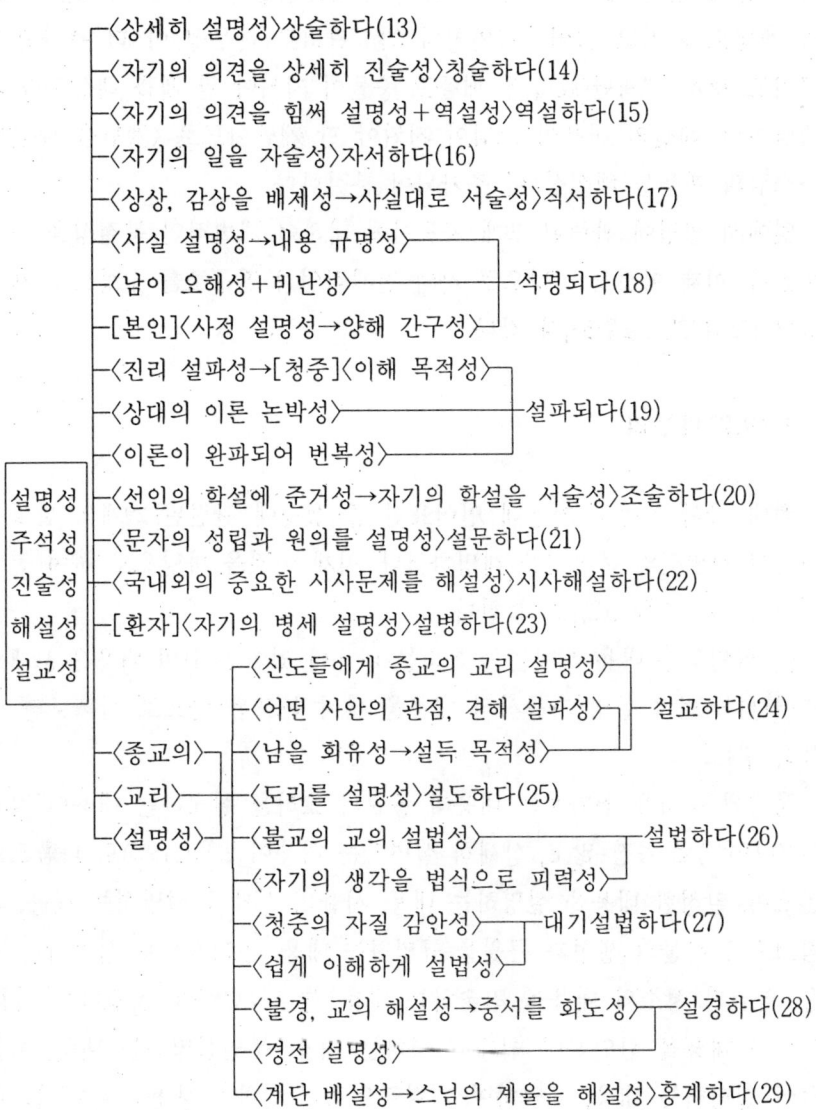

〈상세히 설명성〉상술하다(13)

〈자기의 의견을 상세히 진술성〉칭술하다(14)

〈자기의 의견을 힘써 설명성+역설성〉역설하다(15)

〈자기의 일을 자술성〉자서하다(16)

〈상상, 감상을 배제성→사실대로 서술성〉직서하다(17)

〈사실 설명성→내용 규명성〉
〈남이 오해성+비난성〉————석명되다(18)
[본인]〈사정 설명성→양해 간구성〉

〈진리 설파성→[청중]〈이해 목적성〉
〈상대의 이론 논박성〉————설파되다(19)
〈이론이 완파되어 번복성〉

설명성　〈선인의 학설에 준거성→자기의 학설을 서술성〉조술하다(20)
주석성　〈문자의 성립과 원의를 설명성〉설문하다(21)
진술성　〈국내외의 중요한 시사문제를 해설성〉시사해설하다(22)
해설성　[환자]〈자기의 병세 설명성〉설병하다(23)
설교성

〈신도들에게 종교의 교리 설명성〉
〈어떤 사안의 관점, 견해 설파성〉————설교하다(24)
〈남을 회유성→설득 목적성〉

〈종교의〉〈도리를 설명성〉설도하다(25)

〈교리〉〈불교의 교의 설법성〉————설법하다(26)

〈설명성〉〈자기의 생각을 법식으로 피력성〉

〈청중의 자질 감안성〉——대기설법하다(27)
〈쉽게 이해하게 설법성〉

〈불경, 교의 해설성→중서를 화도성〉——설경하다(28)
〈경전 설명성〉

〈계단 배설성→스님의 계율을 해설성〉홍계하다(29)

가되며, "조선조 때 경을 설명하던 경연청(經筵廳)의 정8품 벼슬을 하다"의 개념도 가지고 있어 〈경연청의 8품 관리로 근무성〉이 더 추가된다. 그리고, (29)는 "계단(戒壇)을 베풀고 중들이 지켜야 할 계를 해설하다"의 개념이니, 해설의 내용이 스님이 지켜야 할 계율이므로 〈계단을 배설성 →스님의 계율을 해설성〉이 추가되어 분절한다.

앞에서 설명에 관련된 29개 자동사에 대하여 개별적인 분절성을 논의하였다. 이제 이것을 바탕으로 하여 전체적인 분절구조를 수형도로 제시하면 [그림52], [그림53]과 같다.

2.19.2 마무리

현대 국어 자동사 가운데 언어표현 중 설명에 관련된 29개의 낱말에 대하여 개별적인 분절성을 해명하였다. 이제 이것을 바탕으로 하여 전체적인 분절구조를 고찰하려 한다.

(1) 설명하는 내용 29개는 중복되는 내용이 있어 어휘의 내용은 31개로 늘어난다. 먼저 설명 자동사의 내용을 많이 분포된 순으로 살펴보면 다음과 같다.

문장에 주석을 첨가하는 내용과 종교의 교리를 설교하는 내용이 각각 4개(12.91%)로 가장 많고, 상세히 설명하는 내용이 2개(6.45%)로 다음으로 많으며, 일정한 내용을 설명하는 내용, 사물의 상태를 설명하는 내용, 과학적으로 사물의 생성과 근원을 규명하는 내용, 논리적으로 설명하는 내용, 임금께 상소의 내용을 진술하는 내용, 능수능란하게 설명하는 내용, 진술한 내용을 환언하여 쉽게 설명하는 내용, 부연설명하는 내용, 예를 들어 설명하는 내용, 요약하여 개략적으로 설명하는 내용, 역설하는 내용, 자기 일을 자기가 서술하는 내용, 사실을 설명하여 규명하는 내용, 남의 오해나 비난에 대하여 사정을 말하는 내용, 진리를 설파하여 이해시키는 내용, 상대의 이론을 논박하여 뒤엎는 내용, 선인의 학설에 근거하여 자기의 학설을 서술하는 내용, 문자의 원의와 성립을 밝히는 내용, 시사해설을 하는 내용, 자기의 병세를 설명하는 내용, 스님의 계율을 설명하는 내용이 각각 1개(3.23%)이다.

위의 내용에서 보듯이 우리 언어공동체는 자기가 설명하는 내용에 주석을 첨가하거나 종교의 교리를 설명하는 내용에 가장 큰 관심을 보이고 있고, 사실을 상세히 설명하는 내용에도 깊은 관심이 드러나 있다.

(2) 설명하는 주체는 다음과 같다. 쉽게 설명하는 사람이 7개(24.14%)로 가장 많고, 문장에 주석을 붙이는 사람이 4개(13.79%)로 다음으로 많으며, 일정한 내용을 설명하는 사람과 설법자가 각각 3개(10.34%)이다. 그리고 학설을 서술하는 사람이 2개(6.9%)이고, 실례를 제시하는 사람, 골자를 요약하는 사람, 말이나 글의 뜻을 대강 이해하는 사람, 역설하는 사람, 자술하는 사람, 계율의 해설자, 설교자, 본인, 시사해설자, 신하가 각각 1개(3.45%)이다.

설명의 주체자는 쉽게 설명하는 사람이 가장 많고, 종교의 교리를 설명하는 사람이 다음으로 많이 분포되어 있다.

(3) 설명의 대상과 설명에 드러나는 객체 및 장소는 중복되는 내용이 많아 객체의 수는 44개로 늘어난다. 이들의 내용은 다음과 같다. 종교의 교리가 5개(11.36%)이고, 문장의 주석과 일정한 내용 및 자기의 의견이 각각 4개(9.09%)이며, 청중이 2개(4.55%)이다. 그리고 사물의 상태, 사물의 생성, 사물의 근원, 난해한 문제, 임금님, 상소문, 전술한 내용, 의미의 첨가, 실례, 어문의 뜻, 발췌한 골자, 남의 오해, 개인의 사정, 상대의 이론, 자기의 학실, 문자의 성립, 문자의 원의, 시사문제, 스님의 계율, 불경, 경전, 교의, 청중의 자질 등이 각각 1개(2.27%)이다.

(4) 우리 국어는 수적으로 한자어가 우위를 차지하고 있다. 설명의 낱말밭에서도 이러한 현상이 드러나 한자어는 28개(96.55%)로 거의 전부이

고, 한자어와 고유어가 융합된 혼종어는 '거리연설하다' 1개(3.45%)이다.
그런데 우리 고유어와 서구 외래어가 하나도 없는 것이 특징이다.

2.20 강의하다

2.20.1 강의하는 내용

이 부분은 "학술이나 기술에 관한 것을 체계적으로 설명하거나 서술
하다"의 내용을 함유하고 있어 〈학술, 기술에 관해 체계적인 설명성＋서
술성〉이 공통으로 부가된다. 강의하는 상위 분절구조는 다음과 같다.

[그림54] 강의 자동사의 상위 분절구조

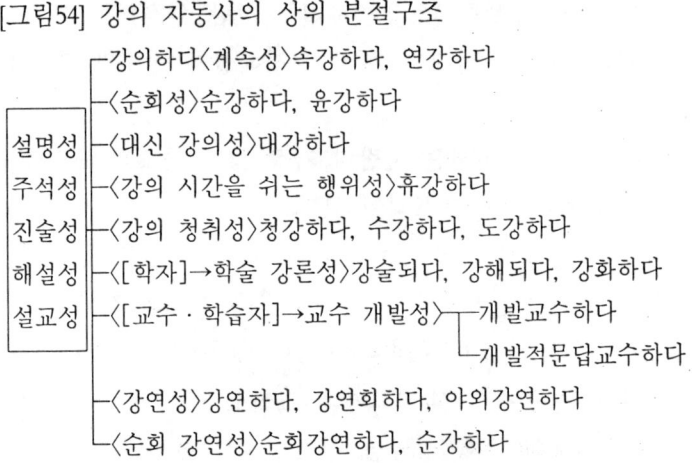

(1) 강의(講義)하다   (2) 속강(續講)하다
(3) 연강(連講)하다   (4) 순강(順講)하다
(5) 윤강(輪講)하다

위의 (1)은 "학술이나 기술에 관한 것을 체계적으로 설명하거나 서술

하다"의 개념이니 〈학술, 기술에 관해 체계적인 설명성＋서술성〉이 추가
되고, 또 "대학 등에서 교수가 말로 설명하거나 서술하다"의 개념도 가
지고 있어 〈[교수]→교과 내용을 설명성＋서술성〉이 더 추가된다. 이 낱
말은 이 부분밭의 원어휘소에 해당한다. 그리고 (2)는 "먼저 번의 강의가
끝이 안 났으므로, 방학, 휴일 같은 때에도 계속 강의하다"의 개념이니,
못 끝낸 강의를 방학이나 휴일을 이용하여 끝을 맺는 내용이므로 〈강의
내용이 미완료성→방학, 휴일을 이용성→계속 강의하여 강의 완료성〉이
추가되고, (3)은 "한 시간의 강의를 하고 이어서 같은 과목을 계속 강의
하다"의 개념이므로, 단위 시간을 이어서 계속 같은 과목을 강의하는 것
이 분절성이므로 〈동일 과목을 계속하여 강의성〉이 추가된다. 이 낱말은
오늘날 우리 언어 현실에 일반적으로 쓰이고 있으나 어휘 사전(辭典)[54]
에는 공백(lexical gap)으로 되어 있다. 다음 (4-5)는 "여러 사람이 차례로
강의하다"의 개념을 공유하고 있어, 강의하는 사람이 여러 명이며, 순번
대로 강의함이 분절성이 되어 〈[여러 강사]→차례로 강의성〉이 공통으로
추가되어 분절한다.

    (6) 대강(代講)하다   (7) 대강(對講)하다
    (8) 휴강(休講)하다   (9) 수강(受講)하다
   (10) 청강(聽講)하다   (11) 도강(盜講)하다

---

54) 한인희(1976:49)는 앞의 책 참조.
    김한영 외 2인 옮김(1998:186)에서 Samuel Johnson은 자신의 「사전」 서문에서 다음
과 같이 적었다. "선에 대한 기대에 이끌리기보다는 악에 대한 두려움에 쫓기고, 칭
찬의 희망 없이 비난에 노출되고, 오류에 의해 망신당하고, 게으름 때문에 처벌받는
것이 저급한 직종에 종사하는 자들의 운명이다. 그곳에는 성공을 축하하는 박수갈
채도, 근면함에 대한 보상도 없다. 그런 불행한 인간들 중 하나가 사전의 저자이다"
고 기록하고 있다.
    존슨 사전에서는 사전 편찬인(lexicographer)을 "단어의 기원을 추적하고 그 의미를
상술하는 데 몰두하는, 단조롭고 지루한 일을 꾸준히 수행하는 무례한 벌레."라고
정의하고 있다.

위의 (6)은 "남을 대신하여 강의 또는 강연을 하다"의 개념이니, 대신 강의함이 분절성이므로 〈남을 대신성→강의성＋강연성〉이 추가되고, (7)은 "경연(經筵)에서 강관(講官)이 임금에게 경의(經義)를 진강(進講)하다"의 개념이므로 〈[강관]→경연장에서 임금님께 경의를 진강성〉이 추가되며, (8)은 "해당된 시간의 강의를 쉬다"의 개념이니 〈담당된 강의 시간에 휴강성〉이 추가된다. 그리고 (9)는 "강습이나 강의를 받다"의 개념이니 〈강습, 강의를 수강성〉이 추가되고, (10)은 "강의를 듣다"의 개념이므로 〈강의를 청취성〉이 추가되며, (11)은 "대학에서 학점을 신청하지 않은 과목을 듣다"의 개념이니 〈학점 신청 이외의 과목을 수강성〉이 추가되어 분절한다.

(12) 강술(講述)되다   (13) 강해(講解)되다
(14) 강화(講話)하다

위의 (12)는 "학술을 강론하여 서술하다"의 개념이니, 학술의 강론자는 학자로 이해되어 〈[학자]→학술을 강론성→서술성〉이 추가되고, (13)은 "문장이나 학설 등을 강론하여 해석하다"의 개념이므로 〈[학자]→문장, 학설을 강론성→해석성〉이 추가되며, (14)는 "학술 따위에 관한 내용을 설명하여 들려주다"의 개념이니 〈[학자]→학술의 내용을 설명성→[청중]→청취성〉이 추가되어 분절한다.

(15) 개발교수(開發教授)하다
(16) 개발적문답교수(開發的問答教授)하다

위의 낱말들은 "교수함에 있어서 문제로 되어 있는 것에 관하여 학습자와 문답을 거듭함으로써 학습자의 활동을 촉진하고, 학습자에게 자신이 배우고 익힐 수 있도록 교수하다"의 개념을 공유하고 있어 〈[교수와

학습자]→교수상의 문제점이 야기성→문답식 교수로 학습활동 촉진성→[학습자]→스스로 학습성〉이 공통으로 추가되는 유의어이므로 한 동아리에 묶었다.

(17) 강연(講演)하다　　　　(18) 강연회(講演會)하다
(19) 야외강연(野外講演)하다　　(20) 순회강연(巡廻講演)하다
(21) 순강(巡講)하다

위의 (17-18)은 "어떤 제목을 가지고 청중 앞에서 강의식으로 이야기하다"의 개념을 공유하고 있어, 〈일정한 주제 선정성→강의식으로 담화성→[청중]→청취성〉이 공통으로 추가되나, (18)은 〈회합성〉이 더 추가되어 분절한다. 그리고 (19)는 "야외에서 강연하다"의 개념이니, 강연의 장소가 문제가 되어 〈야외에서 강연성〉이 추가되고, (20-21)은 "각지를 돌아다니면서 강의나 강연을 하다"의 개념을 공유하고 있어, 각지를 순회함이 분절성을 지니고 있어 〈각지를 순회성→강의성＋강연성〉이 공통으로 추가되어 분절한다.

앞에서 강의에 관련된 21개 자동사에 대하여 개별적인 낱말의 분절성을 논의하였다. 이제 이것을 바탕으로 하여 전체적인 분절구조를 [그림 55]의 수형도로 제시하려 한다.

2.20.2 마무리

앞에서 강의에 관련된 21개 자동사에 대하여 개별적인 분절성을 논의하였다. 이제 이것을 바탕으로 하여 선제적인 분절구조를 요약하려 한다.
(1) 수강하는 내용과 학문을 강론하는 내용 및 일정한 주제로 강연하는 내용이 각각 3개(14.29%)로 가장 많고, 여러 강사가 차례로 강의하는

186

[그림55] 강의하는 분절구조

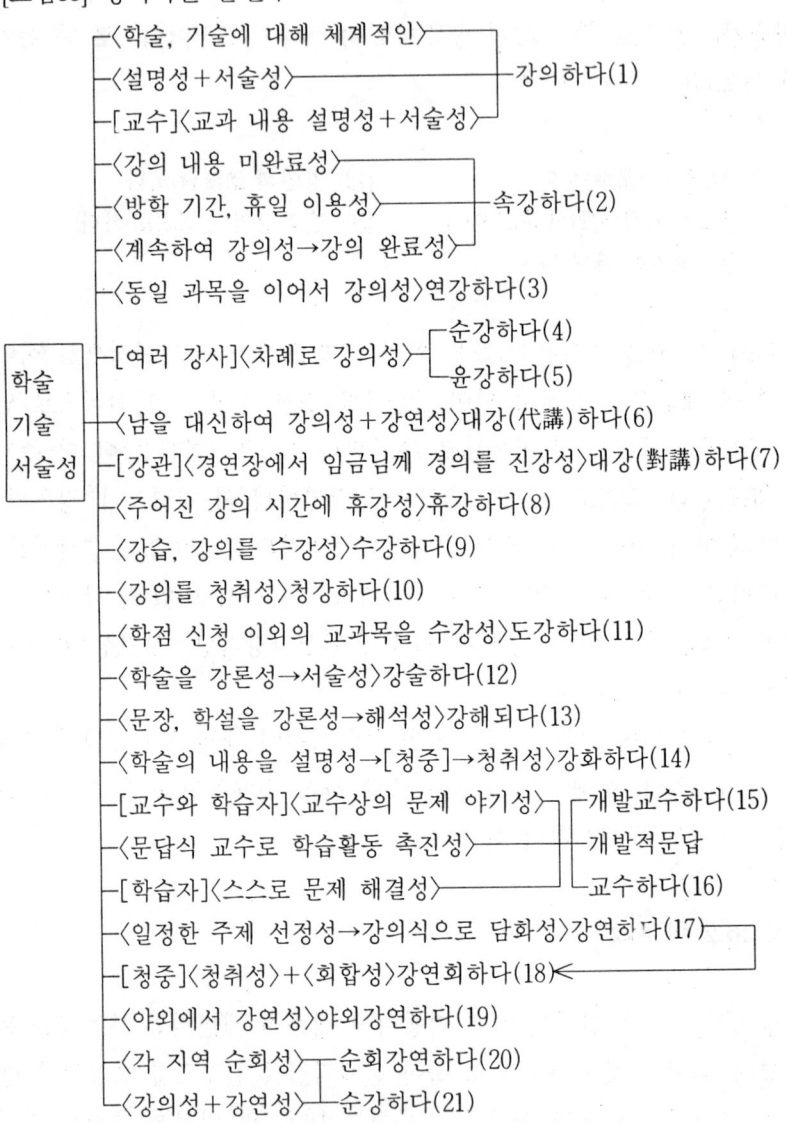

〈학술, 기술에 대해 체계적인〉┐
〈설명성+서술성〉─────────┤─강의하다(1)
[교수]〈교과 내용 설명성+서술성〉┘
〈강의 내용 미완료성〉┐
〈방학 기간, 휴일 이용성〉─┤─속강하다(2)
〈계속하여 강의성→강의 완료성〉┘
〈동일 과목을 이어서 강의성〉연강하다(3)
[여러 강사]〈차례로 강의성〉┬순강하다(4)
                      └윤강하다(5)
〈남을 대신하여 강의성+강연성〉대강(代講)하다(6)
[강관]〈경연장에서 임금님께 경의를 진강성〉대강(對講)하다(7)
〈주어진 강의 시간에 휴강성〉휴강하다(8)
〈강습, 강의를 수강성〉수강하다(9)
〈강의를 청취성〉청강하다(10)
〈학점 신청 이외의 교과목을 수강성〉도강하다(11)
〈학술을 강론성→서술성〉강술하다(12)
〈문장, 학설을 강론성→해석성〉강해되다(13)
〈학술의 내용을 설명성→[청중]→청취성〉강화하다(14)
[교수와 학습자]〈교수상의 문제 야기성〉┬개발교수하다(15)
〈문답식 교수로 학습활동 촉진성〉─┤개발적문답
[학습자]〈스스로 문제 해결성〉────┴교수하다(16)
〈일정한 주제 선정성→강의식으로 담화성〉강연하다(17)┐
[청중]〈청취성〉+〈회합성〉강연회하다(18)◀
〈야외에서 강연성〉야외강연하다(19)
〈각 지역 순회성〉┬순회강연하다(20)
〈강의성+강연성〉┴순강하다(21)

학술
기술
서술성

내용, 개발교수하는 내용, 순회강연하는 내용이 각각 2개(9.52%)이며, 막연히 강의하는 내용, 방학, 휴일을 이용하여 속강하는 내용, 연강하는 내용, 대강하는 내용, 임금에게 진강하는 내용, 휴강하는 내용이 각각 1개(4.76%)이다.

위의 내용에서 보듯이 우리 민족은 강의를 듣는 내용과 학문을 강론하는 내용 및 일정한 주제로 강연하는 내용에 가장 큰 관심을 보이고 있고, 순강하는 내용과 교수의 방법 및 순회강연에도 깊은 관심이 드러나 있다.

(2) 강의하는 사람은 중복되는 내용이 많아 인원 수는 40명으로 늘어난다. 이들의 내용은 교수가 7개(17.5%)이고, 강의자, 수강자, 강연자가 각각 5개(12.5%)이며, 학자가 3개(7.5%)이다. 그리고 여러 강사와 청중이 각각 2개(5%)이고, 강관이 1개(2.5%)이다. 강의의 주체자는 대개가 학자로 되었다.

(3) 강의의 대상이나 강의의 객체는 중복되는 내용이 있어 대상의 수는 25개로 늘어난다. 이들의 내용은 다음과 같다. 강연이 5개(20%)이고, 학술이 4개(16%)이며, 학과 내용과 강의가 각각 3개(12%)이다. 그리고 기술, 방학기간, 휴일, 동일 과목, 경의, 임금님, 강의 시간, 문장이 각각 1개(4%)이다.

(4) 강의의 내용은 모두 바람직한 긍정적인 내용이다. 그런데 상황에 따라서 부정적인 내용으로도 이해될 수 있는 내용은 '휴강하다' 하나가 있다.

(5) 강의의 낱말밭에서는 21개의 낱말 모두가 한자어로 되어 있다.

2.21 연설하다

이 부분은 "여러 사람 앞에서 자기의 주의 주장 또는 의견을 일정한 체계를 세워 말하다"의 내용을 함유하고 있어 〈[연사]→자기의 주의·주장·의견을 체계적으로 진술성+연설성→[여러 사람]→청취성〉이 공통으로 추가된다.

2.21.1 연설하는 내용

[그림56] 연설 자동사의 상위 분절구조

```
            ┌ 연설하다, 스피치하다
            ├ 〈최초로 연설성〉처녀연설하다
 [연사]      ├ 〈즉석에서 연설성〉즉석연설하다, 즉흥연설하다
 연설성      ├ 〈원고를 미리 준비성〉낭독연설하다
 [청중]      ├ 〈정치에 대해 연설성〉정담연설하다
 청취성      ├ 〈연회석에서 식사 중 연설성〉탁상연설하다
            ├ 〈거리에 서서 연설성〉가두연설하다, 거리연설하다
            └ 〈각 지역 순방하며 연설성〉유세하다, 유세여행하다
```

(1) 연설(演說)하다   (2) 스피치(speech)하다
(3) 처녀연설(處女演說)하다   (4) 즉석연설(卽席演說)하다
(5) 즉흥연설(卽興演說)하다   (6) 낭독연설(朗讀演說)하다

위의 (1-2)는 "여러 사람 앞에서 자기의 주의, 주장 또는 의견을 일정한 체계를 세워 진술하다"의 개념이니 〈[연사]→자기의 주의, 주장, 의견을 일정한 체계로 진술성＋연설성→[여러 사람]→청취성〉이 추가되나, (2)는 "이야기를 하다"의 개념도 가지고 있어 〈담화성〉이 더 추가되고, 또 "말하다"의 개념도 더 가지고 있어 〈말하는 행위성〉이 더 추가되므로 (1)보다 정보량(entropy)이 그만큼 크다. 이 낱말은 연설의 낱말밭에서 원어휘소에 해당한다. 그리고 (3)은 "처음으로 연설하다"의 개념이니, 개인적인 차원에서 최초로 연설함이 분절성이므로 〈[연사]→최초로 연설성〉이 추가되고, (4-5)는 "미리 연설문의 원고를 준비하지 않고 즉석에서 연설하다"의 개념을 공유하고 있어, 원고의 준비 여부와 즉석연설이 문제가

되어 〈[연사]→원고 준비 없는 상황성→즉석에서 연설성〉이 공통으로 추가되며, (6)은 "미리 준비한 원고를 읽어서 연설하다"의 개념이니, 원고를 미리 준비한 것과 그것을 낭독함이 분절성이므로 〈[연사]→연설의 원고를 미리 준비성→낭독으로 연설성〉이 추가되어 분절한다.

(7) 정담연설(政談演說)하다   (8) 탁상연설(卓上演說)하다
(9) 가두연설(街頭演說)하다   (10) 거리연설하다(-演說)

위의 (7)은 "그 당시의 정치에 관한 담론(談論)을 피력하는 연설을 하다"의 개념이니, 연설의 주제가 정치에 관한 것이 분절성을 지니고 있으므로 〈당시의 정치를 주제로 선정성→담론을 체계적으로 피력성〉이 추가되고, (8)은 "연회 같은 데서 따로 베풀지 않고 식사를 하는 도중에 각자의 자리에서 짤막하게 연설하다"의 개념이므로, 장소가 연회석의 식사 자리이며, 특정인이 아니고 작자가 간단히 연설함이 분절성이므로 〈연회석에서 식사 진행성→[각자]→자기 자리에서 짤막한 연설성〉이 추가된다. 그리고 (9-10)은 "거리에 서서 연설하다"의 개념이니, 연설의 장소가 분절성이므로 〈거리에 서서 연설성〉이 공통으로 추가되어 분절한다.

(11) 유세(遊說)하다   (12) 유세여행(遊說旅行)하다

위의 (11)은 "각처로 돌아다니며 자기 또는 자기가 소속한 정당의 주장을 설명 또는 선전하다"의 개념이니, 여러 지역의 경유와 정당의 당론을 널리 선전하기 위함이 분절성이 되어 〈[개인]→각지역을 순방성→자기의 주장을 연설성+선전성〉과 〈[정당인]→각지역을 순방성→자기 당의 주장을 연설성+선전성〉이 내용에 따라 추가되고, (12)는 "자기의 의견이나 소속 정당의 주의, 주장을 선전하기 위하여 여행하다"의 개념이므로, 여행의

목적이 자기의 의견을 선전하기 위함과 자기 당의 주장을 선전하기 위함이니 〈[개인]→여행성→자기의 주의, 주장을 선전성〉과 〈[정당인]→여행성→자기 당의 주의, 주장을 선전성〉이 내용에 따라 추가되어 분절한다.

앞에서 연설 자동사 12개에 대하여 개별적인 낱말의 분절성을 논의하였다. 이제 이것을 바탕으로 하여 전체적인 분절구조를 [그림57]의 수형도로 제시하려 한다.

2.21.2 마무리

앞에서 연설에 관련된 12개의 낱말에 대하여 개별적인 분절성을 논의하였다. 이제 이것을 바탕으로 하여 전체적인 분절구조를 살펴보려 한다.

(1) 연설의 내용은 막연한 연설, 즉석연설, 가두연설, 유세여행이 각각 2개(16.67%)이고, 처녀연설, 낭독연설, 정담연설, 탁상연설이 각각 1개(8.33%)이다.

(2) 연설을 하는 사람은 중복되는 내용이 있어 연설의 주체는 14개로 늘어난다. 이들의 내용은 다음과 같다. 연사가 7개(50%)로 과반수에 이르며, 정당인과 개인적인 유세자 및 가두연설자가 각각 2개(14.29%)이다. 그리고 연회석에 참석자가 1개(7.14%)이다.

(3) 연설을 듣는 대상과 연설을 하는 객체는 중복되는 것이 많아 대상의 수는 36개로 늘어난다. 이들의 내용은 다음과 같다. 자기의 주의·주장·의견과 여러 사람이 각각 10개(27.68%)이고, 연설의 원고가 3개(8.33%)이며, 길거리와 정당의 주장 및 여러 지역이 각각 2개(5.56%)이다. 그리고, 언어, 담화, 정치, 담론, 연회석, 식사, 여행이 각각 1개(2.78%)이다.

(4) 우리 국어는 수적으로 한자어가 우위를 차지하고 있다.

연설의 낱말밭에서도 이러한 현상이 나타나 한자어는 10개(83.33%)로 거의 전부이고, 고유어와 한자어가 융합된 혼종어는 '거리연설하다' 한

개이며, 서구 외래어는 'speech하다' 한 개(8.33%)이다. 그런데 우리 고유
어가 하나도 없는 것이 특징이다.

[그림57] 연설하는 분절구조

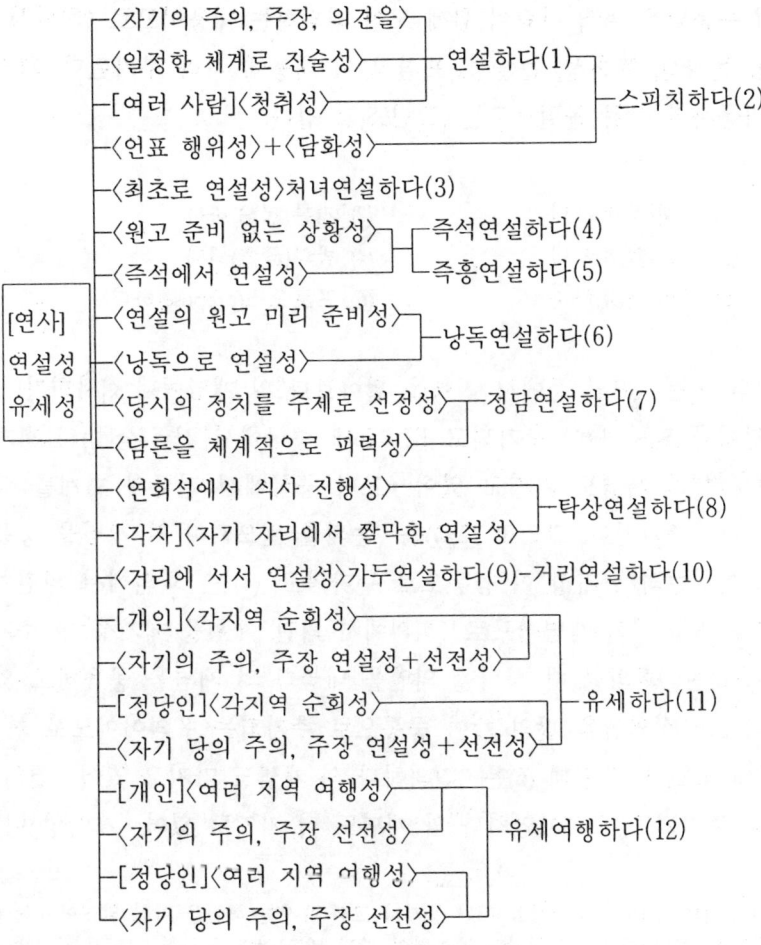

2.22 회의하다

2.22.1 회의하는 내용

이 부분밭은 여러 사람이 함께 모여 회의하는 내용이므로 〈회의성, 회담성, 논의성, 토론성, 논술성, 표결성〉이 내용에 따라 부가된다. 회의하는 자동사의 상위 분절구조는 [그림58]과 같다.

(1) 사회(司會)하다   (2) 기론(起論)하다
(3) 발론(發論)하다   (4) 발의(發意)되다
(5) 발의(發議)하다   (6) 프로포즈(propose)하다[55]

위의 (1)은 "회의 등에서 진행을 맡아보다"의 개념이니 〈[사회자]→회의 진행을 담당성〉이 추가되고 또 "고대 중국에서 전국(全國)의 회계를 맡아보다"의 개념도 가지고 있어 〈고대 중국에서 전국의 회계를 담당성〉이 더 추가된다. 그리고 (2-3)은 "논의를 일으키다"의 개념을 공유하고 있어 〈논의 발기성〉이 공통으로 추가되고, (4)는 "회의에서 의견이나 계획을 내놓다"의 개념이므로 〈회의에서 의견, 계획을 제기성〉이 추가되며, (5-6)은 "회의할 때 심의할 의안을 내놓다"의 개념을 공유하고 있어 〈회의에서 심의안을 발의성〉이 공통으로 추가되는 유의어이므로 한 동아리에 묶었다. 그런데 (6)은 "건의하다"의 개념도 가지고 있어 〈건의성〉이 더 추가되고, 또 "제안하다"의 개념도 더 가지고 있어 〈제안성〉이 더

---

55) 서정수(1975:31)는 "동작성을 지닌 동사나 그와 유사한 특질을 가진 외래어가 우리말 문맥에 쓰일 때에는 '-하-'를 동반하여 쓴다. 외래어의 동사형 그대로를 인용하여 쓰는 경우라도, 국어에서는 일단 명사형이나 명사처럼 간주하고 '-하-'를 첨가하여 동사 형식을 갖추게 하는 과정을 거친다. 이때 선행 요소가 서술적 기능을 가지고 있어 '-하-'는 형식적 요소이거나 잉여적 요소에 불과하다"고 하였다.

추가되는가 하면, 또 "구혼하다"의 개념도 가지고 있으므로 〈구혼성〉이 더 추가되는 다의어이다.

[그림58] 회의 자동사의 상위 분절구조

```
                    ┌─〈[사회자]→회의 진행성〉사회하다
                    ├─〈논제 발기성〉기론하다, 발론하다
                    ├─〈의견·계획을 제기성〉발의하다
                    ├─〈심의안을 발의성〉발의하다, 프로포즈하다
                    ├─〈의안을 제출성〉제안하다, 제언하다
                    ├─〈의견·의논·의안을 제기성〉제의하다, 동의하다
                    ├─〈의안을 설명성〉제안설명하다
                    ├─〈구두나 글로 의안을 제기성〉제시되다
                    ├─〈처음으로 의견을 제시성〉기견하다
┌──────┐            ├─〈여론을 형성성〉+〈공통된 의견을 조성성〉여론화하다
│여러 사람│            ├─〈동의성〉동의하다
│회동성  │────────────┼─〈개의성〉개의하다, 재개의하다
│회의성  │            ├─〈제목을 결정성〉명제하다
└──────┘            ├─〈회의성〉회의하다, 회하다, 공개회의하다, 비밀회의하다
                    ├─〈좌담성〉좌담하다, 좌담회하다, 좌론하다, 정담하다
                    ├─〈논의성〉논의되다, 의논하다, 의사하다
                    ├─〈토의성〉개의하다, 토론하다, 토의하다, 토론회하다
                    ├─〈상호 의견 절충성→문제를 해결할 목적성〉상론하다
                    ├─〈[여러 사람]→논의성〉공의하다, 공론하다
                    ├─〈협의성〉협의하다, 협상하다, 구수회의하다
                    ├─〈공적으로 회담성〉회담하다, 행회하다
                    └─〈[교정국 대표]→휴전 회남성〉휴전회담하다
```

(7) 제안(提案)하다　　　　　(8) 제언(提言)하다

(9) 제의(提議)하다　　　　　(10) 동의(動議)하다

(11) 제안설명(提案說明)하다

위의 (7)은 "의안을 제출하다"의 개념이니 〈의안을 제출성〉이 추가되고, (8)은 "생각이나 의견을 제출하다"의 개념이므로 〈생각, 의견을 제출성〉이 추가되며, (9)는 "의견이나 의논 또는 의안을 제출하다"의 개념이니 〈의견, 의논, 의안을 제출성〉이 추가된다. (7)에서 (9)까지는 내용이 점점 추가되므로 계단대립(Graduelle Opposition)을 이루고 있다. 그리고 (10)은 "회의 중 토의할 안건을 제기하다"의 개념이니 〈회의 진행성→토의 안건을 제기성〉이 추가되고, (11)은 "제출한 의안을 설명하다"의 개념이므로 〈제출한 의안을 설명성〉이 추가되어 분절한다.

(12) 제시(提示)되다　　　　　(13) 기견(起見)하다

(14) 여론화(與論化)되다

위의 (12)는 "어떤 내용, 문제, 의사, 방향 따위를 글이나 말로 드러내어 보이거나 가리키다"의 개념이니 〈어떤 내용, 문제, 의사, 방향을 구두로 제시성＋글로 제시성〉이 추가되고, 또 "선생이 아동에게 신교재를 보여주다"의 개념도 가지고 있어 〈[선생님]→아동에게 신교재를 보여주는 행위성〉이 추가된다. 그리고 (13)은 "처음으로 의견을 내놓다"의 개념이니 〈처음으로 의견을 제시성〉이 추가되고, (14)는 "여론으로 나타나다"의 개념이므로 〈여론을 형성성〉이 추가되며, 또 "공통된 의견이 되다"의 개념도 가지고 있어 〈공통된 의견이 조성성〉이 더 추가되어 분절한다.

앞에서 논의한 의견을 발의하는 내용을 나무그림으로 그려보면 다음과 같은 수형도가 된다.

[그림59] 의안을 제기하는 분절구조

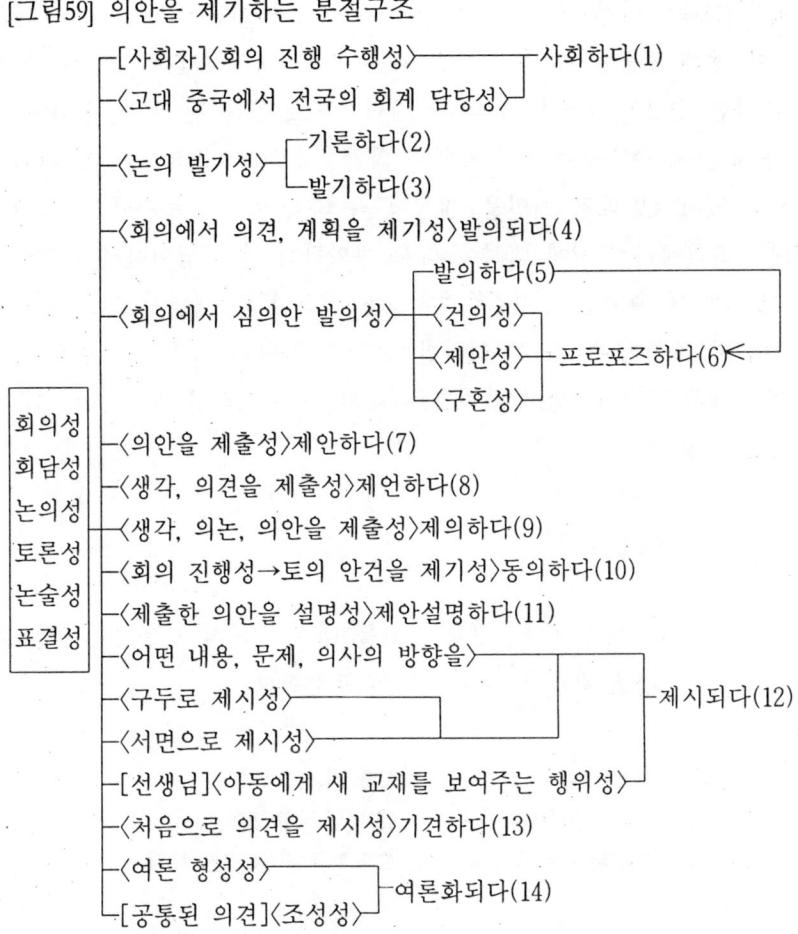

다음 (14-29)까지는 여러 사람이 모여 회의하는 내용을 함유하고 있어 〈회의성, 좌담성〉이 내용에 따라 부가된다.

(15) 동의(同議)하다　　　　(16) 개의(改議)하다

(17) 재개의(再改議)하다　　　(18) 명제(命題)하다

위의 (15)는 "의견이나 주의에 같은 뜻을 표출하다"의 개념이니 〈의견, 주의에 동의 표출성〉이 추가되고, (16)은 "회의에서 발의된 의안이나 동의에 대한 수정의 동의를 하다"의 개념이므로 〈발의된 의안, 동의에 수정 동의성〉이 추가되며, 또 "발의된 의안을 고치어 논의하다"의 개념도 가지고 있어 〈발의된 의안을 개정성→논의성〉이 더 추가된다. 그리고 (17)은 "회의에서 개의에 대하여 다시 개의하다"의 개념이니 〈개의에 다시 개의성〉이 추가되고, (18)은 "제목을 정하다"의 개념이므로 〈제목을 결정성〉이 추가되며, 또 "논리적인 판단을 언어나 기호로 표현하다"의 개념도 가지고 있어 〈언어나 기호로 표현성→논리적인 판단성〉이 더 추가되어 분절한다.

(19) 입론(立論)하다

이는 "의론의 취지, 순서, 진행 따위를 내세우다"의 개념이니 〈의론의 취지, 순서, 진행을 확립성〉이 추가되어 분절한다.

(20) 회의(會議)하다   (21) 회(會)하다
(22) 공개회의(公開會議)하다   (23) 밀의(密議)하다
(24) 비밀회의(秘密會議)하다   (25) 비밀회(秘密會)하다

위의 낱말들은 "여럿이 모여서 의논하다"의 내용(inhalt)을 함유하고 있으므로 〈여럿이 운집성→의논성＋회의성〉이 공통으로 추가된다. 따라서, (20-21)는 "여러 사람이 모여서 의논하다"의 개념을 공유하고 있어 〈[여러 사람]→운집성→의논성＋회의성〉이 공통으로 추가되고, (22)는 "누구에게나 널리 방청을 허락하는 회의를 하다"의 개념이니, 방청의 허락이 분절성이므로 〈자유롭게 방청 허락성→공개적인 회의성〉이 추가된다. 그

리고 (23)은 "비밀리에 회의하다"의 개념이니, 남이 모르게 회의함이 분절성이 되어 〈비밀리에 회의성〉이 추가되고, 또 "남이 모르게 가만히 의논하다"의 개념도 가지고 있어 〈비밀리에 의논성〉이 추가되며, (24-25)는 "방청을 금지하여 공개되지 않게 회의하다"의 개념을 공유하고 있으므로, 비공개로 회의함이 분절성이니 〈방청 금지성→비공개로 회의성〉이 공통으로 추가되어 분절한다.

(26) 좌담(座談)하다   (27) 좌담회(座談會)하다
(28) 좌론(座論)하다   (29) 정담(鼎談)하다

위의 (26-27)은 "강연, 강의 따위와 같이 이야기하는 사람과 듣는 사람을 뚜렷이 가르지 않고 어떤 문제에 관해서 여러 사람이 한 자리에 모여 앉아서 서로 아는 바나 의견을 자유롭게 주고받으며 이야기하다"의 개념을 공유하고 있어 〈[여러 사람]→한 자리에 좌정성→아는 것, 의견을 자유롭게 담화성＋좌담성〉이 공통으로 추가되나, (27)은 〈회합성〉이 더 추가된다. 그리고 (28)은 "서로 앉아서 의논하다"의 개념이니, 앉은 자세가 분절성이므로 〈[상호]→좌정성→의논성〉이 추가되고, (29)는 "세 사람이 솥발처럼 벌려 앉아서 이야기하다"의 개념이므로, 솥발처럼 앉은 자세가 분절성을 지니고 있어 〈[세 사람]→솥발처럼 좌정성→담화성〉이 추가되어 분절한다.

앞에서 논의한 회의와 좌담에 관련된 내용의 분절구조는 [그림60]과 같다.

다음 (30-39)까지는 회의에서 어떤 문제를 논의하는 내용이므로 〈[여러 사람]→회동성→논의성〉이 공통으로 부가된다.

[그림60] 회의·좌담하는 분절구조

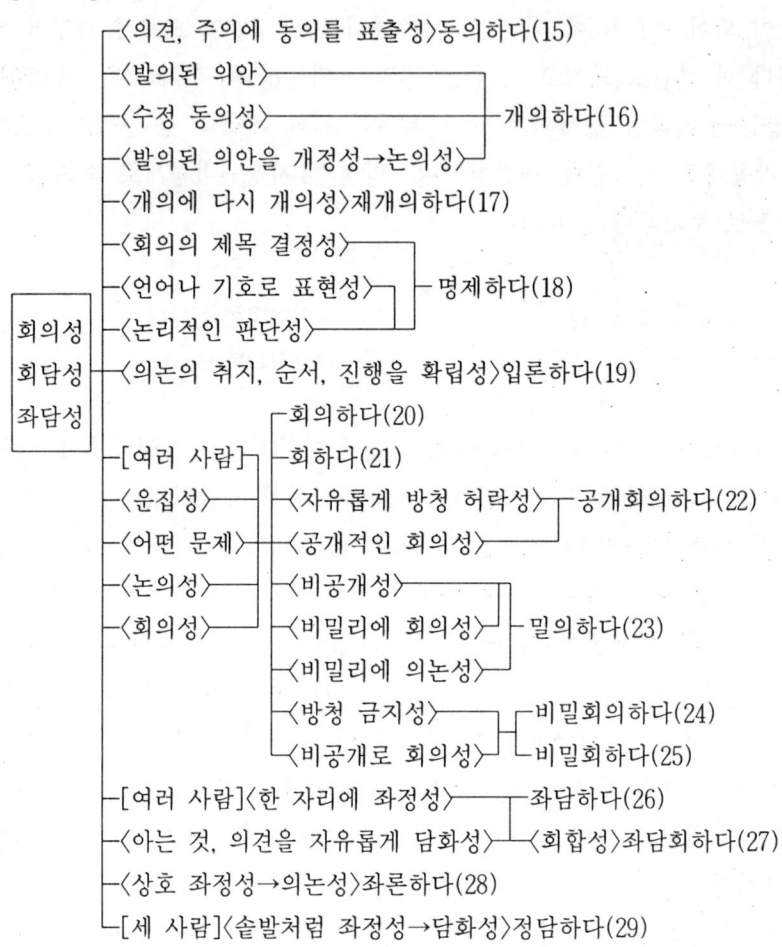

(30) 논의(論議)되다   (31) 의논(議論)하다
(32) 의사(議事)하다

위의 (30)은 "어떤 문제에 대하여 논란하여 토의되다"의 개념이니 〈어떤 문제를 논란성→토의성〉이 추가되고, 또 "불교에서 불경의 요의를 문

답하고 논의하다"의 개념도 가지고 있으므로 〈불경의 요의를 문답성→의논성〉이 더 추가되며, (31)은 "어떤 문제를 해결하기 위하여 서로 의견을 주고받다"의 개념이므로 〈[상호]→의견 교환성→문제를 해결할 목적성〉이 추가된다. 그리고 (32)는 "회의에서 무슨 일을 의논하다"의 개념이니 〈회의 거행성→사안을 의논성〉이 추가되고, 또 "회의에서 심의 사항을 논의하다"의 개념도 가지고 있어 〈회의에서 심의사항을 논의성〉이 더 추가되어 분절한다.

    (33) 개의(開議)하다　　　　(34) 토론(討論)되다
    (35) 토론회(討論會)하다　　　(36) 토의(討議)하다

  위의 (33)은 "어떤 안건의 토의를 시작하다"의 개념이니, 토의의 시작이 분절성이므로 〈안건의 토의를 시작성〉이 추가되고, (34-35)는 "어떤 문제나 서로 다른 의견을 내놓고 여러 사람이 각각 마땅함을 논하다"의 개념이므로 〈[여러 사람]→문제점, 이견을 제시성→자기의 의견이 타당함을 주장성→의견을 통일할 목적성〉이 공통으로 추가되며, 또 "회담, 회의, 출판물 따위에서 어떤 문제의 해결이나 심의를 위하여 발언하다"의 개념도 공유하고 있으므로 〈회담·회의·출판물에서 발언성→문제 해결, 심의할 목적성〉도 공통으로 추가되나, (35)는 〈회담성〉이 더 추가된다. 그리고 (36)은 "대립하는 갖가지 의견을 통일하려고 어떤 문제에 대하여 각자의 의견을 내놓고 토론하여 의논하다"의 개념이니 〈여러 가지로 의견이 대립성→[각자]→의견을 발언성→토론성+의논성→의견을 통일할 목적성〉이 추가되어 분절한다.

    (37) 표결(表決)하다

이는 "토의 안건에 대한 가부의 의사를 표시하여 결정하다"의 개념이니 ⟨[토론자]→가부 의사 표시성→토의 안건을 표결로 결정성⟩이 추가된다.

　　(38) 교섭(交涉)하다　　　　　(39) 상론(相論)하다

위의 (38)은 "어떤 일을 이루기 위하여 상대편에 절충하다"의 개념이니 ⟨[상호]→의견을 절충성→문제를 해결할 목적성⟩이 추가되고, (39)는 "서로 의논하다"의 개념이므로 ⟨[상호]→의논성⟩이 추가되며, 또 "옳고 그름을 따져서 서로 논란하다"의 개념도 가지고 있으므로 ⟨[상호]→논란성→시비를 판별성⟩이 더 추가되어 분절한다.

회의에서 어떤 안건을 논의하는 분절구조는 [그림61]과 같다.

다음 (40-50)까지는 공식적으로 회담하는 내용이므로 ⟨공식 회담성⟩이 공통으로 부가된다.

　　(40) 공의(共議)하다　　　　(41) 공론(公論)하다
　　(42) 준의(噂議)하다　　　　(43) 회상(會商)하다
　　(44) 협의(協議)하다　　　　(45) 협상(協商)하다
　　(46) 구수응의(鳩首凝議)하다　　(47) 구수회의(鳩首會議)하다

위의 낱말들은 "여러 사람이 모여서 함께 의논하다"의 내용을 함유하고 있으므로 ⟨[여러 사람]→회동성→의논성→문제를 해결할 목적성⟩이 공통으로 추가된다. 따라서 (40)은 "어떤 문제를 놓고 함께 의논하다"의 개념이니 ⟨함께 의논성→문제를 해결할 목적성⟩이 추가되고, (41)은 "여럿이 모여서 의논하다"의 개념이므로 ⟨[여러 사람]→회동성→의논성⟩이 추가되며, 또 "공정하게 의논하다"의 개념도 가지고 있으므로 ⟨공정하게 의논성⟩이 더

추가되며, "사회적인 여론이 일어나다"의 개념일 경우는 〈사회적인 여론을 야기성〉이 더 추가된다. 그리고 (42)는 "여럿이 모여서 이러쿵저러쿵 말하다"의 개념이니 〈[여러 사람]→회동성→왈가왈부 논란성〉이 추가되고,

[그림61] 회의에서 논의하는 분절구조

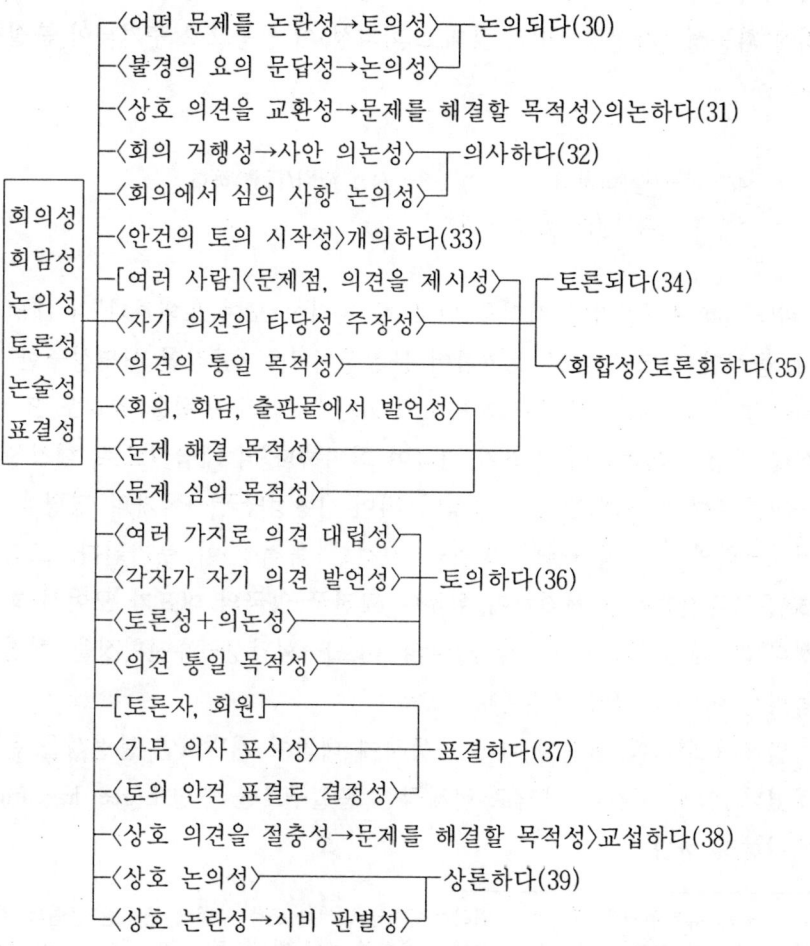

(43)은 "어떤 문제에 대하여 함께 모여서 상의하다"의 개념이므로 〈[여러 사람]→회동성→어떤 문제를 상의성〉이 추가되며, (44-45)는 "여러 사람이 모여서 함께 토의하다"의 개념을 공유하고 있어 〈[여러 사람]→회동성→함께 토의성〉이 공통으로 추가된다. (46-47)은 "여럿이 한 자리에 모여 앉아 머리를 맞대고 회의하다"의 개념을 공유하고 있어 〈[여러 사람]→한 자리에 회동성→좌정성→머리 맞대고 회의성〉이 공통으로 추가되어 분절한다.

(48) 회담(會談)하다   (49) 행회(行會)하다
(50) 휴전회담(休戰會談)하다[56]

위의 (48)은 "공적인 사명을 띠고 한 자리에 모여 토의하다"의 개념이니, 공적인 사명을 띠고 토의함이 분절성이므로 〈공적인 사명성→한 자리에 회동성→토의성〉이 추가되고, (49)는 "나라의 명령을 알리고 또 그 실행 방법을 의논하여 정하기 위하여 회의하다"의 개념이므로, 행정상의 문제를 위하여 회의함이 분절성이 되어 〈[행정당국]→국가의 명령을 전달성→회의 소집성→실행 방법을 결정할 목적성〉이 추가된다. 그리고 (50)은 "휴전협정을 체결하기 위하여 교전국 양국의 대표가 모여서 회담하다"의 개념이니 〈[교전국 양국의 대표]→회담성→휴전협정을 체결할 목적성〉이 추가되어 분절한다.

앞에서 회의에 관련된 11개 자동사에 대하여 개별적인 분절성을 논의하였다. 이제 이것을 가지고 전체적인 분절구조를 수형도(tree diagram)로 제시하려 한다.

---

56) 한국의 휴전협정을 체결하기 위하여 공산측과 U.N군측 사이에 행해진 일련의 회담을 하였다. 1951년 7월 8일 개성에서 개최한 예비 회담으로 시작, 이어 10일에 양측 수석대표가 합석하여 본 회담이 열린 이래 허다한 난관을 거쳐 회담 개시 후 2년 1개월 만인 1953년 7월 27일에 조인되었다.

[그림62] 공식회담하는 분절구조

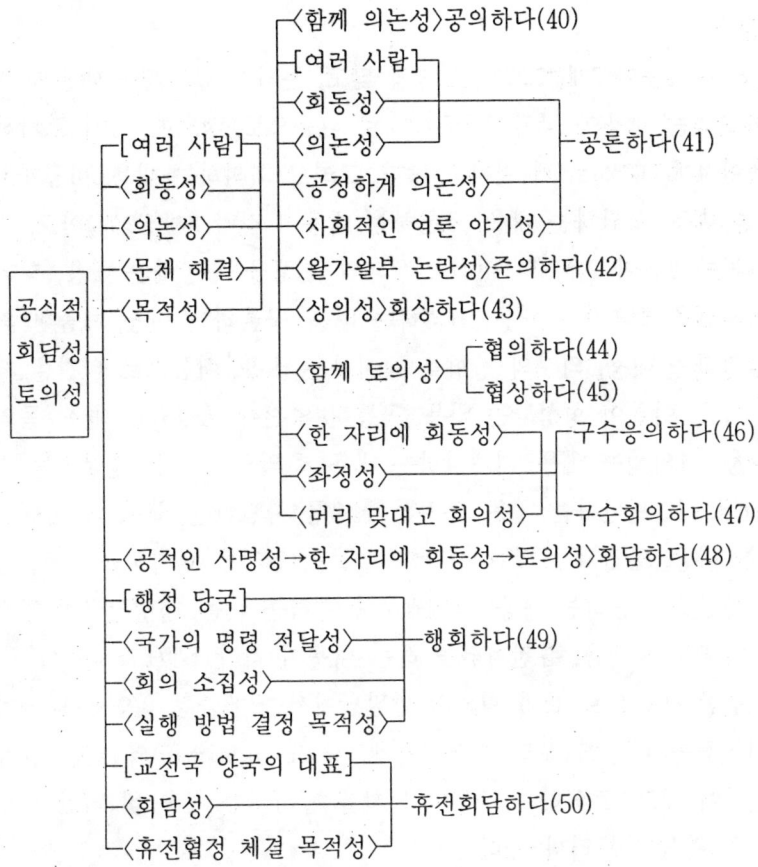

2.22.2 마무리

현대 국어 자동사 가운데 회의에 관련된 50개의 낱말에 대하여 개별적인 분절성을 해명하였다. 이제 이것을 바탕으로 하여 전체적인 분절구조를 고찰하려 한다.

(1) 회의 자동사의 낱말밭은 중복되는 내용이 있어 그 내용의 수는 57

개로 늘어난다. 회의 자동사의 내용을 많이 분포된 순으로 살펴보면 다음과 같다.

의논하는 내용이 7개(12.28%)로 가장 많고, 논의를 발기하는 내용과 의안을 제출하는 내용이 각각 5개(8.77%)로 다음으로 많으며, 함께 토의하는 내용이 4개(7.02%)로 세 번째로 많다. 그리고 회의하는 내용, 비공개로 회의하는 내용, 좌담하는 내용, 토론하는 내용이 각각 3개(5.26%)이고, 구수회의하는 내용이 2개(3.51%)이며, 회의의 진행을 수행하는 내용, 회의에서 심의안을 발의하는 내용, 건의하는 내용, 구혼하는 내용, 제출한 의안을 설명하는 내용, 의사의 방향을 제시하는 내용, 처음으로 의견을 제시하는 내용, 여론이 형성되는 내용, 공통된 의견이 조성되는 내용, 동의하는 내용, 개의하는 내용, 재개의하는 내용, 회의의 제목을 결정하는 내용, 논리적으로 판단하는 내용, 논의의 취지를 확립하는 내용, 세 사람이 회의하는 내용, 안건의 토의가 시작되는 내용, 안건을 표결하는 내용, 상호간에 의견을 절충하는 내용, 왈가왈부 논란하는 내용, 행정당국이 행정회의를 개최하는 내용, 휴전회담을 하는 내용이 각각 1개(1.75%)이다.

위와 같은 내용으로 보아 회의의 낱말밭에서는 제출된 의안에 대하여 함께 의논하는 내용에 우리 언어공동체(Sprachgemeinschaft)의 깊은 관심이 표현되어 있고, 토의하는 내용과 논의를 발기하는 내용 및 의안의 제출에도 큰 관심이 드러나 있다.

(2) 회의의 주체자는 중복되는 내용이 있어 주체자의 수는 56개로 늘어난다. 이들의 내용은 다음과 같다.

회의의 참석자가 24개(42.86%)로 가장 많고, 토론자가 6개(10.71%)로 다음으로 많으며, 논의의 발기자와 의안의 제기자가 각각 5개(8.93%)로 세 번째로 많다. 그리고 좌담회의 참석자가 4개(7.14%)이고, 개의자와 동의자가 각각 2개(3.57%)이며, 사회자, 제안 설명자, 선생님, 처음에 의견을 내놓은 사람, 여론, 공통된 의견, 재개의하는 사람, 교전국 양국의 대표자가 각각 1개(1.79%)이다.

위의 분포로 보아 회의의 주체자는 회의에 참석한 회원이거나 좌담자 및 토론자들이고, 의안의 제출자나 논의의 발기자들이다.

(3) 회의하는 객체나 회의에 사용되는 내용은 중복되는 내용이 많아서 객체의 수는 102개로 늘어난다. 이들도 많이 분포된 순으로 고찰하면 다음과 같다.

논의가 19개(18.63%)로 가장 많고, 의견이 12개(11.76%)로 다음으로 많으며, 심의안이 7개(6.86%)이다. 그리고 안건이 6개(5.88%)이고, 좌석이 5개(4.91%)이며, 문제가 4개(3.92%)이다. 논란이 3개(2.94%)이고, 생각, 수정 동의, 방청, 시비, 여론, 토의, 머리가 각각 2개(1.96%)이며, 회의의 사회, 건의, 구두, 서면, 아동, 새교재, 개의, 회의의 제목, 언어나 기호, 논의의 취지, 논의의 순서, 논의의 진행, 불경, 출판물, 국가의 명령, 명령의 실행 방법, 휴전협정, 주의가 각각 1개(0.98%)이다.

(4) 회의의 내용은 모두 바람직한 긍정적인 내용이다. 종교적인 내용으로는 불경에 대해 토론하는 내용 1개(2%)가 있다.

(5) 우리 국어는 한자어가 수적으로 우위를 차지하고 있다. 회의의 낱말밭에서도 이러한 현상이 드러나 한자어는 49개(98%)이고, 서구 외래어는 '프로포즈하다' 1개(2%)뿐이다. 그런데 우리 고유어와 혼종어가 하나도 없는 것이 특징이다.

2.23 논의하다

이 부분밭은 "어떤 사물에 관하여 의견이나 사실을 논하여 서술하다"의 내용(inhalt)을 함유하고 있어 〈논의성, 논술성, 심의성, 논란성, 비평성, 이론성〉이 내용에 따라 부가된다. 논의 자동사의 상위 분절구조는 다음과 같다.

206

[그림63] 논의 자동사의 상위 분절구조

<의견·사실을 논의성→진술성>논술되다, 논진되다

<미루어 생각성→논술성>추론되다

<앞에서 진술성>상기하다, 상술하다, 전술하다, 전진하다

<뒤쪽에서 기술성>후술하다, 이의물론하다

<생략성>후략하다

<요약 정리성>약필하다, 약문하다

<요긴한 논의성>주론하다, 요론하다

<정당한 언론 피력성>정론하다, 당론하다, 당의하다

<미리 상의성>예의하다

<대면하여 의론성>대론하다, 면의하다

<유쾌하게 담화성>고담활론하다, 고담웅변하다

<허심탄회하게 논의성>방론하다, 화협하다, 화충협의하다

<충분히 의견을 교환성>난상토의하다, 난상숙의하다

<자기의 신념을 논술성>논고하다, 고창하다

<시비를 논란성>질의하다, 논담하다

<학술·종교에 대하여 토론성>강론하다, 강론회하다

<평론성·비평성·논평성>비평하다, 논평하다, 공평하다

<가치·선악·시비를 논평성>인물평론하다, 시사만평하다

<[부부]→협의이혼성>협의이혼하다, 합의이혼하다

<이론 제기성>이론하다, 이의하다, 입이하다

<편중된 이론성>곡론하다, 곡설하다, 논오하다, 위추리하다

<공허하고 무익한 논의성>공담하다, 곡론하다, 허론하다

<논의하여 결정성>의결하다, 논결하다, 논정하다, 귀착되다

<[국가·단체·공공기관]→협약성>┬정약하다, 의약하다
                                └협약되다, 협상조약하다

<토론성>────────┬가부결정하다, 가부취결하다, 가결되다
<가부 결정성>────┴거수표결하다, 공개표결하다, 비밀표결하다

<안건의 부결성>부결되다

<논의 종료성>파의하다, 폐론하다, 의료하다

논의성
심의성
진술성
협의성
비평성
의결성
협약성
가결성

2.23.1 논의하는 내용

(1) 논술(論述)되다[57]   (2) 논진(論陳)되다
(3) 추론(推論)되다   (4) 논급(論及)되다

위의 (1)은 "어떤 사물에 관하여 의견이나 사실을 논하여 서술하다"의 개념(concept)이니 〈사물에 관한 의견, 사실을 논의성→서술성〉이 추가되고, (2)는 "어떤 사물에 관하여 의견이나 사실을 논하여 진술하다"의 개념이므로 〈사물에 관한 의견, 사실을 논의성→진술성〉이 추가된다. 그리고 (3)은 "미루어 생각하여 논술하다"의 개념이니 〈미루어 생각성→논술성〉이 추가되고, 또 "어떤 문제를 근거로 삼아 다른 데에 미쳐서 결론을 내다"의 개념도 가지고 있어 〈어떤 문제에 준거성→다른 문제에 적용성→결론을 도출성〉이 더 추가되며, (4)는 "논술, 토론 따위가 어떤 데까지 논하여 미치다"의 개념이므로 〈논술, 토론을 어떤 한계까지 도달성〉이 추가되어 분절한다.

(5) 재언(再言)하다

이는 "이미 한 번 말한 것을 다시 말하다"의 개념이니 〈이미 언급성→다시 언급성〉이 추가된다.

(6) 상기(上記)하다   (7) 상술(上述)하다
(8) 전술(前述)하다   (9) 전진(前陳)하다

---

57) 裵禧任(1988:5)은 "피동은 반드시 문법적 징표(marker)가 나타나야 하며, 이 징표는 서술어에서 접미사 파생에 의한 피동사이거나 '아/어지다', '되다'형으로 나타난다"고 하였다.

위의 낱말들은 "앞에서 논의하다"의 내용을 함유하고 있어 〈앞에서 진술성＋기술성〉이 공통으로 추가된다. 따라서 (6)은 "가로 쓴 글에서 그 위쪽에 이미 기록하다"의 개념이니 〈가로 쓴 글의 위쪽에 이미 기록성〉이 추가되고, (7)은 "위에 적거나 말하다"의 개념이므로 〈위쪽에 이미 기록성＋언급성〉이 추가된다. 그리고 (8-9)는 "앞에서 이미 진술하거나 또는 논술하다"의 개념을 공유하고 있어 〈앞에서 이미 진술성＋논술성〉이 공통으로 추가되어 분절한다.

    (10) 후술(後述)하다   (11) 이의물론(已矣勿論)하다
    (12) 후략(後略)하다

위의 (10)은 "뒤쪽에서 기술하다"의 내용을 함유하고 있어 〈뒤쪽에서 기술성〉이 추가되고, (11)은 "이미 지난 일은 다시 논하지 아니하다"의 개념이므로 〈기왕지사는 논외성〉이 추가되며, (12)는 "문장이나 말의 뒤를 생략하다"의 개념이니 〈뒷부분 생략성〉이 추가되어 분절한다.

    (13) 약필(略筆)하다   (14) 약문(略文)하다

이들은 "중요한 점 이외를 생략하여 문장을 쓰다"의 개념을 공유하고 있어 〈요약 생략성→언표성＋작문성〉이 공통으로 추가되며, 또 "문자의 획을 생략하여 글씨를 쓰다"의 개념도 공유하고 있어 〈문자의 획을 생략성→필기성〉도 공통으로 추가되어 분절한다.

    (15) 주론(主論)하다   (16) 요론(要論)하다

위의 (15)는 "으뜸 가는 논의를 하다"의 개념이니 〈주된 논의를 전개성〉

이 추가되고, 또 "주장되는 논설을 펴다"의 개념도 가지고 있어 〈주장되는 논설을 설파성〉이 더 추가되며, (16)은 "요긴한 논설이나 의논을 하다"의 개념이므로 〈요긴한 논설성＋의논성〉이 추가되어 분절한다.

　앞에서 논의한 개별 낱말의 분절구조는 다음과 같다.

[그림64] 논술하는 분절구조

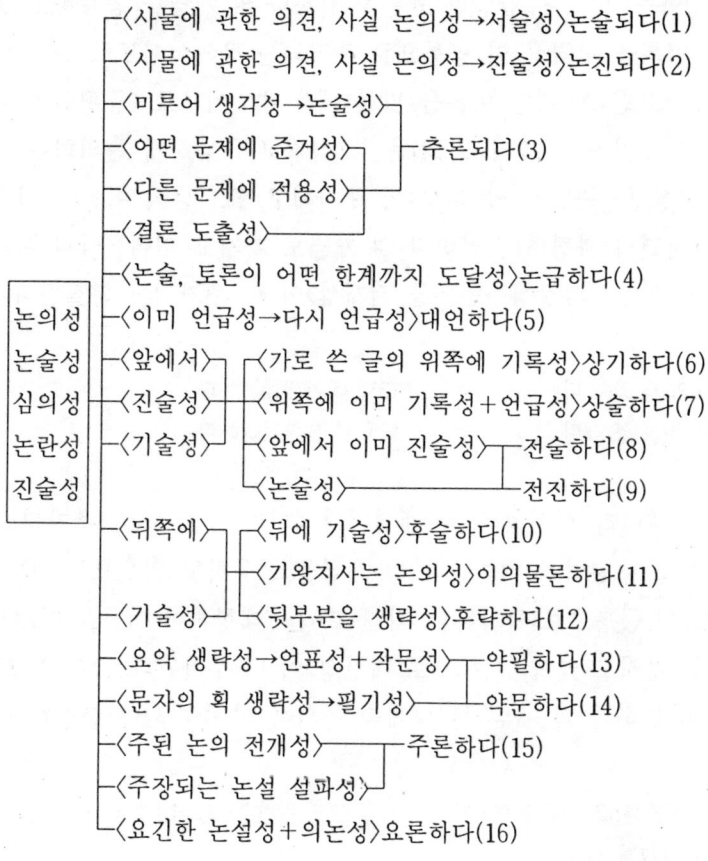

다음 (17-31)까지는 자기의 이론을 전개하는 내용을 함유하고 있으므

로 〈이론을 전개성〉이 공통으로 부가된다.

(17) 정론(正論)하다   (18) 당론(讜論)하다
(19) 당의(讜議)하다   (20) 공의(公議)하다
(21) 고담준론(高談峻論)하다

위의 (17-19)는 "이치에 합당한 언론을 말하다"의 개념을 공유하고 있어 〈정당한 언론을 피력성〉이 공통으로 추가되는 유의어이므로 한 동아리에 묶었고, (20)은 "공평한 이론을 말하다"의 개념이므로 〈공평하게 이론 전개성〉이 추가된다. 그리고 (21)은 "고상하고 준엄하게 논의하다"의 개념이니 〈고상성+준엄성→논의성〉이 추가되고, 또 "남의 이목에 아랑곳없이 젠체하면서 과장하여 말하다"의 개념도 가지고 있어 〈남의 이목을 무시성→자만성+과장성→언론을 전개성〉이 더 추가되어 분절한다.

(22) 예의(豫議)하다   (23) 대론(對論)하다
(24) 면의(面議)하다   (25) 속론(續論)하다

위의 (22)는 "미리 상의하다"의 개념이니 〈미리 상의성〉이 추가되고, (23-24)는 "서로 대면하여 의논하다"의 개념을 공유하고 있으므로 〈대면하여 의논성〉이 공통으로 추가된다. 다만 (23)은 "대항하여 이론을 전개하다"의 개념도 가지고 있어 〈이론으로 대항성〉이 더 추가된다. 그리고 (25)는 "계속하여 논하다"의 개념이니 〈계속 논의성〉이 추가되어 분절한다.

(26) 고담활론(高談闊論)하다   (27) 고담웅변(高談雄辯)하다
(28) 방론(放論)하다

위의 (26)은 "유쾌하게 이야기를 하거나 의논하다"의 개념이니 〈유쾌

하게 담화성〉과 〈유쾌하게 논의성〉이 내용에 따라 추가되고, (27)은 "거리낌 없이 힘차게 의논하다"의 개념이므로 〈기탄없이 힘찬 의논성〉이 추가되며, (28)은 "생각대로 거리낌 없이 의논하다"의 개념이니 〈허심탄회하게 의논성〉이 추가되어 분절한다.

 (29) 화협(和協)하다   (30) 화충협의(和衷協議)하다
 (31) ·대론(大論)하다

위의 (29)는 "서로 마음을 툭 터 놓고 협의하다"의 개념이니 〈허심탄회하게 협의성〉이 추가되고, (30)은 "매우 화목한 마음으로 일을 의논하다"의 개념이므로 〈매우 화목한 심정으로 의논성〉이 추가되어 분절한다. 그리고 (31)은 "크게 논의하다"의 개념이니 〈크게 논의성〉이 추가되고, 또 "성황리에 의논하다"의 개념도 가지고 있어 〈성황리에 의논성〉이 더 추가되며, "웅대하고 고원하게 의논하다"의 개념도 더 가지고 있어 〈웅대성＋고원성→의논성〉이 추가되는 다의어(多義語)[58]이다.

위에서 논의한 이론이나 자기의 주장을 전개하는 분절구조는 [그림65]와 같다.

다음 (32-45)까지는 어떤 일을 서로 논의하는 내용을 공유하고 있어 〈논의성〉이 공통으로 부가된다.

 (32) 번론(煩論)하다   (33) 분의(紛議)하다
 (34) 난상(爛商)하다   (35) 난상숙의(爛商熟議)하다
 (36) 난상토의(爛商討議)하다 (37) 난의(爛議)하다
 (38) 난상공론(爛商公論)하다 (39) 논진(論盡)되다

---

58) 李益煥(1986:95), 金敏洙(1983:50), Kempson(1980:9-10) 앞의 책 참조.

[그림65] 이론 전개의 분절구조

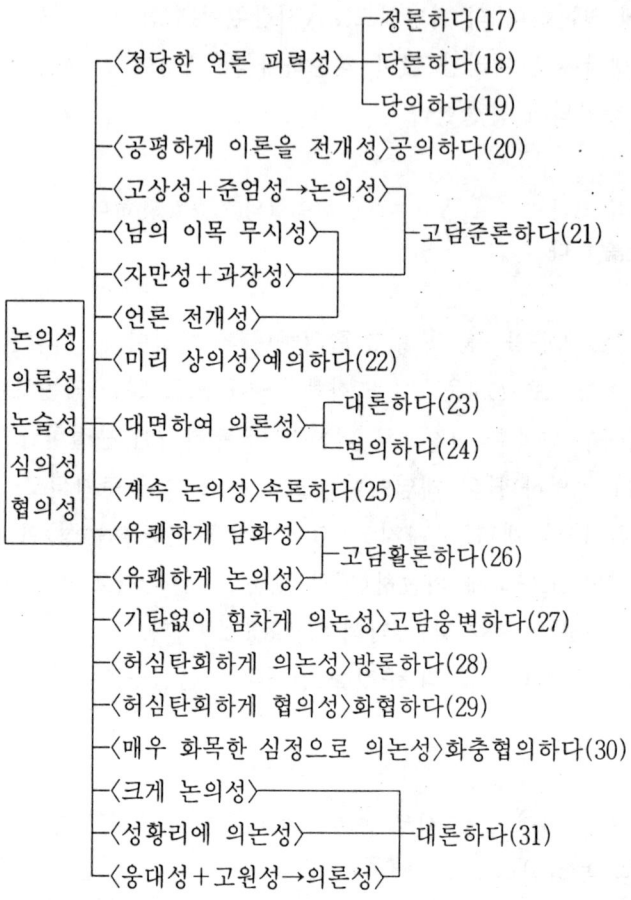

위의 (32)는 "번거롭게 의논하다"의 개념이니 〈번거롭게 의논성〉이 추가되고, (33)은 "분분하게 의논하다"의 개념이므로 〈분분하게 의논성〉이 추가되며, (34-37)은 "충분히 의견을 나누어 자세히 논의하다"의 개념을 공유하고 있어 〈충분히 의견을 교환성→상세히 논의성〉이 공통으로 추가된다. (38)은 "충분히 의견을 나누어 자세히 공론하다"의 개념이니 〈충

분히 의견을 교환성→상세히 공론성〉이 추가되며, (39)는 "어떤 문제에 대하여 빠짐이나 남김이 없이 다 논하다"의 개념이므로 〈빠짐없이 충분히 논의성〉이 추가되어 분절한다.

(40) 비론(比論)하다   (41) 재검토(再檢討)하다
(42) 심의(審議)되다

위의 (40)은 "두 가지를 서로 비교하여 논단을 내리다"의 개념이니 〈두 가지를 상호 비교성→논단성〉이 추가되고, (41)은 "신중을 기하려고 다시 검토하다"의 개념이므로 〈다시 검토성→신중히 언행성〉이 추가된다. 그리고 (42)는 "심사하고 논의하다"의 개념이니 〈심사성＋논의성〉이 추가되고, 또 "어떤 사항에 대하여 그 이해 득실 따위를 상세하고 치밀하게 토의하다"의 개념도 가지고 있어 〈이해 득실을 심의성→치밀하게 토의성〉이 추가되어 분절한다.

(43) 논고(論告)하다   (44) 고창(高唱)하다
(45) 질의(質議)하다

위의 (43)은 "자기가 믿는 바를 논술하여 말하다"의 개념이니 〈자기의 신념을 논술성＋피력성〉이 추가되고, 또 법학에서는 "공판 절차에 있어서, 증거 조사가 끝난 뒤에 행하는 피소자의 범죄 사실에 대한 검찰관의 사실 및 법률의 적용에 대한 의견을 진술하다. 공판정에 검사가 출석하지 않고 논고가 없을 때, 공소장의 기재 사항에 검사의 논고가 있는 것으로 간주한다"의 개념도 가지고 있어 〈피의자의 증거를 조사성→[검찰관]→사실, 법률상 적용 진술성〉이 더 추가되며, (44)는 "의견을 강력히 주장하다"의 개념이므로 〈강력히 의견을 주장성〉이 추가되고, 또 "노래, 만세 등

214

을 소리 높여 부르거나 외치다"의 개념도 가지고 있어 〈노래를 고창성〉과 〈소리 높여 만세성〉이 내용에 따라 추가되며, "부르짖다"의 개념일 경우는 〈부르짖는 행위성〉이 추가된다. 그리고 (45)는 "사리의 옳고 그름을 물어서 의논하다"의 개념이니 〈시비를 질의성→의논성〉이 추가되어 분절한다. 의론을 상세하게 피력하는 분절구조는 다음과 같다.

[그림66] 상론하는 분절구조

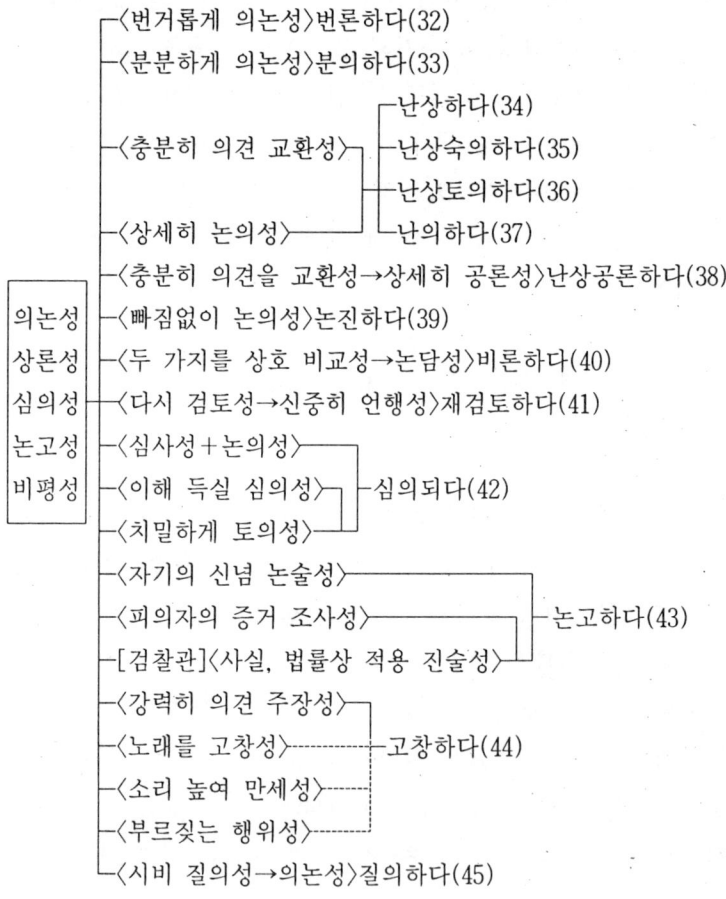

다음 (46-61)까지는 사물의 옳고 그름을 논의하는 내용이미로 〈시비를 논의성〉이 공통으로 부가된다.

(46) 논담(論談)하다   (47) 논구(論究)하다
(48) 논증(論證)되다   (49) 강론(講論)하다
(50) 강론회(講論會)하다   (51) 논강(論講)하다

위의 (46)은 "사물의 시비를 논란하여 말하다"의 개념이니 〈사물의 시비를 논란성→의견을 피력성〉이 추가되고, (47)은 "사물의 이치를 깊이 따지고 밝히어 논하다"의 개념이므로 〈사물의 이치를 깊이 논구성〉이 추가된다. (47)은 (46)보다 더 구체적인 내용을 가지고 있으므로 계단대립 (Graduelle Opposition)을 이루고 있다. 그리고 (48)은 "사물의 옳고 그름을 사리에 맞도록 논술하여 증명되게 하다"의 개념이니 〈사물의 시비를 논증성〉이 추가되고, 또 "주어진 판단이 참이라고 하는 것의 이유를 밝히는 논리적인 절차를 밟다. 논증되어야 할 판단을 논제, 주장이라고 하며, 그 이유로서는 선택되는 것을 논거라고 한다"의 개념도 가지고 있어 〈논제, 주장의 논거를 선택성→주어진 판단의 타당성을 논증성〉이 더 추가된다. (49-50)은 "학술이나 도의의 뜻을 해설하여 토론하다"의 개념을 공유하고 있어 〈학술, 도의를 해설성→토론성〉이 공통으로 추가되고, 또 "천주교에서 교리를 설명하여 신자를 훈계하다"의 개념도 가지고 있어 〈[설교자]→교리를 설명성→천주교의 신자를 훈계성〉이 더 추가된다. 다만 (50)은 〈강론 회합성〉이 더 추가된다. 그리고 (51)은 "불교에서 경전을 토론하다"의 개념이니 〈불경을 토론성〉이 추가되어 분절한다.

(52) 평(評)하다   (53) 비평(批評)하다
(54) 논평(論評)하다   (55) 공평(公評)되다
(56) 평장(平章)하다   (57) 상론(詳論)하다

(58) 가평(苛評)하다　　　　(59) 혹평(酷評)하다

(60) 논인장단(論人長短)하다　　(61) 정론(政論)하다

　위의 낱말들은 "좋고 나쁨이나 잘되고 못됨 또는 옳고 그름 따위를 분석하여 논의하다"의 내용을 함유하고 있어 〈시비, 선악, 장단점, 미추를 논구성→평론성〉이 공통으로 부가된다. 따라서 (52)는 "좋고 나쁨이나 잘되고 못됨 또는 옳고 그름 따위를 분석하여 논의하다"의 개념이니 〈선악, 장단점, 시비를 분석성→논의성〉이 추가되고, (53)은 "사물의 선악, 시비, 미추 등을 분석하여 논란하다"의 개념이니 〈사물의 선악, 시비, 미추를 분석성→논란성〉이 추가되며, 또 "남을 이러쿵저러쿵하여 좋지 않게 말하다"의 개념도 가지고 있어 〈남을 비평성〉이 추가된다. 그리고 (54)는 "의견을 논술하여 비평하다"의 개념이니 〈의견을 논술성→비평성〉이 추가되고, (55)는 "공정하게 비평하다"의 개념이므로 〈공정하게 비평성〉이 추가되며, 또 "일반대중의 비평을 받다"의 개념도 가지고 있어 〈일반대중의 비평을 받는 상태성〉이 추가된다. (56)은 "공평하게 비평하다"의 개념이니 〈공평하게 비평성〉이 추가되고, 또 "공명정대하게 정치를 하다"의 개념도 가지고 있어 〈공명정대하게 정치성〉이 추가되며, (57)은 "자세하게 논하다"의 개념이므로 〈상세히 논의성〉이 추가되고, 또 "평론을 상세하게 하다"의 개념도 가지고 있어 〈상세하게 평론성〉이 더 추가된다. 그리고 (58-59)는 "가혹하게 비평되다"의 개념을 공유하고 있어 〈가혹한 비평을 받는 상태성〉이 공통으로 추가되고, (60)은 "남의 잘못을 논평하다"의 개념이므로 〈남의 잘잘못을 논평성〉이 추가되어 분절한다. (61)은 "정치적인 언론을 기술하다"의 개념이니 〈정치적인 언론을 기술성〉이 추가되고, 또 "정치에 관한 평론을 하다"의 개념도 가지고 있어 〈정치에 대해 평론성〉이 추가되며, "정사의 시비 득실에 관하여 의논하다"의 개념도 가지고 있으므로 〈정사의 시비, 득실에 대해 의논성〉이 추가된다.

어떤 사물이나 이론 및 인물의 시비를 논의하는 분절구조는 다음과 같다.

[그림67] 시비를 논하는 분절구조

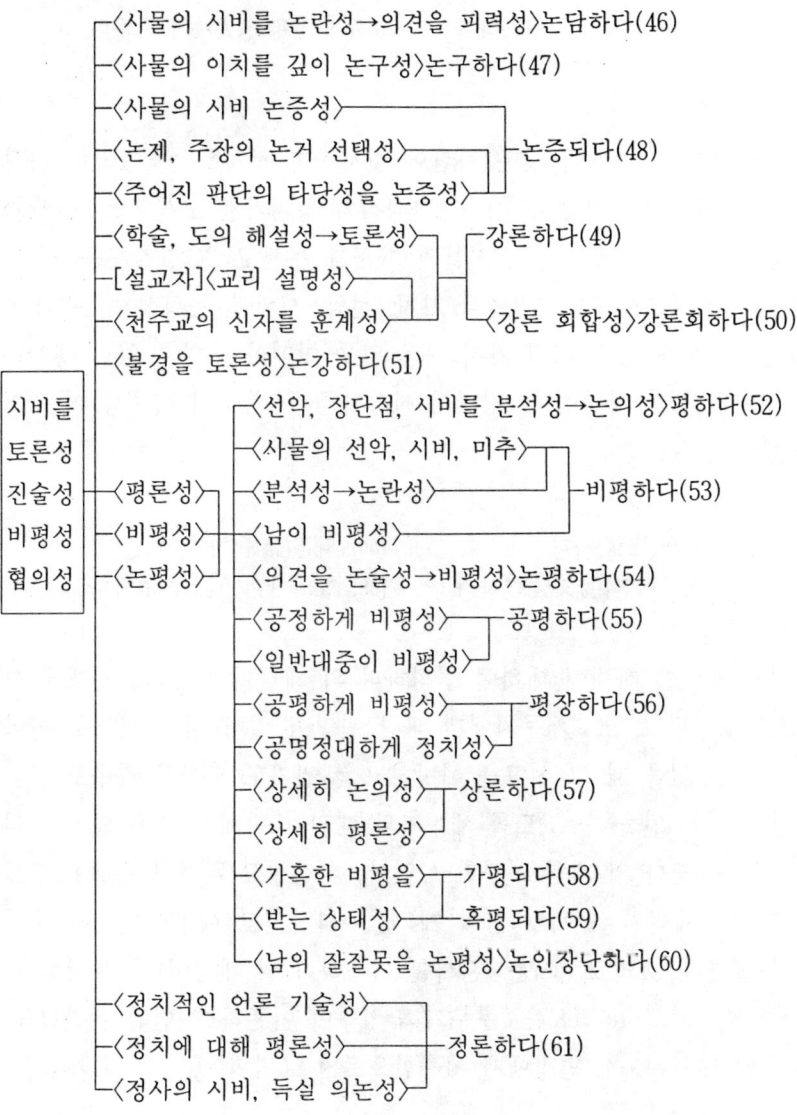

다음 (62-73)까지는 평론·협의·이론을 제기하는 내용이므로 〈평론성〉, 〈협의성〉, 〈이론의 제기성〉이 내용에 따라 부가된다.

(62) 위비언고(位卑言高)하다   (63) 인물평론(人物評論)하다
(64) 시사만평(時事漫評)하다

위의 (62)는 "벼슬이 낮은 사람이 윗사람의 정치를 큰 소리로 비평하다"의 개념이니 〈[하급 관리]→고관대직의 정치가를 고성으로 혹평성〉이 공통으로 추가되고, (63)은 "인물의 가치를 논하고 그 잘잘못을 가려 논의하다"의 개념이므로 〈인물의 가치, 선악, 시비를 논평성〉이 추가되며, (64)는 "당시에 생긴 여러 가지 세상 일을 어떠한 주의가 없이 생각나는 대로 평하다"의 개념이니 〈당시의 세상사를 주의 없이 평론성〉이 추가되어 분절한다.

(65) 화의(和議)하다   (66) 의혼(議婚)하다
(67) 협의이혼(協議離婚)하다   (68) 합의이혼(合議離婚)하다

위의 (65)는 "화해에 대하여 협의하다"의 개념이니 〈화해에 대해 협의성〉이 추가되고, 또 "채무자에게 파산 원인이 있어 파산 선고를 받아야 할 상태에 있을 때 그 선고를 예방하고, 채권자도 파산의 경우보다는 유리한 해결을 얻을 수 있도록 채무자와 채권자 단체 사이에 합의에 의하여 계약을 맺다"의 개념도 가지고 있어 〈파산선고 직전의 상태에 당도성→채무자, 채권자, 단체가 합의 계약성→파산선고 예방성〉이 더 추가되어 분절한다. 그리고 (66)은 "혼사를 의논하다"의 개념이니 〈혼사를 의논성〉이 추가되고, (67-68)은 "부부가 합의하여 이혼하다. 법원의 판결을 요하지 않으며 시, 읍, 면장에게 제출함으로써 효력이 생긴다"의 개념을 공

유하고 있어 〈[부부]→합의하여 이혼성〉이 공통으로 추가되나, (68)은 언어 현실에 사용되고 있으나 어휘사전(語彙辭典)에는 아직 공백(lexical gap)으로 되어 있다.

(69) 논가(論價)하다   (70) 논죄(論罪)하다
(71) 이론(異論)하다   (72) 이의(異議)하다
(73) 입이(立異)하다

위의 (69)는 "값을 정하기 위하여 의논하다"의 개념이니 〈의논성→값을 정하기 위한 목적성〉이 추가되고, (70)은 "죄의 성립이나 죄의 무겁고 가벼움을 논하다"의 개념이므로 〈죄의 성립, 죄의 경중을 의논성〉이 추가된다. 그리고 (71-72)는 "남과 다른 이론을 내놓다"의 개념을 공유하고 있어 〈남과 다른 이론을 제기성〉이 공통으로 추가되고, 또 "반대의 의견을 말하다"의 개념도 가지고 있어 〈반대 의견을 제시성〉이 공통으로 더 추가되나, (72)는 "어떤 행위가 법률상의 효과를 가져오는 데에 반대하여 그에 대한 불복 및 항의의 의사를 표시하다. 행정법상과 소송법상의 두 가지가 있다"의 개념도 가지고 있어 〈법률상의 효과 발생에 반대성→항의의 의사를 표시성〉이 더 추가된다. 그리고 (73)은 "다른 의견이나 이론을 세우다"의 개념이니 〈다른 의견, 이론을 입론성〉이 추가되어 분절한다. 앞에서 논의한 어떤 일을 협의하고 평론하며 이론을 제기하는 분절 구조는 [그림68]과 같다.

다음 (74-81)까지는 실속 없이 겉도는 논의와 실제의 내용은 없고 공리공담하는 내용 및 잘못된 이론을 전개하는 내용이므로 〈곡론성〉, 〈공담성〉, 〈오론성〉이 내용에 따라 부가된다.

220

[그림68] 협의·평론·이론 제기의 분절구조

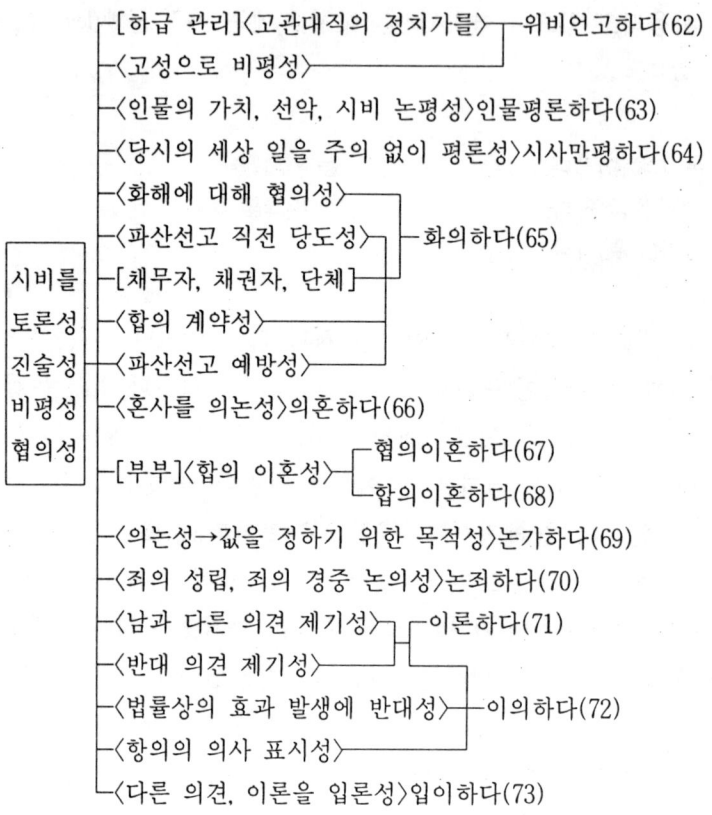

(74) 부론(浮論)하다   (75) 곡론(曲論)하다

(76) 곡설(曲說)하다   (77) 논과(論過)하다

(78) 논오(論誤)하다   (79) 위추리(僞推理)하다

위의 (74)는 "실속 없이 논의가 겉돌다"의 개념이니 〈실속 없이 겉도는 논의성〉이 추가되고, (75-76)은 "한쪽으로 치우쳐서 편협하고 바르지 못한 이론을 말하다"의 개념을 공유하고 있어 〈이론이 편중성→정론에서

이탈성〉이 공통으로 추가되며, 또 "이치를 잘못 이해하고 이론을 전개하다"의 개념도 공유하고 있으므로 〈이치를 오해성→이론이 잘못 전개성〉도 공통으로 추가된다. 그리고 (77-78)은 "잘못을 논하다"의 개념을 공유하고 있어 〈과오에 대해 논의성〉이 공통으로 추가되나, (78-79)는 "철학에서 형식적으로 바르지 못한 추리를 하다. 그러나 궤변 따위와는 달라서 무의식적인, 생각지 않은 잘못에서 오는 것이다"의 개념을 공유하고 있으므로 〈무의식적으로 잘못을 추리성〉이 공통으로 추가되어 분절한다.

(80) 공담(空談)하다   (81) 공론(空論)하다
(82) 허론(虛論)하다   (83) 공론공담(空論空談)하다
(84) 탁상공론(卓上空論)하다

위의 (80)은 "내용이 없고 쓸데없는 말을 하다"의 개념이니 〈공리 공담성〉이 추가되고, 또 "헛된 이야기를 하다"의 개념이므로 〈공허한 담화성〉이 더 추가되며, "실행이 불가능한 말을 하다"의 개념일 경우는 〈공허한 장담성〉도 더 추가된다. 그리고 (81-82)는 "실제와는 거리가 먼, 실속이 없는 빈 논의를 하다"의 개념을 공유하고 있어 〈실제와 괴리성→공허한 논의성〉이 공통으로 추가되고, 또 "근거 없고 무익한 이론을 전개하다"의 개념도 공유하고 있어 〈무근거성+무익한 이론을 전개성〉이 공통으로 더 추가되어 분절한다. 그리고 (83)은 "쓸데없는 이야기를 하다"의 개념이니 〈공론성+공담성〉이 추가되고, (84)는 "현실성이나 실천성이 없는 허황된 이론을 늘어놓다"의 개념이므로 〈현실성, 실천성이 전무성→허황된 이론을 전개성〉이 추가되어 분절한다.

앞에서 논의한 공리공담하고 잘못 논고하는 분절구조는 다음과 같다.

222

[그림69] 곡론·공담·잘못된 논의의 분절구조

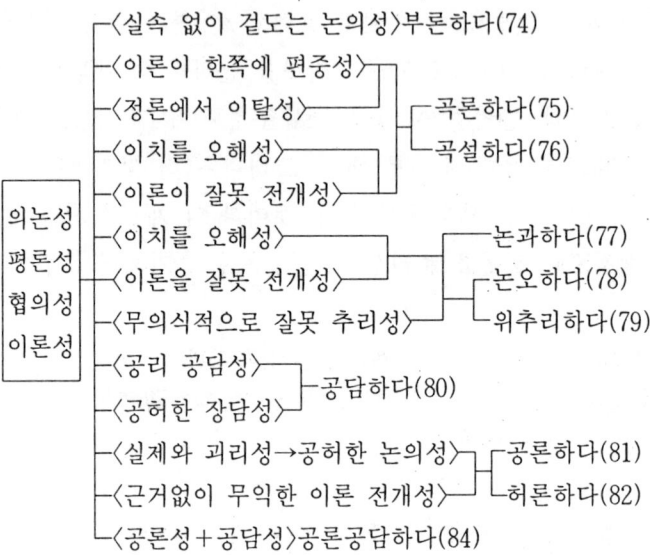

〈실속 없이 겉도는 논의성〉부론하다(74)
〈이론이 한쪽에 편중성〉
〈정론에서 이탈성〉──────┬─ 곡론하다(75)
〈이치를 오해성〉   └─ 곡설하다(76)
〈이론이 잘못 전개성〉
〈이치를 오해성〉──────┬── 논과하다(77)
〈이론을 잘못 전개성〉   ├─ 논오하다(78)
〈무의식적으로 잘못 추리성〉 └─ 위추리하다(79)
〈공리 공담성〉──┬─ 공담하다(80)
〈공허한 장담성〉
〈실제와 괴리성→공허한 논의성〉┬─ 공론하다(81)
〈근거없이 무익한 이론 전개성〉└─ 허론하다(82)
〈공론성＋공담성〉공론공담하다(84)

의논성
평론성
협의성
이론성

다음 (85-91)까지는 어떤 사항을 논의하여 결정하는 내용이므로 〈어떤 사항을 논의성→결정성〉이 공통으로 부가된다.

    (85) 의결(議決)하다   (86) 논결(論結)하다
    (87) 논결(論決)하다   (88) 논정(論定)되다
    (89) 귀착(歸着)되다   (90) 의정(議定)되다
    (91) 논단(論斷)되다

위의 낱말들은 "논의하여 결정하다"의 내용을 함유하고 있어 〈논의하여 결정성〉이 공통으로 추가된다. 따라서 (85)는 "토의하여 결정하다"의 개념이니 〈토의하여 결정성〉이 추가되고, 또 "의논하여 결정하다"의 개념도 가지고 있어 〈의논하여 결정성〉이 추가되며, "합의체 기관에 있어서 그 기관의 의사를 결정하다"의 개념일 경우는 〈[합의체 기관]→의사를

결정성〉이 추가된다. 그리고 (86)은 "어떤 일을 토의하여 끝을 맺다"의 개념이니 〈토의하여 종결성〉이 추가되고, (87)은 "토론하여 정하다"의 개념이므로 〈토론성→결정성〉이 추가되며, (88)은 "논의하여 결정하다"의 개념이니 〈논의하여 결정성〉이 추가된다. (89)는 "의논, 의견 등이 여러 가지 경로를 거쳐 어떤 결과에 다다르다"의 개념이니 〈[의견·의론]→여러 경로 경과성→어떤 결과에 도달성〉이 추가되고, 또 "다른 곳에서 어떤 곳으로 돌아와 닿거나 돌아가 닿다"의 개념도 가지고 있어 〈어떤 곳에 당도성〉이 더 추가된다. (90)은 "의논하여 결정하다"의 개념이니 〈의논하여 결정성〉이 추가되고, 또 "의논하여 규정을 정하다"의 개념도 가지고 있어 〈의논성→규정을 작성성〉이 더 추가되며, (91)은 "평론하거나 논평을 하여 단정을 내리다"의 개념이므로 〈평론성＋논평성→단정성〉이 추가되어 분절되고, 또 "논술하여 결론을 맺다"의 개념도 가지고 있으므로 〈논술하여 결론성〉이 추가되어 분절한다.

어떤 사항에 대하여 여러 사람이 논의하여 결정을 내리는 분절구조는 [그림70]과 같다.

다음 (92-101)까지는 어떤 일을 협의하여 가결하는 내용이므로 〈협의성→가결성〉이 공통으로 부가된다.

(92) 정약(訂約)하다   (93) 의약(議約)하다
(94) 협약(協約)되다   (95) 협상조약(協商條約)하다
(96) 협정(協定)되다

위의 (92)는 "조약을 의논하여 정하다"의 개념이니 〈조약을 의논성→약정성〉이 추가되고, (93)은 "협의하여 약정하다"의 개념이므로 〈협의성→약정성〉이 추가된다. 그리고 (94-95)는 "단체나 개인 또는 단체 상호간

224

[그림70] 논의하여 결정하는 분절구조

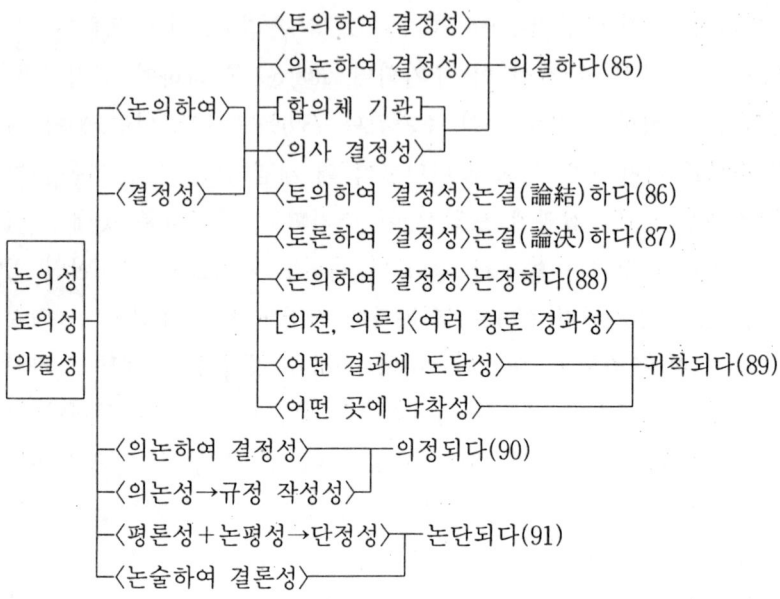

에 협정을 체결하다"의 개념을 공유하고 있어 〈[단체와 개인·단체와 단체]→협정을 체결성〉이 공통으로 추가되고, 또 "국가와 국가 사이에 문서를 교환하여 계약을 맺다"의 개념도 공유하고 있어 〈[국가와 국가]→문서를 교환성→계약을 체결성〉이 공통으로 더 추가되며, (96)은 "협의하여 결정하다"의 개념이므로 〈협의하여 결정성〉이 추가되고, 또 "의논하여 결정하다"의 개념도 가지고 있어 〈의논하여 결정성〉이 더 추가되어 분절한다.

(97) 타협(妥協)하다   (98) 타상(妥商)되다
(99) 타의(妥議)되다   (100) 합의(合議)되다

위의 (97)은 "두 편이 서로 좋도록 양보하여 협의하다"의 개념이니 〈[상

호]→양보성→협의성→상호 만족성〉이 추가되고, (98-99)는 "서로 타협적
으로 의논되다"의 개념을 공유하고 있어 〈[상호]→양보로 협의성→상호
만족한 논의성〉이 공통으로 추가된다. 그리고 (100)은 "두 사람 이상이
한 자리에 모여서 협의하다"의 개념이니 〈[두 사람 이상]→회동성→합의
성〉이 추가되고, 또 "합의제 법원의 법관이 모여 재판의 내용을 결정하
기 위하여 의견을 피력함으로써 의결되다"의 개념도 가지고 있어 〈[합의
제 법원의 법관]→회동성→재판에 대해 의견을 피력성→합의 재판성〉이
더 추가되어 분절한다.

[그림71] 협의하는 분절구조

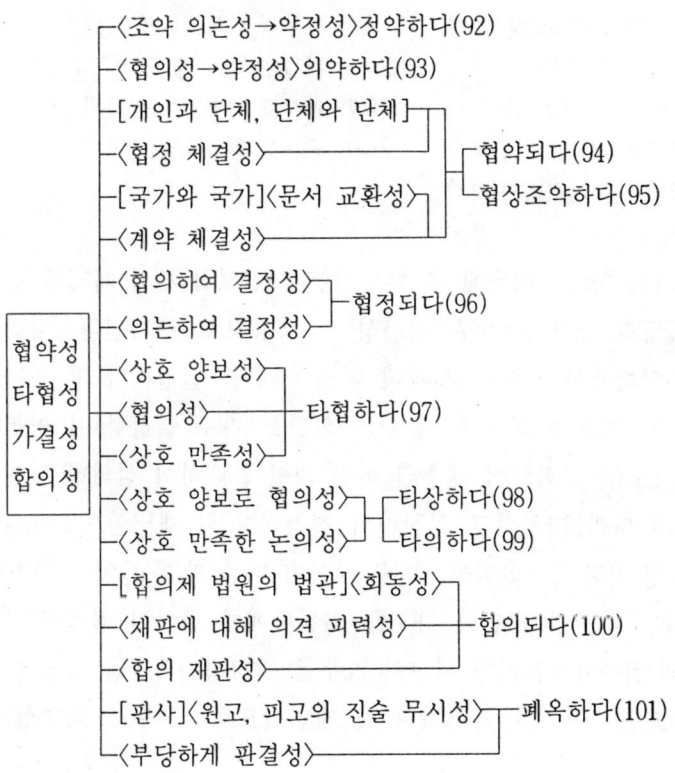

(101) 폐옥(蔽獄)하다

이는 "재판에서 원고, 피고의 진술을 충분히 듣지 않고 혹은 듣고도 그것을 존중하지 않고서 부당한 판결을 내리다"의 개념이니 〈[판사]→원고, 피고의 진술을 무시성→부당하게 판결성〉이 추가되어 분절한다. 앞에서 논의한 어떤 사항을 서로 협의하는 분절구조는 [그림71]과 같다.

다음 (102-117)까지는 서로 협의하여 가결하는 내용이므로 〈협의성→가결성〉이 공통으로 부가된다.

(102) 가부결정(可否決定)하다   (103) 가부취결(可否取結)하다
(104) 가결(可決)되다   (105) 채결(採決)되다
(106) 구두표결(口頭表決)하다   (107) 거수표결(擧手表決)하다
(108) 기립표결(起立表決)하다   (109) 공개표결(公開表決)하다
(110) 비밀표결(秘密表決)하다

위의 낱말들은 "토의 내용에 대하여 가부를 결정하다"의 개념을 공유하고 있어 〈토의 내용을 가부 결정성〉이 공통으로 추가된다. 따라서 (102-103)은 "의회에서 의안을 회칙에 따라 가부를 결정하다"의 개념을 공유하고 있어 〈의회의 회칙에 의거성→의안을 가부 결정성〉이 공통으로 추가되고, (104)는 "회의에 제출된 어떤 의안에 대하여 심의하고 여러 사람의 의사에 따라 가하다고 인정하여 결정하다"의 개념이므로 〈의회에 의안 제출성→[의원]→심의성→다수 의사에 따라 가결성〉이 추가된다. 그리고 (105)는 "의장이 의안의 가부를 의원들에게 물어서 결정하다"의 개념이니 〈[의장]→의원들에게 의안의 가부를 질의성→의안을 결정성〉이 추가되고, (106)은 "구두로 표결하다"의 개념이므로 〈구두로 표결성〉이

추가되며, (107)은 "거수로 표결하다"의 개념이니 〈거수로 표결성〉이 추
가된다. (108)은 "기립으로 표결하다"의 개념이니 〈기립 표결성〉이 추가
되고, (109)는 "방청인이나 회원들이 알도록 공개적으로 표결하다"의 개
념이므로 〈방청인, 회원에 공개성→표결성〉이 추가되며, (110)은 "회원간
에 비밀리에 의사를 표시하여 표결하다"의 개념이니 〈회원간에 비밀 유
지성→표결성〉이 추가되어 분절한다.

    (111) 부결(否決)되다   (112) 의사방해(議事妨害)하다
    (113) 휴제(休題)하다

위의 (111)은 "논의하는 안건이 옳지 않다고 결정하다"의 개념이니 〈논
의의 안건이 부결성〉이 추가되고, (112)는 "의회 따위에서 소수파가 합법
적으로 인정된 수단을 이용하거나 난용(亂用)하여 의사 진행을 계획적으
로 방해하다. 장시간에 걸쳐 연설하거나 각종 동의를 남발하거나 하는 따
위의 수단을 쓰다"의 개념이므로 〈[소수파 의원]→합법적 수단을 이용성
(장시간 연설성+각종 동의 남발성)→계획적으로 의사진행을 방해성〉이
추가된다. 그리고 (113)은 "여태까지 화제를 중지하다"의 개념이니 〈논의
중인 화제를 중지성〉이 추가되어 분절한다.

    (114) 파담(破談)하다   (115) 파의(罷議)하다
    (116) 폐론(廢論)하다   (117) 의료(議了)하다

위의 (114)는 "혼담, 의논 등을 합의하여 성립시키지 못하고 깨어지다"
의 개념이니 〈혼담, 의논이 파탄성〉이 추가되고, 또 "담화가 중단되다"의
개념이므로 〈담화가 중단성〉이 추가되며, (115)는 "의논을 그만두다"의
개념이므로 〈의논 중단성〉이 추가된다. 그리고 (116)은 "논의를 폐지하

다"의 개념이니 〈논의를 폐지성〉이 추가되고, (117)은 "회의, 의사, 의결 등이 끝나다"의 개념이므로 〈회의, 의사, 의결을 종료성〉이 추가되어 분절한다.

[그림72] 가결하는 분절구조

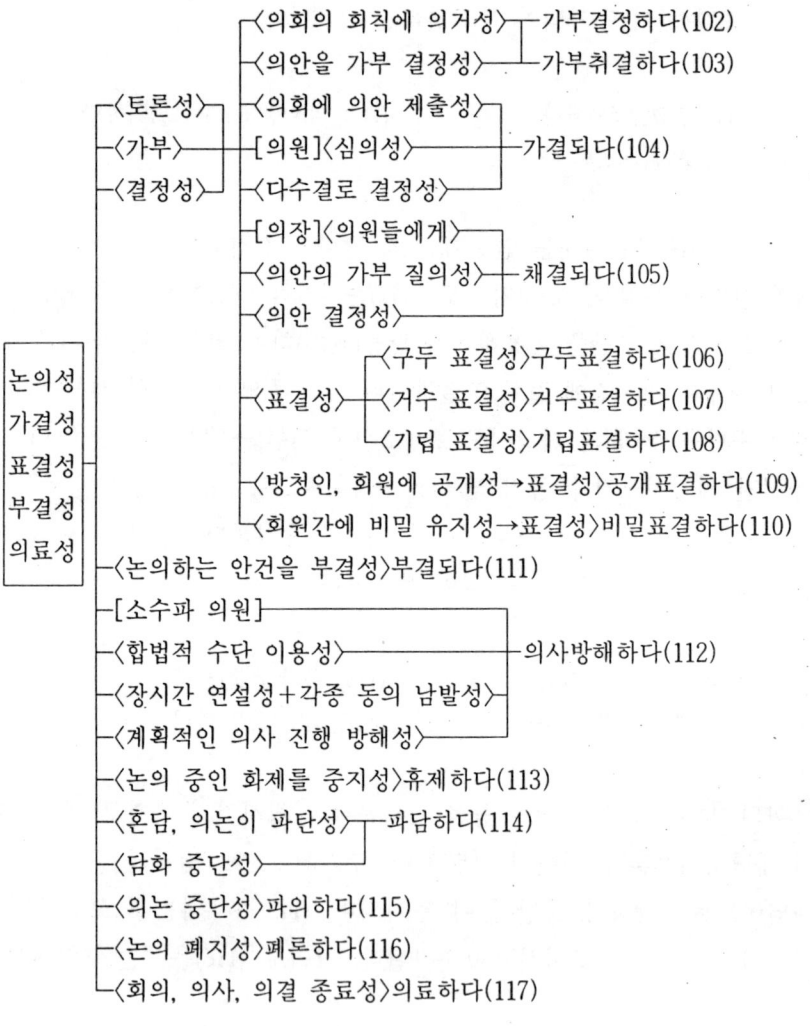

앞에서 가결 자동사에 대하여 개별적인 분절성을 논의하였다. 이제 이 것을 바탕으로 하여 전체적인 분절구조를 [그림72]의 수형도(tree diagram) 로 제시하려 한다.

2.23.2 마무리

현대 국어 자동사 가운데 논의에 관련된 117개의 낱말에 대하여 개별 적인 분절성을 해명하였다. 이제 이것을 바탕으로 하여 전체적인 분절구 조를 고찰하려 한다.

(1) 논의 자동사의 내용을 많이 분포된 순으로 살펴보면 다음과 같다.

토론하여 가부를 결정하는 내용이 10개(8.55%)로 가장 많고, 의논하여 결정하는 내용이 7개(5.98%)로 다음으로 많으며, 충분히 의논하는 내용과 사물의 선악·시비·미추를 비평하는 내용이 각각 6개(5.13%)로 세 번째로 많다. 그리고 이론을 잘못 이해하여 전개하는 내용이 5개(4.27%)이고, 앞 에서 기록했거나 언급한 내용, 허심탄회하게 의논하는 내용, 실제와 먼 공허한 이론, 상호 협의하여 협약하는 내용, 논의를 중단시키는 내용이 각각 4개(3.42%)이며, 남을 가혹하게 비평하는 내용과 반대 의견을 내세 우는 내용 및 상호 양보로 협상하는 내용이 각각 3개(2.56%)이다. 자기의 의견을 진술하는 내용, 어문을 요약하고 생략하는 내용, 중요한 논설을 피력하는 내용, 대면하여 논의하는 내용, 사물의 이치를 깊이 논구하는 내용, 학술이나 도의를 토론하는 내용, 설교로 신자를 훈계하는 내용, 정 치에 대해 평론하는 내용, 부부가 합의이혼하는 내용, 국가 간에 협상조 약을 맺는 내용이 각각 2개(1.71%)이고, 미루어 생각하여 서술하는 내용, 논술·토론이 어떤 한계에 도달되는 내용, 재언하는 내용, 뒤쪽에서 기술 하는 내용, 이미 논한 것을 재론하지 않는 내용, 뒷부분을 생략하는 내용, 자만스럽게 장담하는 내용, 미리 상의하는 내용, 계속 논의하는 내용, 유쾌하게 논의하는 내용, 성황리에 의논하는 내용, 분분히 논의하는 내용, 두 가지를 비교하여 논단을 내리는 내용, 재검토하는 내용, 이해 득실을 심의하는 내용, 사법관이 논고하는 내용, 자기 의견을 강력히 역설하는 내용, 질의응답으로 의논하는 내용, 인물의 장단점을 비평하는 내용, 불경을 토론하는 내용, 논증하는 내용, 시사를 만평하는 내용, 혼사를 의논하는 내용, 값을 정하기 위하여 의논하는 내용, 죄상을 논죄하는 내용, 합의하여 재판하는 내용, 원고와 피고의 진술을 무시하고 부당하게 판결하는 내용, 의사 진행을 방해하는 내용, 혼담이나 의논이 깨어지는 내용, 회의가 종결되는 내용이 각각 1개(0.85%)이다.

위와 같은 분포로 보아 우리 언어공동체(Sprachgemeinschaft)는 토론이나 의논한 내용을 가부로 결정하는 내용에 깊은 관심이 드러나 있고, 충분히 논의하는 내용과 사물이나 인물을 평론하는 내용에도 큰 관심이 표현되어 있다.

(2) 회의를 개최하는 주체자는 중복되는 내용이 많아 주체자의 수는 135개로 늘어난다. 이들의 내용은 다음과 같다. 토의하는 사람이 16개(11.85%)로 가장 많고, 평론하는 사람이 12개(8.89%)로 다음으로 많으며, 진술하는 사람이 10개(7.41%)이다. 그리고 개인과 단체가 9개(6.67%)이고, 충분히 논의하는 사람이 8개(5.93%)이고, 앞에서 이미 진술한 사람, 정당하게 진술하는 사람, 의논하는 사람, 이론을 잘못 전개하는 사람, 단체와 단체, 의장이나 사회자가 각각 5개(3.71%)이다. 허심탄회하게 의논하는 사람과 공리공담을 하는 사람이 4개(2.96%)이고, 부부와 이론을 제기하는 사람이 각각 3개(2.22%)이며, 문장을 생략하는 사람, 요긴한 논술을 하는 사람, 번거로운 사람, 학술을 강론하는 사람, 설교자, 토론자, 국가와 국가가 각각 2개(1.48%)이다. 그리고 추론하는 사람, 논술자, 후술하는 사람, 뒷부분을 생략하는 사람, 자만스런 사람, 고상한 사람, 심의하는 사람, 크게 역설하는 사람, 검찰관, 논증자, 설법자, 하급관리, 채무자, 채권자, 이

해관계의 단체, 논죄하는 사람, 합의제 기관, 의견, 합의제 법원의 법관, 판사, 소수파 의원이 각각 1개(0.74%)이다.

위의 분포로 보아 의논의 주체자는 토의자와 의논자들이며, 평론가와 개인이나 단체들이 많이 분포되어 있다.

(3) 의논의 객체나 의논하는 가운데 등장되는 대상은 중복되는 내용이 많아 객체의 수는 141개로 늘어난다. 이들의 내용은 다음과 같다.

논의가 15개(10.64%)로 가장 많고, 표결이 10개(7.09%)로 다음으로 많으며, 사물의 선악·시비·미추가 9개(6.38%)이다. 그리고 결론과 충분한 의견이 각각 7개(4.96%)이고, 앞에서 언급한 내용이 6개(4.26%)이며, 정당한 언론이 5개(3.55)이다. 사물의 이치와 공리공담 및 조약이 각각 4개(2.84%)이고, 사물에 대한 의견, 사물에 관한 사실, 상대자, 사물의 시비, 남의 잘잘못, 반대 의견이 각각 3개(2.13%)이며, 뒷부분, 어문, 문자, 요긴한 논술, 번거로운 의논, 정치, 합의이혼, 혼사, 어떤 문제가 각각 2개(1.42%)이다. 그리고 추론, 다른 문제, 어떤 한계, 이미 언급한 내용, 두 가지의 내용, 이해 득실, 자기의 신념, 피의자의 증거, 법률, 노래, 만세, 사물의 이치, 논증, 주어진 판단, 학술, 교리, 천주교 신자, 불경, 정치상의 공과, 정치상의 득실, 인물의 가치, 당시의 세상일, 파산선고, 물건 값, 죄의 성립, 죄의 경중, 정치가, 재판에 대한 의견, 원고 피고의 진술, 의사방해, 회의의 종료가 각각 1개(0.71%)이다.

(4) 논의의 내용은 거의 모두가 바람직한 긍정적인 내용이다. 그런데 바람직하지 못한 부정적인 내용은 아래와 같다. 남의 이목을 무시하고 자만스럽게 언론을 전개하는 '고담준론하다'가 있고, 번거롭게 의논하는 내용인 '번론하다', 실속없이 공리공담의 내용인 '부론하다, 공담하다, 공론하다, 허론하다, 공론공담하다', 이론이 편중되어 정도에서 이탈되는 내용인 '곡론하다, 곡설하다, 논과하다, 논오하다, 위추리하다', 원고와 피고의 진술을 무시하고 부당하게 판결하는 내용인 '폐옥하다', 혼담이나 의

논이 깨어지는 내용인 '파담하다' 등이 14개(11.97%)이다.

그리고, 종교적인 내용으로는 설교로 신도들을 훈계하는 내용인 '강론하다, 강론회하다'와 불경을 토론하는 내용인 '논강하다' 등 3개(2.56%)가 있다.

(5) 우리 국어는 수적으로 한자어가 우위를 차지하고 있다. 논의의 낱말밭에서도 이러한 현상이 나타나 117개 모두가 한자어로 되어 있고, 우리 고유어, 서구 외래어, 혼종어가 하나도 없는 것이 특징이다.

2.24 언쟁하다, 논쟁하다

인류의 역사가 시작된 이후 크고 작은 싸움은 계속되고 있다. 싸움의 개념은 사전에 ① 말이나 힘 또는 무기 따위로 이기려고 다투다, ② 장애·곤란 따위를 극복하기 위하여 애쓰다, ③ 무엇을 쟁취하거나 실현하기 위하여 힘쓰다 등으로 정의하고 있다. 위의 정의로 보아 싸움에는 승리를 위한 것이 주된 목적이고, 난관을 타개하고 어려움을 극복하기 위함이며, 이권을 쟁취하려는 것이다. 그리고, 싸움의 이유는 갈등과 좌절의 해소와 타인을 제어하여 자기의 만족을 성취하고, 또 원한을 갚기 위한 보복이 있을 수 있다.

공격행위는 상대에게 상처나 고통을 주는 것을 목적으로 한다. 럭비선수가 상대를 저지하기 위하여 태클을 하는 경우는 공격행위가 아니나, 상대에 상처를 입힐 목적으로 태클을 하였다면 이는 공격행위이다. 의도적인 공격행위는 목표를 공격하는 행동과 다른 목표를 달성하기 위해 도구를 사용하는 공격이 있다. J. J. Rousseau(1962)는 「The noble savage(고약한 야만인)」에서 싸움의 개념은 인간이란 원래 자비롭고, 행복하고, 선한 동물인데 억압이 심한 사회가 인간을 공격적이고 비행을 저지르도록 유도했다고 주장하였다(尹振·崔祥鎭 역, 1990:268).

공격행위는 분노, 고통, 권태 등과 같이 불유쾌하거나 혐오스러운 상황에서 일어날 수 있다. 이러한 혐오스러운 상황 가운데 공격을 가장 잘 유발시키는 것은 욕구불만이다. 개인의 목표 달성을 할 수 없도록 위협을 받게 되면, 그로 인한 욕구불만은 공격 반응을 증가시킨다. 싸움의 분절구조는 다음과 같다.

[그림73] 싸움하는 분절구조

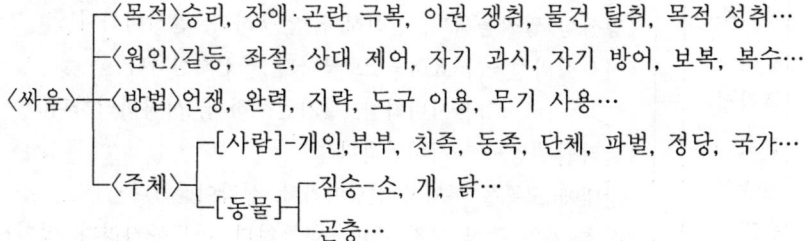

2.24.1 언쟁·논쟁하는 내용

이 부분밭은 언쟁하는 낱말밭과 논쟁하는 낱말밭으로 분류하여 논의하게 된다. 언쟁과 논쟁하는 자동사의 상위 분절구조는 [그림74], [그림75]와 같다.

2.24.1.1 언쟁하는 분절

이 부분밭은 논쟁·언쟁에 관련된 내용이므로 〈언쟁성, 시비성, 논쟁성, 자기 주장 관철 목적성, 진위를 판단할 목적성〉이 내용에 따라 부가되어 분절한다.

[그림74] 언쟁·논쟁 자동사의 상위 분절구조(1)

```
              ┌─〈투쟁성〉싸우다, 쌈박질하다, 싸움지거리하다
              ├─〈언쟁 시작성＋야단 야기성〉기뇨하다, 작나하다, 작뇨하다
              ├─〈시비의 요인 발동성〉야기요단하다, 야료하다
              ├─〈언쟁성→시비를 판별할 목적성〉다투다, 투쟁하다, 투한하다
              ├─〈부부-악의없이 사랑싸움을 전개성〉사랑싸움하다
              ├─〈부인-남편에게 불만불평 표출성〉바가지싸움하다
  ┌─────┐   ├─〈처첩간에 사랑싸움 전개성〉시앗싸움하다
  │언쟁성│   ├─〈논·수도·우물가에서 물싸움을 전개성〉물싸움하다
  │시비성│   ├─〈언쟁성〉말싸움하다, 설전하다, 언쟁하다, 말시비하다
  │자기주장│  ├─〈시시비비성〉──┬─요러쿵조로쿵하다, 옥신각신하다
  │관철 │   │              ├─시비하다, 왈가왈부하다, 시야비야하다
  │목적성│   │〈왈가왈부성〉──┴─시비판하다
  │진위 │   ├─〈상대에 고통을 부과성〉신랑이하다, 신랑이질하다
  │판별성│   ├─〈상호 자기 주장 고집성〉바득바득하다, 아드등거리다, 상지하다
  │승리 │   ├─〈상호 불화성→계속 거친 언쟁성〉아르랑거리다, 으르렁거리다
  │목적성│   ├─〈상호 불화성→으르대며 대항성〉올근볼근하다, 울근불근하다
  └─────┘   ├─〈사소한 시비로 언쟁성〉아웅거리다, 아웅다웅하다
              ├─〈상호 불만성→시비성〉자그락거리다, 지그럭거리다
              ├─〈설왕설래성＋상호 변론성〉설왕설래하다, 언삼어사하다
              ├─〈말꼬리 잡는 행위성〉말꼬리잡다, 말끝잡다
              ├─〈반항성＋대항성〉벋대다, 벋서다, 벋장대다, 어기대다
              ├─〈분노성〉분쟁하다
              ├─〈악쓰는 행위성〉악장치다
              └─〈대들며 언쟁성〉훤쟁하다
```

[그림75] 언쟁·논쟁 자동사의 상위 분절구조(2)

언쟁성
시비성
자기주장
관철
목적성
진위
판별성
승리
목적성

〈난폭한 언쟁성〉부집하다
〈소매 걷어 부치는 행위성→큰소리로 언쟁성〉양비대담하다
〈상앗대질 행위성〉상앗대질하다
〈무례하게 윗사람과 언쟁성〉수제비태견하다
〈군중 운집성→언쟁성〉싸개나다 ─┬─〈소란성〉다떠위다
　　　　　　　　　　　　　　　　 └─〈난장성〉난장판치다

〈상호 욕설성〉─┬─맞욕하다, 상욕하다, 악언상대하다
　　　　　　　　├─〈분기 탱천성〉악다구니하다, 악새질하다
　　　　　　　　└─〈상호 구타성〉상욕상투하다

〈인격,신분 비난성〉인신공격하다, 규탄하다, 모독하다
〈상호 트집잡아 비난성〉─┬─상힐하다, 힐난하다, 정면공격하다
　　　　　　　　　　　　 └─힐거하다, 힐론하다, 힐문답하다
〈유언비어 날조성〉선성탈인하다, 선성후실하다

논쟁성
논리성
반론성
시비
판별성
논박성

─논전하다, 논쟁하다, 쟁론하다, 쟁변하다, 논판하다
〈구두로 논쟁성〉구론하다
〈의문점을 논란성〉난의하다
〈반론성〉반론하다
〈논박성〉공박전하다, 논박하다, 박론하다, 토파되다
〈여러 사람 상호 논박성〉갑론을박하다
〈격렬성〉격론하다, 맹박하다
〈정치에 대한 논쟁성〉정쟁하다
〈파벌간에 논전성〉파쟁하다, 색론하다
〈어전에서 논전성〉정쟁하다
〈공개적인 언론전 전개성〉언론전하다
〈글로써 논쟁성〉필전하다
〈상서로 논박성〉봉박하다

(1) 싸우다   (2) 쌈하다

(3) 싸움질하다   (4) 쌈질하다

(5) 쌈박질하다   (6) 싸움지거리하다

위의 낱말들은 "말이나 힘 또는 무기 따위로 이기려고 다투다"의 개념을 공유하고 있어 〈말·힘·무기로 투쟁성→승리 목적성〉이 공통으로 추가된다. 따라서 (1)과 (2)는 위의 공통 특성 외에 "장애·곤란 따위를 극복하기 위하여 애쓰다"의 개념을 공유하고 있어 〈장애·곤란의 극복에 노력성〉이 공통으로 추가되고, 또 "무엇을 쟁취하거나 실현하기 위하여 힘쓰다"의 개념도 공유하고 있으므로 〈목적 쟁취·실현을 위하여 노력성〉도 공통으로 추가된다. 그리고 (3)-(6)은 속되게 표현한 낱말이므로 〈속된 표현성〉이 위의 공통 특성에 더 추가되어 분절한다.

(7) 기뇨(起鬧)하다   (8) 작나(作拏)하다

(9) 작뇨(作鬧)하다   (10) 작요(作擾)하다

위의 낱말들은 "싸움을 시작하다"의 개념을 공유하고 있어 〈언쟁 시작성〉이 공통으로 추가되고, 또 "야단을 일으키다"의 개념도 공유하고 있는 유의어이므로 〈야단을 야기성〉도 공통으로 추가된다. 여기에서 야단의 내용은 "매우 떠들썩하게 벌이거나 매우 부산하게 법석거리다"의 개념일 경우는 〈요란성＋부산성→법석이는 상황성〉이 추가되어 상태의 낱말밭에서도 분절하고, "소리를 높이어 마구 나무라다"의 개념일 경우는 〈큰 소리로 질책성〉이 추가되며, 또 "어떤 탈이나 지장이 생기도록 몹시 어려운 일을 일으키다"의 개념일 경우는 〈곤란한 일을 야기성〉을 가지고 행위의 낱말밭에서도 분절하는 다의어이다.

(11) 야기요단(惹起鬧端)하다   (12) 야료(惹鬧)하다

위의 낱말들은 "시비의 시초를 끌어 일으키다"의 개념을 공유하고 있어 〈시비의 요인을 발동성〉이 공통으로 추가되고, 또 "생트집을 잡고 함부로 떠들어대다"의 개념도 공유하고 있어 〈생트집을 잡는 생위성→언쟁 야기성〉도 공통으로 추가되어 분절한다.

(13) 다투다   (14) 다툼하다
(15) 투쟁(鬪爭)하다[59]   (16) 투한(鬪狼)하다
(17) 다툼질하다

위의 낱말들은 "서로 옳고 그름을 주장하여 싸우다"의 개념을 공유하고 있어 〈언쟁성→시비를 판별할 목적성〉이 공통으로 추가되고, 또 "이기고 짐을 서로 겨루다"의 개념도 공유하고 있으므로 〈승부를 경쟁성〉도 공통으로 추가되며, "잘잘못이나 이해관계를 가리어 옥신각신하다"의 개념일 경우는 〈시비, 이해관계로 언쟁성〉이 더 추가된다. 그리고 타동사의 밭에서는 "세력이나 이기기 위하여 서로 맞서 겨루다"의 개념이니 〈세력, 승리를 쟁취하기 위해 투쟁성〉이 추가되며, 또 "대단히 소중히 여기거나 아끼다"의 개념도 가지고 있어 〈매우 애착성〉이 더 추가된다. 다만 (17)은 속된 표현이므로 〈속된 표현성〉이 위의 공통 특성에 더 추가되어 분절한다. 위에서 논의한 분절구조를 그림으로 그려보면 [그림76]과 같은 수형도가 된다.

다음 (18)-(24)까지는 사랑싸움과 물싸움하는 내용이므로 〈사랑싸움을 전개성〉과 〈물싸움을 전개성〉이 내용에 따라 부가된다.

---

59) 高永根(1974:9), 서정수(1975:61), 서정수(1975:31) 앞의 책 참조.

[그림76] 언쟁하는 분절구조

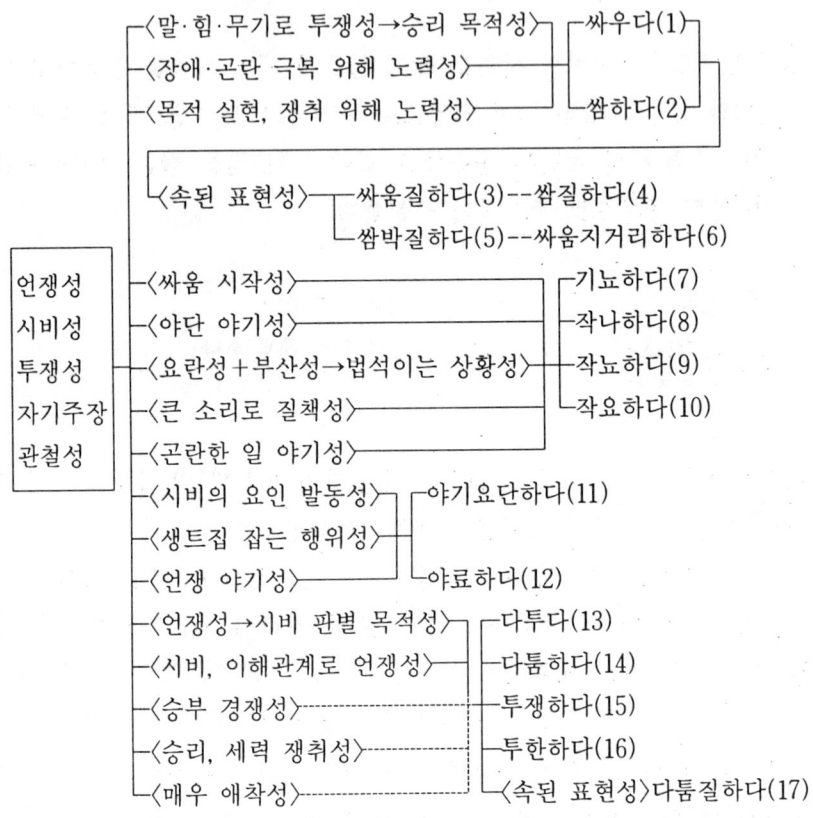

(18) 사랑싸움하다   (19) 사랑쌈하다
(20) 바가지싸움하다   (21) 시앗싸움하다

　위의 (18)과 (19)는 "서로 사랑하는 젊은 남녀 사이나 부부 사이에 사랑
으로 일어나는 악의 없는 싸움을 하다"의 개념을 공유하고 있어 〈[젊은
남녀·부부]→악의 없는 사랑싸움을 전개성〉이 공통으로 추가되며, (20)은
"아내가 남편에게 바가지를 긁으며 싸우다"의 개념이므로 〈[아내]→남편

에게 불평불만 표출성→언쟁성〉이 추가되며, (21)은 "본처와 첩 사이에서
또는 내외 사이에서 시앗 때문에 싸우다"의 개념이니 〈처첩 간에 사랑싸
움을 전개성〉과 〈[부부]→시앗 때문에 언쟁성〉이 내용에 따라 추가되어
분절한다.

    (22) 물싸움하다   (23) 물쌈하다
    (24) 물똥싸움하다

   위의 낱말들은 "논에서나 수도, 우물가에서 물 때문에 다투다"의 개념
을 공유하고 있어 〈무논·수도·우물가에서 물 때문에 언쟁성〉이 공통으로
추가되어 분절한다. 다만 (24)는 비어적 표현이므로 〈속된 표현성〉이 더
추가된다. 앞에서 논의한 사랑싸움과 물싸움의 분절구조는 다음과 같다.

[그림77] 사랑싸움, 물싸움하는 분절구조

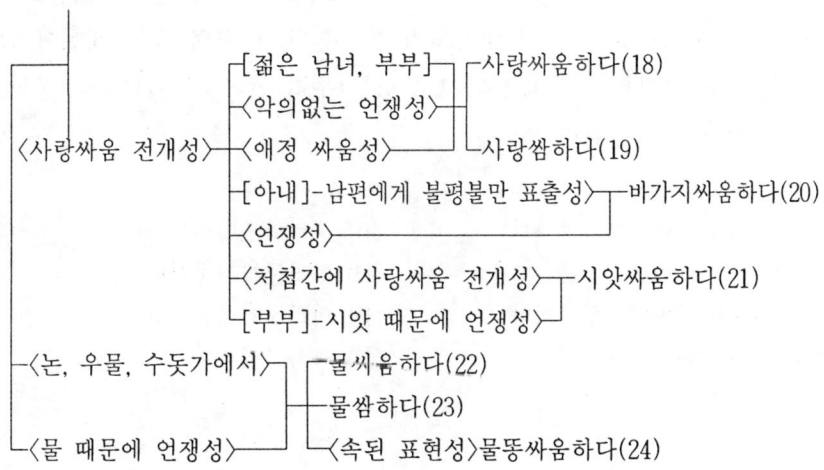

다음 (25)-(66)까지는 "말로 싸우다"의 내용을 함유하고 있어 〈언쟁성, 설전성, 시비성〉이 공통으로 부가된다.

(25) 말싸움하다　　　　　　　(26) 말다툼하다
(27) 설론(舌論)하다　　　　　　(28) 설전(舌戰)하다
(29) 언쟁(言爭)하다　　　　　　(30) 말시비하다(-是非-)
(31) 상전(相戰)하다　　　　　　(32) 말씨름하다
(33) 말싸움질하다　　　　　　(34) 말다툼질하다
(35) 입씨름하다　　　　　　　(36) 아귀다툼하다
(37) 입다툼하다　　　　　　　(38) 말질하다
(39) 아가리질하다

위의 낱말들은 "말로써 옳고 그름을 가리는 다툼을 하다"의 개념을 공유하고 있어 〈언쟁성→시비를 판별할 목적성〉이 공통으로 추가된다. 다만 (31)은 "바둑, 장기 같은 것으로 승부를 겨루다"의 개념도 가지고 있어 〈바둑, 장기로 승부 경쟁성〉이 더 추가되고, 또 (32)-(39)는 비속한 표현이므로 〈속된 표현성〉이 더 추가되어 분절한다. 이처럼 속된 표현이 많은 것은 언쟁 자체를 부정적으로 보고 있는 우리 언어공동체의 세계상이 반영된 것으로 이해된다.

(40) 요러쿵조로쿵하다　　　　　(41) 요렇다조렇다하다
(42) 요리쿵조리쿵하다　　　　　(43) 이러쿵저러쿵하다
(44) 이렇다저렇다하다　　　　　(45) 이리쿵저리쿵하다
(46) 옥신각신하다　　　　　　(47) 짝자꿍이하다
(48) 짝짝꿍일다

위의 낱말들은 "이러하다는 둥 저러하다는 둥 시비가 많다"의 개념을 공유하고 있어 〈왈가왈부성＋시비 다양성〉이 공통으로 추가된다. 다만

(47)과 (48)은 "남몰래 계획이나 일을 세우다"의 개념을 더 공유하고 있어 〈비밀리에 계획을 수립성〉이 더 공통으로 추가되어 분절한다. 위의 낱말들은 중첩어로 구성된 낱말계층(Wortstand)[60]을 이루고 있다.

(49) 시비(是非)하다   (50) 시시비비(是是非非)하다
(51) 왈가왈부(曰可曰否)하다   (52) 왈시왈비(曰是曰非)하다
(53) 시야비야(是也非也)하다   (54) 시비판(是非判)하다
(55) 시비질하다(是非-)

위의 낱말들은 "여러 가지로 서로 옳고 그름을 따지며 다투다"의 개념을 공유하고 있어 〈시시비비성＋왈가왈부성〉이 공통으로 추가된다. 다만 (55)는 속된 표현이므로 〈속된 표현성〉이 더 추가되어 분절한다.

(56) 신랑이하다   (57) 신랑이질하다
(58) 신랭이질하다

위의 낱말들은 "옳으니 그르니 하며 남을 못견디게 굴어 시달리게 하다"의 개념(concept)을 공유하고 있어 〈시비성→상대에 고통을 부과성〉이 공통으로 추가된다. 다만 (57)과 (58)은 〈속된 표현성〉이 더 추가되어 분

---

60) 허 발(1981:105)은 "낱말계층(Wortstand)은 파생의 수단은 달라도 파생의 내용이 공통된 낱말의 무리를 말하는 것으로 이것은 형태상 상이한 조어 방식들이 내용적 질서를 이루어 하나의 분절된 전체를 구성하는 데에 함께 작용하는 상황을 보여준다.
이 낱말계층은 여러 상이한 파생 유형들로부터 온 낱말칸살(Wortnische)로 구성되는데, 이들의 내용적 공통성이 그들 각각의 내용적 변이를 서로 상쇄하면서 하나의 통일적 관점을 형성한다."고 하였다.
낱말계층은 형태별로 분류된 '파생어'에 대응하여 내용별로 분류된 낱말십난이나. 즉 음운중심의 파생형에 대한 내용중심의 대응관계이다. 낱말과 낱말계층의 상호관계는 基根語와 더불어 하나의 낱말가족을 이루는 여러 파생어에 대한 그 기근어의 관계를 통하여 규정된다. 낱말가족의 개념은 어간어(stammwort)로부터 파생된 모든 낱말을 총괄하는 것이다.

절한다.

　　(59) 승강이하다(昇降-)　　　　(60) 승강이질하다(昇降-)

　위의 낱말들은 "서로 제 주장을 고집하여 옥신각신하다"의 개념을 공유하고 있어 〈[상호]→자기 주장을 고집성→언쟁성〉이 공통으로 추가되나, (60)은 〈속된 표현성〉이 더 추가되어 분절한다.

　　(61) 바득바득하다[61]　　　　(62) 아드등거리다
　　(63) 아드등아드등하다　　　　(64) 으드등거리다
　　(65) 으드등으드등하다　　　　(66) 상지(相持)하다

　위의 낱말들은 "자기의 고집만 주장하여 다투다"의 내용을 함유하고 있어 〈자기 고집만 주장성→언쟁성〉이 공통으로 부가된다. 따라서 (61)은 "악지를 부려 자꾸 우기거나 조르거나 하다"의 개념이니 〈옹고집으로 자기 주장을 고수성→요구성〉이 추가되고, 또 "무리로 악지스럽게 애쓰다"의 개념도 가지고 있어 〈무리하게 고집성〉이 더 추가되며, (62)와 (63)은 "제 생각만 서로 고집하여 굽히지 아니하고 바득바득 다투다"의 개념을 공유하고 있어 〈[상호]→자기 고집만 계속 주장성→언쟁성〉이 공통으로 추가된다. 그리고 (64)와 (65)는 "거친 말로 자꾸 으르렁거리며 다투다"의 개념을 공유하고 있어 〈[상호]→불화성→지속적으로 거친 언쟁성〉이 공통으로 추가되고, 또 "범이나 개 등이 큰 소리로 부르짖다"의 개념도 공유하고 있어 〈[범·개]→포효성〉도 공통으로 추가되며, (66)은 "양보하지 아니하고 서로 자기의 의견을 고집하다"의 개념이니 〈양보 없이 자기 의

61) 서정수(1975:61)는 "'-하-'는 의태어 곧 부사어를 선행요소로 한 경우에는 동사적으로 쓰이게 한다. '독서하다'의 '하다'는 동사적 형식을 갖추기 위한 형식요소로 볼 수 있다. 실지 동작 내용은 '독서'에 내포되어 있다."고 하였다.

견만 고집성→언쟁성〉이 더 추가되어 분절한다.

앞에서 논의한 (25)-(66)까지의 분절구조는 다음과 같다.

[그림78] 말싸움하는 분절구조

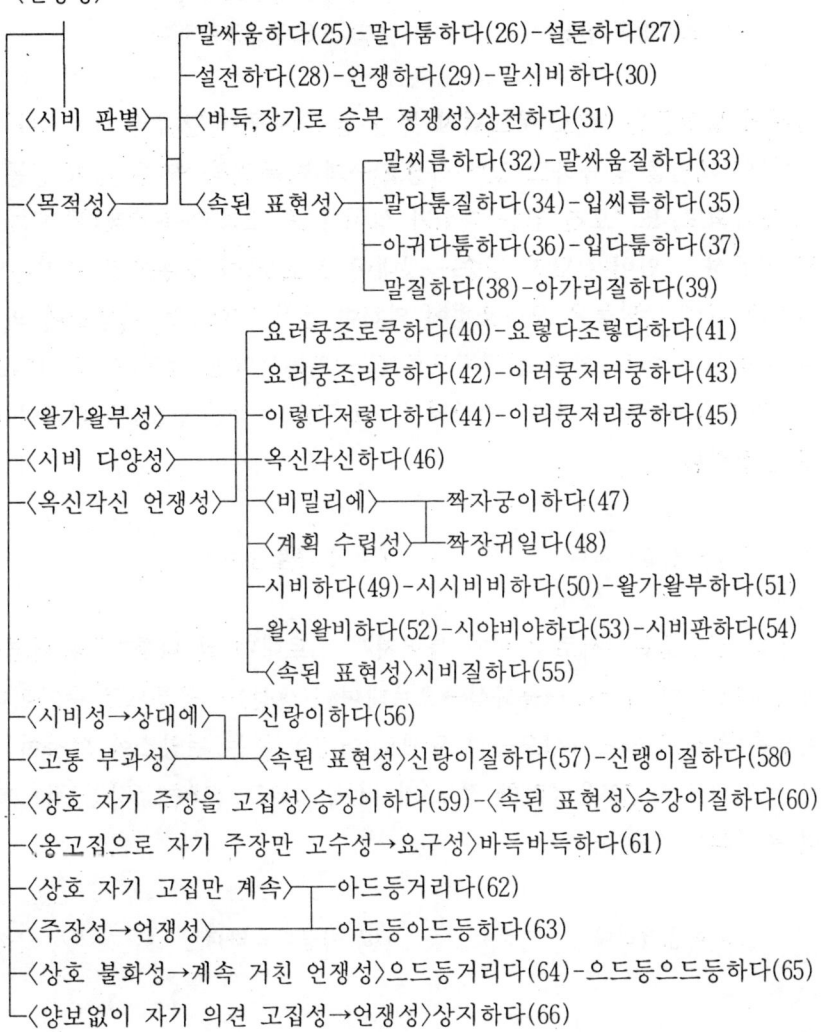

〈언쟁성〉

〈시비 판별〉 ─ 말싸움하다(25)-말다툼하다(26)-설론하다(27)
─ 설전하다(28)-언쟁하다(29)-말시비하다(30)
─ 〈바둑,장기로 승부 경쟁성〉상전하다(31)

〈목적성〉 ─ 〈속된 표현성〉 ─ 말씨름하다(32)-말싸움질하다(33)
─ 말다툼질하다(34)-입씨름하다(35)
─ 아귀다툼하다(36)-입다툼하다(37)
─ 말질하다(38)-아가리질하다(39)

〈왈가왈부성〉 ─ 요러쿵조로쿵하다(40)-요렇다조렇다하다(41)
─ 요러쿵조리쿵하다(42)-이러쿵저러쿵하다(43)
〈시비 다양성〉 ─ 이렇다저렇다하다(44)-이리쿵저리쿵하다(45)
─ 옥신각신하다(46)
〈옥신각신 언쟁성〉 ─ 〈비밀리에〉 ─ 짝자꿍이하다(47)
─ 〈계획 수립성〉 ─ 짝짝궤일다(48)
─ 시비하다(49)-시시비비하다(50)-왈가왈부하다(51)
─ 왈시왈비하다(52)-시야비야하다(53)-시비판하다(54)
─ 〈속된 표현성〉시비질하다(55)

〈시비성→상대에〉 ─ 신랑이하다(56)
〈고통 부과성〉 ─ 〈속된 표현성〉신랑이질하다(57)-신랭이질하다(580)
〈상호 자기 주장을 고집성〉승강이하다(59)-〈속된 표현성〉승강이질하다(60)
〈옹고집으로 자기 주장만 고수성→요구성〉바득바득하다(61)
〈상호 자기 고집만 계속〉 ─ 아드등거리다(62)
〈주장성→언쟁성〉 ─ 아드등아드등하다(63)
〈상호 불화성→계속 거친 언쟁성〉으드등거리다(64)-으드등으드등하다(65)
〈양보없이 자기 의견 고집성→언쟁성〉상지하다(66)

다음 (67)-(76)까지는 불화로 언쟁하는 내용을 함유하고 있어 〈[상호]→
불화성→언쟁성〉이 공통으로 부가된다.

(67) 아르랑거리다   (68) 아르랑아르랑하다
(69) 아르렁거리다   (70) 아르렁아르렁하다
(71) 으르렁거리다   (72) 으르렁으르렁하다

위의 낱말들은 "서로 부드럽지 못한 말로 자꾸 앙칼지게 외치거나 다
투다"의 개념을 공유하고 있어 〈[상호]→계속 폭언성→언쟁성〉이 공통으
로 추가되고, 또 "모진 짐승 따위가 성내어 큰 소리로 부르짖다"의 개념
도 공유하고 있어 〈[모진 짐승]→성내어 포효성〉이 공통으로 추가된다.
그런데 위의 낱말들은 모음조화에 의하여 음상에서 오는 뉘앙스에 의하
여 어감의 차이로 서로 분절되므로 (67-68)은 〈약한 정도〉가 추가되고,
(69-70)은 〈중간정도〉가 더 추가되며, (71-72)는 〈강한 정도〉에 의하여 서
로 분절한다.

(73) 올근볼근하다   (74) 울근불근하다

위의 낱말들은 "서로 사이가 틀어져서 으르대며 잘 다투다"의 개념을
공유하고 있어 〈[상호]→불화성→으르대며 언쟁성〉이 공통으로 추가된다.
이들은 양성모음과 음성모음의 교체로 어감이 주는 뉘앙스에 의하여 서
로 분절되므로, (73)은 〈약한 정도〉가 더 추가되고, (74)는 〈강한 정도〉가
더 추가되어 분절한다.

(75) 아옹거리다   (76) 아옹다옹하다

위의 낱말들은 "소견이 좁은 사람이 제 뜻에 맞지 않아 다투다"의 개념을 공유하고 있어 〈[소견 좁은 사람]→불만성→계속 언쟁성〉이 공통으로 추가되고, 또 "조그만 시비거리로 서로 자꾸만 다투다"의 개념도 공유하고 있어 〈사소한 시비로 계속 언쟁성〉이 더 공통으로 추가되어 분절한다. 이들은 접사의 교체로 어감이 주는 뉘앙스에 의하여 서로 분절되므로 (75)는 〈연속성〉이 더 추가되고, (76)은 〈단속성〉이 더 추가되어 분절한다. 앞에서 논의한 (67)-(76)까지의 분절구조는 다음과 같다.

[그림79] 불화로 언쟁하는 분절구조

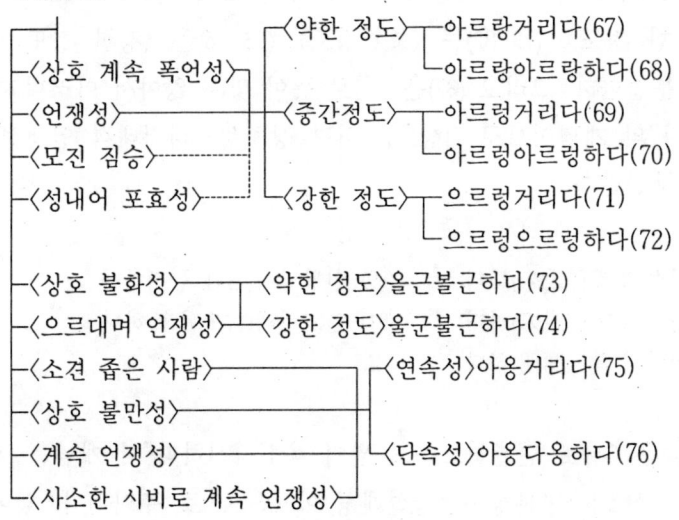

다음 (77)-(92)까지는 사소한 일로 옥신각신하는 내용과 설왕설래하는 내용을 함유하고 있어 <사소한 일로 옥신각신 언쟁성, 설왕설래성>이 공통으로 부가된다.

(77) 자그락거리다   (78) 자그락자그락하다

(79) 짜그락거리다   (80) 짜그락짜그락하다

(81) 째그락거리다   (82) 째그락째그락하다

(83) 지그럭거리다   (84) 지그럭지그럭하다

(85) 찌그럭거리다   (86) 찌그럭찌그럭하다

(87) 티격태격하다

위의 낱말들은 "하찮은 일로 불평스럽게 옥신각신하며 다투다"의 개념을 함유하고 있어 〈사소한 일에 불평불만성→계속 옥신각신 언쟁성〉이 공통으로 부가된다. 위의 (77)-(86)은 음성모음과 양성모음 및 평음과 경음의 교체로 어감이 주는 뉘앙스에 의하여 서로 분절되고 있으므로 (77-78)은 〈약한 정도〉, (79-82)는 〈중간정도〉, (83-86)은 〈강한 정도〉가 더 추가되어 분절한다. 그리고 (87)은 "서로 뜻이 맞지 않아서 이러니 저러니 시비하다"의 개념이므로 〈[상호]→의견 상치성→티격태격 언쟁성〉이 추가되어 분절한다.

(88) 설왕설래(說往說來)하다   (89) 언왕언래(言往言來)하다

(90) 언왕설래(言往說來)하다   (91) 언거언래(言去言來)하다

(92) 언삼어사(言三語四)하다

위의 낱말들은 "서로 변론하느라고 말이 옥신각신하다"의 개념을 공유하고 있어 〈[상호]→변론성→설왕설래성〉이 공통으로 추가된다. 앞에서 논의한 분절구조는 [그림80]과 같다.

다음 (93)-(116)까지는 강렬하게 언쟁하는 내용을 함유하고 있어 〈강렬한 언쟁성, 대항성〉이 공통으로 부가된다.

[그림80] 찌그럭거리며 언쟁하는 분절구조

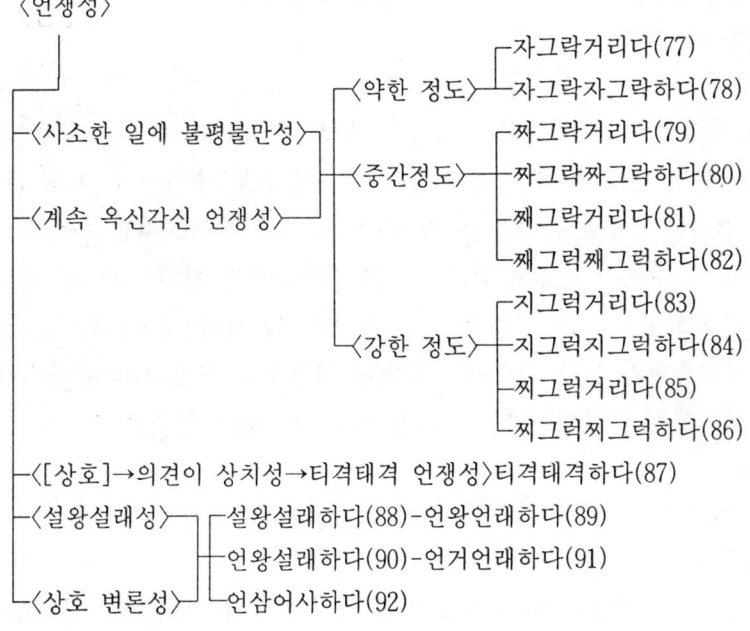

〈언쟁성〉

┌〈약한 정도〉┬자그락거리다(77)
│   └자그락자그락하다(78)

┬〈사소한 일에 불평불만성〉

│〈중간정도〉┬짜그락거리다(79)
│   ├짜그락짜그락하다(80)
│   ├째그락거리다(81)
│   └째그럭째그럭하다(82)

┬〈계속 옥신각신 언쟁성〉

│〈강한 정도〉┬지그럭거리다(83)
│   ├지그럭지그럭하다(84)
│   ├찌그럭거리다(85)
│   └찌그럭찌그럭하다(86)

┬〈[상호]→의견이 상치성→티격태격 언쟁성〉티격태격하다(87)
┬〈설왕설래성〉┬설왕설래하다(88)-언왕언래하다(89)
│   ├언왕설래하다(90)-언거언래하다(91)
└〈상호 변론성〉└언삼어사하다(92)

(93) 말꼬리잡다   (94) 말끝잡다

위의 낱말들은 "남이 말한 가운데에서 잘못 표현된 부분의 약점을 잡
아 트집잡다"의 개념을 공유하고 있어 〈말꼬리 잡는 행위성→상대의 약
점을 공격성〉이 공통으로 추가되는 유의어이므로 한 동아리에 묶었다.

(95) 벋대다[62]   (96) 뻗대다

---

62) 신현숙(1986:84-86)은 "[-거리다]의 선택제한과 큰 차이가 없지만, 보다 동적인 표현
을 위하여 선택된다. [-거리다]보다 행위자의 의지가 반영된 정도가 높은 것처럼 화
자가 인지하였을 때 선택한다. 따라서, 행위자의 의지와 관련되는 [뭉그다/비비다/
어리다]와 같은 어근과의 결합이 자연스럽다. [-대다]는 움직임을 전하는데 적극적으
로 관여하고 있어서 접미사의 기능 이외에 동사의 기능도 있으며, 동사와 결합하여

248

(97) 벋서다   (98) 뻗서다

(99) 벋장대다   (100) 뻗장대다

(101) 어기대다

위의 낱말들은 "순종하지 아니하고 힘껏 버티다"의 개념을 함유하고 있어 〈반항적 언쟁성→역동적 대항성〉이 공통으로 추가된다. 위의 (95-100)은 전자는 평음이고 후자는 경음이므로 자음교체에 따른 음상의 차이로 어감이 주는 뉘앙스에 의하여 서로 분절되므로 전자는 〈약한 정도〉가 더 추가되고, 후자는 〈강한 정도〉가 더 추가되어 분절한다. 그리고 (101)은 "순종하지 않고 반항하는 말이나 행동으로 힘껏 버티다"의 개념이므로 〈반항적 언행성→역동적 대항성〉이 추가되어 분절한다.

(102) 가루다   (103) 항언(抗言)하다

위의 (102)는 "마주 서서 시비를 판단하다"의 개념이니 〈마주 상대성→시비를 판단성〉이 추가되고, 또 "자리를 나란히 함께 하다"의 개념도 가지고 있어 〈나란히 동석성〉이 더 첨가되어 행위의 낱말밭에서도 분절하며, (103)은 "대항하여 말하다"의 개념이므로 〈대항하여 언쟁성〉이 추가

움직임을 전하는 복합형식을 만들기도 한다(예: 울어대다/웃어대다/읊어대다).

신현숙(1986:87)은 [-대다]의 의미 기능을 다음과 같이 말하고 있다.

① 어근이 지시하는 움직임이 시간의 변화에 따라 점차 커진다.

② 동사로 쓰이는 기능이 있으며 동사의 복합형식을 만들어 주는 기능이 있다.

③ 움직임의 출발점이 인지된다.

신현숙(1986:97)은 [-대다]를 다음과 같이 의미분석하고 있다.

① 하나의 어근을 선택한다.

② 동적인 어근과 결합한다.

③ 낮은 의미의 어근/문맥/상황과 관련된다.

④ 움직임의 전체에 초점을 둔다.

⑤ 시간의 변화와 움직임의 정도가 관련된다.

되어 분절한다.

(104) 분쟁(忿爭)하다   (105) 훤쟁(喧爭)하다
(106) 악장치다   (107) 부집하다
(108) 양비대담(攘臂大談)하다   (109) 양비대언(攘臂大言)하다
(110) 상앗대질하다   (111) 대거리하다
(112) 수제비태견하다

　위의 낱말들은 "어떠하게 언쟁하다"의 내용을 함유하고 있어 〈언쟁의 양상성〉이 공통으로 추가된다. 따라서 (104)는 "성이 나서 다투다"의 개념이니 〈분기 탱천성→언쟁성〉이 추가되고, (105)는 "떠들어대면서 다투다"의 개념이니 〈떠들어대며 언쟁성〉이 추가되며, (106)은 "악을 쓰며 싸우다"의 개념이니 〈악을 쓰며 언쟁성〉이 추가된다. 그리고 (107)은 "사정 없이 마구 퍼부어 싸우다"의 개념이니 〈난폭한 언쟁성〉이 추가되고 또 "약을 올려가며 말다툼하다"의 개념도 가지고 있어 〈상대에게 분노 야기성→언쟁성〉이 더 추가되며, (108)과 (109)는 "소매를 걷어올리고 큰 소리로 싸우다"의 개념을 공유하고 있어 〈소매를 걷어올리는 행위성→고성으로 언쟁성〉이 공통으로 추가된다. (110)은 "말다툼할 때 주먹이나 손가락, 막대 등을 상대편의 얼굴쪽으로 내지르다"의 개념이니 〈상앗대질 행위성→격렬한 언쟁성+무례성〉이 추가되고, 또 "상앗대로 배를 저어가다"의 개념도 가지고 있어 〈생앗대로 배 젓는 행위성〉이 더 추가되며, (111)은 "상대방에 맞서서 대들다"의 개념이니 〈상대에 대항성→언쟁성〉이 추가된다. 그리고 (112)는 "어른에게 버릇없이 덤벼들며 말다툼하다"의 개념이니 〈무례하게 웃어른 공격성→언쟁성〉이 추가되어 분절한다.

(113) 싸개나다   (114) 싸개통나다
(115) 다떠위다   (116) 난장판치다

위의 (113)과 (114)는 "여러 사람이 둘러싸고 다투며 승강이를 하다"의 개념을 공유하고 있어 〈[여러 사람]→운집성→언쟁성〉이 공통으로 추가 되고 또 "여러 사람에게 둘러싸여 억울하게 욕을 먹다"의 개념도 공유하고 있어 〈여러 사람에 포위성→억울하게 욕먹는 상태성〉이 더 공통으로 추가된다. 그리고 (115)는 "사람들이 한 곳에 많이 모여 떠들고 들이덤비다"의 개념이니 〈[군중]→운집성→시끄럽게 언쟁성〉이 추가되고, (116)은 "많은 사람들이 마구 떠들어대거나 덤비면서 쥐죽박죽이 되게 하다"의 개념이므로 〈[군중]→운집성→시끄럽게 언쟁성→쥐죽박죽 상태성〉이 추가됨으로 (115)와는 계단대립(Graduelle Opposition)을 이루고 있다. 앞에서 논의한 (93)~(116)까지의 분절구조는 [그림81]과 같다.

다음 (117)~(140)까지는 서로 욕설하며 힐난하는 내용을 함유하고 있어 〈[상호]→욕설성, 힐난성〉이 공통으로 부가된다.

    (117) 맞욕하다(-辱-)   (118) 상욕(相辱)하다
    (119) 악언상대(惡言相待)하다   (120) 악다구니하다
    (121) 옥다구니하다   (122) 악새질하다
    (123) 악지질하다   (124) 상욕상투(相辱相鬪)하다

위의 낱말들은 "서로 욕하며 싸우다"의 내용을 함유하고 있어 〈[상호] →욕설성→언쟁성〉이 공통으로 부가된다. 따라서 (117)과 (118)은 "서로 맞대고 욕하다"의 개념을 공유하고 있어 〈[상호]→욕설성→언쟁성〉이 공통으로 추가되고, (119)는 "못된 소리를 주고받으며 서로 다투다"의 개념이므로 〈[상호]→악언성→언쟁성〉이 추가된다. 그리고 (120)~(123)은 "서로 기를 써서 다투며 욕설하다"의 개념을 공유하고 있어 〈[상호]→욕설성→격렬히 언쟁성〉이 공통으로 추가되는 유의어이므로 한 동아리에 묶었으

[그림81] 강렬하게 언쟁하는 분절구조

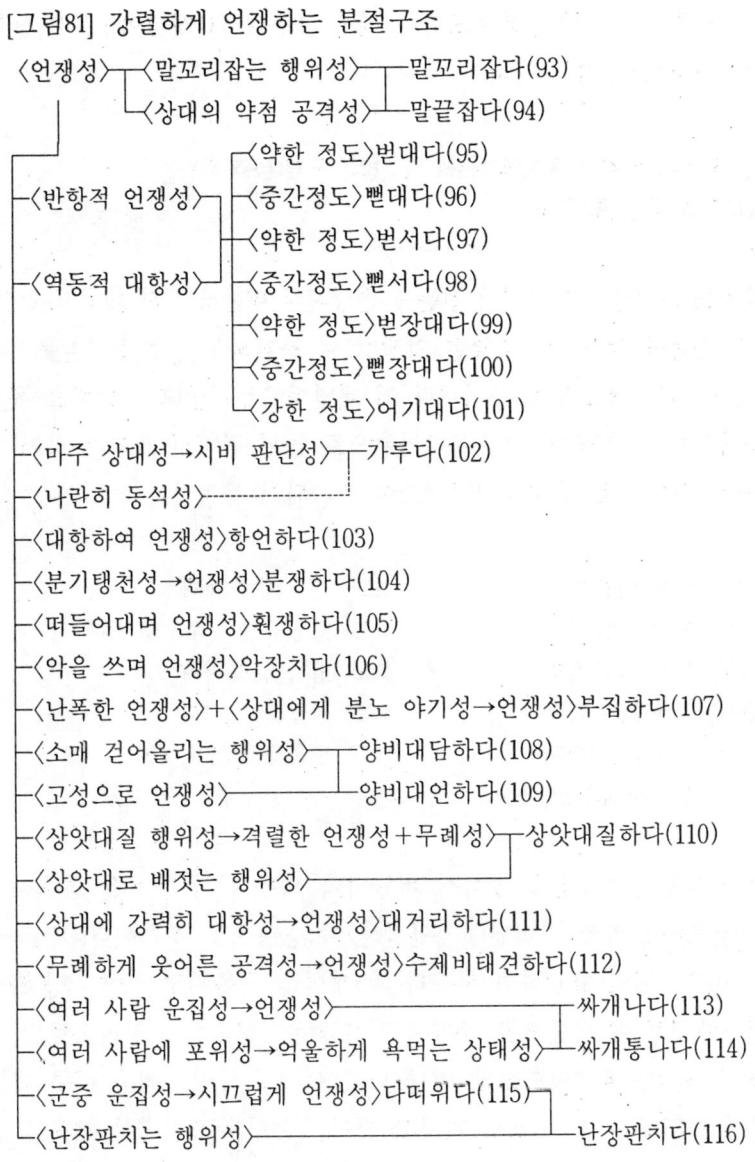

〈언쟁성〉─┬〈말꼬리잡는 행위성〉──말꼬리잡다(93)
　　　　　└〈상대의 약점 공격성〉──말끝잡다(94)

　　　　　　　　　　　　　┌〈약한 정도〉벋대다(95)
├〈반항적 언쟁성〉─┤〈중간정도〉뻗대다(96)
　　　　　　　　　　├〈약한 정도〉벋서다(97)
├〈역동적 대항성〉─┤〈중간정도〉뻗서다(98)
　　　　　　　　　　├〈약한 정도〉벋장대다(99)
　　　　　　　　　　├〈중간정도〉뻗장대다(100)
　　　　　　　　　　└〈강한 정도〉어기대다(101)

├〈마주 상대성→시비 판단성〉──┬─가루다(102)
├〈나란히 동석성〉- - - - - - - - - - - ┘
├〈대항하여 언쟁성〉항언하다(103)
├〈분기탱천성→언쟁성〉분쟁하다(104)
├〈떠들어대며 언쟁성〉훤쟁하다(105)
├〈악을 쓰며 언쟁성〉악장치다(106)
├〈난폭한 언쟁성〉+〈상대에게 분노 야기성→언쟁성〉부집하다(107)
├〈소매 걷어올리는 행위성〉──┬─양비대담하다(108)
├〈고성으로 언쟁성〉──────┴─양비대언하다(109)
├〈상앗대질 행위성→격렬한 언쟁성+무례성〉──┬─상앗대질하다(110)
├〈상앗대로 배젓는 행위성〉──────────┘
├〈상대에 강력히 대항성→언쟁성〉대거리하다(111)
├〈무례하게 웃어른 공격성→언쟁성〉수제비태견하다(112)
├〈여러 사람 운집성→언쟁성〉────────┬─싸개나다(113)
├〈여러 사람에 포위성→억울하게 욕먹는 상태성〉┴─싸개통나다(114)
├〈군중 운집성→시끄럽게 언쟁성〉다떠위다(115)─┐
└〈난장판치는 행위성〉──────────────난장판치다(116)

며, (124)는 "서로 욕설을 퍼부으며 때리고 다투다"의 개념이므로 〈[상호]
→욕설성→구타성〉이 추가되어 분절한다.

(125) 인신공격(人身攻擊)하다　　(126) 규탄(糾彈)하다
(127) 모독(冒瀆)하다

위의 (125)는 "남의 인격이나 신분을 손상시켜 비난하다"의 개념이니 〈남
의 인격, 신분을 비난성＋비열한 언쟁성〉이 추가되고, (126)은 "잘못이나
옳지 못한 일을 폭로하여 공격하다"의 개념이므로 〈상대의 비행을 폭로
성→공격성〉이 추가되며, (127)은 "언행으로 들이 덤벼서 욕되게 하다"의
개념이니 〈언행으로 상대를 모독성〉이 추가되어 분절한다.

(128) 상힐(相詰)하다　　　　　(129) 쟁힐(爭詰)하다
(130) 힐난(詰難)하다　　　　　(131) 정면공격(正面攻擊)하다
(132) 힐거(詰拒)하다　　　　　(133) 힐항(詰頏)하다
(134) 힐항(詰抗)하다　　　　　(135) 힐항(頡抗)하다
(136) 힐론(詰論)하다　　　　　(137) 힐문답(詰問答)하다
(138) 힐논의(詰論議)하다

위의 낱말들은 "트집을 잡아서 비난하며 싸우다"의 내용을 함유하고
있어 〈[상호]→트집잡아 비난성→언쟁성〉이 공통으로 부가된다. 따라서,
(128)-(130)은 "서로 힐난하며 싸우다"의 개념을 공유하고 있어 〈[상호]→
힐난성→언쟁성〉이 공통으로 추가되고, (131)은 "상대방을 정면으로 비난
하다"의 개념이므로 〈정면으로 비난성〉이 추가되며, 또 "적을 마주 대고
정면에서 공격하다"의 개념도 가지고 있어 〈[군인]→정면에서 적군을 공
격성〉이 더 추가된다. 그리고 (132)-(135)는 "서로 힐난하여 항거하다"의
개념이니 〈[상호]→힐난성→항거성〉이 공통으로 추가되고, (136)은 "힐난

하여 변론하다"의 개념이므로 〈[상호]→힐난성→변론성〉이 추가되고, 또 "힐문하여 논의하다"의 개념도 가지고 있어 〈[상호]→힐문성→논의성〉이 더 추가된다. (137)과 (138)은 "힐책하는 문답을 하다"의 개념을 공유하고 있어 〈[상호]→힐책성→문답성〉이 공통으로 추가되어 분절한다.

(139) 선성탈인(先聲奪人)하다   (140) 선성후실(先聲後失)하다

위의 (139)는 "소문을 미리 퍼뜨리어 남의 기세를 꺾다"의 개념이니 〈유언비어 날조 유포성→상대의 기세를 제압성〉이 추가되고, 또 "먼저 큰 소리를 질러 남의 기세를 꺾다"의 개념도 가지고 있어 〈고성으로 선제 공격성→상대의 기세를 제압성〉이 더 추가되며, (141)은 "처음에 헛소문을 퍼뜨리고 뒤에 실력을 쓰다"의 개념이니 〈유언비어 날조 유포성→후에 실력을 행사성〉이 추가되어 분절한다. 앞에서 논의한 (117)-(140)까지의 분절구조는 [그림82]와 같다.

2.24.1.2 논쟁하는 분절

다음 (141)-(164)까지는 "일정한 상황에 대하여 서로 다른 의견이나 주장을 내세워 논하고 논박하다"의 내용을 함유하고 있어 〈논리적으로 의견을 주장성, 논쟁성, 논박성, 변론성, 시비성〉이 공통으로 부가된다.

(141) 논전(論戰)하다   (142) 논쟁(論爭)하다
(143) 대론(對論)하다   (144) 쟁론(爭論)하다
(145) 쟁변(爭辯)하다   (146) 쟁의(爭議)하다
(147) 논판(論判)하다

위의 낱말들은 모두 "말이나 글로 어떤 문제에 대하여 옳고 그름을 논

[그림82] 상대를 힐난하는 분절구조

〈언쟁성〉-〈상호 욕설성〉-맞욕하다(117)-상욕하다(118)

⎿〈상호 악언성〉악언상대하다(119)

〈상호 욕설성→격렬한 언쟁성〉
- 악다구니하다(120)
- 옥다구니하다(121)
- 악새질하다(122)
- 악지질하다(123)

〈상호 욕설성→구타성〉상욕상투하다(124)

〈인격, 신분을 비난성＋비열한 언쟁성〉인신공격하다(125)

〈상대의 비행을 폭로성→공격성〉규탄하다(126)

〈언행으로 상대를 모독성〉모독하다(127)

〈상호 힐난성〉
- 상힐하다(128)
- 쟁힐하다(129)
- 힐난하다(130)

〈정면으로 비난성〉＋[군인]→정면으로 공격성〉정면공격하다(131)

〈상호 힐난성〉─힐거하다(132)-힐항(頡頏)하다(133)

〈항거성〉─힐항(詰抗)하다(134)-힐항(頡抗)하다(135)

〈상호 힐난성→변론성〉＋〈상호 힐문성→논의성〉힐론하다(136)

〈상호 힐책성→문답성〉힐문답하다(137)-힐논의하다(138)

〈유언비어 날조성→상대의 기세 제압성〉─선성탈인하다(139)

〈고성으로 상대 공격성→상대의 기세 제압성〉

〈유언비어 날조성→후에 실력 행사성〉선성후실하다(140)

하여 다투다"의 내용을 함유하고 있으므로 〈말, 글로 시비를 논의성, 논리적으로 의견을 주장성, 논쟁성, 변론성〉이 내용에 따라 부가된다. 따라서 (141)과 (142)는 "일정한 사항에 관하여 서로 다른 의견이나 주장을 내세워 논하고 논박하다"의 개념을 공유하고 있어 〈[상호]→이견을 주장성

→자기 의견을 피력성→논박성〉이 공통으로 추가되고, (143)은 "서로 마주 대하고 논쟁하다"의 개념이므로, 서로 마주 대한 상태가 문제가 되어 〈[상호]→대면성→논쟁성〉이 추가되며, (144)는 "서로 다투어 토론하다"의 개념이니 〈[상호]→언쟁성→토론성〉이 추가된다. 그리고 (145)는 "서로 다투어 논박하고 변론하다"의 개념이니, 논박과 변론이 변별성을 가지고 있어 〈[상호]→논박성＋변론성〉이 추가되고, (146)은 "서로 자기의 의견을 주장하여 다투다"의 개념이므로 〈[상호]→자기 의견을 주장성→언쟁성〉이 추가되며, (147)은 "서로 논하여 일의 시비를 가리다"의 개념이니 〈[상호]→논의성→시비를 판별성〉이 추가되어 분절한다.

  (148) 구론(口論)하다   (149) 난의(難疑)하다
  (150) 반론(反論)하다

  위의 (148)은 "구두로 논쟁하다"의 개념이니, 글이 아닌 구두가 문제가 되어 〈구두로 논쟁성〉이 추가되고, (149)는 "의심스러운 것을 논란하다"의 개념이므로, 논란의 대상이 의문점이 되어 〈의문점을 논란성〉이 추가되며, (150)은 "남의 비난에 대하여 되받아 의론하다"의 개념이니 〈상대가 비난성→반론성〉이 추가되고, 또 "기왕에 따르던 색론(色論)을 배반하고 다시 다른 색론을 좇다"의 개념도 가지고 있어 〈추종하던 색론을 배반성→새로운 색론을 추종성〉이 더 추가되어 분절한다.

  (151) 공박전(攻駁戰)하다   (152) 논박(論駁)하다
  (153) 박론(駁論)하다   (154) 토파(討破)되다

  위의 (151)-(153)은 "남의 부족한 점이나 잘못된 점을 따지어 공격하다"의 개념을 공유하고 있어 〈상대의 부족한 점＋잘못된 점을 논박성〉이 공

통으로 추가되고, 또 "다른 사람의 설을 논하여 반박하다"의 개념도 공유하고 있어 〈타인의 설(說)을 논박성〉도 공통으로 추가된다. 그리고 (154)는 "토론이나 남의 말을 공박하여 논박하다"의 개념이니 〈토론성＋남의 말을 논박성〉이 추가되어 분절한다.

    (155) 갑론을박(甲論乙駁)하다   (156) 격론(激論)하다
    (157) 맹박(猛駁)하다   (158) 정쟁(政爭)하다
    (159) 정쟁(廷爭)하다

위의 (155)는 "여러 사람들이 이러쿵저러쿵 서로 자기의 의견을 내세우고 남의 의견을 반박하다"의 개념이니 〈[여러 사람]→각자 자기 의견을 주장성→왈가왈부성→남의 의견을 반박성〉이 추가되고, (156)은 "격렬하게 논쟁하다"의 개념이므로 〈격렬한 논쟁성〉이 추가되며, (157)은 "호되게 반박하다. 맹렬히 반박하다"의 개념이니 〈맹렬히 반박성〉이 추가된다. 그리고 (158)은 "정치상의 이유로 다투다"의 개념이니 〈정치에 대한 논쟁성〉이 추가되고, (159)는 "조정에서 군주의 면전에서 간하여 다투다"의 개념이므로 〈조정의 군주에 간언성→논쟁성〉이 추가되어 분절한다.

    (160) 파쟁(派爭)하다   (161) 색론(色論)하다

위의 (160)은 "파벌끼리 다투다"의 개념이니 〈파벌 간에 논쟁성〉이 추가되고, (161)은 "사색당파끼리 논전하다"의 개념이므로 〈[사색당파]→논전성〉이 추가되어 분절한다.

    (162) 언론전(言論戰)하다   (163) 필전(筆戰)하다
    (164) 봉박(封駁)하다

[그림83] 논쟁하는 분절구조

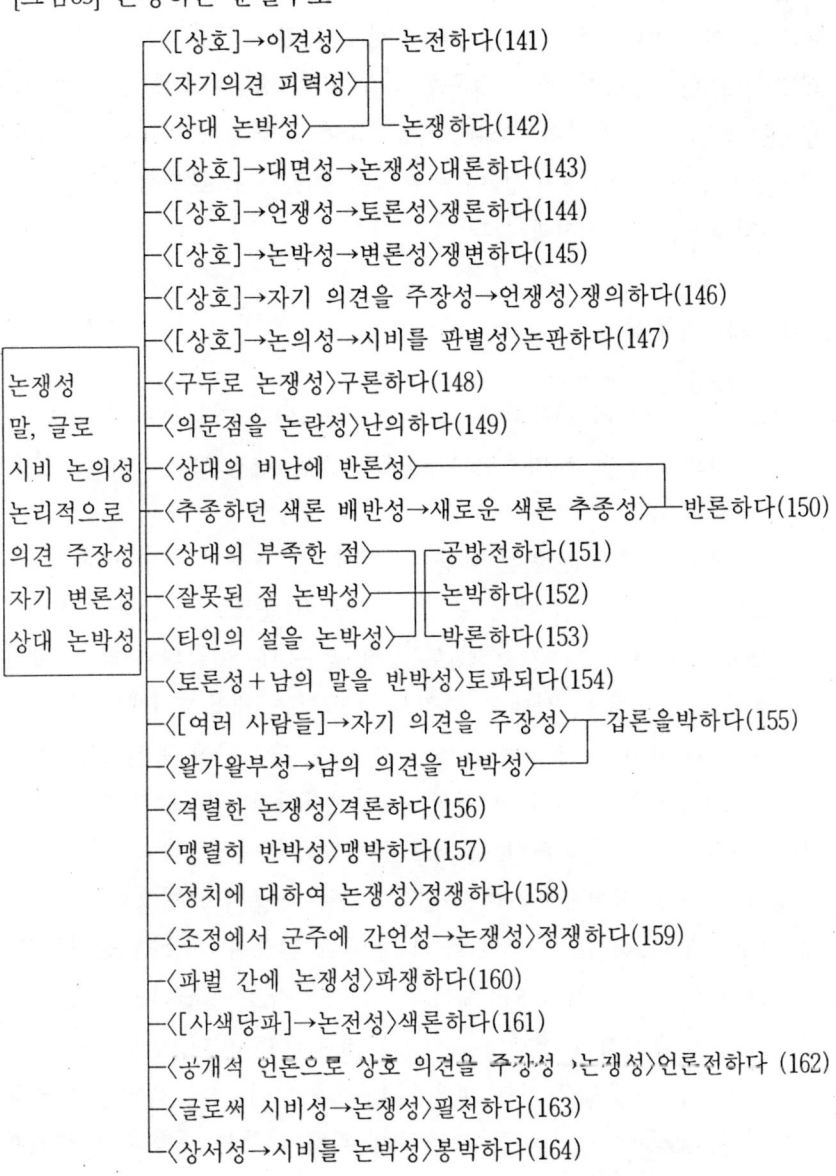

〈[상호]→이견성〉 ┬논전하다(141)
〈자기의견 피력성〉
〈상대 논박성〉 └논쟁하다(142)
〈[상호]→대면성→논쟁성〉대론하다(143)
〈[상호]→언쟁성→토론성〉쟁론하다(144)
〈[상호]→논박성→변론성〉쟁변하다(145)
〈[상호]→자기 의견을 주장성→언쟁성〉쟁의하다(146)
〈[상호]→논의성→시비를 판별성〉논판하다(147)

논쟁성
말, 글로
시비 논의성
논리적으로
의견 주장성
자기 변론성
상대 논박성

〈구두로 논쟁성〉구론하다(148)
〈의문점을 논란성〉난의하다(149)
〈상대의 비난에 반론성〉
〈추종하던 색론 배반성→새로운 색론 추종성〉─반론하다(150)
〈상대의 부족한 점〉┬공방전하다(151)
〈잘못된 점 논박성〉├논박하다(152)
〈타인의 설을 논박성〉└박론하다(153)
〈토론성+남의 말을 반박성〉토파되다(154)
〈[여러 사람들]→자기 의견을 주장성〉┬갑론을박하다(155)
〈왈가왈부성→남의 의견을 반박성〉┘
〈격렬한 논쟁성〉격론하다(156)
〈맹렬히 반박성〉맹박하다(157)
〈정치에 대하여 논쟁성〉정쟁하다(158)
〈조정에서 군주에 간언성→논쟁성〉정쟁하다(159)
〈파벌 간에 논쟁성〉파쟁하다(160)
〈[사색당파]→논전성〉색론하다(161)
〈공개석 언론으로 상호 의견을 주장성→논쟁성〉언론전하다 (162)
〈글로써 시비성→논쟁성〉필전하다(163)
〈상서성→시비를 논박성〉봉박하다(164)

위의 (162)는 "공개적인 언론으로써 서로의 의견을 주장하여 시비를 다투다"의 개념이니 〈공개적 언론으로 상호 의견 주장성→논쟁성〉이 추가되고, (163)은 "글로써 옳고 그름을 다투다"의 개념이므로 〈글로써 시비성→논쟁성〉이 추가되며, (164)는 "상서하여 그름을 논박하다"의 개념이니 〈상서성→시비를 논박성〉이 추가되어 분절한다. 앞에서 논의한 논박의 분절구조는 [그림83]과 같다.

2.24.2 마무리

현대 국어 가운데 언쟁과 논쟁에 관련된 164개 자동사에 대하여 개별적인 낱말의 내용을 해명하였다. 이제 이것을 바탕으로 하여 그 분절성을 요약하면 다음과 같다.

(1) 언쟁과 논쟁에 관련된 내용은 중복되는 내용이 많아 어휘의 수는 172개로 늘어난다. 이들 내용 중 많이 분포된 순으로 고찰하려 한다.

논쟁하는 내용이 24개(13.95%)로 가장 많은 데, 이들의 내용은 막연한 논쟁이 6개(25%)이고, 상대의 주장을 논박하는 내용이 4개(16.67%)이며, 토론하다, 격론하다, 정치에 대해 논쟁하다, 당파간에 논쟁하는 내용이 각각 2개(8.33%)이다. 그리고 필전하다, 반론하다, 구두논쟁하다, 의문점을 논란하다, 갑론을박하다, 상서로 논박하는 내용이 각각 1개(4.17%)로 분포되어 있다. 왈가왈부하며 옥신각신하는 내용이 16개(9.3%)로 다음으로 많고, 말싸움이 15개(8.72%)로 세 번째로 많으며, 사소한 불만으로 찌그럭거리는 내용이 10개(5.81%)이다. 그리고 상호 힐난하는 내용이 9개(5.23%)이고, 욕설하며 언쟁하는 내용이 8개(4.65%)이며, 반항하는 언쟁이 7개(4.07%)이다. 말·힘·무기로 싸우는 내용과 성이 나서 폭언하는 언쟁이 각각 6개(3.49%)이고, 시비를 판별하기 위해 다투는 내용과 이해관계로 언쟁하는 내용 및 설왕설래하는 내용이 각각 5개(2.91%)이며, 언쟁을 시

작하는 내용, 야단을 일으키는 내용, 옹고집으로 승강이하는 내용, 여러
사람이 모여 언쟁하는 내용이 각각 4개(2.33%)이다.

그리고 상호 불화로 으르렁거리는 내용과 시비를 걸어 상대를 괴롭히
는 내용이 각각 3개(1.74%)이고, 시비를 일으키는 내용, 사랑싸움, 물싸움,
상호 불화로 으르대는 내용, 사소한 시비로 아옹거리는 내용, 말꼬리 잡
는 내용, 맞대항하여 언쟁하는 내용, 소매를 걷어 부치고 언쟁하는 내용,
힐문답, 선성탈인하는 내용이 각각 2개(1.16%)이며, 바가지싸움, 시앗싸
움, 티격태격하는 내용, 분쟁하는 내용, 떠들어대며 언쟁하는 내용, 악을
쓰며 언쟁하는 내용, 자기고집만 내세우는 내용, 상앗대질하는 내용, 대
거리하는 내용, 수제비태견, 상욕상투, 인신공격, 규탄, 모독하는 내용이
각각 1개(0.58%)로 분포되어 있다.

위와 같은 내용으로 보아 우리 언어공동체는 왈가왈부하며 말싸움하
는 내용과 옥신각신 시비하는 내용에 가장 많은 관심이 드러나 있고, 사
소한 불만을 가지고 찌그럭거리는 내용과 욕설을 하며 언쟁하는 내용에
도 깊은 관심이 표현되어 있다.

(2) 언쟁과 논쟁을 하는 주체자는 모두 사람이다. 이들 중 막연하나마
신분이 드러나 있는 것 중 많이 분포된 순으로 고찰하려 한다. 우선 신분
이 분명하지 않은 막연한 일반인으로 간주되는 것이 140개(85.37%)로 거
의 전부이고, 여러 사람이 4개(2.44%)로 다음으로 많으며, 농부와 아낙네
가 각각 3개(1.83%)로 세 번째로 많다. 그리고, 젊은 남녀와 부부 및 정당
인이 각각 2개(1.22%)이고, 부인, 남편, 시앗, 젊은이, 정치가, 신하가 각각
1개(0.61%)로 분포되어 있다.

(3) 언쟁과 논쟁의 대상이니 요인을 많이 분포된 순으로 고찰하여 보
면 다음과 같다. 말[言語]이 96개(58.54%)로 과반수가 넘고 있으며, 불평이
나 불만과 트집이 각각 11개(6.71%)로 다음으로 많고, 욕설이 8개(4.88%)
로 세 번째로 많다. 그리고 폭력이 7개(4.27%)이고, 무기가 6개(3.66%)이

며, 애정이 4개(2.44%)이다. 물과 인격이나 신분이 각각 3개(1.83%)이고, 상대의 약점, 옷소매, 유언비어, 정치, 당론, 글씨가 각각 2개(1.22%)이고, 손, 언론, 시앗이 각각 1개(0.61%)로 분포되어 있다.

(4) 바람직하지 못한 부정적인 표현은 93개(56.71%)로 과반수가 넘고 있으며, 이들 중 속된 표현이 16개(9.76%)이다. 그리고, 바람직한 긍정적인 표현은 71개(43.29%)에 불과하다. 이러한 현상은 우리 언어공동체(Sprschgemeinschaft)가 언쟁이나 논쟁을 부정적 경멸적으로 바라보고 있는 세계상이 반영된 것으로 이해된다.

(5) 우리 국어는 수적으로 한자어가 우위를 차지하고 있다. 그런데 이 연구에서는 우리 고유어가 85개(51.83%)로 과반수가 넘고 있으며, 한자어는 74개(45.12%)이다. 고유어와 한자어가 융합된 혼종어는 5개(3.05%)로 분포되어 있다. 여기에서 특이한 점은 서구 외래어가 하나도 없다는 것이다.

Ⅲ. 결 론

3.1 실용적 언어표현 자동사의 결론

지금까지 실용적인 언어표현 자동사 960개에 대하여 개별적인 분절성을 논의하였다. 이제 이것을 바탕으로 하여 전체적인 분절구조를 고찰하려 한다.

(1) 실용적인 자동사의 내용에서 낱말밭의 내용별 분포는 다음과 같다.

⟨표2⟩ 실용적 언어표현 자동사의 내용별 분포도

낱말밭	언쟁	논의	편지	회의	절규	인사	청취
어휘수	140	117	64	50	46	42	39
백분율	14.58%	12.19%	6.67%	5.21%	4.79%	4.38%	4.06%

낱말밭	직언	전달	호소	명령	설명	진술	보고
어휘수	38	34	33	30	29	26	24
백분율	3.96%	3.54%	3.44%	3.13%	3.02%	2.71%	2.5%

낱말밭	누설	논쟁	발표	강의	심문	칭찬	축하
어휘수	24	24	22	21	21	20	19
백분율	2.5%	2.5%	2.29%	2.19%	2.19%	2.08	1.98%

낱말밭	방송	소문	원망	전화	전보	연설	고발	계
어휘수	18	16	15	13	12	12	11	960
백분율	1.88%	1.67%	1.56%	1.35%	1.25%	1.25%	1.15%	100%

위의 표로 보아 우리 언어공동체는 말로 싸우는 내용에 가장 큰 관심을 보이고 있고, 어떤 문제를 가지고 서로 논의하는 내용에도 깊은 관심을 보이고 있으며, 서신을 왕래하는 내용과 회의하는 내용 및 마음에 사무친 것을 절규하는 내용에도 많은 관심이 표현되어 있다. 그리고 서로 인사하는 내용과 남의 말을 청취하는 내용 및 남에게 직언하는 내용에도 얼마간의 관심이 드러나 있다.

좀더 구체적인 내용을 많이 분포된 순으로 살펴보면 다음과 같다.

시비를 가리려고 말다툼하는 내용이 78개(8.13%)로 가장 많고, 편지하는 내용이 22개(2.29%)로 다음으로 많으며, 개인적인 감정으로 서로 싸우는 내용이 17개(1.77%)로 세 번째로 많다. 그리고 편지에 답장하는 내용이 15개(1.56%)이고, 논의의 안건을 제기하는 내용과 서로 비난하며 싸우는 내용이 각각 11개(1.15%)이며, 윗사람이나 임금께 간언하는 내용, 윗사람에게 앙알거리며 원망하는 내용, 고함치는 내용, 잘된 일을 칭찬하는 내용, 어떤 문제로 논쟁하는 내용 등이 각각 10개(1.04%)이다.

그리고 비밀이 누설되는 내용, 어떤 일을 귀띔하는 내용, 소문을 퍼뜨리는 내용, 공식적으로 회담을 개최하는 내용, 선악·시비·미추를 분석하여 비평하는 내용, 협의하여 타협하는 내용, 토론 후에 가부를 결정하는 내용, 반항하여 대항하는 내용, 서로 욕하며 싸우는 내용 등이 각각 9개(0.94%)이고, 갑론을박하는 내용이 8개(0.83%)이며, 권고하며 회유하는 내용, 궁한 형편을 호소하는 내용, 애처롭게 호소하는 내용, 구두로 전갈하는 내용, 논의하여 결정하는 내용 등이 각각 7개(0.73%)이다.

청취하는 데 흥미를 느끼는 내용, 웃어른께 문안드리는 내용, 잘된 일을 축하하는 내용, 피의자를 심문하는 내용, 대질심문하는 내용, 전화를 거는 내용, 어떤 일을 널리 공포하는 내용, 어떤 사실을 선언하는 내용, 종교의 교리를 설명하는 내용, 임금께 의견을 상주하는 내용 등이 각각 6개(0.63%)이고, 윗사람이 명령하는 내용, 어떤 말이 귀에 거슬리는 내용,

바른말을 하는 내용, 애걸복걸하는 내용, 여러 사람이 일제히 제창하는 내용, 새해를 맞이하여 세문안드리는 내용, 답례하는 내용, 비밀을 누설하는 내용, 임금께 상소하는 내용, 편지로 의견이 상통하는 내용, 부고하는 내용, 전보치는 내용, 임금의 교시를 백성에게 공포하는 내용, 어떤 문제를 난상숙의하는 내용, 한쪽에 치우쳐 논의가 잘못되는 내용 등이 각각 5개(0.52%)이다.

그리고 상급기관이 하급기관에게 훈령하는 내용, 명령에 복종하는 내용, 남의 말을 경청하는 내용, 남의 말을 도청하는 내용, 원통함을 호소하는 내용, 가슴에 맺힌 일을 울부짖는 내용, 크게 비명을 지르는 내용, 초면에 통성명하는 내용, 입에서 입으로 전파되는 내용, 인기척을 내는 내용, 자기의 의견이나 희망을 건의하는 내용, 소송의 내용을 진술하는 내용, 범죄의 사실을 자백하는 내용, 천주교의 신자가 고백성사하는 내용, 아낙네가 편지하는 내용, 주석을 달아 상세하게 설명하는 내용, 사실에 근거하여 객관적으로 설명하는 내용, 어떤 문제를 가지고 좌담하는 내용, 안건을 토론하는 내용, 의견이나 사실을 진술하는 내용, 앞에서 진술한 내용, 헛되이 공리공담하는 내용, 여러 사람이 시끄럽게 떠들며 싸우는 내용 등이 각각 4개(0.42%)이다.

기탄 없이 직언하는 내용, 여자나 어린아이가 계속 종알대며 원망하는 내용, 절규하는 내용, 기뻐서 환호하는 내용, 부모님께 혼정신성하는 내용, 웃어른께 문안 편지 드리는 내용, 자기의 잘못을 사과하는 내용, 작별인사를 나누는 내용, 자화자찬하는 내용, 남의 일을 고자질하는 내용, 제삼자가 방청하는 내용, 내용을 확실하게 청취하는 내용, 고발당하는 내용, 허위날조하여 남을 무고하는 내용, 증인을 심문하는 내용, 심문을 받는 내용, 윗사람에게 사정을 진술하는 내용, 인편에 편지를 전달하는 내용, 편지로 도움을 청하는 내용, 받은 소식에 회신하는 내용, 전화가 걸려오는 내용, 거리에서 큰소리로 선전하는 내용, 생방송하는 내용, 논리적으로 설명하는 내용, 강의를 수강하는 내용, 강의를 개발하여 교수하는 내용, 회의를 진행하는 내용, 비밀리에 회의하는 내용, 안건을 논의하는 내용, 당론을 논의하는 내용, 시비를 질의응답하는 내용, 이의를 제기하는 내용, 논의 중인 주제를 중단하는 내용, 물 때문에 싸우는 내용, 파벌 간에 논쟁하는 내용 등이 각각 3개(0.32%)이다.

그리고 남의 말을 꽉꽉쏘는 내용, 충고하는 내용, 자기의 신세를 한탄하는 내용, 집단이익을 목적으로 떼거리로 호소하는 내용, 남을 원망하는 내용, 북을 치며 고함치는 내용, 슬프게 절규하는 내용, 하늘을 우러러 절규하는 내용, 부모님께 출필고 반필면하는 내용, 의식에서 인사말하는 내용, 폐회사하는 내용, 언행에 결례하는 내용, 박수갈채로 칭찬하는 내용, 고귀한 분에게 알현을 청하는 내용, 지방을 시찰할 때 도착시간을 미리 알리는 내용, 구비전승되는 내용, 예언하는 내용, 일정한 상황을 보고하는 내용, 명령을 수행하고 보고하는 내용, 질문에 회보하는 내용, 남의 말에 복창하는 내용, 명령이 조령모개로 변화무쌍한 내용, 심부름꾼을 통해 명령을 전달하는 내용, 하부기관이 명령을 수령하는 내용, 이야기를 청취하는 내용, 한쪽 말만 청취하는 내용, 재판의 내용을 듣는 내용, 부정이 발각되어 규탄받는 내용, 고급공무원을 탄핵하는 내용, 시비가 판별되는 내용, 허위로 심문에 대답하는 내용, 변론하는 내용, 상주에게 위로의 편지를 하는 내용, 암호로 전보하는 내용, 전화가 혼선되는 내용, 중계방송하는 내용, 여러 강사가 순강하는 내용, 청중에게 강연하는 내용, 순회강연, 연설, 즉흥연설, 거리연설, 유세하는 내용, 개의하는 내용, 논의의 제목을 결정하는 내용, 요약하여 논술하는 내용, 주된 안건을 논술하는 내용, 대면하여 논의하는 내용, 번거롭게 논의하는 내용, 자기의 신념을 논고하는 내용, 학술 내용을 강론하는 내용, 협의이혼, 사랑싸움하는 내용, 말꼬리를 잡고 공격하는 내용, 소매를 걷어올리고 싸우는 내용, 유언비어를 날조하여 퍼뜨리고 선제 공격하는 내용 등이 각각 2개(0.21%)이다.

그리고 지도 편달하는 내용, 신하가 글로 상소하는 내용, 달래어 악을 경계시키는 내용, 관청이 국민을 계도하는 내용, 구차스럽게 말하는 내용, 심판에게 상대의 부당함을 지적하고 시정을 요구하는 내용, 억울한 누명을 호소하는 내용, 악을 쓰며 소리치는 내용, 크게 한 번 절규하는 내용, 주먹을 내저으며 고함치는 내용, 건성으로 고함치는 내용, 고함치며 떠드는 내용, 선두에 서서 고함치는 내용, 신발을 사라고 소리치는 내용, 소리 높여 하소연하는 내용, 여러 사람이 아우성치는 내용, 괴로움을 울부짖는 내용, 원통하여 땅을 치며 울부짖는 내용, 신에게 비손하는 내용, 법회 때 주문을 낭송하며 복을 비는 내용, 공경의 뜻으로 예를 표하는 내용, 받은 은혜를 치하하는 내용, 인사를 주고받는 내용, 격식 없이 인사하는 내용, 심부름꾼을 보내어 문안드리는 내용, 임금이 문안하는 내용, 송년사, 취임사, 환영사, 주례사, 고별사, 조사, 축사하는 내용, 찾아와서 축하하는 내용, 박수갈채로 하례하는 내용, 장수를 축하하는 내용, 한울님께 식사기도하는 내용, 칭찬의 말을 전하는 내용, 공덕을 칭송하는 내용, 칭찬하여 권장하는 내용, 빈말로 칭찬하는 내용, 공치사하는 내용, 암시를 주는 내용, 자기 이름을 윗사람에게 알려 방문을 알리는 내용, 자기의 의견을 전달하는 내용, 격식 없이 구두로 전달하는 내용, 윗사람에게 귀띔하는 내용, 대답을 전갈로 보내는 내용, 어명을 구두로 전달하는 내용, 서면으로 전달하는 내용, 결근의 사유를 보고하는 내용, 직접 방문하여 보고하는 내용, 자기의 의견을 첨부하여 상부에 보고하는 내용, 상관에게 서면으로 보고하는 내용, 상세히 보고하는 내용, 범죄수사의 결과를 보고하는 내용, 적의 상황을 직접 보고하는 내용, 적의 상황을 첩보하여 보고하는 내용, 승전보를 알리는 내용, 서면이나 구두로 임금에게 보고하는 내용, 관청이나 웃어른께 상서하는 내용, 범죄 사실을 관계기관에 보고하지 않는 내용, 공문으로 통지를 받는 내용, 구령하는 내용, 요구사항을 승낙하는 내용, 문제의 해결에 대해 명령하는 내용, 분부나 명령을 하달하는 내용, 고관이 지나갈 때 거리를 정리하느라고 호령하는 내용, 상사의 명령에 따라 사건을 처리하는 내용, 상관의 명령을 부하에게 하달하는 내용, 군인에게 일일명령을 하달하는 내용, 명령에 불복하는 내용, 천도교 신자에게 한울님의 명령을 하달하는 내용, 헛소문을 듣는 내용, 귀에 익은 목소리를 듣는 내용, 청취하여 손해를 보는 내용, 계략을 듣는 내용, 불교의 설법을 듣는 내용, 참언을 듣는 내용, 죄의 고백을 듣는 내용, 귀를 막고 듣지 않는 내용, 죄인을 체포하여 관가에 고발하는 내용, 판결에 불복하여 재항변하는 내용, 허위로 자백하는 내용, 초청장을 보내는 내용, 공문을 발송하는 내용, 빠른 우편으로 송부하는 내용, 통신이 도착하는 내용, 문상객에게 인사장을 보내는 내용, 무선으로 송신하는 내용, 통신문을 수령하는 내용, 무선통신이 비의도적으로 수신되는 내용, 어떤 일을 국민에게 널리 공포하는 내용, 어떤 내용을 대대적으로 선전하는 내용, 불교를 만천하에 포교하는 내용, 녹음방송, 녹화방송, 라디오게임, 일기예보, 홍수예보, 호우주의보, 태풍주의보, 호우경보, 홍수경보, 태풍경보, 공습경보를 하는 내용, 라디오 수신기의 주파수를 고정시키는 내용, 능수능란하게 설명하는 내용, 전술한 내용을 환언하는 내용, 예를 들어 설명하는 내용, 요약하여 설명하는 내용, 상세히 설명하는 내용, 역설하는 내용, 자기 자신의 일을 설명하는 내용, 문자의 성립에 대해 설명하는 내용, 시사해설을 하는 내용, 자기의 병세를 설명하는 내용, 교과 내용을 강의하는 내용, 강의 내용을 계속하는 내용, 과목을 이어서 연강하는 내용, 대신 강의하는 내용, 임금께 경의를 강의하는 내용, 휴강하는 내용, 학술에 대한 강의, 강의를 청취하는 내용, 야외강연, 처녀연설, 낭독연설, 탁상연설, 제안 설명하는 내용, 사회 보는 내용, 처음으로 의견을 제시하는 내용, 여론이 형성되는 내용, 동의하는 내용, 표결하는 내용, 의견을 절충하는 내용, 시비를 판별하는 내용, 행정회의, 휴전회담, 재언하는 내용, 후술하는 내용, 이미 결정된 것은 논외로 하는 내용, 뒷부분을 생략하는 내용, 공평하게 논의하는 내용, 고상하게 의론을 전개하는 내용, 미리 상의하는 내용, 계속 논의하는 내용, 유쾌하게 담론하는 내용, 기탄 없이 의논하는 내용, 성대하게 담론하는 내용, 빠짐없이 논의하는 내용, 두 가지를 비교하여 논란하는 내용, 재검토하는 내용, 치밀하게 토의하는 내용, 논증하는 내용, 불경에 대해 토론하는 내용, 정치를 평론하는 내용, 지도자의 정치를 논평하는 내용, 인물평론, 시사만평, 화의하는 내용, 혼사에 대해 논의하는 내용, 논의하여 값을 정하는 내용, 죄의 경중을 논의하는 내용, 실속 없는 공리공론을 하는 내용, 진술을 무시하고 부당하게 판결하는 내용, 논의한 안건이 부결되는 내용, 의사진행을 방해하는 내용, 혼담이 파탄되는 내용, 회의를 마치는 내용, 남편에게 바가지를 긁으며 싸우는 내용, 처첩간에 시앗싸움하는 내용, 화풀이로 언쟁하는 내용, 떠들면서 언쟁하는 내용, 악을 쓰며 언쟁하는 내용, 난폭하게 언쟁하는 내용, 상앗대질하며 싸우는 내용, 자기의 주장을 강력히 내세우는 내용, 무례하게 웃어른께 대드는 내용, 인신공격하는 내용, 상대의 비행을 공격하는 내용, 상대의 언행을 모독하는 내용, 정치에 대하여 논쟁하는 내용, 임금 앞에서 논쟁하는 내용, 글로써 논쟁하는 내용, 상서로 서로 논전하는 내용 등이 각각 1개씩(0.1%)이다.

위와 같은 내용으로 보아 우리 민족은 개인적인 감정으로 말다툼하는 내용에 가장 큰 관심이 표현되어 있고, 편지하는 내용과 어떤 문제를 논의하는 내용에도 깊은 관심이 드러나 있다. 그리고 억울하여 하소연하거나 절규하는 내용과 윗사람을 원망하는 내용 및 간언하거나 직언하는 내용에도 많은 관심이 드러나 있다.

(2) 언어표현을 하는 주체는 모두 사람이다. 이들 중 신분이 드러나 있지 않아 일반인으로 간주되는 주체가 434개(45.21%)이다. 막연하나마 신분을 알 수 있는 것은 526개(56.08%)이다. 이들만 가지고 많이 분포된 순으로 고찰하면 다음과 같다.

회원이 58개(11.03%)로 가장 많고, 화가 난 사람이 39개(7.41%)로 다음으로 많으며, 아랫사람이 31개(5.89%)로 세 번째로 많다. 그리고 곤궁에 빠진 사람이 30개(5.7%)이고, 불평불만을 품은 사람이 26개(4.94%)이며, 법관이 21개(3.99%)이다. 여러 사람이 20개(3.8%)이고, 원통한 일을 당한 사람이 18개(3.42%)이며, 신하와 방송인 및 행정당국이 각각 17개씩(3.23%)이다.

그리고 학자가 16개(3.04%)이고, 윗사람이 13개(2.47%)이며, 하례자, 연사, 비밀의 누설자, 평론가가 각각 11개(2.09%)이다. 상부기관이 8개(1.52%)이고, 하부기관과 국가가 각각 7개(1.33%)이며, 범죄자와 무당이 각각 6개(1.14%)이다. 그리고 자식, 수혜자, 군인, 강연자, 스님이 각각 5개(0.95%)이고, 기독교인, 재판관, 증인, 피고인, 천주교 신자, 아낙네, 상주, 좌담자, 단체 등이 각각 4개(0.76%)이며, 여자, 어린이, 기쁜 일을 맞은 사람, 과실자, 밀고자, 전령, 방청객, 무고자, 수강생, 문상객 등이 각각 3개(0.57%)이다.

그리고 불교신자, 변호사, 시사평론가, 천도교 신자, 사법경찰관이 각각 2개(0.38%)이고, 누명쓴 사람, 신발장수, 이웃집 사람, 주례, 퇴임자, 유대교인, 직장의 결근자, 왕세자, 고관집 구종, 국회, 환자, 경관(經官), 사회자, 교전국 양국의 대표, 채무자, 채권자, 시앗, 원고인, 임금 등이 각각 1개(0.19%)이다.

(3) 언어표현의 객체나 언어표현이 이루어지는 장소 및 언어표현 중에 등장하는 대상은 중복되는 내용이 많이 있어, 객체의 수는 1,176개로 늘어난다. 이들도 많이 분포된 순으로 고찰하려 한다.

언쟁이 80개(6.81%)로 가장 많고, 억울함과 원통함이 각각 52개(4.42%)로 다음으로 많으며, 어떤 일에 대한 의견이 46개(3.91%)이다. 그리고, 편지가 37개(3.15%), 비밀이 29개(2.47%), 어떤 사실이 27개(2.3%), 욕설이 23개(1.96%), 웃어른이 22개(1.87%), 논의가 19개(1.62%), 의결이 18개(1.53%), 싸움과 명령 및 임금이 각각 17개(1.45%), 칭찬이 15개(1.28%), 어떤 일의 문제점과 남의 말 및 원망이 각각 13개(1.11%), 답장과 소문이 각각 12개 (1.09%)이다.

그리고 곤궁함, 축하, 인사말, 직언이 각각 11개(0.94%), 시비, 전화, 간언, 회의가 각각 10개(0.85%), 원고(原告), 동정심, 비평, 증인이 각각 9개 (0.77%), 강의, 일기예보, 자기의 주장, 전보, 청탁이 각각 8개(0.68%), 바른 말, 학술, 진술, 범죄, 소송이 각각 7개(0.6%), 연설, 주의, 안건, 권고, 협약, 귀신의 뜻, 심의안이 각각 6개(0.51%)이다.

법령, 임금의 교시, 피고인, 부고, 국민, 부정부패, 이론, 사정(事情), 주석, 천주님, 소원, 글, 회신, 죄인, 각 지역 등이 각각 5개(0.43%), 강연, 당론(黨論), 성명(姓名), 논쟁, 이견, 충언, 자화자찬, 희망사항, 소식, 공리공담, 인기척, 하부기관, 좌담석, 의안, 정치, 애정싸움, 불교의 교리, 사제(司祭), 이야기, 기별, 답례, 용서 등이 각각 4개(0.34%), 법률관계, 고발, 교과내용, 상부기관, 청탁서, 논(畓), 강사, 문안, 기쁨, 방청석, 방청객, 우물, 논설, 선악, 자기소개, 이치, 아랫사람, 담화, 논제, 사과, 작별, 수도(水道), 불행 등이 각각 3개(0.26%)이다.

그리고 신세, 태도, 결례, 신분, 경제, 질문, 주제, 적군, 유언비어, 수사기관, 공문서, 윗사람의 알현, 문서, 송신국, 재판절차, 죄의 고백, 혐의자, 종교의 교리, 피의자, 말꼬리, 충고, 동의, 태풍, 홍수, 청중, 파벌, 어떤 일의 내용, 심부름꾼, 생방송, 언론, 무선전신, 말이나 문장의 생략, 녹음방송, 소리, 중계방송, 호우, 불경, 고귀한 분, 음성, 집단이익, 의사진행, 거리, 입, 상관, 타협, 호소, 장단점, 종교의 교리 등이 각각 2개(0.17%)이다.

일반법원, 죄악, 수강생, 오락, 초청장, 가치, 경연장(經演場), 세자의 영지, 영상, 통행금지, 값, 강습, 진리, 헛기침, 도리, 하느님, 사건처리, 녹음, 경의(經義), 신념, 결의, 회람, 토의, 혼담, 결근사유, 휴일, 진위, 스님의 계율, 귀, 우편물, 미추(美醜), 군영생활, 소추, 신발, 장수, 하인, 주파수, 고급공무원, 사죄, 헛소문, 야외, 여론, 문화, 승전, 무선전화, 참언, 상소, 예언, 통보, 예산, 식사기도, 강의시간, 파산선고, 타국, 허위보고, 행복, 연예, 인격, 실례, 조약, 심려, 문장, 시사문제, 연구한 것, 개인적인 문제, 재치문답, 병세, 예수님, 새교재, 의문점, 화제, 상앗대질, 옷소매, 기술, 식사때, 학설, 수감자, 한쪽의 말, 주문(呪文), 색론, 골자, 선전, 천주교신자, 천도교신자, 심판, 반칙, 문자, 동일과목, 혼사, 요구사항, 공치사, 공습, 범죄수사, 한울님의 말씀, 변호사, 국가기밀, 정치가, 교양, 냉정한 말, 유언, 이중방송, 계획, 녹화방송, 답조장, 학습활동, 원고(原稿), 재항변, 여러 사람, 누명, 연회석, 어명, 출판물, 라디오게임, 휴전협정, 판단 등이 각각 1개(0.09%)이다.

(4) 말하는 동기를 알 수 있는 것은 모두 872개이다. 이들의 동기를 많이 분포된 순으로 살펴보면 다음과 같다.

사적인 감정을 풀기 위함이 116개(13.3%)로 가장 많고, 어떤 일을 논의하기 위함이 80개(9.17%)로 다음으로 많으며, 소식을 전하기 위함이 52개(5.96%)로 세 번째로 많다. 그리고 억울함을 표출하기 위함이 38개(4.36%)이고, 어떤 일을 널리 알리기 위함이 24개(2.75%)이며, 자기의 주장을 관철하기 위함이 23개(2.64%)이다. 진리를 밝히기 위함이 22개(2.52%)이고, 딱한 형편을 호소하여 도움을 받기 위함이 20개(2.29%)이고, 받은 편지에 답장하기 위함이 19개(2.18%)이며, 죄상을 밝히기 위함이 18개(2.06%)이다.

그리고 학술 내용을 강의하기 위함과 시비를 판별하기 위함이 각각 17개(1.95%)이고, 자기의 주장을 피력하기 위함과 남을 원망하기 위함이 각각 16개(1.83%)이며, 남의 공덕을 찬양하기 위함이 15개(1.72%)이다. 자기의 의견을 표현하기 위함과 어떤 일을 처리하기 위함 및 남에게 청탁을 하기 위함이 각각 14개(1.61%)이고, 가치·시비·미추를 비평하기 위함이 13개(1.49%)이며, 문안을 드리기 위함과 어떤 일을 협의하기 위함이 각각 11개(1.26%)이다.

직언하기 위함, 간언하기 위함, 의식석상에서 인사말을 하기 위함, 기쁘고 즐거운 일을 축하하기 위함, 어떤 일을 전달하기 위함이 각각 10개 (1.15%)이고, 어떤 사실을 귀띔하기 위함, 소문을 퍼뜨리기 위함, 상부나 일반에게 보고하기 위함, 국민의 피해를 방지하기 위함, 토의사항의 가부를 결정하기 위함이 각각 9개(1.03%)이다. 그리고 권고하여 개유시키기 위함과 논의한 것을 의결하기 위함이 각각 7개(0.8%)이고, 임금께 의견을 상주하기 위함, 비밀을 폭로하기 위함, 신의 뜻을 전하기 위함, 임금에게 어떤 사실을 보고하기 위함, 종교의 교리를 포교하기 위함, 무죄를 인정받기 위함이 각각 6개(0.69%)이다.

그리고 처음 만난 사람과 통성명을 하기 위함, 부모님께 혼정신성하기 위함, 새해를 맞이하여 세문안을 드리기 위함, 받은 은혜에 답례하기 위함, 숨긴 사실을 고백하기 위함, 죽음을 알리기 위함, 임금의 교시를 백성에게 알리기 위함, 강연을 하기 위함, 애정을 쟁취하기 위함, 자기의 잘못을 사과하기 위함 등이 각각 5개(0.57%)이고, 뽐내기 위함, 인기척을 내기 위함, 어떤 일을 건의하기 위함, 천주님과 사제에게 고해성사여 죄사함을 받기 위함, 의견을 제시하기 위함, 남의 말을 엿듣기 위함, 회의나 재판을 방청하기 위함 등이 각각 4개(0.46%)이다.

웃어른을 알현하기 위함, 충언을 드리기 위함, 작별인사를 나누기 위함, 어떤 일을 의논하기 위함, 물을 얻기 위함, 자기의 딱한 신세를 한탄하기 위함, 원통함을 풀기 위함, 기쁨을 표출하기 위함, 말의 내용을 잘 듣기 위함, 남을 모함하기 위함, 친교를 맺기 위함 등이 각각 3개(0.34%)이고, 남을 위로하기 위함, 당의 정책을 널리 알리기 위함, 당쟁을 하여 당의 이득을 얻기 위함, 놀라움을 표출하기 위함, 복을 기원하기 위함, 고자질하기 위함, 유언을 남기기 위함, 재판을 하기 위함, 적군의 상황을 아군에게 보고하기 위함 등이 각각 2개(0.23%)이다.

그리고 지도편달하기 위함, 설복시키기 위함, 죄악을 경계시키기 위함,

국민을 회유하기 위함, 자기의 병세를 알리기 위함, 화의를 체결하기 위함, 의사진행을 방해하기 위함, 상대의 반칙을 지적하여 시정하기 위함, 신발을 팔기 위함, 장수함을 축하하기 위함, 일용할 양식에 감사하기 위함, 예언을 하기 위함, 수사보고를 하기 위함, 승전보를 알리기 위함, 범죄 사실을 은폐하기 위함, 요구 사항을 수락하기 위함, 고관의 행차에 교통정리를 하기 위함, 하늘의 뜻을 하달하기 위함, 불교의 교리를 터득하기 위함, 말하는 소리를 듣지 않기 위함, 부정부패를 규탄하기 위함, 범죄를 고발하기 위함, 손님을 초청하기 위함, 오락을 즐기기 위함, 휴전협정을 체결하기 위함, 부당한 명령에 불복하기 위함, 죄상을 폭로하기 위함, 감사장을 보내기 위함 등이 각각 1개(0.11%)이다.

(5) 필자가 느끼기에 언어표현 중 바람직한 긍정적인 내용은 744개(77.5%)이고, 바람직하지 못한 내용(쌈질하다, 결례하다, 고자질하다, 욕설하다…)은 216개(22.5%)로 긍정적인 내용이 우세하다.

(6) 각 낱말밭의 어종별 분포도는 다음과 같다.

⟨표3⟩ 언어표현 자동사의 어종별 분포도

내용 \ 어종	고유어	한자어	혼종어	외래어	계
직언하다	5	32	1	○	38
	13.16%	84.21%	2.63%	○	100%
호소하다	2	30	○	1	33
	6.06%	90.91%	○	3.03%	100%
원망하다	11	4	○	○	15
	73.33%	26.67%	○	○	100%
절규하다	13	27	6	○	46
	28.26%	58.7%	13.04%	○	100%
인사하다	1	38	3	○	42
	2.38%	90.48%	7.14%	○	100%

내용 \ 어종	고유어	한자어	혼종어	외래어	계
축하하다	O	19	O	O	19
	O	100%	O	O	100%
칭찬하다	O	19	1	O	20
	O	95%	5%	O	100%
소문나다	14	18	8	O	40
	35%	45%	20%	O	100%
보고하다	8	48	2	O	58
	15.52%	82.76%	3.45%	O	100%
명령하다	1	29	O	O	30
	3.33%	96.67%	O	O	100%
청취하다	15	24	O	O	39
	38.46%	61.54%	O	O	100%
고발하다	O	11	O	O	11
	O	100%	O	O	100%
심문하다	O	20	1	O	21
	O	95.24%	4.76%	O	100%
진술하다	O	26	O	O	26
	O	100%	O	O	100%
편지하다	O	60	3	1	64
	O	93.75%	4.69%	1.56%	100%
전보·전화	O	24	1	O	25
	O	96%	4%	O	100%
발표하다	O	22	O	O	22
	O	100%	O	O	100%
방송하다	O	17	O	1	18
	O	94.44%	O	5.56%	100%
설명하다	O	28	1	O	29
	O	96.55%	3.45%	O	100%
강의하다	O	21	O	O	21
	O	100%	O	O	100%

내용\어종	고유어	한자어	혼종어	외래어	계
연설하다	O	10	1	1	12
	O	83.33%	8.33%	8.33%	100%
회의하다	O	49	O	1	50
	O	98%	O	2%	100%
논의하다	O	117	O	O	117
	O	100%	O	O	100%
언쟁·논쟁	85	74	5	O	164
	51.83%	45.12%	3.05%	O	100%
계	155	767	33	5	960
	16.15%	79.9%	3.44%	0.52%	100%

위의 표에서 보듯이 한자어는 80%에 달하고 있고, 우리 고유어는 16%에 불과하며, 한자어와 고유어가 융합된 혼종어는 3%에 이르고 있다. 그리고 서구 외래어는 '어필(appeal)하다, 레터(letter)하다, 라디오 게임(radio game)하다, 스피치(speech)하다, 프로포스(propose)하다' 등 5개(0.52%)에 불과하다. 일상적인 언어표현 낱말밭에서는 우리 고유어가 수적으로 우세한 반면에 실용적인 언어표현에서는 한자어가 절대 다수로 나타나 있다.

(7) 언어표현 자동사 중 비유적으로 표현된 낱말은 '죽는소리하다, 신불림하다, 호천하다, 호천고지하다, 환호작약하다, 신기누설하다, 변죽울리다, 솔발놓다, 솔발치다, 말떠러지다, 조령모개하다, 조령석개하다, 귀기울이다, 귀에익다, 귀맛들다, 귀맛나다, 귀뜨이다, 귀주다, 솔다, 귀따갑다, 몽이하다, 폭탄선언하다, 도강하다, 정담하다, 바가지싸움하다, 말씨름하다, 입씨름하다, 난장판치다, 공방전하다, 갑론을박하다, 색론하다' 등 33개(3.44%)이다.

그리고 저속하게 표현된 낱말은 '고함질하다, 악쓰다, 덕색질하다, 귀띔질하다, 고자질하다, 편지질하다, 싸움질하다, 쌈질하다, 쌈박질하다, 싸움지거리하다, 다툼질하다, 물똥싸움하다, 말쌈질하다, 말다툼질하다, 말질하다, 아가리질하다, 시비질하다, 신랑이질하다, 신랭이질하다, 승강이질하다, 상앗대질하다, 싸개통나다, 악새질하다, 악지질하다' 등 24개(2.5%)이다.

(8) 낱말의 구성 형태를 살펴보면 다음과 같다.

[한자어＋하다]의 형태가 690개(71.88%)로 가장 많고, 또 [한자어＋되다]의 형태는 67개(6.98%)로 다음으로 많으며, [고유어＋하다]의 형태는 52개(5.42%)로 세 번째로 많다. 그리고 [혼종어＋하다]의 형태는 12개(1.25%)이고, 고유어로 되어 있는 단일어는 25개(2.6%)이고, [-질]의 접사가 첨가된 낱말은 20개(2.08%)이다.

언어표현 자동사의 낱말 중에 의성어나 의태어인 상징어는 모두 42개(4.38%)이다. 이들 가운데 [어근＋하다]의 형태가 24개(2.5%)이고, [어근＋거리다]의 형태는 18개(1.88%)이다.

위와 같은 조어 형태 이외의 낱말 가운데 [어근＋치다](함성＋치다. 아우성＋치다. 난장판＋치다…)의 형태가 14개(1.46%)이고, [어근＋나다](말＋나다. 들통＋나다…)의 형태가 7개(0.73%)이며, [어근＋놓다](선문＋놓다. 간언＋놓다…)의 형태가 6개(0.63%)이다. 그리고 [어근＋주다](암시＋주다)의 형태가 5개(0.52%), [어근＋지르다](소리＋지르다)의 형태가 4개(0.42%), [어근＋내다](소문＋내다)의 형태와 [어근＋짖다](부르＋짖다)의 형태가 각각 3개(0.31%), [어근＋잡다](말꼬리＋잡다), [어근＋울리다](비명＋울리다), [어근＋받다](공수＋받다), [어근＋뜨이다](귀＋뜨이다)의 형태가 각각 2개(0.21%)이다.

그리고 [귀＋기울이다, 귀＋새다, 귀에ㅣ익다, 귀맛＋들다, 귀＋거슬리다, 귀＋따갑다, 말＋비치다, 말＋옮기다, 말＋떨어지다, 말＋새다, 전화＋걸다, 짜장귀＋일다, 새＋나가다, 문안＋드리다, 악＋쓰다, 곽곽＋쏘다]의 형태가 1개씩(0.1%)으로 분포되어 있다.

따라서 언어표현 자동사의 낱말 형태는 [한자어＋하다]와 [한자어＋되다]의 형태가 757개(78.85%)로 거의 전부이고, [고유어＋하다]형이나 [혼종어＋하다]형은 모두 64개(6,67%)에 불과하다.

(9) 종교와 관련된 내용은 모두 30개(3.13%)인데, 이들 중 불교가 9개(0.94%)로 가장 많고, 천주교가 8개(0.83%)로 다음으로 많으며, 민속신앙이 7개(0.73%)로 세 번째로 많다. 그리고 기독교(신교)가 3개(0.31%)이고, 천도교가 2개(0.21%)이며, 유대교가 1개(0.1%)이다.

3.2 언어표현 자동사 전체의 요약

여기에서는 「일상언어 자동사 낱말밭」의 1,409개 낱말의 내용과 「언어표현 자동사의 내용연구」의 960개 낱말을 모두 합친 2,369개 낱말에 대한 종합적인 분절구조를 요약함으로써 언어표현 자동사의 분절구조를 마무리하려 한다.

(1) 언어표현 자동사의 부분밭의 어휘를 많이 분포된 순으로 고찰하면 다음 표와 같다.

〈표4〉 언어표현 자동사의 낱말밭 어휘의 분포도

낱말밭	막연한말	수다떨다	언쟁하다	논의하다	불평하다	담화하다
어휘수	172	144	140	117	111	77
백분율	7.26%	6.08%	5.91%	4.94%	4.69%	3.25%

낱말밭	밀담하다	편지하다	꾸지람	회의하다	아첨하다	절규하다
어휘수	71	64	59	50	46	46
백분율	3%	2.7%	2.49%	2.11%	1.94%	1.94%

낱말밭	야유하다	인사하다	망발하다	거짓말	응답하다	억지쓰다
어휘수	43	42	41	41	41	40
백분율	1.82%	1.77%	1.73%	1.73%	1.73%	1.69%

낱말밭	청취하다	직언하다	비방하다	전달하다	호소하다	문답하다
어휘수	39	38	37	34	33	31
백분율	1.65%	1.6%	1.56%	1.44%	1.39%	1.31%

낱말밭	명령하다	설명하다	불명확함	폭언하다	함구불언	진술하다
어휘수	30	29	29	28	26	26
백분율	1.27%	1.22%	1.22%	1.18%	1.1%	1.1%

낱말밭	식언하다	보고하다	누설하다	논쟁하다	능변하다	약속하다
어휘수	25	24	24	24	24	24
백분율	1.06%	1.01%	1.06%	1.06%	1.06%	1.06%

낱말밭	재담하다	발표하다	강의하다	심문하다	칭찬하다	실언하다
어휘수	24	22	21	21	20	20
백분율	1.06%	0.93%	0.89%	0.89%	0.84%	0.84%

낱말밭	질문하다	말참견	머뭇거림	축하하다	방송하다	욕설하다
어휘수	20	19	19	19	18	17
백분율	0.84%	0.8%	0.8%	0.8%	0.76%	0.72%

낱말밭	호응하다	소문나다	모호한말	헛된말	원망하다	모순된말
어휘수	17	16	15	15	15	14
백분율	0.72%	0.68%	0.63%	0.63%	0.63%	0.59%

낱말밭	잔소리	진화하다	전보히다	연설하다	장담하다	고발하다
어휘수	14	13	12	12	12	11
백분율	0.59%	0.55%	0.51%	0.51%	0.51%	0.46%

낱말밭	정담하다	변명하다	이간질	독백하다	음담하다	계
어휘수	8	8	7	6	6	2369
백분율	0.34%	0.34%	0.3%	0.25%	0.25%	100%

더 구체적인 낱말의 내용은 중복되는 내용이 있어 낱말 내용의 수는 2,378개로 늘어난다. 이들을 많이 분포된 순으로 고찰하려 한다.

사사로운 감정으로 시비를 가리며 싸우는 내용이 95개(3.99%)로 가장 많고, 소곤소곤 밀담하는 내용이 71개(2.99%)로 다음으로 많으며, 투덜투덜 불평하는 내용이 55개(2.31%)로 세 번째로 많다. 그리고, 계속 수다떠는 내용이 48개(2.02%)이고, 시끄럽게 떠드는 내용이 32개(1.35%)이며, 아첨하는 내용과 발끈 화를 내며 폭언하는 내용이 각각 28개(1.18%)이다. 빈정거리며 야유하는 내용과 망발하는 내용 및 경망스럽게 씨부렁거리는 내용이 각각 27개(1.14%)이고, 익살스럽게 재담하는 내용과 지나치게 과장하여 말하는 내용이 각각 24개(1.01%)이며, 편지하는 내용이 22개(0.93%)이다. 여러 사람이 왁자지껄 떠드는 내용과 말을 못하고 머뭇거리는 내용 및 큰 소리로 야단치는 내용이 각각 21개(0.88%)이고, 남을 원망하는 내용과 능변으로 말을 잘하는 내용이 각각 20개씩(0.84%)이며, 깐죽거리며 희롱하는 내용과 농담하는 내용이 각각 19개씩(0.8%)이다. 그리고 더듬거리는 내용과 생떼 쓰는 내용이 각각 18개씩(0.76%)이고, 함구무언하는 내용과 악담하는 내용이 각각 17개씩(0.71%)이며, 회포를 모두 푸는 내용, 모호하게 어름거리는 내용, 남을 비방하는 내용, 욕설하는 내용, 실언하는 내용 등이 각각 16개(0.67%)이다. 어린애가 찡얼거리는 내용과 편지에 답장하는 내용이 각각 15개(0.63%)이고, 귀찮게 치근거리는 내용과 거짓말하는 내용이 각각 14개(0.59%)이다.

그리고 발언하는 내용, 질문에 대답하는 내용, 말참견하는 내용, 이러쿵저러쿵 잔소리하는 내용, 여자들이 중얼중얼 불평하는 내용, 어린애가 중얼중얼 불평하는 내용, 구구하게 변명하는 내용 등이 각각 13개(0.55%)이고, 횡설수설하는 내용이 12개(0.55%)이며, 무모하게 호언장담하는 내용과 아랫사람을 꾸중하는 내용 및 앞뒤가 맞지 않게 말하는 내용, 논의의 안건을 제기하는 내용, 서로 비난하며 싸우는 내용이 각각 11개씩(0.46%)이다.

그리고 윗사람이나 임금께 간언하는 내용, 윗사람에게 앙알거리며 원망하는 내용, 고함치는 내용, 잘된 일을 칭찬하는 내용, 어떤 문제로 논쟁하는 내용, 진심을 토로하는 내용, 담소하는 내용, 굳게 약속하는 내용, 공갈치어 남을 위협하는 내용이 각각 10개씩(0.42%)이고, 비밀을 실토하는 내용, 확실하게 단정하는 내용, 쓸데없이 잡담하는 내용, 실실 웃으며 수다떠는 내용, 꾸지람을 듣는 내용, 비밀이 누설되는 내용, 어떤 일을 귀띔하는 내용, 소문을 퍼뜨리는 내용, 공식적으로 회담을 개최하는 내용, 선악·시비·미추를 분석하여 비평하는 내용, 협의하여 타협하는 내용, 토론 후에 가부를 결정하는 내용, 반항하여 대항하는 내용, 서로 욕하며 싸우는 내용 등이 각각 9개(0.38%)이며, 갑론을박하는 내용, 유아가 옹알이하는 내용, 말대꾸하는 내용, 서로 호명하는 내용, 허위날조하여 거짓말하는 내용, 식언하는 내용, 교언영색하는 내용, 부질없이 객담하는 내용 등이 각각 8개(0.56%)이다.

권고하며 회유하는 내용, 궁한 형편을 호소하는 내용, 애처롭게 호소하는 내용, 구두로 전갈하는 내용, 논의하여 결정하는 내용, 정담을 나누는 내용, 큰 소리로 귀따갑게 떠드는 내용, 무엇을 질문하는 내용, 질의응답하는 내용, 감언이설로 남을 유혹하는 내용, 이간질하는 내용, 변명하여 발뺌하는 내용, 맹서하는 내용 등이 각각 7개씩(0.29%)이고, 청취하는 데 흥미를 느끼는 내용, 웃어른께 문안드리는 내용, 잘된 일을 축하하는 내용, 피의자를 심문하는 내용, 대질심문하는 내용, 전화를 거는 내용, 어떤 일을 널리 공포하는 내용, 어떤 사실을 선언하는 내용, 종교의 교리를 설명하는 내용, 임금께 의견을 상주하는 내용, 공대말로 표현하는 내

용, 하대말로 표현하는 내용, 호명에 대답하는 내용, 불만을 품고 심술부
리는 내용, 불만으로 트집잡는 내용, 미소지으며 떼쓰는 내용, 궤변을 늘
어놓는 내용, 음담패설하는 내용, 상소리하는 내용, 신중하게 발언하는
내용, 독백하는 내용 등이 각각 6개(0.42%)이다.

윗사람이 명령하는 내용, 어떤 말이 귀에 거슬리는 내용, 바른말을 하
는 내용, 애걸복걸하는 내용, 여러 사람이 일제히 제창하는 내용, 새해를
맞이하여 세문안드리는 내용, 답례하는 내용, 비밀을 누설하는 내용, 임
금께 상소하는 내용, 편지로 의견이 상통하는 내용, 부고하는 내용, 전보
치는 내용, 임금의 교시를 백성에게 공포하는 내용, 어떤 문제를 난상숙
의하는 내용, 한쪽에 치우쳐 논의가 잘못되는 내용, 말문 떼는 내용, 자
신 있게 장담하는 내용, 구두시험을 보는 내용, 다짐받는 내용, 우물쩍
넘어가는 내용, 헛소리하는 내용, 잠꼬대하는 내용 등이 각각 5개(0.35%)
이다.

상급기관이 하급기관에게 훈령하는 내용, 명령에 복종하는 내용, 남의
말을 경청하는 내용, 남의 말을 도청하는 내용, 원통함을 호소하는 내용,
가슴에 맺힌 일을 울부짖는 내용, 크게 비명을 지르는 내용, 초면에 통성
명하는 내용, 입에서 입으로 전파되는 내용, 인기척을 내는 내용, 자기의
의견이나 희망을 건의하는 내용, 소송의 내용을 진술하는 내용, 범죄의
사실을 자백하는 내용, 천주교의 신자가 고백성사하는 내용, 아낙네가 편
지하는 내용, 주석을 달아 상세하게 설명하는 내용, 사실에 근거하여 객
관적으로 설명하는 내용, 어떤 문제를 가지고 좌담하는 내용, 안건을 토
론하는 내용, 의견이나 사실을 진술하는 내용, 앞에서 진술한 내용, 헛되
이 공리공담하는 내용, 여러 사람이 시끄럽게 떠들며 싸우는 내용, 장황
하게 길게 말하는 내용, 한 말을 다시 하는 내용, 암호로 의사표시를 하
는 내용, 말꼬리를 다는 내용, 뒷공론하는 내용, 웅변하는 내용, 즉석에서
대답하는 내용, 반문하는 내용, 묵묵부답하는 내용, 두려워서 함구하는

내용, 남의 발언을 막는 내용, 문책하는 내용, 혹세무민하는 내용, 군소리
하는 내용, 공염불하는 내용 등이 각각 4개(0.28%)이다.

그리고 기탄 없이 직언하는 내용, 여자나 어린아이가 계속 종알대며
원망하는 내용, 절규하는 내용, 기뻐서 환호하는 내용, 부모님께 혼정신
성하는 내용, 웃어른께 문안편지 드리는 내용, 자기의 잘못을 사과하는
내용, 작별인사를 나누는 내용, 자화자찬하는 내용, 남의 일을 고자질하
는 내용, 제삼자가 방청하는 내용, 내용을 확실하게 청취하는 내용, 고발
당하는 내용, 허위날조하여 남을 무고하는 내용, 증인을 심문하는 내용,
심문을 받는 내용, 윗사람에게 사정을 진술하는 내용, 인편에 편지를 전
달하는 내용, 편지로 도움을 청하는 내용, 받은 소식에 회신하는 내용,
전화가 걸려오는 내용, 거리에서 큰소리로 선전하는 내용, 생방송하는 내
용, 논리적으로 설명하는 내용, 강의를 수강하는 내용, 강의를 개발하여
교수하는 내용, 회의를 진행하는 내용, 비밀리에 회의하는 내용, 안건을
논의하는 내용, 당론을 논의하는 내용, 시비를 질의응답하는 내용, 이의
를 제기하는 내용, 논의 중인 주제를 중단하는 내용, 물 때문에 싸우는
내용, 파벌간에 논쟁하는 내용, 발성하는 내용, 말미를 생략하는 내용, 귀
감이 되게 말하는 내용, 수화로 표현하는 내용, 변말로 표현하는 내용,
우의적으로 표현하는 내용, 냉정하게 말하는 내용, 의외의 말을 하는 내
용, 술의 힘을 빌어 말하는 내용, 회고담을 이야기하는 내용, 결단하여
대답하는 내용, 무성의하게 코대답하는 내용, 동문서답하는 내용, 핀잔주
는 내용, 허위로 전달하는 내용, 발라맞추는 내용, 주정부리는 내용 등이
각각 3개씩(0.13%)이다.

그리고 남의 말을 팍팍쏘는 내용, 충고하는 내용, 자기의 신세를 한탄
하는 내용, 집단이익을 목적으로 떼거리로 호소하는 내용, 남을 원망하는
내용, 북을 치며 고함치는 내용, 슬프게 절규하는 내용, 하늘을 우러러
절규하는 내용, 부모님께 출필고 반필면하는 내용, 의식에서 인사말하는

내용, 폐회사하는 내용, 언행에 결례하는 내용, 박수갈채로 칭찬하는 내
용, 고귀한 분에게 알현을 청하는 내용, 지방을 시찰할 때 도착시간을 미
리 알리는 내용, 구비전승되는 내용, 예언하는 내용, 일정한 상황을 보고
하는 내용, 녕령을 수행하고 보고하는 내용, 질문에 회보하는 내용, 남의
말에 복창하는 내용, 명령이 조령모개로 변화무쌍한 내용, 심부름꾼을 통
해 명령을 전달하는 내용, 하부기관이 명령을 수령하는 내용, 이야기를
청취하는 내용, 한쪽 말만 청취하는 내용, 재판의 내용을 듣는 내용, 부
정이 발각되어 규탄받는 내용, 고급공무원을 탄핵하는 내용, 시비가 판별
되는 내용, 허위로 심문에 대답하는 내용, 변론하는 내용, 상주에게 위로
의 편지를 하는 내용, 암호로 전보하는 내용, 전화가 혼선되는 내용, 중
계방송하는 내용, 여러 강사가 순강하는 내용, 청중에게 강연하는 내용,
순회강연, 연설, 즉흥연설, 거리연설, 유세하는 내용, 개의하는 내용, 논의
의 제목을 결정하는 내용, 요약하여 논술하는 내용, 주된 안건을 논술하
는 내용, 대면하여 논의하는 내용, 번거롭게 논의하는 내용, 자기의 신념
을 논고하는 내용, 학술 내용을 강론하는 내용, 협의이혼, 사랑싸움하는
내용, 말꼬리를 잡고 공격하는 내용, 소매를 걷어올리고 싸우는 내용, 유
언비어를 날조하여 퍼뜨리고 선제 공격하는 내용, 상용어로 말하는 내용,
불만을 품고 느리게 말하는 내용, 사건을 주선하기 위해 잡다하게 말하
는 내용, 온건하게 말하는 내용, 큰 소리로 자기 주장을 설파하는 내용,
사리에 맞게 말하는 내용, 남을 대변하는 내용, 폐일언하고 단도직입적으
로 결정하는 내용, 발언을 끝맺는 내용, 남이 모르는 말을 하는 내용, 흥
미롭게 말하는 내용, 견해를 공식적으로 공포하는 내용, 괴상야릇한 이야
기를 하는 내용, 진부한 내용을 말하는 내용, 담화회를 개최하는 내용,
체험담을 이야기하는 내용, 만담하는 내용, 말장난하는 내용, 대화로 연
극하는 내용, 혀짤배기소리로 발언하는 내용, 흥얼거리는 내용, 쓸데없이
군더더기의 말을 하는 내용, 점장이에게 길흉을 물어보는 내용, 요구에

응낙하는 내용, 자문자답하는 내용, 아랫사람에게 답변하는 내용, 불교의 교리를 문답하는 내용, 맞장구치는 내용, 까닭 없이 호령하는 내용, 거만하게 꾸짖는 내용, 범법자를 성토하는 내용, 꾸지람을 듣고 다른 사람에게 화풀이하는 내용, 불평을 읊조리는 내용, 어떤 내용을 얼버무리는 내용, 엉터리로 사건을 주선하는 내용, 면종복배하는 내용, 거칠고 우매하게 말하는 내용 등이 각각 2개씩(0.08%)이다.

그리고 지도 편달하는 내용, 신하가 글로 상소하는 내용, 달래어 악을 회유하는 내용, 관청이 국민을 계도하는 내용, 구차스럽게 말하는 내용, 심판에게 상대의 부당함을 지적하고 시정을 요구하는 내용, 억울한 누명을 호소하는 내용, 악을 쓰며 소리치는 내용, 크게 한 번 절규하는 내용, 주먹을 내저으며 고함치는 내용, 건성으로 고함치는 내용, 고함치며 떠드는 내용, 선두에 서서 고함치는 내용, 신발을 사라고 소리치는 내용, 소리 높여 하소연하는 내용, 여러 사람이 아우성치는 내용, 괴로움을 울부짖는 내용, 원통하여 땅을 치며 울부짖는 내용, 신에게 비손하는 내용, 법회 때 주문을 낭송하며 복을 비는 내용, 공경의 뜻으로 예를 표하는 내용, 받은 은혜를 치하하는 내용, 인사를 주고받는 내용, 격식 없이 인사하는 내용, 심부름꾼을 보내어 문안드리는 내용, 임금이 문안하는 내용, 송년사, 취임사, 환영사, 주례사, 고별사, 조사, 축사하는 내용, 찾아와서 축하하는 내용, 박수갈채로 하례하는 내용, 장수를 축하하는 내용, 한울님께 식사 기도하는 내용, 칭찬의 말을 전하는 내용, 공덕을 칭송하는 내용, 칭찬하여 권장하는 내용, 빈말로 칭찬하는 내용, 공치사하는 내용, 암시를 주는 내용, 자기 이름을 윗사람에게 알려 방문을 알리는 내용, 자기의 의견을 전달하는 내용, 격식 없이 구두로 전달하는 내용, 윗사람에게 귀띔하는 내용, 대답을 전갈로 보내는 내용, 어명을 구두로 전달하는 내용, 서면으로 전달하는 내용, 결근의 사유를 보고하는 내용, 직접 방문하여 보고하는 내용, 자기의 의견을 첨부하여 상부에 보고하는 내용, 상관에게 서면으로 보고하는 내용, 상세히 보고하는 내용, 범죄수사의 결과를 보고하는 내용, 적의 상황을 직접 보고하는 내용, 적의 상황을 첩보하여 보고하는 내용, 승전보를 알리는 내용, 서면이나 구두로 임금에게 보고하는 내용, 관청이나 웃어른께 상서하는 내용, 범죄 사실을 관계기관에 보고하지 않는 내용, 공문으로 통지를 받는 내용, 구령하는 내용, 요구사항을 승낙하는 내용, 문제의 해결에 대해 명령하는 내용, 분부나 명령을 하달하는 내용, 고관이 지나갈 때 거리를 정리하느라고 호령하는 내용, 상사의 명령에 따라 사건을 처리하는 내용, 상관의 명령을 부하에게 하달하는 내용, 군인에게 일일명령을 하달하는 내용, 명령에 불복하는 내용, 천도교 신자에게 한울님의 명령을 하달하는 내용, 헛소문을 듣는 내용, 귀에 익은 목소리를 듣는 내용, 청취하여 손해를 보는 내용, 계략을 듣는 내용, 불교의 설법을 듣는 내용, 참언을 듣는 내용, 죄의 고백을 듣는 내용, 귀를 막고 듣지 않는 내용, 죄인을 체포하여 관가에 고발하는 내용, 판결에 불복하여 재항변하는 내용, 허위로 자백하는 내용, 초청장을 보내는 내용, 공문을 발송하는 내용, 빠른 우편으로 송부하는 내용, 통신이 도착하는 내용, 문상객에게 인사장을 보내는 내용, 무선으로 송신하는 내용, 통신문을 수령하는 내용, 무선통신이 비의도적으로 수신되는 내용, 어떤 일을 국민에게 널리 공포하는 내용, 어떤 내용을 대대적으로 선전하는 내용, 불교를 만천하에 포교하는 내용, 녹음방송, 녹화방송, 라디오 게임, 일기예보, 홍수예보, 호우주의보, 태풍주의보, 호우경보, 홍수경보, 태풍경보, 공습경보를 하는 내용, 라디오 수신기의 주파수를 고정시키는 내용, 능수능란하게 설명하는 내용, 전술한 내용을 환언하는 내용, 예를 들어 설명하는 내용, 요약하여 설명하는 내용, 상세히 설명하는 내용, 역설하는 내용, 자기 자신의 일을 설명하는 내용, 문자의 성립에 대해 설명하는 내용, 시사해설을 하는 내용, 자기의 병세를 설명하는 내용, 교과 내용을 강의하는 내용, 강의 내용을 계속하는 내용, 과목을 이어서 연강

하는 내용, 대신 강의하는 내용, 임금께 경의를 강의하는 내용, 휴강하는
내용, 학술에 대한 강의, 강의를 청취하는 내용, 야외강연, 처녀연설, 낭
독연설, 탁상연설, 제안 설명하는 내용, 사회 보는 내용, 처음으로 의견을
제시하는 내용, 여론이 형성되는 내용, 동의하는 내용, 표결하는 내용, 의
견을 절충하는 내용, 시비를 판별하는 내용, 행정회의, 휴전회담, 재언하
는 내용, 후술하는 내용, 이미 결정된 것은 논외로 하는 내용, 뒷부분을
생략하는 내용, 공평하게 논의하는 내용, 고상하게 의론을 전개하는 내
용, 미리 상의하는 내용, 계속 논의하는 내용, 유쾌하게 담론하는 내용,
기탄 없이 의논하는 내용, 성대하게 담론하는 내용, 빠짐없이 논의하는
내용, 두 가지를 비교하여 논란하는 내용, 재검토하는 내용, 치밀하게 토
의하는 내용, 논증하는 내용, 불경에 대해 토론하는 내용, 정치를 평론하
는 내용, 지도자의 정치를 논평하는 내용, 인물평론, 시사만평, 화의하는
내용, 혼사에 대해 논의하는 내용, 논의하여 값을 정하는 내용, 죄의 경
중을 논의하는 내용, 실속 없는 공리공론을 하는 내용, 진술을 무시하고
부당하게 판결하는 내용, 논의한 안건이 부결되는 내용, 의사진행을 방해
하는 내용, 혼담이 파탄되는 내용, 회의를 마치는 내용, 남편에게 바가지
를 긁으며 싸우는 내용, 처첩간에 시앗싸움하는 내용, 화풀이로 언쟁하는
내용, 떠들면서 언쟁하는 내용, 악을 쓰며 언쟁하는 내용, 난폭하게 언쟁
하는 내용, 상앗대질하며 싸우는 내용, 자기의 주장을 강력히 내세우는
내용, 무례하게 웃어른께 대드는 내용, 인신공격하는 내용, 상대의 비행
을 공격하는 내용, 상대의 언행을 모독하는 내용, 정치에 대하여 논쟁하
는 내용, 임금 앞에서 논쟁하는 내용, 글로써 논쟁하는 내용, 상서로 서
로 논전하는 내용, 필담하는 내용, 언행에 애티가 나는 내용, 가는 음성
으로 발언하는 내용, 두어 마디로 발언하는 내용, 어떤 일에 대하여 언급
하는 내용, 자신에 대해 진술하는 내용, 발성을 중단하는 내용, 서두를
생략하는 내용, 중간을 생략하는 내용, 시조하듯 느리게 말하는 내용, 상

세하게 표현하는 내용, 겸손하게 말하는 내용, 눈짓하는 내용, 화제를 전환하는 내용, 관대한 아량으로 활달하게 말하는 내용, 거만스럽게 말하는 내용, 격렬하게 말하는 내용, 말의 어느 부분을 강조하는 내용, 현학적으로 표현하는 내용, 다른 동사로 대치하여 말하는 내용, 짧게 표현하는 내용, 사담하는 내용, 공무에 대해 말하는 내용, 의문점을 말하는 내용, 폐단을 언급하는 내용, 폐단의 시정을 지적하는 내용, 먼 친척관계를 말하는 내용, 거명하여 말하는 내용, 교묘하게 꺼낸 말이 적중되는 내용, 유난스럽게 말하는 내용, 말발이 서는 내용, 설화에 대해 이야기하는 내용, 진실하게 말하는 내용, 고상한 내용을 말하는 내용, 진귀한 일에 대해 말하는 내용, 찾아와서 말하는 내용, 서서 이야기하는 내용, 남을 대신하여 말하는 내용, 쾌활하게 말하는 내용, 연극에 대하여 이야기하는 내용, 회견한 내용을 이야기하는 내용, 투쟁담을 이야기하는 내용, 시사담을 말하는 내용, 정치에 대해 이야기하는 내용, 재판에 대해 말하는 내용, 소나기처럼 말하는 내용, 많은 말 중에 더러 적중되는 내용, 자기 자신에 질문하는 내용, 문장 속에서 질문하는 내용, 자문에 응하는 내용, 찾아와서 질문하는 내용, 문책하는 내용, 성함을 질문하는 내용, 예절에 대해 묻는 내용, 말[馬]에 대해 묻는 내용, 경서의 난해점을 묻는 내용, 불치하문하는 내용, 시험삼아 질문하는 내용, 임금이 직접 묻는 내용, 글로 대답하는 내용, 윗사람이 답변하는 내용, 임금의 질문에 신하가 대답하는 내용, 불경스럽게 어른의 이름을 함부로 부르는 내용, 시대에 어긋난 발언을 하는 내용, 후보자를 구두로 추천하는 내용, 불경의 요의에 대해 질문하는 내용, 우문우답하는 내용, 글을 써서 문답하는 내용, 우문현답하는 내용, 기이하고 색다르게 대답하는 내용, 교리문답하는 내용, 청탁한 일이 거절되는 내용, 한편 말만 역성드는 내용, 언행을 삼가도록 단속하는 내용, 술에 취해 잔소리하는 내용, 웃어른의 언행을 지적하는 내용, 적반하장되는 내용, 유감의 뜻으로 혀를 차는 내용, 헛맹서하는 내용, 구두로 계약하는 내용, 헛장담하는 내용, 심문하는 관리에게 욕설하는 내용, 금방 사귄 사람에게 함부로 말하는 내용, 어름어름 책임을 회피하는 내용 등이 각각 1개(0.07%)이다.

위와 같은 내용으로 보아 우리 언어공동체는 사사로운 감정을 가지고 비시를 따져가며 서로 싸우는 내용에 가장 큰 관심을 보이고 있고, 소곤소곤 밀담하는 내용에도 깊은 관심을 표현하고 있으며, 투덜투덜 불평하는 내용과 계속 수다떠는 내용 및 시끄럽게 떠드는 내용에도 많은 관심이 드러나 있다. 그리고 아첨하는 내용과 발끈 화를 내어 폭언하는 내용 및 빈정거리며 야유하는 내용, 망발하는 내용, 경망스럽게 씨부렁거리는 내용에도 얼마간의 관심이 표현되어 있다. 이렇게 많은 관심을 보이고 있는 내용들은 모두 바람직하지 못한 부정적인 내용으로 미루어 보아 언행에 조심하는 민족의 세계상이 언어 속에 반영되어 있음을 알 수 있다.

(2) 언어표현을 하고 있는 주체는 모두 사람이다. 이들 중 신분이 드러나 있는 것 중 많이 분포된 순으로 고찰하면 다음과 같다.

신분이 밝혀지지 않아 일반인으로 간주되는 주체가 1,627명(68.68%)이고, 여러 사람이 77개(3.25%)이며, 회원이 58명(2.45%)이다. 그리고 아랫사람이 42명(1.77%)이고, 화가 난 사람이 39명(1.65%)이며, 어린아이가 37명(1.56%)이다. 곤란에 빠진 사람이 30명(1.27%), 불평불만을 품은 사람이 26명(1.1%), 법관이 21명(0.89%), 신하가 19명(0.8%), 원통한 일을 당한 사람이 18명(0.76%), 방송국의 종사자가 17명(0.72%), 여자와 학자가 각각 16명(0.68%), 웃어른이 13명(0.55%), 비밀의 누설자와 연사가 각각 11명(0.46%)이다.

그리고 상부기관이 8개(0.34%), 국가, 행정당국, 음주자, 하부기관이 각각 7개(0.3%), 범법자, 환자, 불교인, 강연자, 사람의 혀, 무당이 각각 6개(0.25%), 부부, 자식, 단체, 시험관, 군인, 임금, 사람의 입, 수혜자가 각각 5개(0.21%), 웅변가, 잘생긴 사람, 학습자, 아낙네, 피고인, 상주, 증인, 기독교인, 천주교인, 공연자, 재판관이 각각 4개(0.17%), 문상객, 무고자, 농아, 윗사람, 과실자, 수강생, 기쁜 일을 맞은 사람, 방청객, 밀고자가 각각 3개(0.13%), 시험 보는 사람, 자기 자신, 발음기관, 일부의 사람, 천도교인, 하느님, 남녀, 선가의 스승, 공무원, 사법경찰관, 전령, 변호사, 점장이가 각각 2개(0.08%)이다.

그리고 시앗, 만담가, 대변인, 혼례의 주례, 누명쓴 사람, 기독교의 입교자, 국회, 은둔생활자, 고관의 구종, 원고인, 교전국 양국의 대표, 신발장수, 경관(經官), 스님, 강사, 소수의 집단, 감옥의 수감자, 사회자, 하례자, 좌담자, 피의자, 유대교인, 평론가, 하인, 세례자, 퇴임자, 먼 친척, 인품이 고매한 사람, 소인배, 채권자, 채무자, 왕세자, 직장의 결근자, 주례목사 등이 각각 1개(0.04%)이다.

(3) 언어표현을 하는 가운데 등장하는 대상이나 장소 및 객체는 중복되는 내용이 많이 있어 객체의 수는 2791개로 늘어난다. 이들 객체를 많이 분포된 순으로 고찰하면 다음과 같다.

수다스런 말이 144개(5.16%)로 가장 많고, 불평불만이 113개(4.05%)로 다음으로 많으며, 언쟁이 80개(2.87%)로 세 번째로 많다. 그리고 밀담이 71개(2.54%), 원통함과 억울함이 각각 52개(1.86%), 고집이 49개(1.76%), 의견이 46개(1.65%), 말[言語]이 45개(1.61%), 야유와 희롱이 각각 43개(1.54%), 욕설이 42개(1.5%), 망언이 41개(1.47%), 편지와 비밀이 각각 38개(1.36%), 꾸지람이 37개(1.33%), 의문점이 32개(1.15%)이다.

그리고 아첨이 29개(1.04%), 폭언이 28개(1%), 호언장담과 우물쭈물하는 말 및 비방이 각각 25개(0.9%), 논쟁, 능변, 재담, 원망이 각각 24개(0.86%), 명령과 논의가 각각 19개(0.68%), 웃어른 함구무언, 응답, 소문이 각각 22개(0.79%)이다.

남의 발언, 짜증, 어떤 사실, 더듬는 말, 의결, 말참견이 각각 18개(0.64%), 싸움, 임금, 웃음이 각각 17개(0.61%), 호통, 비양, 허물, 실언, 회

포가 각각 16개(0.57%), 우스개소리와 칭찬이 각각 15개(0.54%), 잔소리,
모호한 말, 헛된말, 의안이 각각 14개(0.5%), 문제점이 13개(0.47%), 답장,
조소, 험담, 맹서, 횡설수설, 군소리가 각각 12개(0.43%), 곤궁, 일구이언,
축하, 농담, 직언, 발음기관, 인사말이 각각 11개(0.39%), 공갈, 전화, 시비,
회의, 생각, 간언, 진술이 각각 10개(0.36%)이다.

그리고 사실, 말대꾸, 비평, 동정, 원고(原告), 잡담, 변명, 증인이 각각 9
개(0.32%), 정담, 강의, 일기예보, 청탁, 입속말, 이야기, 전보, 주장이 각각
8개(0.29%), 이간질, 학술, 단언, 바른말, 진술, 말꼬리, 범죄, 문답, 언약,
소송이 각각 7개(0.25%), 공대어, 암호, 발음, 핑계, 헛소리, 주의, 하대어,
회신, 귀신의 뜻, 독백, 음담패설, 상소리 안건, 협약, 감정, 권고, 심의안,
연설, 성명이 각각 6개(0.21%)이다. 소원, 각 지역, 구두시험, 주석, 국민,
다짐, 부정부패, 임금의 교시, 냉정한 말, 사정, 묵묵부답, 죄인, 천주님,
피고인, 법령, 부고, 이론, 기만, 글이 각각 5개(0.18%)이다.

그리고 소식, 답례, 청중, 당론, 자화자찬, 한담, 사제(司祭), 가언(佳言),
충언, 애정싸움, 불교의 교리, 이견, 백성, 강연, 희망사항, 인기척, 좌담석,
뒷말, 공리공담, 트집, 용서, 동문서답, 어문, 정치, 하부기관, 진담, 기별이
각각 4개(0.14%)이고, 상부기관, 술주정, 문안, 자기 소개, 논설, 논[畓], 말
미, 담화, 청탁서, 수도(水道), 작별, 고발, 법률관계, 수화, 교리문답, 태도,
내용, 경서, 타인, 사과(謝過), 희답, 교과 내용, 우물, 기쁨, 강사, 아랫사
람, 방청객, 방청석, 불행, 논제, 반문, 취담, 이치, 연극, 선악이 각각 3개
(0.11%)이다.

집단이익, 웅변, 사람의 입, 질문, 파벌, 결례, 사연, 거리, 혐의자, 사건,
충고, 상용어, 쇠의 고백, 신분, 녹음방송, 배신, 불경, 유언비어, 종교의
교리, 재판 절차, 공문서, 생략, 느낌, 심부름꾼, 알현, 의사진행, 길흉, 적
군, 담화회, 홍수, 회고담, 주제, 범죄자, 재치, 음성, 기지, 중계방송, 생방
송, 소리, 숙어, 경제, 타협, 호우, 체험담, 상관, 교리, 언어유희, 신세, 만

담, 고귀한 분, 장단점, 굿, 동의, 언론, 무선전신, 태풍, 자문자답, 밀약, 괴담, 호소, 수사기관, 송신국, 문서, 피의자가 각각 2개(0.07%)이다.

교양, 투쟁담, 연회석, 강의시간, 동화, 요구사항, 하느님, 한쪽의 말, 필담, 조약, 시사문제, 식사 때, 라디오게임, 재항변, 학습활동, 겸양어, 하답, 중간, 화재, 판단, 막말, 초청장, 허위보고, 경연장(經演場), 한울님의 말씀, 파산선고, 신념, 헛소문, 말[馬], 하인, 혼담, 경의(經義), 헛기침, 상앗대질, 결근사유, 서두, 무선전화, 소추, 회견담, 스님의 계율, 혼사, 시조, 실례, 색론, 문자, 수감자, 휴전협정, 상답, 회람, 시사담, 연예, 녹음, 공담, 녹화방송, 문장, 일, 미추(美醜), 누명, 야외, 재치문답, 심판, 눈짓, 신발, 정치가, 연구한 것, 답조장, 문화, 토의, 인격, 대변, 반칙, 참언, 세자의 영지, 도리, 주파수, 정치담, 진위, 동사, 영상, 타국, 귀, 동일과목, 오락, 자기 자신, 범죄수사, 이중방송, 선전, 유언, 속담, 가치, 진리, 실력, 통보, 심려, 예언, 휴일, 저주, 어명, 관청, 병영생활, 필문필답, 예절, 군더더기 사설, 기술, 식사기도, 우문현답, 원고(原稿), 애티, 행복, 죄악, 주문(呪文), 공습, 예산, 사죄, 교양, 격언, 화제, 옷소매, 국가기밀, 필답, 회상담, 수강생, 승전소식, 상소, 어떤 일, 헛맹서, 우문우답, 값, 거짓말, 역성, 인척관계, 장수(長壽), 생년월일, 결의, 전설, 책망, 변설, 천도교신자, 천주교신자, 우편물, 고급공무원, 통행금지, 서약, 시사문제, 일반법원, 계획, 신화, 변호사, 웃어른의 언행, 출판물, 병세, 칙답, 사담, 여러 사람, 새교재, 사건처리, 골자, 폐단, 강습, 공치사, 학설, 예수님 등이 각각 1개씩(0.04%)이다.

(4) 언어표현의 동기를 알 수 있는 것은 모두 1,683개(73%)이고, 알 수 없는 것은 687개(27%)이다. 여기에서 언어표현의 동기를 알 수 있는 것만 가지고 많이 분포된 순으로 살펴보면 다음과 같다.

불평불만을 표출하기 위함이 121개(7.19%)로 가장 많고, 사적인 감정을 풀기 위함이 116개(6.9%)로 다음으로 많으며, 어떤 일을 논의하기 위함이 83개(4.93%)로 세 번째로 많다. 그리고 흥미를 유발시키기 위함이 69개

(4.1%)이고, 소식을 전달하기 위함이 62개(3.69%)이며, 남의 잘못을 질책하기 위함이 61개(3.63%)이다. 질문에 응답하기 위함이 55개(3.27%)이고, 자기의 주장을 관철하기 위함이 52개(3.09%)이며, 남의 환심을 사기 위함이 46개(2.73%)이다.

그리고 아니꼬와서 남을 야유하기 위함이 43개(2.56%)이고, 남을 속이기 위함이 41개(2.44%)이며, 억울함을 표출하기 위함이 38개(2.26%)이다. 자기를 과시하기 위함과 남을 비웃으며 비방하기 위함이 각각 37개(2.2%)이고, 비밀을 지키기 위함이 35개(2.08%)이며, 자기의 의견을 진술하기 위함이 34개(2.02%)이다. 자기의 책임을 모면하기 위함이 33개(1.96%)이고, 남에게 화풀이를 하기 위함이 30개(1.78%)이며, 확답을 다짐받기 위함과 어떤 일을 널리 알리기 위함이 각각 24개(1.43%)이다.

진리를 밝히기 위함이 22개(1.31%)이고, 의문점을 알기 위함과 딱한 형편을 호소하여 도움을 받기 위함이 각각 20개(1.19%)이며, 품고 있는 생각을 표현하기 위함과 받은 편지에 답장하기 위함이 각각 19개(1.13%)이다. 죄상을 밝히기 위함이 18개(1.07%)이고, 남에게 모욕을 주기 위함과 학술 내용을 강의하기 위함 및 시비를 판별하기 위함이 각각 17개(1.01%)이며, 자기의 주장을 피력하기 위함과 남을 원망하기 위함이 각각 16개(0.95%)이다. 진실을 토로하기 위함과 남의 공덕을 찬양하기 위함이 각각 15개(0.89%)이고, 지루함을 해소시키기 위함과 어떤 일을 처리하기 위함 및 남에게 청탁을 하기 위함이 각각 14개(0.83%)이며, 가치·시비·미추를 비평하기 위함이 13개(0.77%)이다. 발성을 하기 위함과 문안을 드리기 위함 및 어떤 일을 협의하기 위함이 각각 11개(0.65%)이다.

남에게 위협을 주기 위함, 직언하기 위함, 간언하기 위함, 의식석상에서 인사말을 하기 위함, 기쁘고 즐거운 일을 축하하기 위함이 각각 10개(0.59%)이고, 어떤 사실을 귀띔하기 위함, 소문을 퍼뜨리기 위함, 상부나 일반에게 보고하기 위함, 국민의 피해를 방지하기 위함, 토의사항의 가부를 결정하기 위함이 각각 9개(1.03%)이다. 그리고 무엇을 요구하기 위함과 애정을 나누기 위함이 각각 8개(0.48%)이고, 자기의 이익을 추구하기 위함과 권고하여 개유시키기 위함 및 논의한 것을 의결하기 위함이 각각 7개(0.42%)이며, 임금께 의견을 상주하기 위함, 비밀을 폭로하기 위함, 신의 뜻을 전하기 위함, 임금에게 어떤 사실을 보고하기 위함, 종교의 교리를 포교하기 위함, 무죄를 인정받기 위함이 각각 6개(0.36%)이다.

그리고 처음 만난 사람과 통성명을 하기 위함, 부모님께 혼정신성하기 위함, 새해를 맞이하여 세문안을 드리기 위함, 받은 은혜에 답례하기 위함, 숨긴 사실을 고백하기 위함, 죽음을 알리기 위함, 임금의 교시를 백성에게 알리기 위함, 강연을 하기 위함, 애정을 쟁취하기 위함, 자기의 잘못을 사과하기 위함 등이 각각 5개(0.57%)이고, 위기를 모면하기 위함, 뽐내기 위함, 인기척을 내기 위함, 어떤 일을 건의하기 위함, 천주님과 사제에게 고해성사여 죄사함을 받기 위함, 의견을 제시하기 위함, 남의 말을 엿듣기 위함, 회의나 재판을 방청하기 위함 등이 각각 4개(0.46%)이다.

웃어른을 알현하기 위함, 충언을 드리기 위함, 작별인사를 나누기 위함, 어떤 일을 의논하기 위함, 물을 얻기 위함, 자기의 딱한 신세를 한탄하기 위함, 원통함을 풀기 위함, 기쁨을 표출하기 위함, 말의 내용을 잘 듣기 위함, 남을 모함하기 위함, 친교를 맺기 위함 등이 각각 3개(0.34%)이고, 원만하게 일을 처리하기 위함, 태도를 확실히 밝히기 위함, 남을 위로하기 위함, 당의 정책을 널리 알리기 위함, 당쟁을 하여 당의 이득을 얻기 위함, 놀라움을 표출하기 위함, 복을 기원하기 위함, 고자질하기 위함, 유언을 남기기 위함, 재판을 하기 위함, 적군의 상황을 아군에게 보고하기 위함 등이 각각 2개(0.23%)이다.

그리고 언어의 불통을 해소하기 위함, 지도편달하기 위함, 설복시키기 위함, 죄악을 경계시키기 위함, 국민을 회유하기 위함, 자기의 병세를 알리기 위함, 화의를 체결하기 위함, 의사진행을 방해하기 위함, 상대의 반칙을 지적하여 시정하기 위함, 신발을 팔기 위함, 장수함을 축하하기 위함, 일용할 양식에 감사하기 위함, 예언을 하기 위함, 수사보고를 하기 위함, 승전보를 알리기 위함, 범죄 사실을 은폐하기 위함, 요구사항을 수락하기 위함, 고관의 행차에 교통정리를 하기 위함, 하늘의 뜻을 하달하기 위함, 불교의 교리를 터득하기 위함, 말하는 소리를 듣지 않기 위함, 부정부패를 규탄하기 위함, 범죄를 고발하기 위함, 손님을 초청하기 위함, 오락을 즐기기 위함, 휴전협정을 체결하기 위함, 부당한 명령에 불복하기 위함, 죄상을 폭로하기 위함, 감사장을 보내기 위함 등이 각각 1개 (0.11%)이다.

따라서 언어표현의 동기는 개인의 불평불만을 표출하기 위함과 사적인 감정을 풀기 위함이 가장 많고, 어떤 일을 논의하여 결정하려는 동기와 재미있게 이야기하여 흥미를 유발하기 위함과 아랫사람의 잘못을 꾸짖어 주의시키기 위함도 중요한 동기로 나타나 있다. 그리고 소식을 전달하는 편지나 전보·전화의 내용과 질의응답하는 내용 및 자기의 주장을 피력하려는 동기와 남의 환심을 사기 위해 아첨하려는 동기도 어느 정도 많이 드러나 있다.

(5) 필자가 느끼기에 바람직한 긍정적인 내용은 '이야기하는 내용, 정담을 나누는 내용, 현하지변으로 말을 잘하는 내용, 익살스럽게 재담하는 내용, 서로 약속하는 내용, 직언하는 내용, 충언하는 내용, 간언하는 내용, 충고하는 내용, 서로 인사하는 내용, 편지하는 내용, 문안드리는 내용, 축하, 칭찬, 강의, 연설, 설명, 논의하는 내용' 등 848개(35.8%)이고, 바람직하시 못한 부정적인 내용은 '더듬는 말, 애매모호한 표현, 불확실한 표현, 모순된 표현, 수다떠는 내용, 호언장담하는 내용, 남의 말에 참견하는 내용, 억지쓰는 내용, 잔소리, 거짓말, 허풍떠는 내용, 식언, 아첨, 결례, 고자질, 야유, 조롱, 욕설, 조소, 음담패설, 실언, 상말, 공갈, 이간질, 변명'

등 980개(41.37%)이다. 그리고 부정도 긍정도 아닌 중성적인 내용은 541
개(22.84%)이다.

따라서 언어표현 자동사의 내용에서는 부정적인 내용이 긍정적인 내
용보다 수적으로 우세하다. 이러한 결과는 우리 언어공동체가 예로부터
언행에 조심하는 민족의 세계상이 반영된 것으로 이해되며, 좋지 않은
말을 부정적으로 보는 우리의 세계상도 반영된 것으로 믿어진다.

(6) 언어표현 자동사의 어종별 분포도는 다음과 같다

〈표5〉 언어표현 자동사의 어종별 분포도

내용 \ 어종	고유어	한자어	혼종어	서구외래어	계
말하다	42	117	13	O	172
	24.42%	68.02%	7.56%	O	100%
담화하다	71	80	10	1	162
	43.38%	49.38%	6.17%	0.62%	100%
불분명한 언표	76	16	2	O	94
	80.85%	17.02	2.13%	O	100%
수다떨다	124	19	1	O	144
	86.11%	13.19%	0.69%	O	100%
능변하다	5	18	1	O	24
	20.83%	75%	4.17%	O	100%
재담하다	21	2	O	1	24
	87.5%	8.33%	O	4.17%	100%
장담하다	4	8	O	O	12
	33.33%	66.67%	O	O	100%
질의응답하다	11	94	4	O	109
	10.09%	86.24%	3.67%	O	100%
말참견하다	12	5	2	O	19
	63.16%	26.32%	10.53%	O	100%

내용＼어종	고유어	한자어	혼종어	서구외래어	계
함구하다	4	21	1	○	26
	15.38%	80.77%	3.85%	○	100%
잔소리하다	10	4	○	○	14
	71.43%	28.57%	○	○	100%
꾸지람하다	16	35	8	○	59
	27.12%	59.32%	13.56%	○	100%
불평하다	110	1	○	○	111
	99.09%	0.91%	○	○	100%
억지쓰다	38	2	○	○	40
	95%	5%	○	○	100%
약속하다	6	16	2	○	24
	25%	66.67%	8.33%	○	100%
거짓말하다	14	26	1	○	41
	34.15%	63.41%	2.44%	○	100%
허풍떨다	11	8	6	○	25
	44%	32%	24%	○	100%
식언하다	10	14	1	○	25
	40%	56%	4%	○	100%
아첨하다	20	25	1	○	46
	43.48%	54.35%	2.17%	○	100%
야유하다	35	7	1	○	43
	81.41%	16.28%	2.33%	○	100%
비방하다	6	27	4	○	37
	16.22%	72.97%	10.81%	○	100%
욕설하다	4	6	7	○	17
	23.53%	35.29%	41.77%	○	100%
음담하다	○	6	○	○	6
	○	100%	○	○	100%
실언하다	21	46	9	○	76
	27.63%	60.53%	11.84%	○	100%

내용＼어종	고유어	한자어	혼종어	서구외래어	계
상말하다	2	2	2	O	6
	33.33%	33.33%	33.33%	O	100%
폭언하다	25	2	1	O	28
	89.89%	7.14%	3.57%	O	100%
공갈치다	6	1	3	O	10
	60%	10%	30%	O	100%
이간질하다	1	1	5	O	7
	14.29%	14.29%	71,43%	O	100%
변명하다	2	6	O	O	8
	25%	75%	O	O	100%
직언하다	5	32	1	O	38
	13.16%	84.21%	2.63%	O	100%
호소하다	2	30	O	1	33
	6.06%	90.91%	O	3.03%	100%
원망하다	11	4	O	O	15
	73.33%	26.67%	O	O	100%
절규하다	13	27	6	O	46
	28.26%	58.7%	13.04%	O	100%
인사하다	1	38	3	O	42
	2.38%	90.48%	7.14%	O	100%
축하하다	O	19	O	O	19
	O	100%	O	O	100%
칭찬하다	O	19	1	O	20
	O	95%	5%	O	100%
소문나다	14	18	8	O	40
	35%	45%	20%	O	100%
보고하다	8	48	2	O	58
	15.52%	82.76%	3.45%	O	100%
명령하다	1	29	O	O	30
	3.33%	96.67%	O	O	100%

내용＼어종	고유어	한자어	혼종어	서구외래어	계
청취하다	15	24	○	○	39
	38.46%	61.54%	○	○	100%
고발하다	○	11	○	○	11
	○	100%	○	○	100%
심문하다	○	20	1	○	21
	○	95.24%	4.76%	○	100%
진술하다	○	26	○	○	26
	○	100%	○	○	100%
편지하다	○	60	3	1	64
	○	93.75%	4.69%	1.56%	100%
전보·전화하다	○	24	1	○	25
	○	96%	4%	○	100%
발표하다	○	22	○	○	22
	○	100%	○	○	100%
방송하다	○	17	○	1	18
	○	94.44%	○	5.56%	100%
설명하다	○	28	1	○	29
	○	96.55%	3.45%	○	100%
강의하다	○	21	○	○	21
	○	100%	○	○	100%
연설하다	○	10	1	1	12
	○	83.33%	8.33%	8.33%	100%
회의하다	○	49	○	1	50
	○	98%	○	2%	100%
논의하다	○	117	○	○	117
	○	100%	○	○	100%
언쟁·논쟁하다	85	74	5	○	164
	51.83%	45.12%	3.05%	○	100%
계	862	1382	118	7	2369
	37.39%	58.34%	4.98%	0.3%	100%

위의 표에서 보듯이 한자어는 1382개(58.34%)로 과반수가 훨씬 넘고 있으며, 우리 고유어는 862개(37.39%)에 불과하다. 그리고 고유어와 한자어가 융합된 혼종어는 118개(4.98%)이고, 서구 외래어는 '어필(appeal)하다, 레터(letter)하다, 라디오 게임(radio game)하다, 스피치(speech)하다, 프로포즈(propose)하다, 모놀로그(monologue)하다, 유모어(humour)하다' 등 7개(0.3%)이다.

(7) 비유적으로 표현된 낱말은 '시조하다, 너스레놓다, 너스레떨다, 개금하다, 굳다, 혀굳다, 혀짤배기소리하다, 혀짜래기소리하다, 함호하다, 말공부하다, 말공부질하다, 몽중몽설하다, 몽중설몽하다, 지동지서하다, 발동하다, 깡다구부리다, 부르대다, 약팔다, 현하구변하다, 현하웅변하다, 현하지변하다, 동문서답하다, 문동답서하다, 동문빨래하다, 말추렴하다, 중뿔나다, 맞장구치다, 맞당단치다, 적반하장하다, 배참하다, 배치기하다, 혀차다, 쩟하다, 구라놓다, 산소리하다, 식언하다, 이언하다, 일구이언하다, 일구양언하다, 발라맞추다, 둘러대다, 천산지산하다, 꼬리치다, 사탕발림하다, 간질간질하다, 깐질깐질하다, 퍼붓다, 개소리하다, 개소리치다, 개소리괴소리하다, 개나발불다, 개수작하다, 생소리하다, 선소리하다, 공염불하다, 도구염불하다, 입방아찧다, 붓날다, 어기뚱거리다, 어기뚱어기뚱하다, 발뺌하다, 죽는소리하다, 신불림하다, 호천하다, 호천고지하다, 환호작약하다, 신기누설하다, 변죽울리다, 솔발놓다, 솔발치다, 말떠러지다, 조령모개하다, 조령석개하다, 귀기울이다, 귀에익다, 귀맞들다, 귀맞나다, 귀뜨이다, 귀주다, 솔다, 귀따갑다, 몽이하다, 폭탄선언하다, 도강하다, 정담하다, 바가지싸움하다, 말씨름하다, 입씨름하다, 난장판치다, 공방전하다, 갑론을박하다, 색론하다' 등 94개(3.97%)이다.

그리고 저속하게 표현된 낱말은 '혀굴리다, 혀놀리다, 반말지거리하다, 반말질하다, 비린내나다, 농지거리하다, 희학질하다, 귓속질하다, 말공부질하다, 서털구털하다, 콩팔칠팔하다, 엉버티다, 왕왕대다, 코대답하다, 대답질하다, 대꾸질하다, 말대답질하다, 말대꾸질하다, 퉁바리맞다, 잔말하

다, 잔소리하다, 핀둥이쏘이다, 호령질하다, 호통질치다, 생때거리쓰다, 떼
거리쓰다, 맹서지거리하다, 껑까다, 쏘개질하다, 광치다, 비나리치다, 연사
질하다, 희롱질하다, 희롱지거리하다, 비방질하다, 홍질하다, 육갑하네하
다, 욕설질하다, 욕지거리하다, 뒷욕질하다, 개소리하다, 개소리치다, 개소
리괴소리하다, 개나발불다, 개수작하다, 주정질하다, 공갈때리다, 이간질
하다, 반간질하다, 언사질하다, 고함질하다, 악쓰다, 덕색질하다, 귀띔질하
다, 고자질하다, 편지질하다, 싸움질하다, 쌈질하다, 쌈박질하다, 싸움지거
리하다, 다툼질하다, 물똥싸움하다, 말쌈질하다, 말다툼질하다, 말질하다,
아가리질하다, 시비질하다, 신랑이질하다, 신랭이질하다, 승강이질하다,
상앗대질하다, 싸개통나다, 악새질하다, 악지질하다' 등 75개(3.17%))이다.

(8) 낱말의 구성 형태를 살펴보면 다음과 같다.

[한자어＋하다]의 형태가 1272개(53.69%)로 과반수가 넘고 있으며, [한
자어＋되다]의 형태가 80개(3.38%)이다. 그리고 [고유어＋하다]의 형태가
164개(6.92%)이고, [혼종어＋하다]의 형태가 70개(2.95%)이다.

상징어는 모두 477개(20.14%)로 비교적 많은 편이다. 이들 중 [어근＋하
다]의 형태가 233개(9.84%)이고, [어근＋거리다]의 형태가 226개(9.54%)이
며, [어근＋이다]의 형태가 13개(0.55%)이다. 그리고 [어근＋대다]의 형태가
5개(0.21%)이다. 낱말에 행위를 나타내는 [-질]자가 첨가된 낱말은 40개
(1.69%)이다.

조어 형태가 다른 합성어는 [어근＋부리다(주정＋부리다, 익살＋부리
다, 억지＋부리다)]의 형태와 [어근＋치다(함성＋치다, 아우성＋치다, 큰
소리＋치다)]의 형태가 각각 33개(1.39%)이고, [어근＋떨다(유난＋떨다, 수
다＋떨다, 주접＋떨다)]의 형태가 23개(0.97%)이며, [어근＋놓다(서두＋놓
다, 엄포＋놓다, 공갈＋놓다)]의 형태가 16개(0.68%)이다. 그리고 [어근＋
쓰다(문자＋쓰다, 생억지＋쓰다, 변＋쓰다)]의 형태가 14개(0.59%)이고, [어
근＋나다(말＋나다, 들통＋나다, 야단＋나다)]의 형태가 11개(0.46%)이며,

[어근+주다(암시+주다, 핀잔+주다)]의 형태가 8개(0.34%)이다.

그리고 [어근+내다(소문+내다)]의 형태가 6개(0.25%)이고, [어근+달다(말꼬리+달다)]의 형태와 [어근+피우다(수선+피우다)]의 형태가 각각 5개(0.21%)이며, [어근+지르다(소리+지르다)]의 형태와 [어근+받다(비방+받다)]의 형태가 각각 4개(0.17%)이다. [욕+먹다, 새살+굿다, 곁다리+들다, 말꼬리+잡다, 부르+짖다, 꾸지람+듣다, 법석+놀다, 핑계+대다]의 형태가 각각 3개씩(0.13%)이고, [억지+세우다, 다짐+받다, 비명+울리다, 말문+떼다, 말문+막다]의 형태가 각각 2개씩(0.08%)이다.

그리고 [귀+기울이다, 귀+재다, 귀에+익다, 귀맛+들다, 귀+거슬리다, 귀+따갑다, 말+비치다, 말+옮기다, 말+떨어지다, 말+새다, 전화+걸다, 짜장귀+일다, 새+나가다, 문안+드리다, 악+쓰다, 팍팍+쏘다, 말+건네다, 말발+서다, 말문+열다, 말+삼키다, 말+끊다, 핀둥이+쏘이다, 혀+굳다, 입+봉하다, 퉁바리+맞다, 약+팔다, 속+터놓다, 회포+풀다, 혀+차다, 다짐+두다, 거짓말+보태다, 발라+맞추다, 야살+까다, 욕+보다, 개나발+불다, 생청+붙이다, 공갈+때리다]의 형태가 각각 1개씩(0.04%)이다.

따라서 [어근+하다]의 형태는 1739개(73.41%)에 이르고 있어 우리 국어의 조어법 중 동사화소 [-하다]가 첨가되어 동사가 되는 것이 가장 생산성이 많은 것으로 밝혀졌다.

(9) 언어표현 자동사 가운데 종교적인 내용은 다음과 같다.

불교가 21개(0.89%)로 가장 많고, 천주교가 10개(0.42%)로 다음으로 많으며, 민속신앙이 9개(0.38%)로 세 번째로 많다. 그리고 기독교(개신교)가 6개(0.25%)이고, 천도교가 2개(0.08%)이며, 유대교가 1개(0.04%)이다. 따라서 우리 민족의 신앙의 내용은 불교가 오랫동안 우리의 정신세계를 지배하여 왔음을 알 수 있고, 천주교와 민속신앙도 많은 영향을 미친 것으로 드러나 있다.

참고문헌

강경민(1987). "화제와 초점의 의미론" 「언어연구」 4. 한국현대언어학회.

강규선(1997). 「國語의 敬語法 研究」. 보고사.

강기룡(1991). "현대국어의 술(酒) 명칭에 대한 연구". 고려대 교육대학원(석사).

_____(1993). "술잔 명칭의 낱말밭 고찰". 「우리어문연구」 8집. 국학자료원.

_____(1995). "무덤 명칭의 낱말밭 고찰". 「우리말내용연구」 창간호. 국학자료원.

_____(1997). "달(月) 명칭에 대한 고찰". 『一蓭金應模教授華甲紀念論叢』. 도서
　　　　　출판 박이정.

姜琪鎭(1985). "國語多義語의 意味構造". 「東國文學研究」 9. 東國大.

_____(1987a). "國語多義語 研究의 方法論". 「장태진 박사 회갑기념 국어국문학
　　　　　논총」. 삼영사.

_____(1987b). "國語多義語의 意味構造". 「論文集」 18. 弘益工傳.

姜吉云(1961). "代用語 '하다'에 對하여 - 「고등국어」를 中心으로-". 「국어국문
　　　　　학」 23. 국어국문학회.

강보유(1997). "'N1+N2'형 합성명사에 대한 의미구조 분석". 「국어학 연구의 새
　　　　　지평」. 태학사.

강무학(1985). 「한국의 세시풍속기」. 청화.

강상식(1987). 『현대국어의 집짐승 이름씨에 대한 연구』. 고려대학교 대학원 국
　　　　　어국문학과(석사).

강신항(1991). 「현대국어 어휘사용의 양싱」. 太學社.

강위규(1990). "우리말 관용표현 연구". 부산대 대학원(박사).

강은국(1995). 「조선어 문형연구」. 도사출판 박이정.

姜憲圭(1968). "音聲象徵과 Sense 및 Meaning의 分化에 依한 語彙擴張研究". 「國

302

語敎育」 4. 國語敎育硏究會.

_____(1988). 「韓國語語源硏究史」. 集文堂.

_____(1993). "단어의 의미변화와 어사 분화 고찰". 『웅진어문학』 창간호. 웅진
어문학회.

고신숙(1987). 「조선어이론문법(품사론)」. 과학, 백과사전출판사.

고광주(1995). "〈냄새〉이름씨 낱말밭". 『우리말 내용연구』 2. 우리말내용연구회.

고명균(1991). "의미자질에 의한 어휘의 성분분석". 「우리어문학연구」 3. 한국외
대 한국어교육과.

高永根(1974). 「現代國語의 接尾辭에 대한 構造的硏究」. 百合出版社.

_____(1990). 「북한의 말과글」. 을유문화사.

_____(1994). 「통일시대의 언어문제」. 길벗.

_____(1996). 『단어·문장·텍스트』. 한국문화사.

고창수(1992). "고대국어의 구조격 연구". 고려대 대학원(박사).

_____(1992). "국어의 격이론". 『홍익어문』 10.11. 홍익어문연구회.

과학, 백과사전출판사 편(1979). 「조선문화어문법」. 평양.

과학, 백과사전출판사 편(1984). 「조선속담」. 평양.

과학원 조선어 및 조선어학연구소(1954). 「조선어철자법」. 과학원출판사.

곽재용(1994). "단음절 신체어휘의 통시적 고찰". 『국어국문학』 111. 국어국문학회.

곽재일(1993). "유해류 계통의 분류어휘집에 나타난 신체어 (III)". 『경남어문논
집』 6. 경남대 국어국문학과.

곽재일(1993). "유해류 계통의 분류어휘집에 나타난 신체어 (II)". 『영남어문학』
24. 영남어문학회.

郭忠求(1996). "국어사전의 방언 표제어와 그 구성에 대한 고찰". 『국어교육연
구』 3. 국어교육연구회.

_____(1998). "육진방언의 어휘". 「國語 語彙의 基盤과 歷史」. 태학사.

구현정(1984). "한국어 요리동사의 의미연구." 건국대 대학원 논문집19.

구현정(1995). "남성형-여성형 어휘의 형태와 의미연구". 「國語學」 25. 國語學會.

국어사정위원회(1966). 「조선말규범집」. 사회과학원출판사.

권경원(1988). 「전제와 함의 연구」. 한신문화사.

권경희(1994). "어휘연구의 방법론에 대하여".『동남어문논집』4. 동남어문학회.

權寧秀(1990). "이동동사 kommen, gehen /「오다」,「가다」대조연구" 경북대 대학원 독어과(박사).

권미정(1996). "〈밭〉명칭에 대한 고찰".『한국어내용론』4. 한국어내용학회.

권재선(1989).「국어학 발전사」. 우골탑.

奇周衍(1991). "近代國語의 派生語研究". 漢陽大 大學院(博士).

_____(1994).「近代國語造語論研究 (Ⅰ)」太學社.

김건환(1994).「대비언어학」청록출판사.

김건환(1977). "우리말과 독일어의 의미면에서 대조연구".「언어」2-2. 한국언어학회.

김경숙(1993). "시간 개념어에 나타난 한국인의 의식구조에 관한 연구".『효성어문학』1. 효성어문학회.

金卿純 譯(1984).「音樂鑑賞入門」. 德成女大 出版部.

金璟姬(1995).『性格』. 민음사.

김광언(1982).「한국의 민속놀이」. 인하대 출판부.

김광해(1989).「고유어와 한자어의 대응현상」. 탑출판사.

_____(1989). "現代國語의 類意現象에 대한 研究−固有語對 漢字語의 一對多 對應現象을 中心으로−". 서울大 大學院(博士).

_____(1990). "어휘교육의 방법"「국어생활」22. 국립국어연구소.

_____(1990). "어휘소간의 의미관계에 대한 재검토"「국어학」20. 국어학회.

_____(1993).「국어어휘론 개설」. 집문당.

_____(1993). "국어사의 시대 구분과 국어 어휘사".『안병희 선생 화갑기념논총』. 문학과지성사.

_____(1994). "문체와 어휘".『국어문체론』. 대한교과서(주).

_____(1994). "한자 합성어".「國語學」24. 國語學會.

_____(1998). "國語 數詞의 발달".「國語 語彙의 基盤과 歷史」. 태학사.

김계곤(1976). "현대국어의 조어법연구".「한글」157. 한글학회.

_____(1978). "현대국어의 조어법연구".「눈뫼 허웅 박사 환갑기념논문집」. 동간행위원회.

304

_____(1996).『현대 국어 조어법 연구』. 도서출판 박이정.

金圭善(1987). "國語親族語의 硏究". 慶北大 大學院(博士).

김기수(1993). "은유의 언어 구조". 경북대학교 대학원 영어영문학과(박사).

김기종(1989).「조선말속담연구」. 동북조선민족교육출판사.

김기혁(1981). "국어 동사류의 의미구조".「말」6. 연세대 한국어학당.

김기혁(1994). "국어 동사연속구성의 통어 의미론".「우리말글연구」1. 우리말학회.

김기혁(1994). "문장접속의 통어적 구성과 합성동사의 생성".「國語學」24. 國語
學會.

김기홍(1993). "감정개념의 정의".『언어와언어학』19. 한국외국어대.

김기찬(1986). "전제의 화용론적 연구". 효성여대 대학원(박사).

김남탁(1991). "의미의 중화현상".「문학과 언어」12. 경북대 국어국문학과.

金東昭(1968). "國語疊用 및 疊語硏究". 慶北大 大學院(碩士).

김동수(1983).「조선말례절집」. 과학, 백과사전출판사.

金東彦 편(1993).「國語를 위한 言語學」. 太學社.

_____(1994). "남북국어사전의 뜻풀이 비교연구"「어문논집」33. 고려대 국어국
문학연구회.

_____(1995). "뜻풀이로 본 국어사전 편찬사".『한국어학』2. 한국어학회.

_____(1995). "국어사전과 방언".「牛山李仁燮敎授華甲紀念論文集」同 刊行委
員會.

_____(1996). "개화기 번역문체 연구".『한국어학』4. 한국어학회.

_____(1997). "19세기 후기 황해도방언의 음운론적 연구".『一麓金應模敎授華
甲紀念論叢』. 도서출판 박이정.

金東旭 外 (1990).「韓國民俗學」. 새문사.

김동환(1991).「단어조성론」. 대제각.

金得榥(1989).「韓國宗敎史」. 大地文化社.

김명숙(1992). "영향동사의 의미확대 현상에 대한 연구". 연세대 대학원 영어영
문학과(박사).

金命祚(1987).「레크리에이션의 原理」. 螢雪出版社.

金命鎬·文榮漢(1993).「敎養保健」. 연세대 출판부.

金明姬(1974). "韓國語 動詞의 意味構造에 關한 研究". 梨花女大 大學院(碩士).

_____(1984). "국어동사구 구성에 나타나는 의미관계 연구-V1＋어＋V2 구조를 중심으로-". 梨花女大 大學院(博士).

김무림(1989). "북한의 표준발음".「북한의 어학혁명」. 백의.

김무림(1995). "어원론과 음운론".『강릉어문학』. 강릉대 국어국문학과.

김무림(1997). "古典的 音韻論의 展開".『一庵金應模教授華甲紀念論叢』. 도서출판 박이정.

金文昌(1974). "國語慣用語의 研究".「國語研究」30. 國語研究會.

_____(1983). "「손」의 語彙體系에 對하여".「國語學資料論文集」. 大提閣.

_____(1990). "국어어휘의미론 연구 약사". 국어학회 공동토론회 주제발표 요지.

金敏洙(1972).「新國語學」. 一潮閣.

_____(1983).「國語意味論」. 一潮閣.

_____(1986). "國語辭典:그 表題語의 選定과 排列問題"「국어생활」7. 국립국어연구소.

_____(1989).「북한의 어학혁명」. 白衣.

_____(1991).「북한의 조선어 연구사」1, 2, 3, 4권. 노진.

_____ 편(1993).「현대의 국어연구사」. 서광학술자료사.

_____ 편저(1997).「김정일시대의 북한 언어」. 태학사.

_____(1997).「北韓의 國語研究」. 一潮閣.

김민정(1996). "어휘화의 정도에 관한연구".『국어국문학』14. 동아대 국어국문학과.

金芳漢(1981). "기층에 대하여".「한글」172. 한글학회.

_____ 譯(1984).「一般言語學概要」. 一潮閣.

_____(1986).「韓國語의 系統」. 民音社.

_____ 외 3인(1987).「일반언어학」. 형설출판사.

_____(1992).「언어학의 이해」. 民音社.

김병균(1988). "國語同音異義語研究". 원광대 대학원(박사).

김병제(1991).「조선어학사」. 대제각.

김보균(1996). "〈하늘〉명칭에 대한 고찰".『한국어내용론』4. 한국어내용학회.

306

김봉근(1994). "문체론의 발달".『국어문체론』. 대한교과서(주).

김봉주(1984).「형태론」. 한신문화사.

_____ 역(1986).「意味의 意味」. 한신문화사.

_____(1988).「개념학－의미론의 기초」. 한신문화사.

김상대(1995). "문장 성분론과 관련한 몇 문제에 대하여".「牛山李仁燮敎授華甲
         紀念論文集」. 同 刊行委員會.

金尙敦(1990). "近代國語의 表記와 音韻變化 硏究". 高麗大 大學院(博士).

_____(1997). "훈민정음의 삼분적 요소에 대하여".『一蓑金應模敎授華甲紀念論
         叢』. 도서출판 박이정.

金相泰·朴德根(1994).「文體論」. 法文社.

김석득(1971).「국어조어론」. 연세대 출판부.

_____(1988). "구성요소의 뜻과 총합체의 뜻과의 관계".「동방학지」59. 연세대.

김석득 외 2인(1995).「당신은 우리말을 얼마나 아십니까?」. 샘터.

김석빈(1995).『우리나라에서의 어휘정리』. 한국문화사.

金善豊(1993).「민속문학이란 무엇인가」. 집문당.

김선희(1987). "현대국어의 시간어 연구". 연세대 대학원(박사).

_____(1990). "감정동사에 관한 고찰".「한글」208. 한글학회.

김성대(1977). "이조 중세 및 근세의 색채어 낱말밭에 대하여－독일 내용문법을
         중심으로－". 고려대 대학원(박사).

_____(1979a). "우리말 색채어 낱말밭－조선시대를 중심으로－".「한글」164.
         한글학회.

_____(1979b). "세계의 언어화의 대하여".「한글」166. 한글학회.

_____(1991).「도이치 언어학개론」. 檀國大 出版部.

김성렬(1995). "신소설 어휘 연구".『인문논총』6. 아주대 인문과학연구소.

김성환(1994). "〈코〉명칭에 대한 고찰".『우리말 내용연구』2. 우리말내용연구회.

김세중(1994). "국어 심리술어의 어휘의미 구조". 서울대 대학원(박사).

김승곤(1984).「한국어의 기원」. 건국대 출판부.

_____(1986).「한국어 조사의 통시적 연구」. 대제각.

_____ 외 4인 공역(1986).「단어통어론」. E.O. Selkirk(1984).「The Syntax of word」.

M.I.T. 10.

_____(1992). 「한국어의 토씨와 씨끝」. 서광학술자료사.

김승호(1993). "어휘사 기술과 언어의 화석". 『국어국문학』 12. 동아대 국어국문학과.

김양진(1994). "〈다툼〉을 나타내는 동사의 말낱밭". 『한국어내용연구』 1. 국학자료원.

金烈圭(1981). 「韓國民俗과 文學硏究」. 一潮閣.

김영길 외(1986). 「조선말소사전」. 학우서방.

김영선(1995). 『한국어 맞선말 연구』. 세종출판사.

김영신(1982). "'釋譜詳節'의 어휘연구". 「부산여대 논문집」 15. 부산여대.

김영일(1988). "「벼(稻)」와 그 단어족 연구". 「부산교대논문집」 24-1. 부산교대.

金英俊 譯(1974). 「意味論」. S.I. Hayakana 原著. 民衆書館.

김영진(1995). "〈비〉명칭에 대한 고찰". 『우리말 내용연구』 2. 우리말내용연구회.

김영진(1995). "〈비〉 명칭의 낱말밭 연구-한자말을 중심으로", 고려대 교육대학원(석사).

김영황(1978). 「조선민족어 발전 력사연구」. 과학, 백과사전출판사.

김영황(1999). 「조선언어학사연구」. 박이정.

김영희(1973). "한국어의 주관동사에 대하여". 「연세어문학」 4. 연세어문학회.

_____(1985). "도이치말 내용중심 문법의 소고-어휘의 사실을 토대로-". 고려대 대학원(석사).

김옥녀(1994). "동사 유의어의 의미분석". 『어문학교육』 16.

김용구(1986). 「조선어리론문법(문장론)」. 과학, 백과사전출판사.

김용석(1972). "삼천포, 승주, 여천지방의 어휘" 「연세국문학」 3. 연세대.

_____(1981). "유의어 연구-그 개념규정과 유형분류-". 「배달말」 5. 배달말학회.

金容煥(1986). 「宗敎現象의 理解」. 나무.

김원경(1997). "'에게'와 긱". 『一菴金應模敎授華甲紀念論叢』. 도서출판 박이정.

김유정(1994). "〈물〉명칭의 말낱밭". 『한국어내용연구』 1. 국학자료원.

김윤학 외 3인(1988). 「가게, 물건,상호, 상품 이름 연구」. 과학사.

金應模(1975.12). "現代時調의 語彙論的 分析硏究". 高麗大 敎育大學院(석사).

308

_____(1987.2). "상승이동 자동사에 대한 고찰". 「語文論集」 27. 高麗大 國語國文學研究會.

_____(1987.12). "국어순화". 「휘문」 55.

_____(1988.10). "평행이동 자동사 연구-〈수단〉표현을 중심으로-". 「우리어문연구」 2. 우리어문연구회.

_____(1989.2). "평행이동 자동사 연구-〈수반이동〉을 중심으로-". 「휘문」 57.

_____(1989.2). "전진이동 자동사에 대한 고찰-〈속도〉 표현을 중심으로-". 「語文論集」 28. 高麗大 國語國文學研究會.

_____(1989.6). "평행이동 자동사 연구-〈경로〉표현을 중심으로-" 「한글」 204. 한글학회.

_____(1989.7). "國語移動自動詞의 낱말밭 硏究". 高麗大 大學院(박사).

_____(1989.9). 「國語平行移動自動詞 낱말밭」. 翰信文化社.

_____(1990.2). "수직이동 자동사 연구-〈태도〉표현을 중심으로-". 「語文論集」 29. 高麗大 國語國文學研究會.

_____(1990.4). "수직이동 자동사 연구-〈수단〉표현을 중심으로-". 「韓國語學新硏究」. 翰信文化社.

_____(1991.2). "수직이동 자동사 연구-〈목적〉 표현을 중심으로-". 「外大論叢」 9. 釜山外國語大學校.

_____(1991.3). "수직이동 자동사 연구-〈동반이동〉을 중심으로-". 「牛岩語文論集」 창간호. 釜山外大 國語國文學科.

_____(1991.3). "수직이동 자동사 연구-〈과정〉표현을 중심으로-". 「한글」 211. 한글학회.

_____(1991.10). "수직이동 자동사 연구-〈속도〉표현중 상승이동을 중심으로-" 「우리어문연구」 4, 5합집. 우리어문연구회.

_____(1992.2). "수직이동 자동사 연구-〈속도〉중 하강이동을 중심으로-". 「外大論叢」 10. 釜山外大.

_____(1992.3). "평행이동 자동사 연구-〈시간〉표현을 중심으로-". 「牛岩語文論集」 2. 釜山外大 國語國文學科.

_____(1992.4). "수직이동 자동사 연구-〈속도〉 표현 중 상하이동을 중심으로 -".

「홍익어문」 10, 11합집. 홍익어문연구회.

_____(1992.7). "수직이동 자동사 연구-〈방향〉표현을 중심으로 (2)-.「民族文化硏究」 25. 高麗大. 民族文化硏究所.

_____(1992.11). "수직이동 자동사 연구-〈속도〉 표현 중 하강이동을 중심으로-"「外大語文論集」 第8輯. 釜山外大 語學硏究所.

_____(1992.2). "수직이동 자동사 연구 (3)-〈방향〉표현을 중심으로 ①-".「語文論集」 31. 高麗大 國語國文學硏究會.

_____(1993.1).「國語平行移動自動詞 낱말밭」. 翰信文化社(再版).

_____(1993.3). "수직이동 자동사 연구-〈양태〉 표현을 중심으로-".「한글」 219. 한글학회.

_____(1993.5).「國語移動自動詞 낱말밭 (1) 平行移動篇」. 書光學術資料社.

_____(1993.5).「國語移動自動詞 낱말밭 (2) 垂直移動篇」. 書光學術資料社.

_____(1993.10). "수직이동 자동사 연구 (16)-〈시간〉 표현을 중심으로-".「우리어문연구」 6·7합집. 국학자료원.

_____(1993.12). "農事性 自動詞의 意味硏究 (1)".「語文論集」 32호. 高麗大 國語國文學硏究會.

_____(1994.2). "농사성 자동사의 의미 연구 (3)".「우리말내용연구」 1. 국학자료원.

_____(1994.2). "喪禮에 관련된 自動詞의 낱말밭 硏究".「우암어문논집」 4. 釜山外大 國語國文學科.

_____(1994.2). "婚姻과 관련된 自動詞의 낱말밭 연구".「外大論叢」 12. 釜山外大.

_____(1994.3). "종교에 관련된 자동사의 의미연구(1)".「한국어학」 1. 한국어학연구회. 서광학술자료사.

_____(1994.10). "불교에 관련된 자동사의 의미 연구".「우리어문연구」 8집. 우리어문연구회 편. 국학자료원.

_____(1994.12). "祭禮에 關聯된 自動詞의 낱말밭 硏究".「二重言語學會誌」 11號. 二重言語學會.

_____(1994.12). "農事性 自動詞의 意味硏究".「語文論集」 33집. 高麗大 國語國文學硏究會.

_____(1994.12). "疾病 發生에 關聯된 自動詞 語彙의 意味硏究".「外大語文論集」

310

10輯. 釜山外大 語學硏究所.

_____(1995.2). "불교에 관련된 자동사의 의미연구 (2)".「우리말내용연구」2호. 우리말내용연구회. 국학자료원.

_____(1995.2). "睡眠에 關聯된 自動詞의 意味硏究".「牛山 李仁燮 教授華甲記念論文集」. 同 刊行委員會. 太學社.

_____(1995.2). "婦人科, 小兒科, 眼科, 齒科의 疾病에 關聯된 自動詞 語彙의 意味 硏究".「外大論叢」13輯. 釜山外大.

_____(1995.2). "外科, 內科의 疾病에 關聯된 自動詞 語彙의 意味硏究".「文化研究」6, 釜山外大 文化研究所.

_____(1995.4). "神經科, 精神科, 傳染病에 關聯된 自動詞語彙의 意味硏究".「유구상교수 회갑기념논총」. 한남대 한남어문학회.

_____(1995.5). "姙娠과 出產에 關聯된 自動詞 語彙의 意味 硏究".「松菴 鄭僑煥博士 華甲紀念論叢」. 同 刊行委員會.

_____(1995.6). "民俗信仰에 關聯된 自動詞 語彙의 意味 硏究".「한국어학」2호. 書光學術資料社.

_____(1995.9). "몸치장에 관련된 자동사 어휘의 낱말밭 연구".「한글」229호. 한글학회.

_____(1995.10). "疾病의 治療와 動物의 疾病에 關聯된 自動詞의 意味 硏究".「우리어문연구」제9집. 국학자료원.

_____(1995.11).「韓國語 宗敎 冠婚喪祭 自動詞 낱말밭」. 박이정.

_____(1995.11). "불교에 관련된 자동사의 내용연구 (3)".「語文論集」34호. 高麗大 國語國文學硏究會.

_____(1995.12). "書藝. 印刷. 出版에 關聯된 自動詞의 意味 硏究".「外大語文論集」11. 釜山外大 語學硏究所.

_____(1996.2.25). "身體關聯 自動詞 語彙의 內容 硏究".『牛岩語文論集』6호. 釜山外大 國語國文學科.

_____(1996.2.28). "잡기(도박, 바둑, 장기)에 관련된 자동사의 내용 연구".『外大論叢』14집. 釜山外大.

_____(1996.2.28). "藝術에 關聯된 自動詞 語彙의 意味 硏究 (1)".『文化研究』7.

釜山外大 文化研究所.

_____(1996.3.18). "餘暇善用에 關聯된 自動詞 語彙의 意味研究".「한국어학」3호. 한국어학회.

_____(1996.9.1).「韓國語 身體關聯 自動詞 낱말밭」. 도서출판 박이정.

_____(1996.11.30). "놀이 자동사 내용 연구".「부산한글」15집. 한글학회 부산지회.

_____(1996.12.23). "傳承놀이 自動詞의 內容 研究".「民族文化 研究」제29호. 高麗大 民族文化研究所.

_____(1996.12.30). "낚시·사냥·등산·야영에 관련된 동사의 내용 연구".『外大語文論集』12. 釜山外大 語文學研究所.

_____(1997.2.15). "술에 취하는 용어에 대한 내용 연구".『교육과학연구』2. 부산대 교육과학연구소.

_____(1997.2.20). "弓術·射擊·씨름에 關聯된 自動詞의 內容研究".『外大論叢』16집. 釜山外大.

_____(1997.2.25). "예술 용어 자동사의 내용 연구".『우리어문연구』10집. 우리어문학회.

_____(1997.2.25). "국방의무 자동사의 내용 연구 (1)".『한국어학』5. 한국어학회.

_____(1997.2.25). "국방의무 자동사의 내용 연구 (2)".『牛岩語文論集』7호. 釜山外國大 國語國文學科.

_____(1997.2.25). "싸움 자동사의 내용 연구".『睡蓮語文論集』23. 수련어문학회.

_____(1997.3.31). "일방 가격(加擊) 자동사의 내용 연구".『文化研究』8집. 釜山外大 比較文化研究所.

_____(1997.5.1).『韓國語 運動競技 自動詞 낱말밭』. 도서출판 박이정.

_____(1997.5.13). "국방정책 자동사의 내용 연구".『由南 申碩煥博士回甲紀念論文集』. 동 간행위원회.

_____(1997.6.30). "전쟁 자동사 내용연구".「嶺南語文學會」31輯. 嶺南語文學會.

_____(1997.8.25). "전투 자동사의 내용연구 (1)".「한국어학」6. 한국어학회.

_____(1997.8.30). "군사작전 자동사의 내용연구".「外大論叢」第17輯. 釜山外大.

_____(1997.9.1).『韓國語 球技競技 自動詞 낱말밭』. 도서출판 박이정.

_____ 편저(1997.9.27).『한국어의 이해와 전망』. 도서출판 박이정.

312

_____ 편저(1997.9.27).『어문학에 담긴 술의 멋』. 도서출판 박이정.

_____(1997.9.27). "談話 自動詞 內容 研究".『一蔗金應模敎授華甲紀念論叢』. 동
간행위원회.

_____(1997.9.30). "전투 자동사의 내용연구 (2)".「어문논집」36집. 안암어문학회.

_____(1997.10.30). "침입·반란·의거·토벌·방어 자동사의 내용연구".「한국어 의
미학」1. 한국어 의미학회.

_____(1997.11.19). "언쟁과 논쟁 자동사의 내용연구".「牛岩語文論集」8호. 釜
山外大 國語國文學科.

_____(1997.11.30). "논의 자동사의 내용연구".「부산한글」16집. 한글학회 부산
지회.

_____(1997.12.25). "言語表現 自動詞의 內容研究".「우리어문연구」11집. 우리
어문학회.

_____(1997.12.30). "전쟁의 승패 자동사의 내용연구".「二重言語學會誌」14호.
二重言語學會

_____(1998.1.10). "격퇴·공략·정벌 자동사의 내용연구".「추상과 의미의 실재ー
한결 이승명 박사 화갑기념논총」. 동 간행위원회.

_____(1998.2.28). "출전·대적·공격 자동사의 내용연구".「比較文化研究」第9輯.
釜山外大 比較文化研究所.

_____(1998.2.28).「술어휘의 내용연구」. 부산외대 출판부.

_____(1998.3.1.).「韓國語 餘暇善用 自動詞 낱말밭」. 도서출판 박이정.

_____(1998.8.25). "거짓말·허풍·식언·아첨 자동사의 내용연구".「順天鄕語文論
集」第5輯. 順天鄕語文研究會.

_____(1998.8.30). "협오 자동사의 내용연구".「어문논집」38. 안암어문학회.

_____(1999.6.5).「한국어 싸움·국방의무 자동사 낱말밭」. 박이정.

_____(1999.12.10).「통일대비 남북한어 이해」. 세종출판사.

김인자(1984). "Leo Weisgerber의 인류 언어법칙에 대하여". 고려대 대학원(석사).

김일성(1964). "조선어를 발전시키기 위한 몇 가지 문제".「문화어학습」. 1969.2호.

김일성(1966)."조선어의 민족적 특성을 옳게 살려갈데 대하여".「문화어학습」
1969.3호.

김일성종합대학교 출판사(1979). 「조선문화어 문법규범」. 평양.

김일성종합대학출판사(1989). 「문화어문법규범」. 한국문화사.

김일웅(1982). "우리말 대용어 연구". 부산대 대학원(박사).

김일환(1996). "국어 관계절 연구". 고려대학교 대학원 국어국문학과(석사)

김재봉(1988). "착용동사의 낱말밭 연구". 고려대 교육대학원(석사).

_____(1991) "「먹다」의 의미연구". 「우리어문연구」 4, 5합집. 우리어문연구회.

_____(1993). "사회언어학의 이론에서 본 국어교육". 「우리어문연구」 6, 7합집.
국학자료원.

김재영(1991). "Leo, Weisgerber의 『의의영역』에 대한 연구". 고려대 대학원 독어
독문학과(박사)

_____(1994) "어휘형성과 확대에 대한 내용 중심적 고찰". 「우리말 내용연구」
창간호. 국학자료원.

김재영(1995). "언어 행위의 화용론적 해석과 문장서법". 『우리어문연구』 9. 우
리어문학회.

_____(1996). 『성능중심 어휘론』. 국학자료원.

김재영(1996). "G. Ipsen의 분절구조 이론". 『한국어내용론』 4. 한국어내용학회.

김재임(1994). "〈떡〉명칭의 대한 고찰". 『한국어내용연구』 1. 국학자료원.

金點萬·張寅權 공저(1993). 「體育實技論」. 學文社.

김정숙(1989). "남북한 어휘비교". 「북한의 어학혁명」. 백의.

金正午 역(1982). 「視覺的 思考」(루돌프 아른하임 著). 이화여대 출판부.

김정은(1995). 「국어 단어형성법 연구」. 박이정.

金濟鉉(1992). 「시조 문학론」. 예전사.

김종록(1995). "스포츠 관련 어휘의 형태·의미론적 분석". 『국어교육연구』 27.
국어교육연구회.

김종태(1976). "낱말과 어휘의 의미구조". 『부산대 문리과대학 논문집』 13. 부산
내 문리과대학.

김종태(1984). "어휘의 의미구조". 「人文論叢」 25. 부산대.

金宗擇(1970). "同義語 意味平定". 「論文集」 6. 大邱敎大.

_____(1971). "意味衝突 (meaning clash) 現象에 대하여". 「국어 국문학」 51. 국어

314

　　　국문학회.

_____(1982a).「國語活用論」. 형설출판사.

_____(1982b). "국어의미론연구 30년".「국어국문학」88. 국어국문학회.

_____(1985). "국어 친족어휘의 대립체계".『소당 천시권 박사 회갑기념논총』.
　　　동 간행위원회.

_____(1992).「국어 어휘론」. 탑출판사.

金鐘塤(1984).「國語敬語法研究」. 集文堂.

_____(1994).「國語語彙論研究」. 한글터.

김종학(1996). "한국어의 기초어휘 연구". 중앙대 대학원(박사).

金俊燮(1968). "Semantics에 있어서 意味分析의 問題".「語學研究」4-2. 서울大
　　　語學研究所.

金鎭奎(1993).「訓蒙字會語彙研究」. 螢雪出版社.

金眞植(1991).「類義語의 生成要因 研究」. 충남대 대학원(박사).

_____(1994). "국어 유의어 생성고－언어적 요인을 중심으로－".『연산 도수희
　　　선생 화갑기념논총』. 동 간행위원회.

金鎭宇(1984). "말(言語)과 맘(心理)".『말』9. 연세대 한국어학당.

金鎭宇(1988).「言語와 心理」. 翰信文化社.

_____(1994).「言語와 意思疏通」. 한신문화사.

金倉燮(1981). "現代國語의 複合動詞研究".「國語研究」47. 國語研究會.

김창섭(1985). "시각 형용사 어휘론".『관악어문연구』10. 서울대 국어국문학과.

김철남(1996). "국어 어휘화의 개념과 유형".『부산한글』14. 한글학회 부산지회.

_____(1996). "우리말 어휘소 되기 연구". 동아대 대학원 국어국문학과(박사).

_____(1997).「우리말 어휘소 되기」. 한국문화사.

金泰坤(1983).「韓國民間信仰研究」. 集文堂.

金泰琨(1989).「중세국어의 다의어 연구: 고유어를 중심으로」. 중앙대 대학원(박사).

_____(1994). "국어 어휘의 변천연구(1)".『백록어문』10. 제주대 국어교육학회.

김태옥 엮(1994).『인지적 화용론: 적합성 이론과 커뮤니케이션』. 한신문화사.

김태옥(1995). "담화생산과 분석".『현대언어학 지금 어디로』. 한신문화사.

김태옥, 이현호 공역(1994).「인지적 화용론」. 한신문화사.

김태우(1992). "현대국어 시간부사의 낱말밭 연구". 부산외대 교육대학원(석사).

김태자(1993). "맥락분석과 의미 탐색".『한글』219. 한글학회.

김태자(1994).「발화분석의 화행의미론적 연구」. 탑출판사.

김태곤(1995). "18세기 국어의 다의어 연구".『국문학보』13. 제주대 국어국문학과.

_____(1995). "국어 어휘변천 연구 (2)".『어문연구』86. 한국어문연구회.

金韓坤(1967). "Korean Kinship Terminology : A Semantic Analysis".「國語學硏究」. 서울대 語學硏究所.

_____(1969). "意味論의 對象과 方法".「語學硏究」5-2. 서울대. 言語硏究所.

金炯國(1996).「意味의 本質」. 成均館大學校 出版部.

_____(1996).「意味의 構成」. 成均館大學校 出版部.

_____(1996).「意味의 疏通」. 成均館大學校 出版部.

김한영 외 2인 옮김(1998).「언어본능」상·하. 그린비.

金亨奎(1974).「國語學槪論」. 一潮閣.

김형배(1997).『국어 사동사 연구』. 도서출판 박이정.

金亨錫(1992).「倫理學」. 三中堂.

김형주(1996).『우리말발달사』. 세종출판사.

_____(1997).『우리말연구사』. 세종출판사.

김형철(1987).「19세기말 국어의 문체 구문 어휘연구」. 경북대 대학원(박사).

_____(1994). "개화기 신문의 어휘연구".『어문논집』5. 경남대 국어교육과.

김혜숙(1991).「현대국어의 사회언어학적 연구-국어의 운용 실태와 방향」. 태학사.

김홍범(1993). "상징어의 형태와 의미구조 분석".『연세어문학』25.

_____(1996). "한국어 상징어의 통사·의미론적 연구".『애산학보』17. 애산학회.

김홍수 편저(1996).「體育學의 構成原理」. 大庚.

金興洙(1989).「현내국어 신리동사 구문연구」. 塔出版社.

김희보(1986).「韓國의 옛詩」. 종로서적.

김희수(1992).『화술의 이론』. 전남대 출판부.

나익주(1995). "은유의 신체적 근거".『담화와 인지』1. 담화·인지 언어학회.

南廣祐(1962). "語彙考-시간의 뜻을 가진-".「慶北大學校」1. 慶北大.

316

_____(1974). 「國語學論文集」. 一潮閣.

南基心(1974). "反對語考". 「國語學」 2. 國語學會.

_____(1995). "어휘의미와 문법". 『東方學志』 87. 연세대 국학연구원.

_____(1996). "어휘의 의미와 문법". 『동방학지』 88. 연세대 국학연구원.

남기심, 고영근(1983). 「국어의 통사·의미론」. 탑출판사.

남기심, 이정민, 이홍배(1985). 「언어학개론」. 탑출판사.

남성우(1972). "國語類意語考". 「國語學論集」 5, 6합집. 檀國大.

_____(1976). "中世 韓國語의 類意構造". 「言語와 言語學」 4. 韓國外大.

_____(1981a). "後期 中世國語의 類意構造. 「論文集」 14. 韓國外大.

_____(1981b). "近代國語의 意味構造". 「국어국문학」 76. 국어국문학회.

_____(1985). 「國語意味論」. 永信文化社.

_____(1986). 「十五世紀國語의 同義語研究」. 塔出版社.

_____ 역(1988). 「意味論」. 탑출판사.

_____(1990). "國語의 語彙變化"「국어생활」 가을호. 국립국어연구소.

_____(1997). "한국어의 형성 과정". 「語彙史研究」. 語彙史研究會.

남성우·정재영 공저(1990). 「북한의 언어생활」. 고려원.

노대규(1988). 「국어의미론 연구」. 翰信文化社.

_____(1992). "국어의 입말과 글말의 의미론적 특성 연구". 「梅芝論叢」 9. 연세
          대 매지학술연구소.

_____(1996). 「한국어의 입말과 글말」. 국학자료원.

노명희(1998). "자연계 어휘의 변천사". 「國語 語彙의 基盤과 歷史」. 태학사.

노명환(1994). "문체 연구와 심리". 『국어문체론』. 대한교과서(주).

_____(1994). "언어 교육과 문체". 『국어문체론』. 대한교과서(주).

노미숙(1991). "의미확장의 방법과 유형-동화에 쓰인 의미확장 표현을 중심으
          로-". 상명여대 대학원(석사).

도원영(1995). "〈알림〉타동사의 낱말밭". 「우리말 내용연구」. 국학자료원.

류병호(1994). 「술 텔레비전」. 여민.

류상채(1993). 「약이 되는 술」. 서해문집.

류영남(1994). 「말글밭」. 육일문화사.

류웅달 역(1993). 「의미론 입문」. 한신문화사.

류제승(1995). 「전략과 전술」. 한울아카데미.

류현미(1991). "보조동사의 의미분석 ─ '가다/오다', '놓다/두다'에 대하여". 「어문연구」 21. 어문연구회.

리득춘(1993). 『한조언어문자 관계사』. 도서출판 박이정.

리득춘(1994). "중국어에 기원을 둔 한국어 어휘의 유형". 『조선어한자어음연구』. 도서출판 박이정.

리득춘(1996). 『조선어 어휘사』. 도서출판 박이정.

리상벽(1975). 「조선어 화술」. 사회과학출판사.

리서행 편수(1991). 「조선어 고어 해석」. 여강출판사.

리익선(1974). 「단어 만들기 연구」. 사회과학출판사.

리형태, 류은종(1994). 『동의어, 반의어, 동음어 사전』. 한국문화사.

리홍연(1983). 「문화어문장론」. 김일성종합대학 출판사.

마성식(1991). 「국어 의미변화 유형론」. 한남대 출판부.

마성식(1993). "『눈』 바탕 어휘 생성에 관한 연구". 『한남대논문집』 23. 한남대.

마성식(1993). "『입』 바탕 어휘의 의미론적 생성 연구". 『국어국문학』 109.

문금현(1996). "국어 관용표현 연구". 서울대 대학원 국어국문학과(박사).

_____(1998). "신체 어휘의 변천사". 「國語 語彙의 基盤과 歷史」. 태학사.

문미선 외 2인 역(1996). 「새로운 의미론」. 한국문화사. Schwarz·Chur 原著.

문병태(1989). "도상성으로 본 영어 조건문의 의미". 충남대 대학원 영어영문학과(박사).

文洋秀 외 9인(1985). 「現代言語學」. 翰信文化社.

문영호(1993). 『조선어 빈도수사전』. 과학과백과사전종합출판사.

문용진(1987). 「북한의 학교교육과정 연구」. 국토통일원.

문창덕 편(1988). 「조선말 동의어사전」. 연변인민출판사.

문학이론연구회 편(1989). 『文學槪論』. 새문사.

문화어학습 편집부(1975). 「주체사상에 기초한 언어이론」. 사회과학출판사.

민병욱(1991). 「戲曲文學論」. 民知社.

閔賢植(1986). "開化期 國語의 語彙에 대하여 ─ 사라진 고유어·한자어를 중심으

318

　　　　　　　로-". 「국어생활」 4. 국립국어연구소.

_____(1995). "양태부사의 의미에 대하여". 「牛山李仁燮教授華甲紀念論文集」.
　　　　同 刊行委員會.

_____(1995). "국어 어휘사의 시대구분에 대하여". 『국어학』 25. 국어학회.

_____(1998). "시간어의 낱말밭". 「한글」 240·241호. 한글학회.

_____(1998). "시간어의 어휘사". 「國語 語彙의 基盤과 歷史」. 태학사.

박갑수(1971). "청록집의 어휘고". 「김형규 박사 송수기념논총」. 동간행위원회.

_____(1994). "국어문체 연구사". 『국어문체론』. 대한교과서(주).

박건식(1989). "북한의 어휘론". 「북한의 어학혁명」. 북한언어연구회.

朴景燮(1994). 「韓國의 禮俗研究」. 서광학술자료사.

박경자 외 2인 역(1985). 「심리언어학」. 한신문화사.

朴景賢(1986). "현대국어의 공간개념어의 의미연구". 명지대 대학원(박사).

朴景賢(1987). 「現代國語의 空間概念語研究」. 한샘.

박금용(1986). "「주다」 동사의 낱말밭 연구-현대국어를 중심으로-". 고려대
　　　　교육대학원(석사).

박기숙(1996). "중국어의 〈모친〉명칭에 대한 고찰". 『한국어내용론』 4. 한국어내
　　　　용학회.

박덕유(1995). "담화분석 연구의 전개와 방향". 『국어교육연구』 7. 인하대 사범대.

朴綠潭(1996). 「한국의 전통민속주」. 曉日文化社.

박명아(1993). "동음어에 관하여". 『용운언어』 3. 대전대.

朴文誠(1992). "現代國語敬語法의 社會言語學的研究". 「大田語文研究」. 大田語文
　　　　研究會.

박민규(1989). "어휘조사의 전산처리". 「국어생활」 16. 국립국어연구소.

박병수(1974). "The Korean Verb ha and Verb Complementation". 「語學研究」 10-1.
　　　　서울대.

박병익(1989). "동사 '주다'의 3가지 용법". 「한글」 203. 한글학회.

朴炳采(1973). 「高麗歌謠의 語釋研究」. 宣明文化社.

_____ 외 6인(1981). 「新國語學概論」. 螢雪出版社.

_____(1989). 「국어발달사」. 世英社.

_____(1991). 「論註 月印千江之曲」. 世英社.

朴秉喆(1997). 「韓國語 訓釋 語彙 硏究」. 이회문화사.

_____(1997). "動詞類語 訓에 관한 通時的 考察". 「국어학 연구의 새 지평」. 태학사.

박상훈 외 2인(1989). 「우리나라에서의 어휘정리」. 白衣.

박선자(1994). "국어 한정 표현의 의미론적 특성 연구". 「부산 한글」 13. 한글학회 부산지회.

_____(1996). 『한국어 어찌말의 통어의미론』. 세종출판사.

朴晟義(1957). "國文學 古典에 나타난 儒·佛·仙思想". 「一石 李熙昇 先生 領壽紀念論叢」. 一潮閣.

박승덕(1985). 「사회주의 문화건설리론」. 과학, 백과사전출판사.

박양규(1985). "국어의 再歸動詞에 대하여". 「國語學」 14. 國語學會.

박여성(1984). "어휘소 구조에 대한 연구―특히 E. Coseriu의 어휘소론을 중심으로―". 고려대 대학원(석사).

朴英燮(1994). 「開化期 國語 語彙資料集 (1) : 독립신문 篇」. 서광학술자료사.

_____(1994). 「開化期 國語 語彙資料集 (2) : 新小說 篇」. 서광학술자료사.

_____(1995). 「國語漢字語彙論」. 박이정.

朴英順(1984). 「韓國語統辭論」. 集文堂.

_____(1986). "國語文法 敎育으로서의 意味論에 대하여". 「한국어문교육」 창간호. 고려대 사대 국어교육학회.

_____(1992). "國語 指示語의 類型". 『홍익어문』 10.11. 홍익어문연구회.

_____(1993). 「현대 한국어 통사론」. 집문당.

_____(1994). 「한국어 의미론」. 고려대 출판부.

_____(1994). "'대다, 가다, 보다, 서다, 들다'의 의미에 대하여". 「한국어학」 창간호. 한국어학회.

_____(1994). "문체론의 본질". 『국어문체론』. 대한교과서(주).

_____(1995). "국어 청유문의 구조와 의미". 「牛山李仁燮敎授華甲紀念論文集」. 同 刊行委員會.

_____(1995). "이중언어능력과 인지기능". 『二重言語學會誌』 12. 二重言語學會.

320

박영준(1991). "국어 명령문연구". 고려대 대학원(박사).

박영준(1993). "국어 관용어 사전편찬을 위하여". 「우리어문연구」. 국학자료원.

박영준(1994). 「명령문의 국어사적 연구」. 국학자료원.

박영준, 최경봉 편(1996). 「관용어사전」 태학사.

박영환(1990). "'본인'의 의미 기능". 「한남대 논문집」 21. 한남대.

_____(1991a). 「指示語의 意味機能」. 韓南大 出版部.

_____(1991b). 「국어학의 전개양상」. 韓南大 出版部.

박옥숙 옮김(1993). 「의미의 논리를 위하여」. 한국문화사.

박용순(1978). 「조선어 문체론연구」. 과학, 백과사전출판사.

박이문(1997). "기호와 의미". 『언어·진리·문화』 1. 철학과현실사.

박인현(1992). "동사 '뜨다'의 의미 분석". 경북대 대학원(석사).

박정숙(1994). "상품 이름 연구". 건국대 교육대학원(석사).

박정한(1990). "E.Coseriu의 구조의미론 연구 - 어휘구조와 음운구조의 대비를 중
        심으로 - ". 부산대 대학원(박사).

_____(1994). "내용연구 토대로서의 「밭」 개념". 「우리말 내용연구」 창간호. 국
        학자료원.

박종갑(1996). 「국어의미론」. 박이정.

방종갑·오주영(1996). 『언어학개론』. 경성대 출판부.

朴鍾榮(1994). 「心理學槪論」. 大旺社.

박지홍(1978). "우리말 의미구조 연구". 「눈뫼 허웅 박사 회갑논문집」. 서울대 출
        판부.

_____(1984). 「우리말의 의미」. 문성출판사.

박창해(1991). 「한국어 구조론 연구」. 탑출판사.

朴喆熙(1984). 『文學槪論』. 螢雪出版社.

朴亨達(1968). "Signifie의 機能理論". 「語學硏究」 4-1. 서울대.

박홍길(1997). 「우리말 어휘 변천 연구」. 세종출판사.

박효명(1995). "이동동사 run, walk와 creep의 의미 확대에 대한 연구". 전남대 대
        학원 영어영문학과(박사).

박희봉(1985). "의미연구의 방향과 어휘분절에 대하여". 고려대 대학원(석사).

裵大溫(1993).「吏讀語彙論」. 螢雪出版社.

배도용(1994). "〈주다〉류 어휘의 의미분석". 부산외대 대학원(석사).

_____(1997). "한국어 머리(頭髮) 낱말밭의 내용 분석".『一庵金應模敎授華甲紀念論叢』. 도서출판 박이정.

배범석(1994). "용비어천가의 문체에 대한 일고찰".「國語學」24. 國語學會.

배성우(1996). "〈그릇〉명칭에 대한 고찰".『한국어내용론』4. 한국어내용학회.

배승호(1993). "현대국어 도의어 연구". 영남대 대학원(석사).

배해수(1981a). "홍길동전에 나타난 생명종식어의 고찰-자동사를 중심으로-.「全南大學校 論文集」. 全南大.

_____(1981b). "현대국어 웃음 동사에 대하여".「한글」172. 한글학회.

_____(1982a).「현대국어의 생명종식어에 대한 연구」. 태양출판사.

_____(1982b). "냄새 형용사에 대하여"「語文論集」6. 全南大.

_____(1983). "넓이 그림씨에 대한 고찰"「한글」182. 한글학회.

_____(1984a). "빈부 그림씨에 대한 고찰".「文理大論文集」2. 高麗大.

_____(1984b). "관계 그림씨에 대한 고찰".「한글」185. 한글학회.

_____(1990).「국어내용연구-성격 그림씨를 중심으로」. 高麗大 民族文化硏究所.

_____(1991). "어버이 명칭에 대한 고찰".「우리어문연구」4, 5합집. 우리어문연구회.

_____(1992).「국어내용연구 (2)」. 국학자료원.

_____(1994).「국어내용연구 (3)」. 국학자료원.

_____(1995). "동적언어이론의 이해".「한국어 내용론」3호. 국학자료원.

배현숙(1989). "남북한 외래어 표기법 비교".「북한의 어학혁명」. 백의.

배현숙(1992). "언어에 나타난 성별 정형화".『홍익어문』10.11. 홍익어문연구회.

裵禧任(1988).「國語被動硏究」. 高麗大 民族文化硏究所.

白秉東(1994).「大學音樂理論」. 現代音樂出版社.

봉일원(1980). "언어와 언어공동체-Leo Weisgerber의 동적언어관에 입각하여". 고려대 대학원(석사).

봉일원, 박여성(1996). "텍스트유형에 대한 구조·기능주의적 고찰".『한국어내용론』4. 한국어내용학회.

322

북한언어연구회 편저(1989). 「북한의 어학혁명」. 백의.

사회과학원 어학연구소(1961). 「조선어문법 1(어음론·형태론)」. 학우서방.

사회과학원 어학연구소(1964). 「조선어문법(문장론)」. 학우서방.

사회과학원 어학연구소(1971). 「조선말규범집해설」. 사회과학출판사.

사회과학원 어학연구소(1981). 「조선말규범집」. 사회과학출판사.

사회과학원 어학연구소(1992). 「조선말대사전」 2권. 사회과학출판사.

사회과학원 출판사 편(1973). 「조선로동당 정책사(언어부문)」. 평양.

서경보(1974). 「세계의 종교」. 乙酉文化社.

徐炳國(1975). 「國語造語論」. 慶北大 出版部.

_____(1975). "現代國語의 語構成研究". 慶北大 大學院(博士).

_____(1981). 「응용국어학 논고」. 학문사.

서상규(1997). 「飜譯老乞大 語彙索引」. 박이정.

_____(1997). 「老乞大諺解 語彙索引」. 박이정.

_____(1997). 「平安監營重刊 老乞大諺解 語彙索引」. 박이정.

_____(1997). 「重刊老乞大諺解 語彙索引」. 박이정.

_____(1997). 「淸語老乞大諺解 語彙索引」. 박이정.

_____(1997). 「蒙語老乞大諺解 語彙索引」. 박이정.

徐淵昊(1991). 「서낭굿 탈놀이」. 열회당.

서우석 역(1988). 「기호학이론」. 文學과 知性社.

徐在克(1975). 「新羅鄕歌의 語彙研究」. 啓明大 韓國語學研究所.

_____(1980). 「中世國語의 單語族研究」. 啓明大 出版部.

_____(1990). 「국어어형론고」. 계명대 출판부.

徐廷國(1968). "國語基本語彙 研究". 高麗大 大學院(석사).

_____(1973). "어린이 노래歌詞의 語彙研究". 「江陵敎大論文集」 5. 江陵敎大.

서정범(1989). 「우리말의 뿌리」. 고려원.

서정수(1975a). "동사 '하'의 기능". 「국어국문학」. 68, 69합본. 국어국문학회.

_____(1975b). 「동사 '하'문법」. 형설출판사.

_____(1978a). "국어조동사연구". 「언어」 3-2.

_____(1978b). 「국어구문론연구」. 탑출판사.

_____(1981). "합성어에 관한 문제".「한글」173, 174호. 한글학회.

_____(1989).「존대법의 연구」. 한신문화사.

_____(1995).「국어문법」. 뿌리깊은나무.

徐貞媛(1990). "국어사동문의 사동성 정도연구". 高麗大 大學院(석사).

서태길(1994). "〈자름〉타동사 말낱밭".『한국어내용연구』1. 국학자료원.

서태길(1996). "어휘 정보에 기초한 국어문법기능에 대한 연구". 고려대 대학원
　　　　국어국문학과(박사).

成光秀(1976a). "不完全名詞＋{하다, 이(다)}에 대한 生成論的 分析".「語文論集」
　　　　17. 高麗大 國語國文學研究會.

_____(1976b). "국어 간접피동에 대하여".「문법연구」3.

_____(1977). "意味保存과 語彙分解의 문제점".「國語學資料集」. 大提閣.

_____ 외 2인(1986).「國語意味論」. 開文社.

_____(1986). "同意性과 反意性의 限界－意味記述 問題를 中心으로－".「師大
　　　　論集」11. 高麗大.

성낙수(1993). "대학생들의 은어 고찰".『한국어문교육』3. 한국교원대.

성낙수(1994). "대학생 은어의 조어법".「우리말글연구」1. 우리말학회.

成煥甲(1973). "同音異義語考－固有語의 調和－意味領域의 分化－".「國語學新
　　　　研究」. 塔出版社.

_____(1990). "借用語에 의한 意味擴大".「國語學資料集」. 大提閣.

_____(1991a). "意味의 上向과 卑下".「도곡 정기호 박사 회갑기념논총」. 인하
　　　　대 국어국문학과.

_____(1991b). "意味의 縮小와 擴大".「현산 김종훈 박사 회갑기념논문집」. 집
　　　　문당.

손남익(1989). "약어표기법".「북한의 어학혁명」. 백의.

손남익(1994). "〈온도〉그림씨 말낱밭".『한국어내용연구』1. 국학자료원.

손남익(1995). "국어부사어 연구：정도부사의 통사·의미론적 연구를 중심으로".
　　　　고려대 대학원(박사).

_____(1997). "낱말밭 연구사".『一蓑金應模教授華甲紀念論叢』. 도서출판 박이정.

손희하(1997). "15세기 새김 어휘 연구".「국어학 연구의 새 지평」. 태학사.

宋基中(1998). "語彙 生成의 특수한 類型-漢字借用語". 「國語 語彙의 基盤과 歷史」. 태학사.

宋順康(1993). 「國語 構造論」. 圓光大 出版部.

송 민(1990). "어휘변화의 양상과 그 배경". 「국어생활」 22. 국립국어연구소.

_____(1997). "어휘사의 시대 구분". 「語彙史研究」. 語彙史研究會.

송영구 역(1993). 「담화분석」. 한국문화사.

송영주(1991). 「발화의 시간의미연구」. 한신문화사.

송영채(1992). "대중매체 속에서의 은유". 「언어학 논집」 6. 언어정보연구원.

송향근(1996). "남한과 북한의 국어사연구에 대한 고찰". 「한국어학」 4. 한국어학회.

송향근(1997). "언어의 재구-방법론과 문제점". 「一庵金應模敎授華甲紀念論叢」. 도서출판 박이정.

손호민(1976). "Semantics of Compound Verd in Korea". 「언어」 1-1. 한국언어학회.

_____(1978). "긴 형과 짧은 형". 「語學研究」. 14-2. 서울대.

宋秉鶴(1974). "「하」에 관한 연구". 忠北大 大學院(박사).

_____(1983). "한국어의 Deictics 분석". 「충남대 언어」 4. 충남대.

_____ 옮김.(1989). 「언어와 언어학」. 한신문화사.

송영석(1974) ."A Grammer of Coming". 「언어」 3-1. 한국언어학회.

宋喆儀(1985). "派生語形成에 있어서 語基의 意味와 派生語의 意味". 「震檀學報」 60. 震檀學會.

시정곤(1994). 「국어의 단어형성원리」. 국학자료원.

시정곤(1994). "'X를 하다' 'X하다'의 상관성". 「國語學」 24. 國語學會.

시정곤(1995). "어휘적 접미사와 의미결합의 긴밀성". 「牛山李仁燮敎授華甲紀念論文集」. 同 刊行委員會.

시정곤(1996). "형태·통사론의 최근 동향". 「한국어학」 3. 한국어학회.

시정곤(1997). "인칭접미사의 의미구조에 대하여". 「一庵金應模敎授華甲紀念論叢」. 도서출판 박이정.

신경철(1993). "數名어휘 고찰". 「어문연구」 24. 어문연구회.

신경철(1994). "「능엄경언해」 주석문의 어휘 고찰". 「국문학논집」 14. 단국대 국어국문학과.

신경철(1996). "住生活 字釋語彙의 변천 고찰".『한국어학』4. 한국어학회.

_____(1998). "內訓 註釋文의 漢字語 語彙".「國語 語彙의 基盤과 歷史」. 태학사.

신수송(1980). "현대 독일어의 의미론 연구".「독일문학」24. 한국독어독문학회.

_____(1981). "범주문법 이론에 의한 현대 독일어의 통사구조의 어휘해석 연구".「독일문학」26. 한국독어독문학회.

_____(1982). "몬테규문법이론에 의한 현대 독일어의 동사의미론 연구".「독일문학」28. 한국독어독문학회.

신수송·이병찬 (1984).「독어학 개론」. 한신문화사.

신수종·류수진(1995).「어휘기능문법」. 서울대 출판부.

신용태(1994).『재미있는 어원 이야기』. 서광학술자료사.

신익성(1972). "한국어 어휘연구를 위한 통계언어학의 원리와 방법".「語學研究」8-1. 서울大.

_____(1974). "Weisgerber의 언어이론-해석과 주석적 비판-".「한글」153. 한글학회.

_____(1979). "Humboldt의 언어관과 변형생성이론의 심층구조".「語學研究」15-1. 서울大.

_____(1985). "한국말의 구조의미론을 위한 서설".『서울대 인문론총』14. 서울대 인문과학연구소.

신인철(1989).「영어통사론」. 한신문화사.

신지현(1992).「미용학개론」. 壽文社.

신현숙(1987). "의미와 의미연구의 위치정립을 위하여".「부암 김승곤 박사 화갑 기념논문집」. 동간행위원회.

_____(1989). "한 의미영역의 동사와 그 분석".「한글」179. 한글학회.

_____(1984). "동사 받다/얻다/버리다/잃다의 의미연구". 건국대 대학원(박사).

_____(1986).「의미분석의 방법과 실제」. 한신문화사

_____(1990). "장(field)이론과 한국어의 의미연구"「자하어문논집」6, 7. 상명여대 국어교육과.

_____(1991).「한국어 현상의미 연구」. 상명여대 출판부.

326

_____(1991). "감각동사『보다』의 의미분석". 「김영배 선생 회갑기념논총」. 경운출판사.

_____(1994). "Revist on Privative as a Semantic Feature".『언어』 19-1. 한국언어학회.

_____(1995). "명사 [집]의 형식과 의미 확장".『말』 20. 연세대 한국어학당.

_____(1996). "명사 [밥]의 형식과 의미 확장".『紫霞語文論集』 11. 詳明語文學會.

심선우·박순혁 옮김(1996).『의미의 영역』. 한신문화사.

沈在箕(1976). "The Construction of Word-Meaning Structure.". 「語學研究」 3-2. 서울大.

_____(1971). "國語의 同意複合現象에 對하여". 「國語學資料集」. 大提閣.

_____(1983). 「國語語彙論」. 集文堂.

_____ 外 二人(1981). "大學院 國語語彙論 敎材 開發을 위한 基礎的 硏究 (1)". 「국어교육」 36.

_____ 外 二人(1989). 「意味論序說」. 集文堂.

_____(1989). "漢字語 受容에 關한 通時的 硏究". 「國語學」 18. 國語學會.

_____(1990). "국어어휘의 특성에 대하여". 「국어생활」 22. 국립국어연구소.

_____(1993). "우리말 사전의 한자어 처리에 관하여".『안병희 선생 화갑기념논총』. 문학과지성사.

_____(1994). "어원".『국어 어원연구 총서 (I)』. 태학사.

_____(1995). "국어어휘의미론".『현대언어학 지금 어디로』. 한신문화사.

_____(1997). "국어 어휘의 구조와 특징". 「語彙史研究」. 語彙史研究會.

_____編(1998). 「國語 語彙의 基盤과 歷史」. 태학사.

안곤양(1992). 「想醉」. 당그래.

안동환 옮김(1995).『과학과 인간의 목표』. 한국문화사.

안옥규(1996). 「어원사전」. 한국문화사.

안인희(1976). "국어어휘의 의미론적 분류연구". 「한글」 157. 한글학회.

안정오(1985). "낱말 내용과 분절에 대한 연구". 고려대 대학원(석사).

_____(1994). "'Energeia-언어학'의 실용적 요소".『텍스트언어학』 2. 텍스트연구회.

양궁양석(1996). "중국어의 〈붕우〉명칭에 대한 고찰".『한국어내용론』 4. 한국어내용학회.

양동휘(1988). 「한국어의 대용화」. 韓國研究院.

梁明姬(1990). "서술성완결의 동사 '하-'". 「周時經學報」 6. 탑출판사.

양영희(1994). "국어대용어의 특성과 기능". 「國語學」 24. 國語學會.

양오진(1995). "〈불〉이름씨의 낱말밭 분석". 『우리말 내용연구』 2. 우리말내용
　　　연구회.

양인석(1971). "Neutralizability in Antonymy : A Semantic Analysis". 「영어영문학」 38.

양인석(1995). "어휘의미론". 『현대언어학 지금 어디로』. 한신문화사.

_____(1972). "Pragmatics of Going-Coming Compound Verb in Korean". 「語文集」
　　　11. 韓國外大.

양정석(1997). "어휘 잉여규칙과 동사 어휘들의 조직". 『由南申碩煥博士回甲紀
　　　念論文集』. 창원대 출판부.

양정석(1995). 「국어동사의 의미분석과 연결이론」. 박이정.

양태식(1982). "어휘소와 의미소". 「논문집」 28. 부산수산대.

_____(1983). "어휘의 의미구조". 「논문집」 30. 부산수산대.

_____(1985). 「국어차원 낱말의 의미구조」. 태화출판사.

_____(1988). "우리말 온도 어휘소무리의 의미구조". 「한글」 201, 202 합집. 한
　　　글학회.

_____(1992). 「국어구조의미론」. 서광학술자료사.

어문학연구소 편(1991). 「단어 만들기 연구」. 대제각.

어문학연구소(1961). 「말과 글의 문화성」. 과학원출판사.

어문학연구소(1970). 「항일무장투쟁시기의 김일성동지의 언어사상과 그 빛나는
　　　구현」. 사회과학출판사.

呂塤根(1984). 「現代論理學」. 大英社.

여찬영(1994). "우리말 나비 명칭 연구". 「우리말글연구」 1. 우리말학회.

_____(1994). "우리말 물고기 명칭어 연구". 『한국전통문화연구』 9. 효성여대
　　　한국전통문화연구소.

_____(1995). "우리말 패류 명칭어 연구". 『한국학논집』 22. 계명대 한국학연구원.

_____(1998). "우리말 거미 명칭의 연구". 「추상과 의미의 실제」. 한결 이승명
　　　박사 회갑기념논총.

연변대학 조선어문학연구소(1988). 「조선어문학 론문집」. 연변대학출판사.

염선모(1985). 「국어문장의미의 연구」. 경북대 대학원(박사).

_____(1987). 「國語意味論」. 螢雪出版社.

_____(1990). "의미의 성분분석에 대하여". 「國語學資料論文集」. 大提閣.

_____(1991). "국어어휘구조 연구". 「국어국문학연구」 19. 영남대 국문과.

오명옥(1995). "〈냄새〉명칭에 대한 고찰". 『우리말 내용연구』 2. 우리말내용연구회.

오승신(1996). "한국어 간투사 연구". 이화여대 대학원(박사).

와다 다카시로(1989). "북한의 국어사전". 「북한의 어학혁명」. 백의.

왕한석(1990). "북한의 친족어". 「國語學」 20. 國語學會.

외국문교육도서출판사(1972). 「국한문독본」. 과학, 백과사전출판사.

우형식(1990). "국어타동구문에 관한 연구". 연세대 대학원(박사).

_____(1991). "인지동사구문의 유형 분석". 「국어의 이해와 인식」. 한국문화사.

_____ 편저(1994). 「국어정서법」. 부산외대 출판부.

_____(1994). "'내리다' 동사 구문연구". 「우리말글연구」 1. 우리말학회.

_____(1996). "의미역의 이중성문제". 『송암 정교환 박사 회갑기념논총』. 동간
        행위원회.

_____(1997). "국어 분류사의 의미 범주화 분석". 『一麓金應模敎授華甲紀念論
        叢』. 도서출판 박이정.

원영섭(1994). 『同音同意異字語』. 세창출판사.

원영섭(1995). 『同字異音異意語』. 세창출판사.

元隆喜(1996). 「우리술 전통민속주·가양주」. 正訓出版社.

元義範(1969). "極樂과 天國의 來世觀的 比較". 「佛敎學報」 6. 東國大.

원진숙(1994). 「작문교육의 이론적 기초와 방법론 연구」. 고려대 대학원(박사).

_____(1995). 「논술 교육론」. 박이정.

원훈의(1996). 「국어과 교육연구」. 국학자료원.

柳龜相(1976). "同意重疊語의 構造". 「語文論集」 17. 高麗大 國語國文學硏究會.

兪惠善(1993). 「家庭生活寶鑑」. 신나라.

유송영(1990), "{을}의 통사·의미기능 연구". 高麗大 大學院(석사).

유송영(1994). "〈아픔〉그림씨에 대한 고찰". 『한국어내용연구』 1. 국학자료원.

유송영(1996). "국어 청자 대우의미의 교체사용과 청자 대우법체계". 고려대 대학원 국어국문학과(박사).

劉昌惇(1966). "同音語와 同義語", 「靑坡文學」 6. 淑明女大.

_____(1978). 「語彙史硏究」. 二友出版社.

유형선(1994). "현대국어 <밥>명칭에 대한 연구". 「한국어내용연구」 1. 국학자료원.

유형선(1995). "국어의 중출구문에 대한 통사·의미론적 연구". 고려대 대학원 국어국문학과(박사).

윤서석(1985). 「한국식품사연구」. 신광출판사.

尹元徹 譯(1984). 「宗敎學」. 展望社.

윤희수(1992). "낱말의 의미해석에 관한 심리언어학적 해석". 「金烏工科大學校論文集」 13.

윤희원(1993). "의성어·의태어의 개념과 정의". 「새국어생활」 3-2. 국립국어연구원.

이건원 역(1987). 「언화행위」. 한신문화사(Searle, J. R.).

李慶成(1982). 「美術이란 무엇인가」. 一志社.

이경자(1994). "물형 낱말의 밭 구조". 「언어」 15. 충남대 어학연구소.

_____(1994). "곡물 낱말 의미의 대립구조 고찰". 「이화어문논집」 13.

이경찬(1992). 「한국인의 주도」. 자유문고.

이경희(1997). "현대국어의 음성상징에 나타난 부분중첩". 「一菴金應模敎授華甲紀念論叢」. 도서출판 박이정.

이경희(1997). "현행 북한의 맞춤법 규정에 대하여". 「김정일시대의 북한언어」. 태학사.

李寬珪(1986). "語彙意味의 成分分析方法". 「한국어문교육」. 창간호. 고려대.

_____(1986). "國語補助動詞 硏究". 高麗大 大學院(석사).

_____(1990). "國語 對等構成에 대한 硏究". 高麗大 大學院(박사).

_____(1992). "對等素의 再分析과 辨別資質". 「홍익어문」 10·11. 홍익어문연구회.

_____(1992). 「국어대등구성 연구」. 서광학술자료사.

_____(1993). "기본문형의 몇 가지 문제". 「우리어문연구」. 국학자료원.

_____(1995). "합성동사 구성에 대한 고찰". 「한국어학」 2. 한국어학회.

_____(1995). "국어의 문장구성 방법". 「牛山李仁燮敎授華甲紀念論文集」. 同 刊

330

行委員會.

李光來 譯(1997).『말과 사물』. 민음사.

이광호(1997). "청각장애아 일기문의 통시적 오류 고찰".『牛岩語文論集』7. 釜山外大 國語國文學科.

李光政(1987).「國語品詞分類의 歷史的 發展에 관한 研究」. 翰信文化社.

_____(1990). "고유어와 한자어의 어휘적 특성". "국어의미론』. 개문사.

이광호(1992). "국어 유의어의 통시적 연구." 경북대 대학원(박사).

이광호(1994). "정몽유어의 어휘·의미분류 체계".『우리말의연구』. 우골탑.

이광호(1995).「類義語 通時論」. 이회문화사.

李奎浩(1978).「말의 힘」. 第一出版社.

이기갑(1983). "유추와 의미".『한글』180. 한글학회.

_____(1990). "방언 어휘론".『방언학의 자료와 이론』. 지식산업사.

이기동(1977). "동사 '오다' '가다'의 의미분석".「말」2. 연세대.

_____(1978). "조동사 '지다'의 의미연구".「한글」161. 한글학회.

_____(1981). "언어와 의식".「말」6. 연세대.

_____(1981). "언어와 지각".『정형국 교수 정년기념논문집』. 연세대 영어영문학과.

_____(1982). "언어와 인지".『언어』7-2. 한국언어학회.

_____(1984). "다의어와 의미의 일관성".『人文科學』52. 연세대 인문과학연구소.

_____(1985). "낱말풀이의 개념상의 일관성".『羨烏堂 金炯基先生 紀念 國語學論叢』.

_____(1986). "낱말의 의미와 범주화".『東方學志』50. 연세대 국학연구소.

_____(1987). "사전 뜻풀이의 검토".『人文科學』57. 연세대 국학연구소.

_____(1991). "동사 '하다'의 문법".「국어의 이해와 인식」. 한신문화사.

_____(1986).「언어와 인지」. 한신문화사.

_____(1992). "다의 구분과 순서의 문제".『국어생활』2-1. 국립국어연구원.

_____(1995).『영어동사의 의미 上·下』. 한국문화사.

이기문(1978a). "語彙借用에 대한 一考察".「언어」3-1. 한국언어학회.

_____(1979).「國語史 槪說」. 民衆書館.

_____(1991). 「國語語彙史研究」. 東亞出版社.

_____(1992). 「俗談辭典」. 一潮閣.

이기용(1992). "계산의미론에 입각한 한국어 분석". 『언어학과 인지』. 한국문화사.

이기용(1995). "상황의미론". 『현대언어학 지금 어디로』. 한신문화사.

이기우 옮김(1994). 「인지 의미론」. 한국문화사.

李基哲 外 二人(1992). 「運動과 健康生活」. 부산외대 출판부.

이남덕(1987). 「한국어어원연구」. Ⅰ, Ⅱ, Ⅲ, Ⅳ, 이화여대 출판부.

李能和(1983). 「朝鮮道敎史」. 普成文化社.

이동혁(1997). "북한의 문체론 연구". 「김정일시대의 북한언어」. 태학사.

이덕호(1980). "언어차용에 관한 연구". 「한글」 169. 한글학회.

이동석(1995). "〈때림〉동사의 분절구조". 『우리말 내용연구』 2. 우리말내용연구회.

李敦柱(1979). 「漢字學總論」. 博英社.

_____(1990). "漢字意味의 辨別性과 國語字釋의 問題". 「國語學資料論文集」. 大提閣.

李杜鉉(1971). "辟邪進慶의 歲時風俗". 『金亨奎博士 頌壽紀念論叢』. 一潮閣.

李杜鉉 外二人(1988). 「韓國民俗學槪說」. 學硏社.

이만기(1993). "북한 숙어의 개념론". 『인천국어교육』 9. 인천 국어교육연구회.

_____(1994). "북한의 은어". 「극동문제」 181. 극동문제연구소.

이미영(1995). "〈눈〉명칭에 대한 고찰". 『우리말 내용연구』 2. 우리말내용연구회.

李秉根(1988). "開化期 語彙整理와 辭典編纂". 「周時經學報」 2. 탑출판사.

_____(1997). "고양이(猫)의 語彙史". 「국어학 연구의 새 지평」. 태학사.

이병우(1985). "Leo Weisgerber의 어휘론 연구에 대하여". 고려대 대학원(석사).

이봉원(1997). "북한 표준발음의 실상". 「김정일 시대의 북한언어」. 태학사.

이상규(1991). "경북, 충북 접경지역의 어휘 분화". 『들메 서재극 박사 환갑기념 논문집』. 동 간행위원회.

이상률 역(1994). 「놀이와 인간」. 문예출판사.

李相億(1972). "動詞의 特性에 對한 理解". 「語學研究」 8-2. 서울大.

李相億(1991). 「言語學新論」. 開文社.

李相殷(1956). "祭祀의 意味:祖上崇拜思想의 再吟味". 「思想界」 2月号. 思想界社.

李相日(1986).「한국의 굿과 놀이」. 文音社.

이상태(1995).「국어 이음월의 통사·의미론적연구」. 형설출판사.

이상혁(1994). "〈돌〉이름씨에 대한 고찰".『한국어내용연구』1. 국학자료원.

이상혁(1997). "우리말글 명칭의 역사적 변천과 그 의미".『一塵金應模敎授華甲
紀念論叢』. 도서출판 박이정.

이서래(1986).「한국의 발효식품」. 이화여대 출판부.

李奭周(1987).「국어어구성연구 : 복합어와 파행어의 의미구조를 중심으로」. 중
앙대 대학원(박사).

이선영(1998). "음식명의 어휘사".「國語 語彙의 基盤과 歷史」. 태학사.

李善浩(1994).「國防行政論」. 고려원.

_____(1992). "國語 動詞 複合에 대한 考察".『홍익어문』10.11. 홍익어문연구회.

이성만(1995). "언어학적 텍스트 이해의 의미론적 과제".『텍스트언어학』3. 텍
스트연구회.

이성우(1978).「韓國食生活研究」. 향문사.

_____(1981).「韓國食經大典」. 향문사.

_____(1978).「韓國食品 社會史」. 교문사.

_____(1978).「韓國食品 文化史」. 교문사.

이성준(1978). "독일어 어휘분절에 대한 소고". 고려대 대학원(석사).

_____(1984). "L. Weisgerber의 월구성안에 대한 연구". 고려대 대학원 독어독문
학과(박사).

_____(1993).「언어내용이론」. 국학자료원.

_____(1994). "작용중심 언어연구에 대한 개관".「우리말 내용 연구」창간호.
국학자료원.

_____옮김(1994).「언어학 개론」. 국학자료원.

_____(1996). "빌헬름 폰 훔볼트의 언어관에 나타난 언어의 본질".『한국어내용
론』4. 한국어내용학회.

_____(1998).「현대의미론의 방법」. 국학자료원.

이승렬(1994). "담화 표상구조에서 함의 영역".『한국항공대논문집』32.

이수련(1988).「한국어 풀이씨의 공간론적 의미연구」. 부산대 대학원(박사).

_____(1991). "'바뀌다' '달라지다' '변하다'의 의미". 「국어국문학」 28. 부산대 국어국문학과.

_____(1996). "인지와 은유". 『동의어문논집』 9. 동의대 국어국문학과.

_____(1997). "견줌월의 의미·통사적 특성". 『一菴金應模敎授華甲念論叢』. 도서출판 박이정.

李崇寧(1954). "音聲象徵論-語感의 硏究". 「서울文理大學報」 2. 서울大.

_____(1962). "國語의 Polysemy에 대하여". 「서울文理大學報」 16. 서울大.

_____(1967), "韓國語發達史-語彙史-". 「韓國文化史大系」 V. 高麗大 民族文化硏究所.

_____(1984). 「韓國造語論考」. 乙酉文化社.

李勝明(1972). "國語類意攷(其 一)". 「詩文學」 27. 한국어문학회.

_____(1972). "國語類義攷(其 二)". 「어문논총」 7. 경북대.

_____(1978). "국어 상대어의 구조적 양상". 「어문학」 37. 한국어문학회.

_____(1978). 「國語語彙의 意味構造의 대한 硏究」. 螢雪出版社.

_____(1992). "국어 색상어 연구". 『홍익어문』 10·11. 홍익어문연구회.

_____(1995). "사회문맥과 의미변화". 『二重言語學會誌』 12. 二重言語學會.

_____(1998). "국어 색채표시어군의 구조에 대한 연구". 「추상과 의미의 실제」. 한결 이승명 박사 회갑기념논총.

이승연(1995). "〈잠〉명칭에 대한 고찰". 『우리말 내용연구』 2. 우리말내용연구회.

이양혜(1997). "의미형태소의 파생접미사화". 『一菴金應模敎授華甲紀念論叢』. 도서출판 박이정.

이영섭(1994). 「同音同義異字語」. 세창출판사.

_____(1995). 「同字異音異義語」. 세창출판사.

李英憲(1995). 「形式意味論」. 한신문화사.

이오덕(1990). 『우리글 바로 쓰기』. 한길사.

이옥련 외 3인(1997). 「남북한 언어연구」. 박이정.

이용성(1997). "최적성이론 개관". 『一菴金應模敎授華甲紀念論叢』. 도서출판 박이정.

李庸周(1969). "韓國語 어휘체계의 특징". 「국어교육」 15. 국어교육연구회.

334

_____(1972).「意味論槪論」. 서울大 出版部.

_____(1974).「國語漢字語에 관한 硏究」. 三英社.

_____(1983). "韓國漢字語系 動詞의 語彙論的 機能".「國語學資料論文集」. 大提閣.

_____(1983). "韓國語 動詞의 意味論的 分類와 '‐ㄴ다/‐는 다'形의 意味에 관한 연구".「師大論叢」27. 서울사대.

_____ 外 四人(1990).「國語意味論」. 開文社.

_____(1993).「한국어의 의미와 문법 (1)」. 三知院.

이용주·이을한(1985).「國語意味論」. 玄文社.

이원직(1992). "Hintika의 게임이론적 의미론".『홍익어문』10·11. 홍익어문연구회.

이원직(1994). "명제논리의 소고".「한국어학」창간호. 서광학술자료사.

_____(1996). "어휘의미론의 현황과 전망".『한국어학』4. 한국어학회.

_____(1997). "충남방언 연구".『一庵金應模敎授華甲紀念論叢』. 도서출판 박이정.

李胤杓(1985). "國語親戚用語의 硏究‐그 形態 및 意味分析을 中心으로‐". 高麗大 大學院(석사).

_____(1989). "國語空範疇의 硏究". 高麗大 大學院(박사).

_____(1996).『韓國語 空範疇論』. 태학사.

李恩奉(1984).「韓國古代宗敎思想」. 集文堂.

이은정(1988).「한글맞춤법 표준어해설」. 대제각.

李乙煥(1973).「一般意味論‐言語思考 傳達의 理論‐」. 開文社.

_____(1974).「言語學槪論」. 宣明文化社.

_____(1980).「國語의 一般意味論的 硏究」. 淑明女大 出版部.

_____(1985).『國語學 硏究』. 淑大 出版部.

_____ 외 5인 (1989).「國語學新講」. 開文社.

李應哲(1996).「回春 藥酒」. 南山堂.

李翊燮(1985). "國語造語論의 몇 問題".「東洋學」五. 檀國大.

_____(1986).「國語學 槪論」. 開文社.

_____(1992).「國語表記法 硏究」. 서울大 出版部.

李益煥(1985).「現代意味論」. 民音社.

_____(1986).「意味論槪論」. 翰信文化社.

_____(1992). "국어사전 뜻풀이와 용례". 『새국어생활』 2-1. 국립국어연구원.

_____(1995). "형식의미론". 『현대언어학 지금 어디로』. 한신문화사.

李仁燮(1981). "聯想語彙의 意味構造". 「해암 김형규 박사 고희기념론총」. 동간
　　　　행위원회.

_____(1986). "韓國兒童의 言語發達研究". 高麗大 大學院(박사).

_____(1992). "語彙意味論". 「國語學研究百年史」. 一朝閣.

이일호(1993). "의미현상으로서의 일치의 문제 : 정보기반 접근방식". 경희대 대
　　　　학원(박사)

이점출 옮김(1991). 「언어학개론」. 한신문화사. G. Grewendorf, F. Hamm, W.
　　　　Sternefeld(1987): Sprachliches Wissen Eine Einführung in morderne
　　　　Theorien der grammatischen Beschreibung. Frankfurt, Suhrkamp.

이정민(1973). "Presupposition of theme for Verbs of chang(in Korean and English).
　　　　「Foundation of Language」. 9.

이정식(1994). "〈슬프다〉류 그림씨 말낱밭". 『한국어내용연구』 1. 국학자료원.

_____(1994). "국어 부정구문의 기저구조와 의미해석". 고려대 대학원 국어국
　　　　문학과(석사)

이정식(1997). "「조선말대사전」의 특징". 「김정일 시대의 북한언어」. 태학사.

이정희(1983). "Leo Weisgerber의 기능중심적 언어고찰에 대하여". 고려대 대학원
　　　　(석사).

이종선(1993). "술[酒] 영칭에 관한 낱말밭 연구". 「牛岩語文論集」 3호. 釜山外大
　　　　國語國文學科.

이종선(1995). 「현대국어의 중의구문 연구」. 부산외대 교육대학원(석사).

이종은(1995). "한국어 수분류사의 의미 분석". 상명여대 대학원 국어국문학과
　　　　(석사).

이종철(1994). "과장표현의 화용론적 고찰". 『호서어문연구』 2. 호서대 국어국문
　　　　학과.

李鐘學(1994). 「現代戰略論」. 博英社.

이주행(1995). "朴景利의 '土地'에 쓰인 語彙 研究". 「牛山 李仁燮敎授 華甲紀念
　　　　論文集」. 同刊行委員會.

이창덕(1985). "동사 '하'의 연구". 「우리말 연구」 Ⅷ. 弘文閣.

이철용(1993). "의약서 어휘의 국어사적 연구". 한양대 대학원(박사).

이철호·김기영(1994). 「옛 문헌에 의한 한국주의 종류와 제조기술」. 高麗大 民族文化研究所.

이충우(1994). 「한국어 교육용 어휘연구」. 국학자료원.

이태영(1988). 「국어동사의 문법화 연구」. 한신문화사.

이현근(1992). "개념구조에 의한 단어의 다의성 연구". 『언어연구』 8. 한국현대언어학회.

_____(1994). "단어의 개념구조와 인지 : hand의 경우". 『언어연구』 10. 한국현대언어학회.

_____(1995). "원형이론과 개념론에 의한 어의 비교연구". 『언어연구』 11. 한국현대언어학회.

_____(1996). "英語 記義의 槪念論的 研究". 충남대 대학원 영어영문학과(박사).

李鉉洙(1989). 「性格 및 個人差의 心理學」. 祐成文化社.

이현호(1993). 『한국 현대시 담화-화용론적연구』. 한국문화사.

이혜영(1994). "단화표지 '글쎄'의 담화기능과 사용의미". 『이화어문논집』 13.

李昊烈(1997). "念素〈文〉의 意味 體系". 「국어학 연구의 새 지평」. 태학사.

이환묵·이석무 옮김(1987). 「오토예스퍼슨 문법철학」. 한신문화사.

이환묵 外 二人 편(1993). 「80년대 통사의미이론」. 한신문화사.

이효상(1993). "담화-화용론적 언어분석과 국어연구의 새 방향". 『주시경학보』 11. 탑출판사.

임경순(1994). "알타이제어 기초어휘의 의미망내 항목 대응고". 『전남대어문논총』 14.15합집.

任東權(1983). 「韓國民俗學文化論」. 集文堂.

임소영(1994). "한국어 '중의성'의 유형과 그 특성". 『상명논집』 1. 상명여대 대학원.

임소영(1997). 『한국어 식물이름의 연구』. 한국문화사.

임여균(1996). "국어 정도부사의 의미에 대한 연구". 군산대 대학원(석사).

임지룡(1985). "어휘체계의 빈자리에 대하여". 「素堂 千時權 博士 화갑기념 국어

학논총」동간행위원회
_____(1989a). 「국어대립어의 의미 상관관계」. 형설출판사.
_____(1989b). "국어 분류어휘집의 체계와 상관성". 「국어학」 19. 국어학회.
_____(1990). "의미의 성분분석에 대한 종합적 검토". 「국어교육연구」 22. 경북
    대 사대 국어교육학회.
_____(1991). "의미의 상하관계에 대하여". 「들메 서재극 환갑기념논문집」. 동
    간행위원회.
_____(1991). "국어 기초어휘에 대한 연구". 「국어교육연구」 23. 경북대 사대
    국어교육학회.
_____(1993). 「국어의미론」. 탑출판사.
_____(1995a). "유사성의 인지적 의미분석". 『문학과 언어』 16. 문학과 언어연
    구회.
_____(1995b). "은유의 의미특성". 『韓國學論集』 22. 계명대 한국학연구소.
_____(1995c). "환유의 인지적 의미특성". 『국어교육연구』 27. 국어교육연구회.
_____(1995d). "어휘·의미연구의 성과와 전망". 『광복 50년의 국학, 성과와 전
    망 논문집』. 한국정신문화연구원.
_____(1996a). "의미의 인지 모형에 대하여". 『語文學』 57. 한국어문학회.
_____(1996b). "말실수의 인지적 의미분석". 『문학과 언어』 17. 문학과 언어연
    구회.
_____(1996c). "다의어의 인지적 의미특성". 『言語學』 17. 한국언어연구회.
_____(1996d). "혼성어의 인지적 의미특성". 『言語研究』 13. 大邱言語學會.
_____(1996e). "은유의 인지언어학적 의미분석". 『국어교육연구』 28. 국어교육
    연구회.
_____(1997). "연상도식의 인지적 의미분석". 『國文學』 60. 한국어문학회.
_____ 한희수 역(1989). 「어휘의미론」. 경북대 출판부.
_____(1997). 『인지의미론』. 탑출판사.
_____(1997). "유표성의 인지적 의미분석". 『一蓭金應模敎授華甲紀念論叢』. 도서
    출판 박이정.
임채섭(1989). "peirce의 意味論에 關한 硏究". 전남대 대학원 철학과(석사).

임칠성(1997). "국어 어휘 계량의 단위 설정에 대하여". 「국어학 연구의 새 지평」.
　　　　태학사.

임홍빈(1997). 「북한의 문법론 연구」. 한국문화사.

임홍빈·한재영(1993). 『국어 어휘의 분류목록에 대한 연구』. 국립국어연구원.

임환재(1972). "Hans Glinz의 언어이론에 대한 고찰—Der deutsche Satz를 중심으
　　　　로—". 「Turm」 2. 고려대 독어독문학회.

_____(1981). "Jost Trier 낱말밭이론에 대한 연구". 「독어독문학」 14.

_____ 譯(1984). 「言語學史」. 經文社.

장경희(1985). 「현대국어의 양태범주 연구」. 탑출판사.

_____(1997). "문체와 의미". 『국어문체론』. 대한교과서(주).

張基槿 編(1994). 「中國古典漢詩人選 李太白」. 世宗出版社.

_____(1994). 「中國古典漢詩人選 白樂天」. 世宗出版社.

장기문(1992). "사람 이름씨에 대한 고찰—〈겉모양〉표현을 중심으로—". 『홍익
　　　　어문』 10.11. 홍익어문연구회.

_____(1994a). "〈벗〉명칭에 대한 고찰". 「우리말 내용연구」 창간호. 국학자료원.

_____(1994b). "아이 명칭에 대한 고찰 (1) : 〈출생〉을 중심으로". 「우리어문연
　　　　구」. 국학자료원.

_____(1995). "아이 명칭에 대한 고찰 (2) : 〈성〉〈현황〉을 중심으로". 「우리말
　　　　내용 연구」 2. 국학자료원.

_____(1995). "〈소〉명칭에 대한 고찰". 『우리어문연구』 9. 우리어문학회.

_____(1996). "〈여자〉명칭에 대한 고찰". 『한국어내용론』 4. 한국어내용학회.

_____(1997). "〈여자〉명칭에 대한 고찰 (3)". 『一麓金應模教授華甲紀念論叢』. 도
　　　　서출판 박이정.

張東煥(1964). "韓國語의 意味論的 構造에 관한 연구". 「論文集」 23-3. 서울大.

장병기(1992). "언어 구조와 사고". 『홍익어문』 10.11. 홍익어문연구회.

장석진 엮음(1995). 『현대언어학 지금 어디로』. 한신문화사.

장세경(1990). 「고대 차자 복수인명 표기연구」. 국학자료원.

張籌根(1988). 「韓國民俗學槪說」. 學硏社.

장영천(1983). "현대독어의 조어론 연구—특히 Leo Weisgerber의 이론을 중심으

로-". 고려대 대학원(박사).

_____ 譯(1987).「構造意味論과 낱말밭理論」. 集賢社.

장영희(1996). "현대국어 화식부사의 의미연구". 숙명여대 대학원(박사).

장은자(1996). "〈눈〉이름씨에 대한 고찰".『한국어내용론』 4. 한국어내용학회.

장은하(1997). "북한의 언어예절".「김정일 시대의 북한언어」. 태학사.

장장명(1958).「조선어 철자법해설」. 교육도서출판사.

장태진(1995).「국어 변말의 연구」. 太學社.

_____(1998).「국어 변말의 어휘 개설」. 한국문화사.

장향실(1994). "전통옷 명칭 말낱밭".『한국어내용연구』 1. 국학자료원.

전경욱(1993).「민속극」. 한샘.

田秀泰(1986). "「가다」,「오다」의 의미연구".『韓國言語文學』 24. 韓國言語文學會.

_____(1987).「國語 移動動詞의 意味研究」. 翰信文化社.

_____(1989). "「國語文法」 '짬듬갈'의 意味研究".「周時經學報」 3. 탑출판사.

_____(1989). "북한어 화술연구".「남북한 언어비교」. 녹진

_____(1992). "주시경의 의미이론".『홍익어문』 10.11. 홍익어문연구회.

_____(1997). "시간 개념어의 반의 연구".『一蓭金應模教授華甲紀念論叢』. 도서
출판 박이정.

_____(1997).『國語 反意語 意味構造』. 도서출판 박이정.

전수태·최호철(1989).「남북한 언어비교」. 녹진.

田恩娃(1993). "국어동사결합에 대한 연구". 고려대 대학원(석사).

全在昊(1987).「國語語彙史研究」. 慶北大 出版部.

_____(1990).「韓國語學論考」. 螢雪出版社.

_____(1991).「國語語彙史研究資料篇 - 歷代文獻의 語彙索引」(Ⅰ), (Ⅱ), (Ⅲ).
弘文閣.

鄭卿一(1997). "『華東正音』 東音의 특성과 韻母 체계".『一蓭金應模教授華甲紀
念論叢』. 도서출판 박이정.

정 광(1995). "국어사 자료의 전산화와 말모음(corpus)".「牛山李仁燮教授華甲紀
念論文集」. 同 刊行委員會.

_____(1997). "한국어의 형성 과정".「語彙史研究」. 語彙史研究會.

정근원 역(1994).『인간의 행동과 커뮤니케이션』. (B.D. 루벤 저) 인문사.

정길남(1992).「19세기 성서의 우리말 연구」. 서광학술자료사.

정동호 편저(1995).「우리술 사전」. 중앙대학교 출판부.

정동환(1991). "국어대등합성어의 의미 관계연구".「한글」211. 한글학회.

_____(1993).「국어 복합어의 의미 연구」. 서광학술자료사.

정두영(1987). "言語 思考 : 범주화를 중심으로-".『李鐘贊敎授 華甲紀念論文集』. 동 간행위원회.

정명숙(1997). "북한의 띄어쓰기 규정과 실제 그리고 전망".「김정일 시대의 북한언어」. 태학사.

鄭炳昱(1966).「時調文學事典」. 新丘文化社.

鄭相珍(1995).「우리 民俗의 理解」. 부산외대 출판부.

정순기 외(1981).「현대조선말사전」. 과학, 백과사전출판사.

정승혜(1997). "國語의 重疊에 대한 理論的 說明".『一庵金應模敎授華甲紀念論叢』. 도서출판 박이정.

정승혜(1997). "김일성 교시와 김정일의 언어이론".「김정일 시대의 북한언어」. 태학사.

鄭時鎬(1979). "Leo Weisgerber의「言語硏究의 네 段階」에 관한 고찰". 서울大 大學院(석사).

_____(1981). "Leo Weisgerber의 語階層개념".「독어독문학」11. 慶北大.

_____(1982a). "어장이론에 대한 연구-그 개념 규정을 중심으로-".「語文硏究」7. 慶北大.

_____(1982b). "語場硏究-意味素에 의한 分析을 중심으로-".「독어독문학」12.

_____(1983). "언어기호모델과 Henne/Wiegand의 어휘분석 원리".「語文硏究」8. 慶北大.

_____(1984). "계열적 장이론연구-형성과 배경 전개-". 서울大 大學院(박사).

_____(1994).「어휘장이론의 연구」. 경북대 출판부.

_____(1996). "현대언어학의 이론적 배경: W. von Humboldt, L. Wittgentein, N. Chomsky 간의 상호 관련성을 중심으로-".『省谷論叢』27-1. 省谷學術文化財團.

_____(1997). "세계관이란 무엇인가?".『一菴金應模敎授華甲紀念論叢』. 도서출판 박이정.

鄭在潤(1981). "國語動詞 意味構造 硏究". 高麗大 大學院(석사).

_____(1989).「우리말 감각어연구」. 한신문화사.

_____(1991). "國語溫度 感覺動詞의 語彙體系".「국어교육」75, 76. 한국국어교육연구회.

정원수(1992).「국어의 단어형성론」. 한신문화사.

鄭元容(1996).『隱喩와 換喩』. 新知書院.

정유진(1997). "북한의 말다듬기."「김정일 시대의 북한언어」. 태학사.

정인수(1995). "국어 수행동사의 의미 기능".『영남어문학』28. 영남어문학회.

정인수(1996). "정도 형용사 구문의 의미".「嶺南語文學」29. 嶺南語文學會.

鄭珠里(1994). "國語 補文動詞의 統辭·意味論的 硏究". 고려대학교 대학원 국어국문학과(박사).

_____(1994). "〈발화〉류 동사의 내용 연구".『한국어내용연구』1. 국학자료원.

_____(1995). "동사의 문장 관련성에 대하여".『한국어학』2. 한국어학회.

_____(1995). "{은}, {기}의 의미특성과 분포제약".「牛山李仁燮敎授華甲紀念論文集」. 同 刊行委員會.

_____(1995). "동사의 의미구조 기술".「어문론집」33. 고려대 국어국문학연구회.

_____(1997). "의미와 구조의 상관성에 대하여".『一菴金應模敎授華甲紀念論叢』. 도서출판 박이정.

鄭鎭弘(1988).「韓國宗敎文化의 展開」. 集文堂.

_____(1990).「宗敎學序說」. 展望社.

정철영(1993). "인지문법과 영어 기본동사의 의미확대 분석". 부산대 대학원 영어영문학과(박사).

鄭春會(1987). "범주의 원형이론과 의미 변화".『공주대학교 논문집』. 14.

_____(1989). "元型 範疇論에 依한 記義硏究 : 英語 head, falt, cut를 중심으로-". 忠南大 大學院 英語英文學科(박사).

_____(1995). "형용사 hot의 의미 분석".『언어연구』11. 한국현대언어학회.

정태구(1994). "'-어 있다'의 意味와 論項構造".「國語學」24. 國語學會.

342

정태룡 편저(1994). 「우리말 상소리 사전」. 프리미엄 북스.

정태현(1987). 『한국어와 철학적 분석』. 이화여대 출판부.

정혜령(1995). "'바람' 명칭에 대한 고찰". 고려대 교육대학원(석사).

정호완(1988). 「낱말의 형태와 의미」. 대구대 출판부.

_____(1996). 「우리말의 상상력」. 정신세계사.

정희자(1997). "이, 그, 저의 담화 기능". 『一庵金應模敎授華甲紀念論叢』. 도서출
　　　　판 박이정.

조경숙(1994). "어휘의미 연구와 의미 성분분석". 『어학교육』 23. 전남대.

曹圭和(1994). 「服飾美學」. 修文社.

조남신(1993). "다의어의 어휘의미 계층과 의미배열". 『人文科學』 69-70. 연세대
　　　　학교 인문과학연구소.

조남호(1990). "국어 어휘수집과 정리". 「국어생활」 22. 국어연구소.

_____(1998). "內外 槪念語의 변천사". 「國語 語彙의 基盤과 歷史」. 태학사.

趙明翰(1981). 「言語心理學」. 正音社.

曹錫鍾(1988). 「言語와 言語學」. 한신문화사.

조숙환·이현호(1992). 『언어학과 인지』. 한국문화사.

조숙환(1992). "심리 언급성과 국어 : 동사 양태소를 중심으로". 『언어학과 인
　　　　지』. 한국문화사.

趙信鎬(1985). "범주 분석과 단어의 의미 구조". 『言語論叢』 3. 啓明大 言語硏究所.

조용신(1988). "우리말 동사 '들다'의 다의성에 대한 연구". 「한글문화」 2. 한글
　　　　학회 전라북도지회.

조의연(1996). "의미란 무엇인가? : 인지의미론과 해체주의". 『담화와 인지』 2.
　　　　담화·인지 언어학회.

조일영(1994). "국어 양태소의 의미기능 연구". 고려대 대학원 국어국문학과(박사).

_____(1995). "선어말어미 '-더-'의 양태적의미". 「牛山李仁燮敎授華甲紀念論
　　　　文集」. 同 刊行委員會.

_____(1997). "계약문 문체 시론". 『一庵金應模敎授華甲紀念論叢』. 도서출판 박
　　　　이정.

曹章煥 外 四人(1991). 「農學槪論」. 先進文化社.

조재수(1995). 「남북한말 비교사전」. 토담.

趙載潤(1988). "韓國俗談의 構造分析研究". 高麗大 大學院(박사).

조정현(1991). 「다시 찾아야 할 우리술」. 서해문집.

조준학 외(1981). "한국인의 언어의식". 「어학연구」 17-2 서울대 어학연구소.

趙恒範(1984). "國語類義語의 通時的 考察". 「國語研究」 58. 서울大.

_____(1988). "국어어휘론 연구사". 「國語學」 19. 國語學會.

_____ 編(1994). 「國語語源研究叢說 (1)」. 太學社.

_____(1994). "20세기 초의 국어어원 연구에 대하여". 『개신어문연구』 10.

_____(1996). 「國語親族語의 通時的 研究」. 태학사.

_____(1998). "동물 명칭의 어휘사". 「國語 語彙의 基盤과 歷史」. 태학사.

주신자·신현숙 옮김(1994). 「언어개념」. 한국문화사.

지인자(1995). "성공적인 의사소통의 기본 전제들". 『텍스트언어학』 3. 텍스트연
　　　　　구회.

池春相(1978). 「韓國의 民俗藝術」. 韓國文化藝術振興院.

車載銀(1992). "선어말어미 {-거-}의 변천연구". 고려대 대학원(석사).

蔡 琬(1986). 『國語 語順의 研究: 反復 및 並列을 중심으로-』. 탑출판사.

千璣哲(1983). "國語의 動作動詞와 狀態動詞의 體系研究". 慶北大 大學院(박사).

_____(1986). "漢字語 죽음표지 動詞類의 意味論的 分析". 「語文論叢」 20. 慶北大.

천기석 역(1986). 「論理意味論」. 정음사.

_____ 역(1986). 「수리언어학개론」. 진명문화사.

_____(1997). "우리말 고유어 다항동사의 특성". 『由南申碩煥博士回甲紀念論文
　　　　　集』. 창원대 출판부.

千素英(1990). 「古代國語의 語彙研究」. 高麗大 民族文化研究所.

_____(1992). 「아리수리고마」. 문화운동.

_____(1994). 「부끄러운 아리랑」. 현암사.

_____(1996). 「언어의 이해」. 와우.

千時權·金宗澤(1973). 「國語意味論」. 螢雪出版社.

千時權(1977). "다의어의 의미분석". 「국어교육연구」 9. 경북대 사대 국어교육학회.

_____(1978). "최근 의미론의 동향". 「국어교육연구」 10. 경북대 사대 국어교육

344

학회.

_____(1979). 「國語意味構造의 分析的研究」. 一心社.

_____(1982). "국어미각어 구조". 「어문연구」 7. 경북대 어학연구소.

_____(1983a). "신체 착탈어휘의 구조체계." 국어교육연구 15. 국어교육연구회.

_____(1983b) "국어 가열 요리동사의 체계." 교육연구지 25. 국어교육연구회.

천인순(1995). "일간신문의 표제어휘에 관한 연구". 인하대 교육대학원(석사).

青山秀夫(1992). "音聲象徵語의 意味表示에 대하여".「國語學硏究百年史」. 一潮閣.

최경남·송권식(1992). 「조선말 성구사전」. 동북조선민족교육 출판사.

최경봉(1994). "관용어의 의미구조".「어문론집」 33. 고려대 국어국문학연구회.

최경봉(1995). "〈흙〉명칭에 대한 고찰".『우리말 내용연구』 2. 우리말내용연구회.

최경봉(1996). "명사의 의미 분류에 대하여".『한국어학』 4. 한국어학회.

최경봉(1996). "국어 명사의 의미구조". 고려대 대학원 국어국문학과(박사)

최규수(1990). "우리말 주제어 연구". 부산대 대학원(박사).

최규일(1984). "한국어 화용론의 기술과 의미 해석".「새결 박태권 선생 회갑기
                   념논총」. 동 간행위원회.

_____(1990). "우리말 {뜻}의 의미기능".「국어국문학」 100. 국어국문학회.

최기호(1995).『사전에 없는 토박이 말』. 토담.

최낙복(1988). "주시경 말본의 형태론 연구". 동아대 대학원(박사).

최범훈(1985). "국어 색채어의 기원어 탐색".「이을환 교수 화갑논문집」. 동간행
                   위원회.

최병우(1991). 「조선어학개론」. 대제각.

최보일(1978). "우리말 유의어에 관한 연구". 부산대 대학원(석사).

崔常壽(1985). 「韓國民俗놀이의 硏究」. 成文閣.

崔尙鎭(1988). 「國語意味論의 易學的方法論硏究: 국어 의미론의 문법화를 위한
                   시론」. 경희대 대학원(박사).

崔承烈(1987). 「韓國語의 語源」. 한샘.

최영수(1984). "Leo Weisgerber의 조어론에 대하여". 高麗大 大學院(석사).

최완호·문영호(1990). 「조선어 어휘론 연구」. 탑출판사.

최윤갑 외 6인(1994). 「중국·조선·한국·조선어 차이연구」. 한국문화사.

崔銀圭(1985). "現代國語 類義語의 意味構造". 「國語研究」 67. 國語研究會.

崔恩淑(1994). "현대국어 중첩구문 연구". 부산외대 교육대학원(석사).

최응구(1982). 「조선어문체론」. 료녕인민출판사.

崔在瑞(1978). 『文學原論』. 信元圖書.

崔在洪(1987). "現代國語語彙의 意味對立 類型에 대한 研究". 「韓國語研究」 39. 경북대.

崔正錫 외 3인(1993). 『文學槪論』. 學文社.

최정후(1991). 「조선어 어학개론」. 대제각.

崔昌烈(1979). "動詞의 語彙的 意味와 文法性". 「전북대학교 논문집」 21. 전북대.

_____(1981). "개념의 구조와 어휘의 상관체계". 「전북대학교 논문집」 28. 전북대.

_____(1983). 「韓國語의 意味構造」. 翰信文化社.

_____(1985). "우리말 시간계열어의 어원적 의미". 「한글」 188. 한글학회.

_____(1988). 「우리말 語源研究」. 一志社.

_____(1993). 「어원산책」. 한신문화사.

_____(1995). "우리말 속담의 변이형과 의미". 『한글』 229. 한글학회.

_____(1995). "우리말 속담의 어원과 의미". 『새국어교육』 51. 한국국어교육학회.

崔昌祚(1984). 「韓國의 風水思想」. 民音社.

최호완·문영호(1980). 「조선어 어휘론연구」. 과학, 백과사전출판사.

崔鎬哲(1984). "現代國語의 象徵語에 對한 研究". 高麗大(석사).

_____(1989). "북한의 어휘정리". 「북한의 어학혁명」. 북한언어연구회.

_____(1991). "북한의 어휘론사". 「북한의 조선어 연구사」. 녹진.

_____(1993). 「현대국어서술어의 의미연구」. 고려대 대학원(박사).

_____(1994). "현대국어 가의소의 의미분석 (1)". 「한국어학」 창간호. 서광학술자료사.

_____(1994). "어휘부의 의미론적 접근". 『어문논집』 32. 高麗大 國語國文學研究會.

_____(1994). "현대국어 규정소의 의미체계". 「우리말 내용연구」 창간호. 국학자료원.

_____(1995). "意素와 異意에 대하여". 「國語學」 25. 國語學會.

346

_____(1996). "어휘의미론과 서술소의 의미분석". 『한국어학』 4. 한국어학회.

_____(1997). "현대국어 제한소의 의미체계 (1)". 『一蘆金應模敎授華甲紀念論叢』. 도서출판 박이정.

최희수(1986). 「조선 한자음연구」. 흑룡강조선민족출판사.

최희수(1997). "한어(漢語)가 중국 조선어에 미친 영향". 「국어학 연구의 새 지평」. 태학사.

추신자(1995). "미국에서의 텍스트언어학의 연구 동향". 『텍스트언어학』 3. 텍스트연구회.

表聖洙(1983). "神 稱號의 諸槪念에 關한 言語學的 硏究". 「삼육대논문집」 15. 삼육대.

河鐘吉(1997). "현대 한국어 비교구문의 의미연구". 고려대 대학원 국어국문학과(박사).

하종길(1995). "<힘>명칭에 대한 고찰(1)". 『우리말 내용연구』 2. 우리말내용연구회.

하치근(1989). 「국어파생 형태론」. 남명문화사.

하치근(1993). 「남북한 문법 비교연구」. 한국문화사.

한인희(1973). "국어어휘의 의미론적 분류연구-그림씨 어휘론 중심으로-". 「한글」 157. 한글학회.

韓政翰(1990). "국어 비유어 연구: 차원 이론을 중심으로". 고려대 대학원(석사).

한정한(1994). "둥근모양 그림씨 말낱밭 연구". 『한국어내용연구』 1. 국학자료원.

허동진(1998). 「조선어학사」. 한글학회.

허 발(1974). "Leo Weisgerber-특히 그의 言語觀. 言語理論과 그것에 대한 批判에 대하여-". 高麗大 大學院(박사).

_____(1976a). "Weisgerber의 Wortfeld Theorie의 동적 고찰에 대하여". 「한글」 157. 한글학회.

_____(1976b). "Humboldt-Weisgerber의 언어본질론에서 본 언어 문제에 대하여". 「高大文化」 16. 高麗大.

_____(1976c). "낱말밭과 개념밭에 대하여". 「한글」 158. 한글학회.

_____(1977a). "낱말밭이론". 「한글」 160. 한글학회.

_____(1977b). "Coseriu의 어휘연구와 낱말밭". 「언어」 2. 한국언어학회.

_____(1983). "세계의 언어화에 대하여".「한글」182. 한글학회.

_____(1985a).「낱말밭이론」. 고려대 출판부.

_____(1985b).「언어내용의 핵심문제」. 고려대 출판부.

_____(1985c).「구조의미론」. E. Coseriu 원저. 고려대 출판부.

_____(1986).「언어내용론」. 고려대 출판부.

_____(1989).「언어내용연구」. 허발 박사 환갑기념 논문집.

_____(1997).『현대 의미론의 이해』. 국학자료원.

허 발 옮김(1993).「모국어와 정신형성」. 文藝出版社.

허 웅(1975).「言語學槪論」. 正音社.

_____(1981).「언어학-그 대상과 방법」. 샘문화사.

_____(1988).「국어학-우리말의 오늘·어제-」. 샘문화사.

허진순(1996). "프랑스 언어학에서 의미론의 대상과 방법".『부산한글』15. 한글
        학회 부산지회.

홍기선(1995). "이동동사와 장소명사 표시".『어학연구』31-3. 서울대 어학연구소.

홍대식 편역(1994).「인간관계의 심리」. 養英閣.

洪琡基 譯(1992).「性格心理學」. 博英社.

홍미랑(1989). "남북의 한자음 표기법 비교".「북한의 어학혁명」. 백의.

洪思滿(1984). "下義關係(hyponymy)와 含意".「牧泉兪昌均博士還甲紀念論文集」.
        동간행위원회.

_____(1985).「國語語彙 意味硏究」. 학문사.

홍사만(1996). "'마리/머리' 고".『한국어학』3. 한국어학회.

홍선희(1982). "우리말 색채어 낱말밭".「한성어문학」1. 한성대.

홍승욱(1989). "영어 은유의 개념론적 해석". 충남대 대학원 영문과(박사).

홍승우(1988).「의미론 입문」. 청록출판사.

홍윤표(1993).「國語史 文獻資料硏究(近代篇 1)」. 태학사.

_____(1994).「근대국어연구 (1)」. 태학사.

홍재성(1983). "이동동사와 행로(parcours)의 보어".「말」3. 연세대.

홍종선(1990).「國語體言化構文」. 高麗大 民族文化硏究所.

홍종선(1992). "국어의 위치어 연구".『홍익어문』10·11. 홍익어문연구회.

348

홍종선(1997). "국어사전 편찬, 그 성과와 과제 (2) : 올림말 (1)". 『一蘆金應模敎授華甲紀念論叢』. 도서출판 박이정.

和田隆博(1990). "한국어의 '自感性' 感覺語 연구-日本語와 대조를 중심으로-". 高麗大 大學院(석사).

황금연(1997). "현대 한자어휘의 기원에 대한 고찰". 「국어학 연구의 새 지평」. 태학사.

黃炳淳(1987). 「國語의 相表示 複合動詞硏究」. 螢雪出版社.

황병순(1989). "감각동사 '보다'와 행위동사 '보다'". 「배달말」 14. 배달말학회.

黃善明(1985). 「朝鮮朝 宗敎社會史 硏究」. 一志社.

황인권(1989). "남북한의 분장부호법 비교". 「북한의 어학혁명」. 백의.

황종우(1995). 「건강 이야기」. 아침.

황화상(1994). "국어 체언서술어의 연구". 고려대 대학원 국어국문학과(석사).

가정의학연구소(1994). 「건강 한방 약주」. 가정의학연구소.

국어연구소(1985). 「한자·외래어 사용실태조사 1」. 서울.

국어연구소(1986). 「외래어 표기법 용례집(지명·인명) 1」. 서울.

국어연구소(1987). 「한자어·외래어 사용실태조사 2」. 서울.

국어연구소(1988). 「외래어 표기 용례집(일반용어)」. 서울.

국어연구소(1988). 「한글 맞춤법해설」. 서울.

국립국어연구원(1989). 「남북한 언어 차이조사 1(발음·맞춤법 편)」. 국립국어연구원.

국립국어연구원(1989). 「남북한 언어 차이조사 2(고유어 편)」. 국립국어연구원.

국립국어연구원(1994). 『신어의 조사연구』. 국립국어연구원.

국립국어연구원(1995). 『95년 신어』. 국립국어연구원.

국립국어연구원(1996). 『신어 조사연구』. 국립국어연구원.

국립국어연구원(1998). 『북한 문학작품의 어휘』. 국립국어연구원.

문화부(1991). 「국어 어문 규범집」. 대한교과서주식회사.

황희숙(1997). "은유와 의미". 『언어·진리·문화』 1. 철학과현실사.

황희영(1978). "한국 관용어 연구". 「성곡논총」. 성곡학술문화재단.

高麗大學校 民族文化硏究所編(1978). 「韓國文化史大系」 I·II·II·IV·V卷.

高麗大學校 民族文化研究所編(1982).「韓國民俗大觀」三·四卷.

古事成語刊行委員會 編(1982).「古事成語事典」. 學院社.

古事成語刊行委員會 編(1987).「古事成語事典」. 明文堂.

金光海(1987).「類意語·反意語辭典」. 한샘.

김민수 편(1997).「우리말 語源辭典」. 태학사.

南廣祐(1975).「古語辭典」. 一潮閣.

남영신(1989).「우리말 분류사전(1) (이름씨편)」. 한강문화사.

_____(1989).「우리말 분류사전(2) (풀이말편)」. 한강문화사.

_____(1992).「우리말 분류사전(3) (꾸밈씨편)」. 한강문화사.

東亞出版社 編輯局(1987).「漢韓大辭典」. 東亞出版社.

美術學會 編(1978).「美學」. 문명사.

민속학회(1994).「한국민속의 이해」. 문학아카데미.

民音社編(1977).「康熙玉篇」. 民音社.

박용수(1989).「우리말 갈래사전」. 한길사.

신기철·신용철(1980).「새 우리말 큰사전」. 삼성출판사.

안옥규(1996).「어원사전」. 한국문화사.

이은정(1994).「국어학 언어학 용어 사전」. 국어문화사.

趙成植(1990).「英語學辭典」. 新雅社.

조재수(1995).「남북한말 비교사전」. 토담.

曺泰鉉(1987).「體育百科事典」. 教育書館.

耘虛龍夏(1980).「佛敎辭典」. 東國譯經院.

柳昌惇(1990).「朝鮮語辭典」. 延世大 出版部.

李家源·張三植 編著(1973).「詳解韓字大典」. 裕庚出版社.

이정민·배영남(1982).「언어학사전」. 한신문화사.

이희승(1975, 1986).「국어대사전」. 민중서관.

최경남·송천식(1993).「조선말 성구사전」. 한국문학사.

崔學根(1987).「韓國方言辭典」. 明文堂.

한국정신문화원 편(1994).「한국민족문화대백과사전」. 한국정신문화원.

한글학회편(1992).「우리말 큰사전」. 어문각.

한양대학교 가정대학(1994). 「한국의 전통 민속주」. 한양대학교 가정대학.
한춘섭 외 2인 편저(1985). 「한국시조큰사전」. 은지출판공사.

Aitchison, J.(1987). Words in the Mind : An Introduction to the Mental Lexicon. Oxford : Basil Blackwell.

_____(1990). "Language and Mind : Psycholinguistics", In Colling, E(ed), An Encyciolopedia of Language, London: Routledge.

Alerton, D. J.(1982). Valency and The English Verbs. Academic Press.

Allan, K.(1986). Linguistic Meaning. Vol 1-2, London and New York ; Routledge & Kegan Paul.

Allen, R. L.(1966). The Verb System of Present day American English. The Hague.

Allenwood, J. Anderson, L. G. Dahlö(1977). Logic in Linguistics. Cambridge Textbook.

Allport, G. W.(1961). Pattern and growth in personality. New York ; Holt, Rinehart & Winton.

Aristotle, (1968). "Poetics". L. Golden & O. B. Haedison.

Austin, J. L.(1962). How to do things with Word. New York. Oxford Univ Press.

Baldinger, K.(1988). Semantic Theory. Oxford. Basil Backwell. In:Satz und Wort im heutigen Deutschen Sprache der Gegenwart, Bd. 1. Düsseldorf.

Bierwisch, M.(1966). Grammatik des deutschen Verb. 4. Aufl. Berlin.

_____(1970). "Semantics", In Lyons, J.(ed), New Horizons in Linguistics, Penguin Books.

Bloomfield, L.(1933). Language. London.

Bolinger, D.(1977). Meaning & Form. New York. Longman.

Cary, S.(1982). "Semantic development", In Wamer, E. & Gleitman, L. R.(eds), Language Acguisition, Cambridge University Press.

Chafe, W. L.(1973). Meaning and the Structure of Language. Chicago Univ. Press.

Clark, E. V.(1972). "On the child's acquisition of antonyms in two semantic field", Journal of Verbal Behavior 11.

Clark, H. H. & Clark, E. V.(1977). Psychology and Language, New York ; Harcourt, Brace Jovanovich.

Clawson, M.(1964). "How Much Leisure, Now and in the Future?" (in) Charles worth, ed. Leisure in America; Blessin or Curse?

Coseriu, E.(1964). Pour une semantique diachronique Struturale. Travaux de Linguistique et de Littérature Ⅱ.

_____(1966). Structure lexicale et enseignement du vocabulaire. Actes du Premier Colloque International de Linguistique Appliquée.

_____(1975). Vers une typologie champs lexicaux. Cahiers de Lexicologie 27.

_____(1976). Die funktionelle Betrachtung des Wortschatzes. In: Probleme der Lexikologie und Lexikographie. Sprache der Gegenwart 39. Schwann Düsseldorf.

Coseriu, E. & Geckeler, H.(1981). Trends in Structural Semantics, Gunter Narr Verlag Tübingen.

Cowie, A. P.(1982). "Polysemy and the structure of lexical field". Nottinggbam Linguistic Circular 11.

Cruse, D. A.(1975). "Hyponymy and Lexical hierarchies." Linguistcum (N.S.) 6.

_____(1982). "On lexical ambiguity" Nottiggbam Linguistics circular 11.

_____(1986). Lexical Semantics, Cambridge Univ Press.

_____(1990). "Language, Meaning and sense : Semantics", In Colling N. E. (ed), An Encyclopedia of Languase, London and New York : Routledge.

Crystal, D.(1987). The Cambridge Encyclopedia of Language, Cambridge University Press.

Dewty, D. R.(1979). Word Meaning and Montague Grammar. Dordrecht. Holland: D. Reidel.

Eysenk, H. J. & Eysenck, M. W.(1985). Personality and Individual Difference : A National Science Approach. New York ; Plenum Press

Farmer, A. K.(1984). Modularity in Syntax : A Study of Japanese and English. The MIT Press.

Fillmore, C. J.(1971). Coming and Going. From lecture on deixis. University of California, Summer Program in Liguistics, Santa Cruz.

Geckeler, H.(1973). Strukturelle Semantik des Französischen. Max Niemeyer Verlag. Tübingen.

Giese, H. & Schmidt, A.(1968). Studenten Sexulitiest. Hamburg ; Rowohst.

Gipper, H.(1973). Der Inhalt des Wortes und die Gliederung des Wortschatzes. In : Duden. Bd. 4. Mannheim.

_____(1994). The Poetics of Nind: Figurative Thought, Language and Ungerstanding. Cambridge : Cambridge University Prees.

_____(1996). What's cognitive abaut cognitive lingustics. In Casad, E. H.(ed). (1996)

Greenberg, J. H.(1978). Universal of Human Language. Vol. 3, Words Structure. Stanford University Press.

Greimas, A. J.(1971). Sémantique Structurale. Paris, Librairie Larousse.

Grice, H. P.(1968). Utter's meaning, Sentence-meaning and word-meaning. Foundation of Language.

Gruber, J. S.(1965). Studies in Lexical Relation. MIT Doctorial Dissertation.

_____(1976). Lexical Structure in Syntax and Semantics. Amsterdam: North-Holland.

Halle, M.(1973). Prolegomena to a Theory of Word Formation. Lingulstic Inquiry, 4-1.

Harris, R.(1973). Synonymy and Linguistic Analysis. Basil Blackwell.

Hayakawa, S. I.(1974). Language in Thought and Action. New York: Harcourt, Brace & World. Inc.

Helbig, Gerhard(1974). Geschichte der neueren Sprachwissenschaft, Leipzig. München.

Henne(1972). Semantik und Lexikographie Walter de Gruyter, Berlin. New York.

Henne, H. und Wiegand, H.(1969). Geometrische Modelle und das Problem der Bedeutung. In : Zeitschrift für Doalektologie und Linguistik 36.

Horberg(1970). Sprachliches Feld. (Die Lehre vom Sprachlichen Feld. Ein Beitrag zu ihrer Geschichit, Methodik und Auswendung). Düsseldorf.

Hock, H. H.(1986), Principles of Historical Linguistics, New York.

Hurford, J. R. & B. Heasley(1983). Semantics : A Coursebook. Cambridge University

Press.

Humboldt, W. V.(1979). Werke Band 3, Schriften Zur Sprachphilosophie, Cottasche Buchhandlung. Stuttgart.

Ikagami, Yoshiko.(1974). The Semisiological Structure of the English Verb of Motion. Tokyo : Saneido.

Ivič, Mika.(1965), Trends in Linguistics. The Hague.

Jackendoff, R.(1972). Semantic Interpretation in Generative Grammar. The M.I.T. Press.

_____(1975). Morphological and Semantic Regularities in the Lexicon. Language. 51.

Jackson, H.(1988) : Words and Their Meaning. New York : Longman.

Jespersen, Otto.(1964). Language : Its Nature, Development and Origin. New York: The Norton Library.

Kaplan, M.(1960). Leisure in America. A Social Inguiry.

Kastovsky, D.(1982) : "'Privative opposition' and lexical semantics", Stydia Anglica Posnaiensia 14

_____(1982) : Wortbildung und Semantik. Düsseldorf : Schwann-Bagel.

Katz, J. J.(1972). Semantic Theory. New York : Harper & Row Publishers.

_____ & Forder(1963). The Structure of a Semantic Theory. Language 39-1.

_____ & P. M. Postal(1964). An Interated Theory of Lingustic Description. The M.I.T. Press.

Kempson, R. M.(1977). Semantic Theory. Cambridge University Press.

_____(1979). "Ambiguity and word meaning", In Greenbaum, S. et la.(eds), Studies in English Linguistis, Longman.

Kuno, S.(1973). The Structure of Japanese Language. The M.I.T. Press.

Ladusaw, W. A (1988). "Semantic Theory", In F. J. Newmeyer (ed) Linguistics. The Cambridge Survey Vol. 1, Cambridge Univ. Press.

Lakoff, G. & M. Johnson(1980). Metaphors We Live By. Chicago University Press.

Langaker, R.(1991). Concept, Image and Symbol. New York ; Mouton de Gruyter.

Lazarus, R. S.(1969). Patterns of adjustment and human effectiveness. New York ;

354

McGraw-Hill

Leech, J.(1974, 1981). Semantics. Harmondsworth : Penguin Books Ltd.

Leher, A.(1974). Smantic Fields and Lexical Structure. Amsterdam : North-Holland.

Lutzeier, P. R.(ed.)(1993). Studies in Lexical Field Theory. Tübingen : Max Niemeyer.

Lyons, J.(1977). Semantics, Ⅰ · Ⅱ. Cambridge Univ. Press.

_____(1981). Language, Meaning and Context. Bungay, Suffolk : The Chaucer Press.

McCawley(1973). Grammar and Meaning. Tokyo : Taishukan Publishing Co.

Martin, S.(1954). Korean Morphoponemies. Baltimore. Linguistic Society of America.

Martin, A.(1971). Grundzüge der Allgemeinen Sprachwissenschaft W. Kohlhammer. Verlag.

Nida. E. A.(1975). Exploring Semantic Structure. München : Wilhelm Fink Verlag.

_____(1979). Componential Analysis of Meaning. (Approaches to Semantics). Moution Publishers. New York.

Ogden, C. K. & I. A. Richards(1923). The Meaning of Meaning. New York : Harcourt Brace. Jovanovich.

Palmer, F. R.(1965). A Lingustic Study of the English Verb. Longman.

_____(1976). Semantics. London. Cambridge Univ, Press.

Porzig, W.(1934). Wesenhafte Bedeutungsbeziehungen. in Beitrage zir Geshichte der Deutschen Sprache und Literature, 58.

Pottier, B.(1964). Vers une sémantigue morderne. Travaux de Lingustigue et de Litterature, Ⅱ.

_____(1976). Semantique et logique. Paris.

Ramstedt, G. J.(1939). A Korean Grammar. Helsink.

_____(1957). Einfuhrung in die Altaische Sprachwissenschaft. MSFOU 104.

Sapir, E.(1921). Language. New York. (dt Übers : Die Sprach. München. 1961).

Saussure, F. de.(1916). Course de linguistique générale, Paris.

Schaff, A.(1973). Einführung in die Semantik. RoRoRo Studium 31.

Searles, J. R.(1979). Expression and Meaning. Cambrige University Press.

Selkirk, E. O.(1982). The Syntax of Words. The M.I.T. Press.

Seuren, P. A.(1985). Discourse Semantics. New York ; Basil Blackwell.

Shinha, A. K.(1972). On the Deictic Use of 'Coming' and 'Going' in Hindi. CLS Vol 8.

Slobin, D. I.(1978). Psycholinguistics. Second edition.

Stern, G.(1965). Meaning and Change of Meange. Indiana Univ. Press.

Strelau, I.(1983). Temperament, Personality, Activity. New York ; Academic Press.

Taft,R.(1967). Extraversion, neuroticism and expressive behavior : An application of wallach's moderator effect to handwritting analysis. Journal of Presonality.

Talmy, L.(1975). Semantic and Syntax of Motion. Academic Press.

Tarski, A.(1956). Logic, Semantics, Metamathematics. London : Oxford Univ. Press.

Trier, J.(1934). Das Sprachliche Feld. In : Neue Jahrbücher für Wissenschaft und Jugendlbildung 10.

_____(1973). Der deutsche Worschatz im Sinnbezirk des Verstandes. Heidelberg.

Tondle Ladislav(1981). Problem of Semantics. London ; D. Liedel Pub Co.

Turner, V.(1969). Ritual Presses. Aldine Publishing Co.

Ullmann, S.(1957). The Principales of Sempntics. Oxford : Basil Blackwell.

_____(1962). Semantics : An Introduction to Science of Meaning. Oxford Basil Blackwell.

_____(1973). Meaing and Style. Oxford Basil Blackwell.

Water, L. K. & Kirk, W. E.(1968). Stimulus seeking motivation and risk taking behavior in a gambling situation. Educational and Psychological Measurement.

Weinreich, U.(1972). Exporation in Semantic Theory. The Hague : Mouton.

_____(1980). On Semantics. Univ of Pennsylvania Press.

Wunderlich, D.(1977). Foundation of Linguistics. (tranaled form German Grundlagen der Linguistik by Roger Lass). Cambridge University Press.

Weisgerber, L.(1957). Die Erforschung der Sparch "Zugiff" 1, Grundlinien einer inhaltbezogenen Grammatik. Wirkendes Wort, Heft 2.

_____(1962). Die Sprachliche Gestaltung der Welt. Pädagogischer Verlag. Schwann. Düsseldorf.

_____(1964). Das Menschheitsgesetz der Sprache. Quelle & Meyer Verlag. Heidelberg.

_____(1971). Grundzüge der Inhaltbezogenen Grammatik. Düsseldorf.

_____(1971). Die Muttersprache in Aufbau unserer Kultur. Pädagogicher Verlag. Schwann. Düsseldorf.

Wesselle, M. G.(1982). Cognitive Psychology. New York : Harper & Row, Publishers, Inc.(金慶麟 譯(1984). 「認知心理學」. 中央適性出版社).

Yates, A.(1973). Abnormality of psychomotor function : In H. J. Eysenck(ed), Handbook of Abnormal Psychology. London ; Pitman.

Zuckerman, M.(1971). Dimension of sensation-seeking. Journal of Consulting and Clincal Psychology.

부 록

※ 낱말밭의 어휘는〈 〉속에 넣었고,〈 〉속의 번호는 낱말밭 안에 있는 개별 낱말의 낱말 번호이다.

이 부록은 「일상언어 자동사 낱말밭」의 어휘를 [-①]로 표시하고, 「언어표현 자동사 내용연구」의 어휘를 [-②]로 표시하여, 언어표현에 관련된 자동사의 어휘를 모두 수록했다. ①부분의 어휘는 주로 일상언어의 내용이고, ②부분의 어휘는 주로 실용어의 어휘이다.

(ㄱ)

가결(可決)되다〈논의104-②〉

가두선전(街頭宣傳)하다〈발표21-②〉

가두연설(街頭演說)하다〈연설9-②〉

가루다〈언쟁·논쟁102-②〉

가부결정(可否決定)하다〈논의102-②〉

가부취결(可否取結)하다〈논의103-②〉

가언(佳言)하다〈언표62-①〉

가언(嘉言)하다〈언표63-①〉

가언들다(間言-)〈이간질7-①〉

가언선행(嘉言善行)하다〈언표64-①〉

가장(嘉獎)되다〈칭찬15-②〉

가짓말하다〈거짓말2-①〉

가책(呵責)되다〈꾸지람67-①〉

가탈부리다〈불평42-①〉

가평(苛評)하다〈논의58-②〉

각설(却說)하다〈언표138-①〉

간간악악(侃侃諤諤)하다〈직언9-②〉

간녕(奸佞)하다〈아첨18-①〉

간능부리다〈아첨41-①〉

간담(懇談)하다〈담화80-①〉

간담회(懇談會)하다〈담화81-①〉

간악(侃諤)하다〈직언10-②〉

간알(干謁)하다〈전달5-②〉

간언(間言)하다〈이간질5-①〉

간언(諫言)하다〈직언14-②〉

간언놓다(間言-)〈이간질6-①〉

간언놓다(諫言-)〈직언15 ②〉

간질간질하다〈아첨39-①〉

갈도(喝道)하다〈명령11-②〉

갈채(喝采)하다〈칭찬13-②〉

감노불감언(敢怒不敢言)하다〈함구무언21-①〉

감언(甘言)하다〈아첨19-①〉

감언이설(甘言利說)하다〈아첨38-①〉

갑론을박(甲論乙駁)하다〈언쟁·논쟁155-②〉

강론(講論)하다〈논의49-②〉

강론회(講論會)하다〈논의50-②〉

강소(强訴)하다〈호소32-②〉

강술(講述)되다〈강의12-②〉

강연(講演)하다〈강의17-②〉

강연회(講演會)하다〈강의18-②〉

강의(講義)하다〈강의1-②〉

강조(强調)되다〈언표145-①〉

강해(講解)되다〈강의13-②〉

강호령하다(-號令-)〈꾸지람54-①〉

강화(講話)하다〈강의14-②〉

강화(降話)하다〈명령30-②〉

개구(開口)하다〈언표11-①〉

개금(開襟)하다〈언표85-①〉

개나발불다〈실언15-①〉

개발교수(開發教授)하다〈강의15-②〉

개발적문답교수(開發的問答教授)하다〈강의16-②〉

개소리괴소리하다〈실언13-①〉

개소리치다〈실언12-①〉

개소리하다〈실언11-①〉

개수작하다(-酬酌-)〈실언14-①〉

개식사(開式辭)하다〈인사34-②〉

개유(開諭)하다〈직언34-②〉

개의(改議)하다〈회의16-②〉

개의(開議)하다〈회의33-②〉

개훼(開喙)하다〈말참견3-①〉

객담(客談)하다〈헛된말24-①〉

객론(客論)하다〈헛된말26-①〉

객설(客說)하다〈헛된말25-①〉

거리선전(距離宣傳)하다〈발표20-②〉

거리연설하다(-演說)〈연설10-②〉

거성명(擧姓名)하다〈언표155-①〉

거수표결(擧手表決)하다〈논의107-②〉

거식하다〈언표147-①〉

거짓말보태다〈허풍2-①〉

거짓말하다〈거짓말1-①〉

거짓부렁하다〈거짓말8-①〉

거짓부리하다〈거짓말9-①〉

거짓불하다〈거짓말10-①〉

걱실거리다〈언표139-①〉

건백(建白)하다〈진술5-②〉

건악(蹇諤)하다〈직언8-②〉

건언(建言)하다〈진술6-②〉

건의(建議)하다〈진술7-②〉

건풍떨다(乾風-)〈허풍20-①〉

겉말하다〈거짓말14-①〉

게두덜거리다〈불평21-①〉

게두덜게두덜하다〈불평22-①〉

게정거리다〈불평6-①〉

게정게정하다〈불평7-①〉

게정내다〈불평2-①〉

게정먹다〈불평3-①〉

게정부리다〈불평4-①〉

게정피우다〈불평5-①〉

격론(激論)하다〈언쟁·논쟁156-②〉

격절(激切)하다〈언표144-①〉

견책(見責)되다〈꾸지람68-①〉

견책(譴責)하다〈꾸지람69-①〉

곁다리들다〈말참견5-①〉

결답(決答)하다〈질의응답37-①〉

결례(缺禮)하다〈축하18-②〉

겸구(箝口)하다〈함구무언1-①〉

겸구고장(箝口枯腸)하다〈함구무언2-①〉

겸구물설(箝口勿說)하다〈함구무언3-①〉

겸사(謙辭)하다〈언표68-①〉

경균도름(傾困倒廩)하다〈언표94-①〉

경청(傾聽)하다〈청취8-②〉

경해(驚駭)하다〈전달6-②〉

곁듣다〈청취4-②〉

계금(戒禁)하다〈직언37-②〉

계사(啓事)하다〈보고50-②〉

계상(啓上)하다〈진술2-②〉

계옥(啓沃)하다〈진술4-②〉

계청(計聽)하다〈청취24-②〉

고담방언(高談放言)하다〈언표118-①〉

고담웅변(高談雄辯)하다〈논의27-②〉

고담준론(高談峻論)하다〈논의21-②〉

고담활론(高談闊論)하다〈논의26-②〉

고문(顧問)하다〈질의응답7-①〉

고발(告發)되다〈고발1-②〉

고백(告白)하다〈진술17-②〉

고백성사(告白聖事)하다〈진술24-②〉

고별(告別)하다〈인사30-②〉

고별사(告別辭)하다〈인사41-②〉

고부(告訃)하다〈편지43-②〉

고성규조(高聲叫噪)하다〈수다떨다84-①〉

고성대질(高聲大叱)하다〈꾸지람52-①〉

고성대호(高聲大呼)하다〈질의응답69-①〉

고성준론(高聲峻論)하다〈언표119-①〉

고소(鼓騷)하다〈수다떨다142-①〉

고시랑거리다〈잔소리9-①〉

고시랑고시랑하다〈잔소리10-①〉

고자질하다〈소문32-②〉

고조(鼓譟)하다〈수다떨다143-①〉

고죄(告罪)하다〈진술23-②〉

고창(高唱)하다〈논의44-②〉

고함(鼓喊)하다〈절규23-②〉

고함고함(高喊高喊)하다〈절규5-②〉

고함대규(高喊大叫)하다〈절규9-②〉

고함지르다(高喊-)〈절규6-②〉

고함질하다(高喊-)〈절규10-②〉

고함치다(高喊-)〈절규7-②〉

고해성사(告解聖事)하다〈진술25-②〉

곡론(曲論)하다〈논의75-②〉

곡설(曲說)하다〈논의76-②〉

곡언(曲言)하다〈언표135-①〉

공갈놓다(恐喝-)〈공갈치다1-①〉

공갈때리다(恐喝-)〈공갈치다2-①〉

공갈치다(恐喝-)〈공갈치다3-①〉

공개표결(公開表決)하다〈논의109-②〉

공개회의(公開會議)하다〈회의22-②〉
공고(公告)되다〈발표3-②〉
공담(空談)하다〈논의80-②〉
공담(公談)하다〈언표150-①〉
공론(空論)하다〈논의81-②〉
공론(公論)하다〈회의41-②〉
공론공담(空論空談)하다〈논의83-②〉
공박전(攻駁戰)하다〈언쟁·논쟁151-②〉
공수받다〈전달30-②〉
공수주다〈전달31-②〉
공수하다〈전달29-②〉
공습경보(空襲警報)하다〈방송17-②〉
공시(公示)되다〈발표6-②〉
공염불(空念佛)하다〈헛된말27-①〉
공의(公議)하다〈논의20-②〉
공의(共議)하다〈회의40-②〉
공치사(空致辭)하다〈칭찬16-②〉
공치사(功致辭)하다〈칭찬19-②〉
공평(公評)되다〈논의55-②〉
공포(公布)되다〈발표5-②〉
공표(公表)되다〈발표4-②〉
과언(誇言)하다〈언표143-①〉
과언(過言)하다〈허풍23-①〉
과장(誇張)되다〈허풍1-①〉
관정발악(官庭發惡)하다〈욕설13-①〉
괄이(聒耳)하다〈수다떨다140-①〉
광담(狂談)하다〈망발64-①〉
광언(狂言)하다〈망발65-①〉
광언(廣言)하다〈실언44-①〉

광치다〈허풍10-①〉
괘사떨가〈재담46-①〉
괘사부리다〈재담47-①〉
괴담(怪談)하다〈담화20-①〉
괴담이설(怪談異說)하다〈담화21-①〉
괴망떨다(怪妄-)〈망발66-①〉
괴망부리다(怪妄-)〈망발67-①〉
교리문답(敎理問答)하다〈질의응답102-①〉
교문작자(咬文嚼字)하다〈모호한 언표88-①〉
교발기중(巧發奇中)하다〈언표159-①〉
교섭(交涉)하다〈회의38-②〉
교어(巧語)하다〈거짓말27-①〉
교어(嬌語)하다〈아첨30-①〉
교언(巧言)하다〈거짓말28-①〉
교언(嬌言)하다〈아첨31-①〉
교언영색(巧言令色)하다〈아첨32-①〉
교천언심(交淺言深)하다〈실언49-①〉
구검(拘檢)하다〈함구무언22-①〉
구답(口答)하다〈질의응답53-①〉
구두(甌頭)되다〈꾸지람71-①〉
구두계약(口頭契約)하다〈약속24-①〉
구두덜거리다〈불평19-①〉
구두덜구두덜하다〈불평20-①〉
구두변론(口頭辯論)하다〈진술16-②〉
구두삼매(口頭三昧)하다〈헛된말30-①〉
구두선(口頭禪)하다〈헛된말29-①〉
구두시문(口頭試問)하다〈질의응답97-①〉
구두시험(口頭試驗)하다〈질의응답98-①〉

구두심리(口頭審理)하다〈심문17-②〉
구두제소(口頭提訴)하다〈고발3-②〉
구두표결(口頭表決)하다〈논의106-②〉
구라놓다〈거짓말12-①〉
구령(口令)하다〈명령6-②〉
구론(口論)하다〈언쟁·논쟁148-②〉
구문(扣問)하다〈질의응답8-①〉
구비전승(口碑傳承)되다〈전달24-②〉
구선(口宣)하다〈전달9-②〉
구수(口受)하다〈청취17-②〉
구수응의(鳩首凝議)하다〈회의46-②〉
구수회의(鳩首會議)하다〈회의47-②〉
구술(口述)하다〈언표18-①〉
구술시험(口述試驗)하다〈질의응답99-①〉
구승(口承)하다〈전달23-②〉
구시렁거리다〈잔소리11-①〉
구시렁구시렁하다〈잔소리12-①〉
구약(口約)하다〈약속16-①〉
구언(苟言)하다〈호소7-②〉
구연(口演)하다〈언표20-①〉
구외불출(口外不出)하다〈함구무언17-①〉
구전(口傳)하다〈전달8-②〉
구전심수(口傳心授)하다〈전달18-②〉
구전하교(口傳下敎)하다〈전달21-②〉
구진(口陳)하다〈언표19-①〉
구허날무(構虛捏無)하다〈거짓말26-①〉
구화(口話)하다〈언표71-①〉
구흘(口吃)하다〈모호한 언표2-①〉
국죄(鞫罪)하다〈심문3-②〉

군말하다〈실언17-①〉
군사설하다(-辭說-)〈언표54-①〉
군소리하다〈모호한 언표76-①, 실언18-①〉
굳다〈모호한 언표4-①〉
궁설(窮說)하다〈호소2-②〉
권간(勸諫)하다〈직언16-②〉
권설(勸說)하다〈직언30-②〉
권화(勸化)하다〈직언35-②〉
궤사(詭辭)하다〈거짓말18-①〉
궤설(詭說)하다〈거짓말19-①〉
궤언(詭言)하다〈거짓말20-①〉
귀거슬리다〈청취34-②〉
귀기울이다〈청취7-②〉
귀등대등하다〈망발63-①〉
귀따갑다〈수다떨다139-①, 청취37-②〉
귀뜨이다〈청취19-②〉
귀띄다〈청취20-②〉
귀띔질하다〈소문18-②〉
귀띔하다〈소문16-②〉
귀맛나다〈청취16-②〉
귀맛들다〈청취15-②〉
귀성거리다〈잔소리13-①〉
귀에익다〈청취11-②〉
귀엣말하다〈담화94-①〉
귀재다〈청취10 ②〉
귀주다〈청취33-②〉
귀착(歸着)되다〈논의89-②〉
귓속다짐하다〈다짐4-①〉

낙낙(諾諾)하다〈명령28-②〉
난공(亂供)하다〈진술13-②〉
난상(爛商)하다〈논의34-②〉
난상공론(爛商公論)하다〈논의38-②〉
난상숙의(爛商熟議)하다〈논의35-②〉
난상토의(爛商討議)하다〈논의36-②〉
난의(爛議)하다〈논의37-②〉
난의(難疑)하다〈언쟁·논쟁149-②〉
난의문답(難疑問答)하다〈질의응답96-①〉
난장치다〈수다떨다113-①〉
난장판치다〈언쟁·논쟁116-②〉
난초(亂招)하다〈진술14-②〉
남남(喃喃)하다〈모호한 언표56-①〉
남남지성(喃喃之聲)하다〈모호한 언표57-①〉
납명(納名)하다〈전달7-②〉
납신거리다〈수다떨다13-①〉
납신납신하다〈수다떨다14-①〉
납함(納喊)하다〈절규17-②〉
낭독연설(朗讀演說)하다〈연설6-②〉
내간(內簡)하다〈편지28-②〉
내담(來談)하다〈담화29-①〉
내담(內談)하다〈담화86-①〉
내문(來問)하다〈질의응답9-①〉
내보(來報)하다〈보고37-②〉
내서(內書)하다〈편지29-②〉
내시(內示)하다〈소문17-②〉
내전(來電)하다〈전화·전보14-②〉
내찰(內札)하다〈편지30-②〉

내하(來賀)하다〈축하8-②〉
냉어(冷語)하다〈언표140-①〉
냉어침입(冷語侵入)하다〈언표142-①〉
냉화(冷話)하다〈언표141-①〉
너스레놓다〈언표60-①〉
너스레떨다〈거짓말31-①,언표61-①〉
너스레부리다〈거짓말32-①〉
넉살부리다〈재담48-①〉
넋두리하다〈불평8-①〉
넌덕거리다〈재담44-①〉
넌덕부리다〈재담45-①〉
넘늘다〈능변21-①〉
노닥거리다〈재담42-①〉
노닥노닥하다〈재담43-①〉
노닥이다〈재담41-①〉
노언(怒言)하다〈폭언3-①〉
노총놓다〈소문12-②〉
노총지르다〈소문13-②〉
녹음방송(錄音放送)하다〈방송7-②〉
녹음유언(錄音遺言)하다〈전달27-②〉
녹화방송(錄畵放送)하다〈방송8-②〉
논가(論價)하다〈논의69-②〉
논강(論講)하다〈논의51-②〉
논결(論結)하다〈논의86-②〉
논결(論決)하다〈논의87-②〉
논고(論告)하다〈논의43-②〉
논과(論過)하다〈논의77-②〉
논구(論究)하다〈논의47-②〉
논급(論及)되다〈논의4-②〉

논단(論斷)되다〈논의91-②〉
논담(論談)하다〈논의46-②〉
논박(論駁)하다〈언쟁·논쟁152-②〉
논보(論報)하다〈보고40-②〉
논술(論述)되다〈논의1-②〉
논심(論心)하다〈언표86-①〉
논오(論誤)하다〈논의78-②〉
논의(論議)되다〈회의30-②〉
논인장단(論人長短)하다〈논의60-②〉
논쟁(論爭)하다〈언쟁·논쟁142-②〉
논전(論戰)하다〈언쟁·논쟁141-②〉
논정(論定)되다〈논의88-②〉
논죄(論罪)하다〈논의70-②〉
논증(論證)되다〈논의48-②〉
논진(論陳)되다〈논의2-②〉
논진(論盡)되다〈논의39-②〉
논판(論判)하다〈언쟁·논쟁147-②〉
논평(論評)하다〈논의54-②〉
놀소리하다〈모호한 언표58-①〉
농(弄)하다〈담화59-①〉
농구(弄口)하다〈고발8-②〉
농담(弄談)하다〈담화57-①〉
농말하다(弄-)〈담화60-①〉
농변(弄辯)하다〈담화64-①〉
농설(弄舌)하다〈담화62-①〉
농언(弄言)하다〈담화58-①〉
농지거리하다〈담화66-①〉
농치다(弄-)〈담화61-①, 직언31-②〉
농한희어(弄翰戲語)하다〈담화68-①〉

뇌고납함(攂鼓納喊)하다〈절규22-②〉
뇌까리다〈수다떨다141-①〉
누설(漏泄)되다〈소문1-②〉
눅치다〈직언33-②〉
능치다〈직언32-②〉
느물거리다〈억지쓰다33-①〉
느물느물하다〈억지쓰다34-①〉
늠실거리다〈억지쓰다35-①〉
늠실늠실하다〈억지쓰다36-①〉
능설(能說)하다〈설명4-②〉

(ㄷ)

다닦질하다〈꾸지람29-①〉
다달거리다〈모호한 언표20-①〉
다달다달하다〈모호한 언표21-①〉
다듬작거리다〈모호한 언표5-①〉
다듬작다듬작하다〈모호한 언표6-①〉
다떠위다〈언쟁·논쟁115-②〉
다언혹중(多言或中)하다〈수다떨다144-①〉
다짐두다〈다짐3-①〉
다짐받다〈다짐2-①〉
다짐하다〈다짐1-①〉
다투다〈언쟁·논쟁13-②〉
다툼질하다〈언쟁·논쟁17-②〉
다툼하다〈언쟁·논쟁14-②〉
단언(斷言)하다〈언표128-①〉
단언(端言)하다〈직언2-②〉

단음(斷音)하다〈언표42-①〉

담설(談說)하다〈담화4-①〉

담소(談笑)하다〈담화7-①〉

담소자약(談笑自若)하다〈담화11-①〉

담화(談話)하다〈담화5-①〉

담화회(談話會)하다〈담화32-①〉

담회(談會)하다〈담화33-①〉

답(答)하다〈질의응답22-①〉

답간(答簡)하다〈편지49-②〉

답례(答禮)하다〈축하14-②〉

답문(答問)하다〈질의응답26-①〉

답배하다(答-)〈편지53-②〉

답변(答辯)하다〈질의응답40-①〉

답보(答報)하다〈보고43-②〉

답사(答辭)하다〈축하13-②〉

답서(答書)하다〈편지50-②〉

답수(答酬)하다〈질의응답27-①〉

답신(答申)하다〈편지55-②〉

답신(答信)하다〈편지56-②〉

답응(答應)하다〈질의응답24-①〉

답인사(答人事)하다〈축하12-②〉

답장(答狀)하다〈편지51-②〉

답전(答電)하다〈전화·전보20-②〉

답전갈(答傳喝)하다〈전달20-②〉

답조장(答弔狀)하다〈편지64-②〉

답찰(答札)하다〈편지52-②〉

답패(答牌)하다〈편지54-②〉

당론(讜論)하다〈논의18-②〉

당언(讜言)하다〈직언3-②〉

당의(讜議)하다〈논의19-②〉

대강(代講)하다〈강의6-②〉

대강(對講)하다〈강의7-②〉

대거리하다〈언쟁·논쟁111-②〉

대경대책(大驚大責)하다〈꾸지람47-①〉

대규(大叫)하다〈절규8-②〉

대기(對機)하다〈질의응답103-①〉

대기설법(對機說法)하다〈설명27-②〉

대꾸질하다〈질의응답49-①〉

대꾸하다〈질의응답44-①〉

대담(大談)하다〈장담56-①〉

대답(對答)하다〈질의응답21-①〉

대답질하다〈질의응답48-①〉

대론(大論)하다〈논의31-②〉

대론(對論)하다〈언쟁·논쟁143-②, 논의
23-②〉

대변(代辯)하다〈언표123-①〉

대변(對辯)하다〈질의응답54-①〉

대성일갈(大聲一喝)하다〈꾸지람36-①〉

대성질호(大聲叱呼)하다〈꾸지람37-①〉

대어(對語)하다〈언표22-①〉

대어(大語)하다〈허풍4-①〉

대언(代言)하다〈언표122-①〉

대언(大言)하다〈허풍5-①〉

대언장담(大言壯談)하다〈허풍6-①〉

대언장어(大言壯語)하다〈허풍7-①〉

대질(對質)하다〈꾸지람24-①,심문10-②〉

대질심문(對質審問)하다〈심문12-②〉

대호(大呼)하다〈질의응답68-①〉

떠들썩거리다〈수다떨다90-①〉

떠들썩떠들썩하다〈수다떨다91-①〉

떠들어내다〈수다떨다88-①〉

떠들어대다〈수다떨다87-①〉

떠듬거리다〈모호한 언표11-①〉

떠듬떠듬하다〈모호한 언표12-①〉

떠듬적거리다〈모호한 언표13-①〉

떠듬적떠듬적하다〈모호한 언표14-①〉

떠뚜벅거리다〈모호한 언표15-①〉

떠뚜벅떠뚜벅하다〈모호한 언표16-①〉

떠뜻거리다〈모호한 언표17-①〉

떠벌리다〈허풍11-①〉

떠벌이다〈허풍12-①〉

떠죽거리다〈수다떨다42-①〉

떠죽떠죽하다〈수다떨다44-①〉

떠지껄이다〈수다떨다92-①〉

떠지껄하다〈수다떨다93-①〉

떠짓거리다〈수다떨다43-①〉

떼거리쓰다〈억지쓰다14-①〉

떼쓰다〈억지쓰다11-①〉

뙤뙤거리다〈모호한 언표18-①〉

뚜덜거리다〈불평15-①〉

뚜덜뚜덜하다〈불평16-①〉

(ㄹ)

라디오게임(radio game)하다〈방송9-②〉

레터(letter)하다〈편지19-②〉

(ㅁ)

마구발방하다〈실언36-①〉

막감개구(莫敢開口)하다〈함구무언19-①〉

막말하다〈언표132-①〉

만단설화(萬端說話)하다〈담화28-①〉

만단애걸(萬端哀乞)하다〈호소29-②〉

만단정회(萬端情懷)하다〈언표96-①〉

만담(漫談)하다〈담화44-①〉

만답(漫答)하다〈질의응답42-①〉

말건네다〈언표21-①〉

말결달다〈말참견6-①〉

말공대하다(-恭待-)〈언표24-①〉

말공부질하다(-工夫-)〈모호한 언표82-①〉

말공부하다(-工夫-)〈모호한 언표81-①〉

말꼬리달다〈언표162-①〉

말꼬리물다〈언표164-①〉

말꼬리잡다〈언쟁·논쟁93-②〉

말꼭지떼다〈언표12-①〉

말끊다〈함구무언25-①〉

말끝달다〈언표163-①〉

말끝잡다〈언쟁·논쟁94-②〉

말끝흐리다〈모호한 언표70-①〉

말나다〈소문3-②〉

밀다툼질하다〈언쟁·논쟁34-②〉

말다툼하다〈언쟁·논쟁26-②〉

말대꾸질하다〈질의응답50-①〉

말대꾸하다〈질의응답45-①〉

말대답질하다(-對答-)〈질의응답47-①〉
말대답하다(-對答-)〈질의응답46-①〉
말더듬다〈모호한 언표1-①〉
말듣다〈꾸지람63-①〉
말떠러지다〈명령9-②〉
말막다〈함구무언23-①〉
말막음하다〈변명8-①〉
말문떼다〈언표13-①〉
말문막다〈함구무언24-①〉
말문열다〈언표14-①〉
말발서다〈언표161-①〉
말비치다〈소문19-②〉
말삼키다〈함구무언18-①〉
말새다〈소문4-②〉
말시비하다(-是非-)〈언쟁·논쟁30-②〉
말실수하다(-失手-)〈실언1-①〉
말싸움질하다〈언쟁·논쟁33-②〉
말싸움하다〈언쟁·논쟁25-②〉
말씀하다〈언표6-①〉
말씨름하다〈언쟁·논쟁32-②〉
말안되다〈실언7-①〉
말옮기다〈소문25-②〉
말전주하다〈이간질3-①〉
말조심하다〈언표79-①〉
말질하다〈언쟁·논쟁38-②〉
말짓기놀이하다〈담화46-①〉
말참견하다(-參見-)〈말참견1-①〉
말참례하다(-參禮-)〈말참견2-①〉
말추렴하다〈말참견7-①〉

말치레하다〈거짓말15-①〉
말치장하다(-治粧-)〈거짓말16-①〉
말타박하다〈꾸지람26-①〉
말하다〈언표5-①〉
말하대하다(-下待-)〈언표30-①〉
망담(妄談)하다〈망발68-①〉
망령부리다(妄靈-)〈망발73-①〉
망발(妄發)하다〈망발69-①〉
망발풀이하다(妄發-)〈망발74-①〉
망변(妄辯)하다〈변명4-①〉
망설(妄說)하다〈망발70-①〉
망설(妄舌)하다〈망발71-①〉
망어(妄語)하다〈거짓말3-①〉
망언(妄言)하다〈망발72-①〉
맞대꾸질하다〈질의응답52-①〉
맞대꾸하다〈질의응답51-①〉
맞욕하다(-辱-)〈언쟁·논쟁117-②〉
맞장구치다〈말참견10-①〉
맞장단치다〈말참견11-①〉
매리(罵詈)하다〈꾸지람31-①〉
맹박(猛駁)하다〈언쟁·논쟁157-②〉
맹서(盟誓)하다〈맹서6-①〉
맹서지거리하다(盟誓-)〈맹서10-①〉
맹언(盟言)하다〈맹서7-①〉
머무적거리다〈모호한 언표40-①〉
머무적머무적하다〈모호한 언표42-①〉
머뭇거리다〈모호한 언표41-①〉
머뭇머뭇하다〈모호한 언표43-①〉
면약(面約)하다〈약속18-①〉

면의(面議)하다〈논의24-②〉

면쟁(面諍)하다〈직언18-②〉

면쟁기단(面諍其短)하다〈직언19-②〉

면접시험(面接試驗)하다〈질의응답101-①〉

면종복배(面從腹背)하다〈아첨45-①〉

면종후언(面從後言)하다〈아첨46-①〉

면질(面質)하다〈꾸지람23-①,심문11-②〉

면힐(面詰)하다〈꾸지람22-①〉

명답(明答)하다〈질의응답39-①〉

명령(命令)하다〈명령1-②〉

명령하달(命令下達)하다〈명령13-②〉

명언(明言)하다〈언표125-①〉

명제(命題)하다〈회의18-②〉

모놀로그(monologue)하다〈담화162-①〉

모독(冒瀆)하다〈언쟁·논쟁127-②〉

목어(目語)하다〈언표72-①〉

몽이(蒙耳)하다〈청취39-②〉

몽중몽설(夢中夢說)하다〈모호한 언표86-①〉

몽중설몽(夢中說夢)하다〈모호한 언표87-①〉

무고(誣告)되다〈고발6-②〉

무사득방(無事得謗)하다〈욕설17-①〉

무선송신(無線送信)하다〈전화·전보19-②〉

무언(誣言)하다〈거짓말33-①〉

묵묵부답(默默不答)하다〈질의응답107-①〉

묵언(默言)하다〈함구무언8-①〉

묵연부답(默然不答)하다〈질의응답106-①〉

문답(問答)하다〈질의응답79-①〉

문대(問對)하다〈질의응답100-①〉

문동답서(問東答西)하다〈질의응답93-①〉

문례(問禮)하다〈질의응답12-①〉

문명(問名)하다〈질의응답11-①〉

문법(聞法)하다〈청취25-②〉

문복(問卜)하다〈질의응답19-①〉

문부(聞訃)하다〈편지45-②〉

문선(問禪)하다〈질의응답104-①〉

문손(聞損)하다〈청취21-②〉

문수(問數)하다〈질의응답20-①〉

문안(問安)하다〈인사14-②〉

문안드리다(問安-)〈인사15-②〉

문자쓰다(文字-)〈언표146-①〉

문죄(問罪)하다〈심문4-②〉

문책(問責)하다〈꾸지람30-①〉

문통(文通)하다〈편지35-②〉

문후(問候)하다〈인사25-②〉

물똥싸움하다〈언쟁·논쟁24-②〉

물싸움하다〈언쟁·논쟁22-②〉

물쌈하다〈언쟁·논쟁23-②〉

미첨(媚諂)하다〈아첨2-①〉

밀담(密談)하다〈담화87-①〉

밀약(密約)하다〈약속20-①〉

밀어상통(密語相通)하다〈편지38-②〉

밀의(密議)하다〈회의23-②〉

밀통(密通)하다〈소문14-②〉
밀화(密話)하다〈담화89-①〉

(ㅂ)

바가지싸움하다〈언쟁·논쟁20-②〉
바득바득하다〈억지쓰다2-①〉
바득바득하다〈언쟁·논쟁61-②〉
바른말하다〈직언1-②〉
박론(駁論)하다〈언쟁·논쟁153-②〉
박수갈채(拍手喝采)하다〈칭찬14-②〉
반간질하다(反間-)〈이간질2-①〉
반론(反論)하다〈언쟁·논쟁150-②〉
반말지거리하다(半-)〈언표34-①〉
반말질하다(半-)〈언표35-①〉
반말하다(半-)〈언표33-①〉
반명(反命)하다〈보고39-②〉
반문(盤問)하다〈질의응답4-①〉
반문(反問)하다〈질의응답86-①〉
반전(反電)하다〈전화·전보21-②〉
반질(反質)하다〈질의응답87-①〉
반필면(反必面)하다〈인사11-②〉
반핵(盤覈)하다〈질의응답5-①〉
반호(攀號)하다〈절규33-②〉
반힐(盤詰)하다〈질의응답6-①〉
발간(發柬)하다〈편지24-②〉
발고(發告)되다〈고발2-②〉
발끈거리다〈폭언8-①〉
발끈발끈하다〈폭언9-①〉

발끈하다〈폭언4-①〉
발달다〈언표165-①〉
발동(發動)하다〈수다떨다83-①〉
발라맞추다〈식언9-①〉
발론(發論)하다〈회의3-②〉
발명(發明)하다〈변명3-①〉
발뺌하다〈변명7-①〉
발설(發說)하다〈소문10-②〉
발성(發聲)하다〈언표1-①〉
발악(發惡)하다〈억지쓰다17-①〉
발어(發語)하다〈언표16-①〉
발언(發言)하다〈언표17-①〉
발음(發音)하다〈언표2-①〉
발의(發意)되다〈회의4-②〉
발의(發議)하다〈회의5-②〉
발전(發電)하다〈전화·전보5-②〉
발표(發表)하다〈발표1-②〉
발훈(發訓)하다〈명령15-②〉
방구(防口)하다〈함구무언26-①〉
방담(放談)하다〈실언40-①〉
방론(放論)하다〈논의28-②〉
방산(謗訕)하다〈비방1-①〉
방성(放聲)하다〈절규4-②〉
방송(放送)하다〈방송1-②〉
방수(傍受)하다〈전화·전보25-②〉
방어(放語)하다〈실언41-①〉
방언(放言)하다〈실언42-①〉
방언고담(放言高談)하다〈실언52-①〉
방언고론(放言高論)하다〈실언53-①〉

방참(傍參)하다〈청취2-②〉
방청(傍聽)하다〈청취3-②〉
배참하다〈꾸지람72-①〉
배치기하다〈꾸지람73-①〉
백배치하(百拜致賀)하다〈축하10-②〉
밴죽거리다〈야유5-①〉
밴죽밴죽하다〈야유6-①〉
반덕떨다〈식언7-①〉
반덕부리다〈식언8-①〉
반죽거리다〈야유7-①〉
반죽반죽하다〈야유8-①〉
번고(煩告)하다〈소문33-②〉
번론(煩論)하다〈논의32-②〉
번설(煩設)하다〈잔소리6-①〉
번제(煩提)하다〈언표23-①〉
번죽거리다〈야유9-①〉
번죽번죽하다〈야유10-①〉
벋대다〈언쟁·논쟁95-②〉
벋서다〈언쟁·논쟁97-②〉
벋장대다〈언쟁·논쟁99-②〉
벌끈거리다〈폭언12-①〉
벌끈벌끈하다〈폭언13-①〉
벌끈하다〈폭언5-①〉
범휘(犯諱)하다〈질의응답70-①〉
법석거리다〈수다떨다98-①〉
법석구니놀다〈수다떨다104-①〉
법석구니놓다〈수다떨다103-①〉
법석놀다〈수다떨다100-①〉
법석놓다〈수다떨다101-①〉

법석법석하다〈수다떨다99-①〉
법석이다〈수다떨다96-①〉
법석치다〈수다떨다102-①〉
법석하다〈수다떨다97-①〉
벽좌우(辟左右)하다〈담화92-①〉
변론(辯論)하다〈진술15-②〉
변명(辨明)하다〈변명1-①,신언12-①〉
변백(辨白)하다〈변명2-①,식언13-①〉
변사(變辭)하다〈식언6-①〉
변신(變信)하다〈언표78-①〉
변쓰다〈언표76-①〉
변죽울리다〈邊—〉〈소문20-②〉
변죽치다〈邊—〉〈소문21-②〉
변풀이하다〈언표77-①〉
변하(抃賀)하다〈축하9-②〉
별말씀하다〈別-〉〈언표158-①〉
별말하다〈別-〉〈언표156-①〉
별소리하다〈別-〉〈언표157-①〉
보고(報告)하다〈보고35-②〉
보주(補註)하다〈설명8-②〉
복걸(伏乞)하다〈호소27-②〉
복명(復命)하다〈명령8-②,보고38-②〉
복창(復唱)하다〈명령7-②〉
볼똑거리다〈폭언20-①〉
볼똑볼똑하다〈폭언21-①〉
볼똑하다〈폭언18-①〉
볼통거리다〈불평34-①〉
볼통볼통하다〈불평35-①〉
볼호령하다〈-號令-〉〈꾸지람56-①〉

비어(蜚語)하다〈거짓말38-①〉
비언(飛言)하다〈거짓말39-①〉
비웃적거리다〈야유3-①〉
비웃적비웃적하다〈야유4-①〉
비의(非議)하다〈비방8-①〉
비진사정(備盡事情)하다〈호소15-②〉
비평(批評)하다〈논의53-②〉
빈말하다〈거짓말13-①〉
빈정거리다〈야유1-①〉
빈정빈정하다〈야유2-①〉
빨끈거리다〈폭언14-①〉
빨끈빨끈하다〈폭언15-①〉
뻔죽거리다〈야유11-①〉
뻔죽뻔죽하다〈야유12-①〉
뻗대다〈언쟁·논쟁96-②〉
뻗서다〈언쟁·논쟁98-②〉
뻗장대다〈언쟁·논쟁100-②〉
뻘끈거리다〈폭언16-①〉
뻘끈뻘끈하다〈폭언17-①〉
뻘끈하다〈폭언7-①〉

(ㅅ)

사결(辭訣)하다〈인사31-②〉
사과(謝過)하다〈인사27-②〉
사녕(邪佞)하다〈아첨11-①〉
사담(私談)하다〈언표149-①〉
사랑속삭이다〈담화85-①〉
사랑싸움하다〈언쟁·논쟁18-②〉

사랑쌈하다〈언쟁·논쟁19-②〉
사례(謝禮)하다〈축하15-②〉
사별(辭別)하다〈인사32-②〉
사부랑거리다〈수다떨다56-①〉
사부랑사부랑하다〈수다떨다58-①〉
사분거리다〈억지쓰다19-①〉
사분사분하다〈억지쓰다20-①〉
사빙(使聘)하다〈인사23-②〉
사사(謝辭)하다〈축하16-②〉
사설(辭說)하다〈잔소리5-①〉
사어(私語)하다〈담화91-①〉
사정(事情)하다〈호소11-②〉
사정사정(事情事情)하다〈호소12-②〉
사죄(謝罪)하다〈인사28-②〉
사탕발림하다(砂糖-)〈아첨37-①〉
사후(伺候)하다〈인사16-②〉
산소리하다〈허풍9-①〉
삼자대면(三者對面)하다〈심문14-②〉
삼조대면(三造對面)하다〈심문13-②〉
삼조대질(三造對質)하다〈심문15-②〉
삽취(插嘴)하다〈말참견12-①〉
상경(相敬)하다〈언표25-①〉
상기(上記)하다〈논의6-②〉
상담(常談)하다〈언표10-①〉
상답(上答)하다〈질의응답59-①〉
상략(上略)되다〈언표43-①〉
상론(詳論)하다〈논의57-②〉
상론(相論)하다〈회의39-②〉
상말하다(常-)〈상소리1-①〉

서발하다〈인사22-②〉
서사왕복(書辭往復)하다〈편지26-②〉
서슴거리다〈모호한 언표51-①〉
서신(書信)하다〈편지16-②〉
서약(書約)하다〈약속19-①〉
서약(誓約)하다〈약속22-①〉
서자(書字)하다〈편지6-②〉
서찰(書札)하다〈편지7-②〉
서척(敍戚)하다〈언표154-①〉
서척(書尺)하다〈편지8-②〉
서털구털하다〈모호한 언표90-①〉
서통(書通)하다〈편지34-②〉
서한(書翰)하다〈편지9-②〉
서함(書械)하다〈편지11-②〉
서함(書函)하다〈편지10-②〉
서회(敍懷)하다〈언표91-①〉
석명(釋明)되다〈설명18-②〉
선란(煽亂)하다〈수다떨다136-①〉
선문(先文)하다〈전달15-②〉
선문놓다(先文一)〈전달16-②〉
선성탈인(先聲奪人)하다〈언쟁·논쟁139-②〉
선성후실(先聲後失)하다〈언쟁·논쟁140-②〉
선소리치다〈절규16-②〉
선소리하다〈실언20-①〉
선어(善語)하다〈능변1-①〉
선언(宣言)하다〈발표7-②〉
선위설사(善爲說辭)하다〈능변3-①〉

선유(宣諭)하다〈발표16-②〉
선전(宣傳)되다〈발표18-②〉
선포(宣布)되다〈발표2-②〉
설경(說經)하다〈설명28-②〉
설교(說敎)하다〈설명24-②〉
설궁(說窮)하다〈호소3-②〉
설도(說道)하다〈설명25-②〉
설로(泄露)하다〈소문11-②〉
설론(舌論)하다〈언쟁·논쟁27-②〉
설루(說漏)되다〈소문2-②〉
설명(說明)되다〈설명1-②〉
설문(說文)하다〈설명21-②〉
설법(說法)하다〈설명26-②〉
설병(說病)하다〈설명23-②〉
설복(說服)하다〈직언36-②〉
설빈(說貧)하다〈호소4-②〉
설왕설래(說往說來)하다〈언쟁·논쟁88-②〉
설의(設疑)하다〈언표151-①〉
설전(舌戰)하다〈언쟁·논쟁28-②〉
설토(說吐)하다〈언표107-①〉
설통(說通)하다〈능변11-①〉
설파(說破)되다〈설명19-②〉
설폐(說幣)하다〈언표152-①〉
설폐구폐(說幣救弊)하다〈언표153-①〉
설화(說話)하다〈담화3-①〉
섬어(譫語)하다〈모호한 언표77-①〉
섬어(纖語)하다〈언표37-①〉
섭유(囁嚅)하다〈모호한 언표19-①〉

수근거리다〈담화112-①〉

수근수근하다〈담화113-①〉

수다떨다〈수다떨다6-①〉

수다부리다〈수다떨다8-①〉

수답(酬答)하다〈질의응답28-①〉

수떨다〈수다떨다7-①〉

수런거리다〈수다떨다111-①〉

수런수런하다〈수다떨다112-①〉

수문수답(隨問隨答)하다〈질의응답80-①〉

수사(修辭)하다〈능변6-①〉

수사보고(搜査報告)하다〈보고45-②〉

수선거리다〈수다떨다106-①〉

수선떨다〈수다떨다108-①〉

수선부리다〈수다떨다109-①〉

수선수선하다〈수다떨다107-①〉

수선피우다〈수다떨다110-①〉

수소(愁訴)하다〈호소16-②〉

수신(受信)하다〈전화·전보23-②〉

수어(數語)하다〈언표38-①〉

수정(輸情)하다〈진술20-②〉

수제비태견하다〈언쟁·논쟁112-②〉

수찰(手札)하다〈편지14-②〉

수첩(受牒)하다〈보고58-②〉

수화(手話)하다〈언표69-①〉

수화(受話)하다〈전화·전보24-②〉

숙덕거리다〈담화135-①〉

숙덕숙덕하다〈담화136-①〉

숙덕이다〈담화134-①〉

숙덜거리다〈담화149-①〉

숙덜숙덜하다〈담화150-①〉

숙설거리다〈담화121-①〉

숙설숙설하다〈담화122-①〉

순강(巡講)하다〈강의21-②〉

순강(順講)하다〈강의4-②〉

순회강연(巡廻講演)하다〈강의20-②〉

술회(述懷)하다〈언표92-①〉

스피치(speech)하다〈연설2-②〉

승강이질하다(昇降-)〈언쟁·논쟁60-②〉

승강이하다(昇降-)〈언쟁·논쟁59-②〉

승낙(承諾)하다〈질의응답32-①〉

승복(承服)하다〈진술19-②〉

승후(承候)하다〈인사17-②〉

시룽거리다〈수다떨다54-①〉

시룽시룽하다〈수다떨다55-①〉

시문(試問)하다〈질의응답16-①〉

시부렁거리다〈수다떨다64-①〉

시부렁시부렁하다〈수다떨다65-①〉

시비(是非)하다〈언쟁·논쟁49-②〉

시비질하다(是非-)〈언쟁·논쟁55-②〉

시비판(是非判)하다〈언쟁·논쟁54-②〉

시사담(時事談)하다〈담화42-①〉

시사만평(時事漫評)하다〈논의64-②〉

시사해설(時事解說)하다〈설명22-②〉

시설거리다〈수다떨다49-①〉

시설거리다〈재담39-①〉

시설굿다〈재담33-①〉

시설떨다〈모호한 언표94-①〉

시설시설하다〈재담40-①〉

시시거리다〈담화72-①〉
시시덕거리다〈담화73-①〉
시시비비(是是非非)하다〈언쟁·논쟁50-②〉
시앗싸움하다〈언쟁·논쟁21-②〉
시야비야(是也非也)하다〈언쟁·논쟁53-②〉
시언(矢言)하다〈약속23-①〉
시적거리다〈언표49-①〉
시적시적하다〈언표50-①〉
시조(時調)하다〈언표48-①〉
식고(食告)하다〈축하17-②〉
식변(飾辯)하다〈능변2-①〉
식사(飾辭)하다〈망발76-①, 아첨16-①〉
식사(式辭)하다〈인사33-②〉
식언(飾言)하다〈거짓말17-①〉
식언(食言)하다〈식언1-①〉
신구(信口)하다〈실언46-①〉
신구(愼口)하다〈언표81-①〉
신기누설(神機漏泄)하다〈소문15-②〉
신랑이질하다〈언쟁·논쟁57-②〉
신랑이하다〈언쟁·논쟁56-②〉
신랭이질하다〈언쟁·논쟁58-②〉
신불림하다〈절규24-②〉
신서(信書)하다〈편지15-②〉
신성(晨省)하다〈인사8-②〉
신세타령(身世打令)하다〈호소5-②〉
신술(申述)되다〈진술9-②〉
신언(愼言)하다〈언표82-①〉

신주(申奏)하다〈직언26-②〉
신칙(申飭)하다〈직언22-②〉
신호(信號)하다〈언표73-①〉
실구(失口)하다〈실언3-①〉
실담(實談)하다〈언표104-①〉
실떡거리다〈수다떨다73-①〉
실떡실떡하다〈수다떨다74-①〉
실력담(實歷談)하다〈담화36-①〉
실례(失禮)하다〈축하19-②〉
실문(實聞)하다〈청취5-②〉
실실하다〈담화53-①〉
실어(失語)하다〈실언5-①〉
실언(失言)하다〈실언2-①〉
실없이하다〈실언6-①〉
실토(實吐)하다〈언표109-①〉
실토정(實吐情)하다〈언표105-①〉
실통정(實通情)하다〈언표106-①〉
심리(審理)되다〈심문16-②〉
심문(審問)하다〈심문1-②〉
심문받다(審問-)〈심문18-②〉
심어(深語)하다〈언표110-①〉
심의(審議)되다〈논의42-②〉
싸개나다〈언쟁·논쟁113-②〉
싸개통나다〈언쟁·논쟁114-②〉
싸부랑거리다〈수다떨다60-①〉
싸부랑싸부랑하다〈수다떨다62-①〉
싸우다〈언쟁·논쟁1-②〉
싸움지거리하다〈언쟁·논쟁6-②〉
싸움질하다〈언쟁·논쟁3-②〉

쌈박질하다〈언쟁·논쟁5-②〉

쌈질하다〈언쟁·논쟁4-②〉

쌈하다〈언쟁·논쟁2-②〉

쌍말하다〈상소리2-①〉

쌍소리하다〈상소리4-①〉

쌍욕하다〈욕설6-①〉

쌔부랑거리다〈수다떨다61-①〉

쌔부랑쌔부랑하다〈수다떨다63-①〉

쏘개질하다〈거짓말34-①〉

쏘곤거리다〈담화108-①〉

쏘곤쏘곤하다〈담화109-①〉

쏘군거리다〈담화110-①〉

쏙닥거리다〈담화138-①〉

쏙닥쏙닥하다〈담화139-①〉

쏙닥이다〈담화137-①〉

쏙달거리다〈담화151-①〉

쏙달쏙달하다〈담화152-①〉

쏙살거리다〈담화123-①〉

쏙살쏙살하다〈담화124-①〉

쑤군덕거리다〈담화129-①〉

쑤군덕쑤군덕하다〈담화130-①〉

쑤근거리다〈담화114-①〉

쑤근쑤근하다〈담화115-①〉

쑥더리공론하다(-公論-)〈담화145-①〉

쑥녀서리다〈담화141-①〉

쑥덕공론하다(-公論-)〈담화144-①〉

쑥덕쑥덕하다〈담화142-①〉

쑥덕이다〈담화140-①〉

쑥덕치다〈담화143-①〉

쑥덜거리다〈담화153-①〉

쑥덜쑥덜하다〈담화154-①〉

쑥드리공론하다(-公論-)〈담화146-①〉

쑥설거리다〈담화125-①〉

쑥설쑥설하다〈담화126-①〉

씨벌거리다〈수다떨다71-①〉

씨벌씨벌하다〈수다떨다72-①〉

씨벌이다〈수다떨다70-①〉

씨부랑거리다〈수다떨다66-①〉

씨부랑씨부랑하다〈수다떨다67-①〉

씨부렁거리다〈수다떨다68-①〉

씨부렁씨부렁하다〈수다떨다69-①〉

씨석거리다〈담화75-①〉

씨우적거리다〈불평10-①〉

씨우적씨우적하다〈불평11-①〉

씩둑거리다〈수다떨다75-①〉

씩둑꺽둑거리다〈수다떨다77-①〉

씩둑꺽둑하다〈수다떨다78-①〉

씩둑씩둑하다〈수다떨다76-①〉

씩설거리다〈수다떨다79-①〉

(ㅇ)

아가리질하다〈언쟁·논쟁39-②〉

아귀다툼하다〈언쟁·논쟁36-②〉

아당(阿黨)하다〈아첨6-①〉

아드등거리다〈언쟁·논쟁62-②〉

아드등아드등하다〈언쟁·논쟁63-②〉

아르랑거리다〈언쟁·논쟁67-②〉

애걸복걸(哀乞伏乞)하다〈호소28-②〉
애소(哀訴)하다〈호소17-②〉
애원(哀願)하다〈호소18-②〉
애햄 하다〈전달3-②〉
애호(哀號)하다〈절규31-②〉
애호(哀呼)하다〈호소19-②〉
야경치다〈꾸지람44-①〉
야기부리다〈꾸지람45-①〉
야기쓰다〈꾸지람46-①〉
야기요단(惹起鬧端)하다〈언쟁·논쟁11-②〉
야기죽거리다〈야유14-①〉
야기죽야기죽하다〈야유15-①〉
야단(惹端)하다〈꾸지람40-①〉
야단나다(惹端-)〈꾸지람43-①〉
야단야단(惹端惹端)하다〈꾸지람41-①〉
야단치다(惹端-)〈꾸지람42-①〉
야료(惹鬧)하다〈언쟁·논쟁12-②〉
야살까다〈비방30-①〉
야살떨다〈비방31-①〉
야살부리다〈비방32-①〉
야살피우다〈비방33-①〉
야스락거리다〈능변18-①〉
야스락야스락하다〈능변19-①〉
야슬거리다〈능변16-①〉
야슬야슬하다〈능변1/-①〉
야외강연(野外講演)하다〈강의19-②〉
야죽거리다〈야유16-①〉
야죽야죽하다〈야유17-①〉

약문(略文)하다〈논의14-②〉
약속(約束)되다〈약속14-①〉
약죽거리다〈야유18-①〉
약죽약죽하다〈야유19-①〉
약팔다(藥-)〈능변20-①〉
약필(略筆)하다〈논의13-②〉
약해(略解)하다〈설명12-②〉
양냥거리다〈불평12-①〉
양비대담(攘臂大談)하다〈언쟁·논쟁108-②〉
양비대언(攘臂大言)하다〈언쟁·논쟁109-②〉
양언(佯言)하다〈거짓말4-①〉
애기하다〈담화2-①〉
어기대다〈언쟁·논쟁101-②〉
어기뚱거리다〈망발61-①〉
어기뚱어기뚱하다〈망발62-①〉
어눌(語訥)하다〈모호한 언표3-①〉
어름거리다〈모호한 언표26·46-①〉
어름어름하다〈모호한 언표27·47-①〉
어름적거리다〈모호한 언표48-①〉
어름적어름적하다〈모호한 언표49-①〉
어릿거리다〈모호한 언표54-①〉
어릿어릿하다〈모호한 언표55-①〉
어물거리다〈모호한 언표44-①〉
어물어물하다〈모호한 언표45-①〉
어물쩍거리다〈모호한 언표71-①〉
어물쩍하다〈모호한 언표73-①〉
어불택발(語不擇發)하다〈실언39-①〉

역명(逆命)하다〈명령29-②〉

역설(力說)하다〈설명15-②〉

역이(逆耳)하다〈청취35-②〉

연강(連講)하다〈강의3-②〉

연담(戀談)하다〈담화84-①〉

연사질하다〈아첨42-①〉

연설(演說)하다〈연설1-②〉

연희(演戲)하다〈담화76-①〉

엿듣다〈청취30-②〉

영미(佞媚)하다〈아첨10-①〉

영변(英辯)하다〈능변14-①〉

영탄(詠嘆)하다〈언표97-①〉

예언(豫言)하다〈전달25-②〉

예의(豫議)하다〈논의22-②〉

오론(誤論)하다〈실언8-①〉

오소(嗷訴)하다〈호소33-②〉

오오(嗷嗷)하다〈원망15-②〉

옥다구니하다〈언쟁·논쟁121-②〉

옥신각신하다〈언쟁·논쟁46-②〉

온화(穩話)하다〈언표66-①〉

올근볼근하다〈언쟁·논쟁73-②〉

옹송거리다〈수다떨다134-①〉

옹송옹송하다〈수다떨다135-①〉

옹알거리다〈모호한 언표59-①〉

옹알옹알하다〈모호한 언표60-①〉

옹잘거리다〈불평83-①〉

옹잘옹잘하다〈불평84-①〉

와와하다〈수다떨다126-①〉

왁자그르하다〈수다떨다123-①〉

와자지껄하다〈수다떨다117-①〉

완협(緩頰)하다〈언표67-①〉

왈가왈부(曰可曰否)하다〈언쟁·논쟁51-②〉

왈시왈비(曰是曰非)하다〈언쟁·논쟁52-②〉

왕고(枉告)하다〈보고56-②〉

왕왕대다〈수다떨다95-①〉

왜자기다〈수다떨다118-①〉

왜자하다〈수다떨다125-①〉

왜장치다〈절규14-②〉

왱댕하다〈수다떨다129-①〉

외면수새하다(外面-)〈식언10-①〉

외신(畏愼)하다〈언표83-①〉

외치다〈절규3-②〉

요러쿵조로쿵하다〈언쟁·논쟁40-②〉

요렇다조렇다하다〈잔소리8-①, 언쟁·논쟁41-②〉

요론(要論)하다〈논의16-②〉

요리쿵조리쿵하다〈언쟁·논쟁42-②〉

요설(饒舌)하다〈수다떨다5-①, 담화63-①〉

욕(辱)하다〈욕설1-①〉

욕먹다(辱-)〈욕설15-①〉

욕보다(辱-)〈욕설16-①〉

욕설(辱說)하다〈욕설2-①〉

욕설질하다(辱說-)〈욕설3-①〉

욕지거리하다(辱-)〈욕설4-①〉

용훼(容喙)하다〈말참견4-①〉

384

우격다짐하다〈공갈치다10-①〉
우문우답(愚問愚答)하다〈질의응답90-①〉
우문현답(愚問賢答)하다〈질의응답91-①〉
우물쩍거리다〈모호한 언표72-①〉
우물쩍우물쩍하다〈모호한 언표74-①〉
우물쭈물하다〈모호한 언표50-①〉
우의(寓意)하다〈언표137-①〉
우짖다〈절규36-②〉
운하다(云-)〈언표39-①〉
울근불근하다〈언쟁·논쟁74-②〉
울뚝불뚝하다〈폭언27-①〉
울뚝울뚝하다〈폭언28-①〉
울뚝하다〈폭언26-①〉
울부짖다〈절규37-②〉
웅변(雄辯)하다〈능변10-①〉
웅변대회(雄辯大會)하다〈능변13-①〉
웅변회(雄辯會)하다〈능변12-①〉
웅성거리다〈담화155-①〉
웅성웅성하다〈담화156-①〉
웅얼거리다〈모호한 언표61-①〉
웅얼웅얼하다〈모호한 언표64-①〉
웅절거리다〈불평87-①〉
웅절웅절하다〈불평88-①〉
웅탄(雄誕)하다〈허풍25-①〉
웍저그르하다〈수다떨다124-①〉
원대(怨懟)하다〈원망2-②〉
원망(怨望)하다〈원망1-②〉
원소(怨訴)하다〈호소25-②〉
원소(冤訴)하다〈호소31-②〉

원전(圓轉)하다〈언표136-①〉
원천우인(怨天尤人)하다〈원망14-②〉
위비언고(位卑言高)하다〈논의62-②〉
위언(僞言)하다〈거짓말5-①〉
위언(違言)하다〈식언2-①〉
위착나다(違錯-)〈망발58-①〉
위추리(僞推理)하다〈논의79-②〉
유낙(唯諾)하다〈명령26-②〉
유난떨다〈언표160-①〉
유녕(諛佞)하다〈아첨7-①〉
유모어(humour)하다〈재담26-①〉
유미(諛媚)하다〈아첨8-①〉
유세(遊說)하다〈연설11-②〉
유세여행(遊說旅行)하다〈연설12-②〉
유시(諭示)하다〈직언38-②〉
유언(莠言)하다〈음담6-①〉
유언(遺言)하다〈전달26-②〉
유유낙낙(唯唯諾諾)하다〈명령27-②〉
유포(流布)하다〈소문36-②〉
육갑하네하다(六甲-)〈비방20-①〉
윤강(輪講)하다〈강의5-②〉
으드등거리다〈언쟁·논쟁64-②〉
으드등으드등하다〈언쟁·논쟁65-②〉
으르대다〈공갈치다7-①〉
으르딱딱거리다〈공갈치다8-①〉
으르렁거리다〈언쟁·논쟁71-②〉
으르렁으르렁하다〈언쟁·논쟁72-②〉
으밀아밀하다〈담화90-①〉
은거방언(隱居放言)하다〈언표103-①〉

음담(淫談)하다〈음담1-①〉
음담패설(淫談悖說)하다〈음담2-①〉
음문(音問)하다〈인사24-②〉
음신(音信)하다〈편지36-②〉
응(應)하다〈질의응답30-①〉
응구(應口)하다〈질의응답23-①〉
응구첩답(應口輒答)하다〈질의응답81-①〉
응구첩대(應口輒對)하다〈질의응답35-①〉
응낙(應諾)하다〈질의응답31-①〉
응답(應答)하다〈질의응답25-①〉
응대(應對)하다〈질의응답29-①〉
응명(應命)하다〈명령25-②〉
응성(應聲)하다〈질의응답62-①〉
응알거리다〈모호한 언표62-①〉
응알응알하다〈모호한 언표65-①〉
응얼거리다〈불평97-①〉
응얼응얼하다〈불평98-①〉
응응거리다〈질의응답74-①〉
응응하다〈질의응답75-①〉
응절거리다〈모호한 언표63-①〉
응화(應和)하다〈질의응답76-①〉
의결(議決)하다〈논의85-②〉
의논(議論)하다〈회의31-②〉
의료(議了)하다〈논의117-②〉
의명(依命)하다〈명령12-②〉
의사(議事)하다〈회의32-②〉
의사방해(議事妨害)하다〈논의112-②〉
의약(議約)하다〈논의93-②〉
의정(議定)되다〈논의90-②〉

의호(依怙)하다〈말참견19-①〉
의혼(議婚)하다〈논의66-②〉
이간질하다(離間-)〈이간질1-①〉
이구(利口)하다〈능변4-①〉
이구전파(異口傳播)되다〈소문27-②〉
이기죽거리다〈야유24-①〉
이기죽부리다〈야유26-①〉
이기죽이기죽하다〈야유25-①〉
이러쿵저러쿵하다〈언쟁·논쟁43-②〉
이렇다저렇다하다〈잔소리7-①,언쟁·논쟁44-②〉
이령수하다〈절규45-②〉
이론(異論)하다〈논의71-②〉
이리쿵저리쿵하다〈언쟁·논쟁45-②〉
이실고지(以實告之)하다〈언표111-①〉
이실직고(以實直告)하다〈언표112-①〉
이야기하다〈담화1-①〉
이어(俚語)하다〈상소리5-①〉
이어(耳語)하다〈담화95-①〉
이언(俚言)하다〈상소리6-①〉
이언(二言)하다〈식언3-①〉
이의(異議)하다〈논의72-②〉
이의물론(已矣勿論)하다〈논의11-②〉
이주걱거리다〈수다떨다80-①〉
이주걱부리다〈수다떨다82-①〉
이주걱이주걱하다〈수다떨다81-①〉
이죽거리다〈야유22-①〉
이죽부리다〈야유27-①〉
이죽이죽하다〈야유23-①〉

작요(作擾)하다〈언쟁·논쟁10-②〉

잔꾀말하다〈아첨29-①〉

잔말하다〈잔소리1-①〉

잔소리하다〈잔소리2-①〉

잘라말하다〈언표130-①〉

잠간(箴諫)하다〈직언21-②〉

잠꼬대하다〈모호한 언표80-①〉

잠청(潛聽)하다〈청취32-②〉

잡담(雜談)하다〈담화48-①〉

잡말하다(雜-)〈담화49-①〉

잡설(雜說)하다〈담화51-①〉

잡소리하다(雜-)〈담화50-①〉

장담(長談)하다〈언표52-①〉

장담(壯談)하다〈장담49-①〉

장알거리다〈불평89-①〉

장알장알하다〈불평90-①〉

장어(長語)하다〈언표53-①〉

장어(壯語)하다〈장담50-①〉

장언(壯言)하다〈장담51-①〉

재개의(再改議)하다〈회의17-②〉

재검토(再檢討)하다〈논의41-②〉

재깔거리다〈수다떨다22-①〉

재깔이다〈수다떨다21-①〉

재깔재깔하다〈수다떨다23-①〉

재담(才談)하다〈재담27-①〉

재변(才辯)하다〈재담28-①〉

재설(再說)하다〈언표55-①〉

재언(再言)하다〈언표56-①,논의5-②〉

재자거리다〈수다떨다17-①〉

재자재자하다〈수다떨다18-①〉

재작거리다〈수다떨다19-①〉

재작재작하다〈수다떨다20-①〉

재잘거리다〈수다떨다15-①〉

재잘재잘하다〈수다떨다16-①〉

재재거리다〈수다떨다24-①〉

재재재재하다〈수다떨다25-①〉

재항변(再抗辯)하다〈심문21-②〉

쟁론(爭論)하다〈언쟁·논쟁144-②〉

쟁변(爭辯)하다〈언쟁·논쟁145-②〉

쟁알거리다〈불평91-①〉

쟁알쟁알하다〈불평92-①〉

쟁의(爭議)하다〈언쟁·논쟁146-②〉

쟁힐(爭詰)하다〈언쟁·논쟁129-②〉

저두부답(低頭不答)하다〈질의응답108-①〉

저주(詛呪)되다〈비방37-①〉

저주하다〈잔소리14-①〉

적반하장(賊反荷杖)하다〈꾸지람62-①〉

전간(傳簡)하다〈편지21-②〉

전갈(傳喝)되다〈전달14-②〉

전고(傳告)되다〈소문29-②〉

전보(電報)하다〈전화·전보1-②〉

전서(傳書)하다〈편지22-②〉

전술(前述)하다〈논의8-②〉

전술(傳述)하다〈전달22-②〉

전신(傳信)하다〈편지23-②〉

전어(傳語)되다〈전달12-②〉

전언(傳言)되다〈전달13-②〉

전전(輾轉)하다〈소문30-②〉

전진(前陳)하다〈논의9-②〉

전칭(傳稱)하다〈칭찬10-②〉

전화(電話)하다〈전화·전보8-②〉

전화걸다(電話-)〈전화·전보9-②〉

절규(絶叫)하다〈절규25-②〉

접이(接耳)하다〈담화97-①〉

정가하다〈비방18-①〉

정담(政談)하다〈담화43-①〉

정담(情談)하다〈담화78-①〉

정담(鼎談)하다〈회의29-②〉

정담연설(政談演說)하다〈연설7-②〉

정답(正答)하다〈질의응답38-①〉

정론(正論)하다〈논의17-②〉

정론(政論)하다〈논의61-②〉

정면공격(正面攻擊)하다〈언쟁·논쟁131-②〉

정설(情設)하다〈담화79-①〉

정약(訂約)하다〈논의92-②〉

정언(定言)하다〈언표127-①〉

정언(正言)하다〈직언4-②〉

정쟁(政爭)하다〈언쟁·논쟁158-②〉

정쟁(廷爭)하다〈언쟁·논쟁159-②〉

제성(齊聲)하다〈절규18-②〉

제성토죄(齊聲討罪)하다〈꾸지람60-①〉

제시(提示)되다〈회의12-②〉

제안(提案)하다〈회의7-②〉

제안설명(提案說明)하다〈회의11-②〉

제언(提言)하다〈회의8-②〉

제의(提議)하다〈회의9-②〉

제창(齊唱)하다〈절규20-②〉

조대(條對)하다〈질의응답88-①〉

조령모개(朝令暮改)하다〈명령19-②〉

조령석개(朝令夕改)하다〈명령20-②〉

조롱(嘲弄)하다〈야유32-①〉

조별(誂瞥)하다〈야유33-①〉

조사(弔辭)하다〈인사42-②〉

조술(祖述)하다〈설명20-②〉

조언(造言)하다〈거짓말21-①〉

조언(助言)하다〈진술8-②〉

조잘거리다〈불평64-①〉

조잘조잘하다〈불평66-①〉

조조(嘈嘈)하다〈담화99-①〉

종달거리다〈불평56-①〉

종달종달하다〈불평57-①〉

종담(縱談)하다〈실언43-①〉

종알거리다〈불평46-①〉

종알종알하다〈불평47-①〉

종잘거리다〈불평65-①〉

종잘종잘하다〈불평67-①〉

종종거리다〈원망3-②〉

좌담(座談)하다〈회의26-②〉

좌담회(座談會)하다〈회의27-②〉

좌론(座論)하다〈회의28-②〉

주내다(註-)〈설명7-②〉

주담(酒談)하다〈헛된말33-①〉

주례사(主禮辭)하다〈인사40-②〉

주론(主論)하다〈논의15-②〉

주벌(誅伐)하다〈꾸지람58-①〉

주벌(誅罰)하다〈꾸지람59-①〉

주설(註說)하다〈설명9-②〉

주소(奏疏)하다〈보고54-②〉

주원(呪願)하다〈절규46-②〉

주작(做作)되다〈거짓말22-①〉

주작부언(做作浮言)하다〈거짓말24-①〉

주장(譸張)하다〈거짓말25-①〉

주적거리다〈수다떨다45-①〉

주적주적하다〈수다떨다46-①〉

주절거리다〈불평68-①〉

주절주절하다〈불평69-①〉

주접떨다〈실언50-①〉

주정부리다(酒酲-)〈헛된말34-①〉

주정질하다(酒酲-)〈헛된말35-①〉

주출(做出)되다〈거짓말23-①〉

죽는소리하다〈호소1-②〉

준변(俊辯)하다〈능변15-①〉

준의(噂議)하다〈회의42-②〉

중계(中繼)되다〈방송5-②〉

중계방송(中繼放送)하다〈방송4-②〉

중덜거리다〈불평58-①〉

중덜중덜하다〈불평59-①〉

중략(中略)되다〈언표44-①〉

중뿔나다〈말참견8-①〉

중설(重說)하다〈언표57-①〉

중언(重言)하다〈언표58-①〉

중얼거리다〈불평50-①〉

중얼중얼하다〈불평51-①〉

중절거리다〈수다떨다38-①〉

중절중절하다〈수다떨다39-①〉

즉간(卽諫)하다〈직언17-②〉

즉답(卽答)하다〈질의응답34-①〉

즉석연설(卽席演說)하다〈연설4-②〉

즉흥연설(卽興演說)하다〈연설5-②〉

증언(證言)되다〈심문9-②〉

증인심문(證人審問)하다〈심문8-②〉

증질(證質)되다〈심문7-②〉

지그럭거리다〈언쟁·논쟁83-②〉

지그럭지그럭하다〈언쟁·논쟁84-②〉

지껄거리다〈수다떨다27-①〉

지껄이다〈수다떨다26-①〉

지껄지껄하다〈수다떨다28-①〉

지동지서(指東指西)하다〈모호한 언표89-①〉

지분거리다〈억지쓰다23-①〉

지분지분하다〈억지쓰다24-①〉

지싯거리다〈억지쓰다39-①〉

지싯지싯하다〈억지쓰다40-①〉

지언(知言)하다〈언표120-①〉

지언(至言)하다〈언표121-①〉

지저거리다〈수다떨다29-①〉

지저귀다〈수다떨다31-①〉

지저지저하다〈수다떨다39-①〉

지적거리다〈수다떨다32-①〉

지적지적하다〈수다떨다33-①〉

지절거리다〈수다떨다34-①〉

지절지절하다〈수다떨다35-①〉

지정불고(知情不告)하다〈보고57-②〉
지지거리다〈수다떨다36-①〉
지지버리다〈수다떨다37-①〉
지척(指斥)하다〈꾸지람61-①〉
지화(指話)하다〈언표70-①〉
직고(直告)하다〈언표114-①〉
직답(直答)하다〈질의응답33-①〉
직서(直敍)하다〈설명17-②〉
직설(直說)하다〈언표113-①〉
직언(直言)하다〈직언5-②〉
직접방송(直接放送)하다〈방송3-②〉
직접보고(直接報告)하다〈보고47-②〉
직토(直吐)하다〈언표115-①〉
진공(陳供)하다〈진술21-②〉
진담(陳談)하다〈담화22-①〉
진담(眞談)하다〈담화24-①〉
진담(珍談)하다〈담화26-①〉
진담누설(陳談漏說)하다〈담화23-①〉
진답(珍答)하다〈질의응답95-①〉
진사(陳謝)하다〈인사29-②〉
진설(珍說)하다〈담화27-①〉
진소(陳疏)하다〈보고55-②〉
진소(陳訴)하다〈호소10-②〉
진술(陳述)하다〈진술10-②〉
진안(瞋言)하다〈꾸지람48-①〉
진언(盡言)하다〈언표87-①〉
진언(進言)하다〈진술3-②〉
진정(陳情)하다〈진술11-②〉
진주(陳奏)하다〈진술1-②〉

질문(質問)되다〈질의응답1-①〉
질언(質言)하다〈언표131-①〉
질의(質議)하다〈논의45-②〉
질의응답(質疑應答)하다〈질의응답82-①〉
질정(質正)되다〈질의응답17-①〉
짓떠들다〈수다떨다89-①〉
징얼거리다〈불평99-①〉
징얼징얼하다〈불평100-①〉
징징거리다〈불평103-①〉
짖다〈수다떨다41-①〉
짜그락거리다〈언쟁·논쟁79-②〉
짜그락짜그락하다〈언쟁·논쟁80-②〉
짜그르르하다〈수다떨다127-①〉
짝자궁이하다〈언쟁·논쟁47-②〉
짝장귀일다〈언쟁·논쟁48-②〉
짝지그르하다〈수다떨다128-①〉
짬짜미하다〈약속21-①〉
짱알거리다〈불평93-①〉
짱알짱알하다〈불평94-①〉
째그락거리다〈언쟁·논쟁81-②〉
째그락째그락하다〈언쟁·논쟁82-②〉
쨍쨍거리다〈불평95·104-①〉
쨍쨍하다〈불평96-①〉
쩟하다〈불평45-①〉
쪼잘거리다〈불평70-①〉
쪼잘쪼잘하다〈불평71-①〉
쪽쪽거리다〈불평72-①〉
쫑달거리다〈불평60-①〉
쫑달쫑달하다〈불평61-①〉

쫑알거리다〈불평48-①〉
쫑알쫑알하다〈불평49-①〉
쫑잘거리다〈불평73-①〉
쫑잘쫑잘하다〈불평74-①〉
쫑쫑거리다〈원망4-②〉
쭈절거리다〈불평52-①〉
쭈절쭈절하다〈불평55-①〉
쭝덜거리다〈불평62-①〉
쭝덜쭝덜하다〈불평63-①〉
쭝얼거리다〈불평53-①〉
쭝얼쭝얼하다〈불평54-①〉
쭝절거리다〈모호한 언표66-①, 불평75-①〉
쭝절쭝절하다〈모호한 언표67-①, 불평76-①〉
쭝쭝거리다〈원망5-②〉
찌그럭거리다〈언쟁·논쟁85-②〉
찌그럭찌그럭하다〈언쟁·논쟁86-②〉
찌드럭거리다〈억지쓰다29-①〉
찌드럭찌드럭하다〈억지쓰다30-①〉
찡얼거리다〈불평101-①〉
찡얼찡얼하다〈불평102-①〉
찡찡거리다〈불평105-①〉

(ㅊ)

차문(借問)하다〈질의응답3-①〉
차문차답(且問且答)하다〈질의응답84-①〉
착신(着信)하다〈편지33-②〉

착전(着電)하다〈전화·전보16-②〉
찬양(讚揚)하다〈칭찬1-②〉
찰한(札翰)하다〈편지12-②〉
참소(讒訴)되다〈고발7-②〉
창달(暢達)하다〈전달17-②〉
창명(唱名)하다〈질의응답64-①〉
창알거리다〈불평106-①〉
창알창알하다〈불평107-①〉
채결(採決)되다〈논의105-②〉
책망(責望)하다〈꾸지람17-①〉
책문(責問)하다〈질의응답10-①〉
책언(責言)하다〈꾸지람19-①〉
챙알거리다〈불평108-①〉
챙알챙알하다〈불평109-①〉
처녀연설(處女演說)하다〈연설3-②〉
천산지산(天山地山)하다〈핑계19-①〉
천와(舛訛)하다〈실언16-①〉
첨곡(諂曲)하다〈아첨15-①〉
첨녕(諂佞)하다〈아첨12-①〉
첨미(諂媚)하다〈아첨13-①〉
첨유(諂諛)하다〈아첨14-①〉
첩보(牒報)하다〈보고41-②〉
첩보(諜報)하다〈보고48-②〉
첩보(捷報)하다〈보고49-②〉
청간(請簡)하다〈편지40-②〉
청강(聽講)하다〈강의10-②〉
청담(淸談)하다〈담화25-①〉
청령(聽令)하다〈명령21-②〉
청명(聽命)하다〈명령22-②〉

청소(聽訴)하다〈청취28-②〉 충언(忠言)하다〈직언12-②〉
청송(聽訟)하다〈청취29-②〉 췌담(贅談)하다〈담화54-①〉
청죄(聽罪)하다〈청취27-②〉 췌사(贅辭)하다〈담화55-①〉
청찰(聽察)하다〈청취13-②〉 췌언(贅言)하다〈담화56-①〉
청찰(請札)하다〈편지41-②〉 취담(醉談)하다〈담화17-①〉
청참(聽讒)하다〈청취26-②〉 취문(取問)하다〈심문5-②〉
청편지(請便紙)하다〈편지39-②〉 취어(醉語)하다〈담화18-①〉
청화(聽話)하다〈청취1-②〉 취언(醉言)하다〈담화19-①〉
체험담(體驗談)하다〈담화35-①〉 취임사(就任辭)하다〈인사38-②〉
촉언(囑言)하다〈전달28-②〉 취조(取調)하다〈심문6-②〉
촉훈(促訓)하다〈명령17-②〉 측이(側耳)하다〈청취9-②〉
촉휘(觸諱)하다〈질의응답71-①〉 치근거리다〈억지쓰다25-①〉
총변(聽辯)하다〈능변7-①〉 치근덕거리다〈억지쓰다27-①〉
추단(推斷)되다〈심문19-②〉 치근덕치근덕하다〈억지쓰다28-①〉
추담(麤談)하다〈실언55-①〉 치근치근하다〈억지쓰다26-①〉
추담(醜談)하다〈음담3-①〉 치매(嗤罵)하다〈꾸지람25-①〉
추담(推談)하다〈핑계17-①〉 치변(馳辯)하다〈능변5-①〉
추론(推論)되다〈논의3-②〉 치하(致賀)하다〈축하2-②〉
추설(醜說)하다〈음담4-①〉 칙교(勅敎)하다〈발표13-②〉
추언(醜言)하다〈음담5-①〉 칙권(勅勸)하다〈직언23-②〉
축사(祝辭)하다〈축하3-②〉 칙답(勅答)하다〈질의응답61-①〉
축언(祝言)하다〈축하4-②〉 칙문(勅問)하다〈질의응답18-①〉
축하(祝賀)하다〈축하1-②〉 칙어(勅語)하다〈발표14-②〉
출령(出令)하다〈명령2-②〉 칙유(勅諭)하다〈발표15-②〉
출반(出班)하다〈직언27-②〉 칭굴(稱屈)하다〈호소23-②〉
출반주(出班奏)하다〈직언28-②〉 칭도(稱道)하다〈칭찬4-②〉
출필고(出必告)하다〈인사10-②〉 칭사(稱辭)하다〈칭찬5-②〉
충고(忠告)하다〈직언11-②〉 칭선(稱善)하다〈칭찬11-②〉
충신독경(忠臣篤敬)하다〈언표84-①〉 칭설(稱說)하다〈칭찬6-②〉

칭송(稱頌)하다〈칭찬7-②〉

칭술(稱述)하다〈설명14-②〉

칭얼거리다〈불평110-①〉

칭얼칭얼하다〈불평111-①〉

칭예(稱譽)하다〈칭찬3-②〉

칭원(稱寃)하다〈호소22-②〉

칭찬(稱讚)하다〈칭찬2-②〉

(ㅋ)

코대답하다(-對答-)〈질의응답43-①〉

콩팔칠팔하다〈모호한 언표91-①〉

쾌담(快談)하다〈능변8-①〉

쾌론(快論)하다〈능변9-①〉

큰소리치다〈꾸지람33-①〉

큰소리치다〈장담54-①,허풍3-①〉

큰소리하다〈장담55-①〉

(ㅌ)

타보(打報)하다〈전화·전보3-②〉

타상(妥商)되다〈논의98-②〉

타의(妥議)되다〈논의99-②〉

타전(打電)하다〈전화·전보4-②〉

타협(妥協)하다〈논의97-②〉

탁사(託辭)하다〈핑계18-①〉

탁상공론(卓上空論)하다〈논의84-②〉

탁상연설(卓上演說)하다〈연설8-②〉

탄로나다(綻露-)〈소문7-②〉

탄박(彈駁)되다〈고발9-②〉

탄백(坦白)하다〈언표116-①〉

탄원(歎願)하다〈호소20-②〉

탄핵(彈劾)되다〈고발10-②〉

탈(頉)하다〈보고36-②〉

탐후(探候)하다〈인사13-②〉

태풍경보(颱風警報)하다〈방송16-②〉

태풍주의보(颱風注意報)하다〈방송13-②〉

터포(攄抱)하다〈언표88-①〉

터회(攄懷)하다〈언표89-①〉

토로(吐露)하다〈언표90-①〉

토론(討論)되다〈회의34-②〉

토론회(討論會)하다〈회의35-②〉

토의(討議)하다〈회의36-②〉

토정(吐情)하다〈언표95-①〉

토진간담(吐盡肝膽)하다〈언표108-①〉

토파(討破)되다〈언쟁·논쟁154-②〉

통방(通房)하다〈언표75-①〉

통부(通訃)하다〈편지44-②〉

통사정(通事情)하다〈호소13-②〉

통성(通姓)하다〈인사3-②〉

통성명(通姓名)하다〈인사2-②〉

통언(痛言)하다〈직언7-②〉

통음(通音)하다〈편지37-②〉

통인정(通人情)하다〈호소14-②〉

통전(通電)하다〈전화·전보2-②〉

통화(通話)하다〈전화·전보12-②〉

투덜거리다〈불평17-①〉

투덜투덜하다〈불평18-①〉

투쟁(鬪爭)하다〈언쟁·논쟁15-②〉
투쟁담(鬪爭談)하다〈담화41-①〉
투한(鬪狠)하다〈언쟁·논쟁16-②〉
퉁명부리다〈불평27-①〉
퉁바리맞다〈질의응답109-①〉
트집부리다〈불평38-①〉
트집쓰다〈불평39-①〉
티격태격하다〈언쟁·논쟁87-②〉

(ㅍ)

파담(破談)하다〈논의114-②〉
파의(罷議)하다〈논의115-②〉
파쟁(派爭)하다〈언쟁·논쟁160-②〉
팔자타령(八字打令)하다〈호소6-②〉
패담(悖談)하다〈실언9-①〉
패설(悖說)하다〈실언10-①〉
팍팍쏘다〈직언6-②〉
퍼붓다〈욕설7-①〉
편달(鞭撻)되다〈직언13-②〉
편담(遍談)하다〈언표98-①〉
편문(片聞)하다〈청취22-②〉
편언절옥(片言折獄)하다〈심문20-②〉
편언척자(片言隻字)하다〈언표148-①〉
편저(片楮)하다〈편지13-②〉
편지(便紙)하다〈편지1-②〉
편지(片紙)하다〈편지2-②〉
편지질하다(便紙-)〈편지25-②〉
편청(偏聽)하다〈청취23-②〉

폄론(貶論)되다〈비방4-①〉
폄박(貶薄)되다〈비방5-①〉
폄사(貶辭)되다〈비방6-①〉
폄훼(貶毀)하다〈비방7-①〉
평(評)하다〈논의52-②〉
평언교(片言交)하다〈언표65-①〉
평인사(平人事)하다〈인사5-②〉
평장(平章)하다〈논의56-②〉
폐구(閉口)하다〈함구무언4-①〉
폐론(廢論)하다〈논의116-②〉
폐식사(閉式辭)히다〈인사35-②〉
폐옥(蔽獄)하다〈논의101-②〉
폐일언(蔽一言)하다〈언표134-①〉
폐회사(閉會辭)하다〈인사36-②〉
포고(布告)되다〈발표12-②〉
포고(捕告)하다〈고발11-②〉
포달부리다〈욕설10-①〉
포달하다〈욕설9-①〉
포악부리다(暴惡-)〈폭언2-①〉
포함주다〈전달33-②〉
포함하다〈전달32-②〉
폭로(暴露)되다〈소문8-②〉
폭백(暴白)하다〈변명6-①〉
폭언(暴言)하다〈폭언1-①〉
폭탄선언(爆彈宣言)하다〈발표8-②〉
표결(表決)하다〈회의37-②〉
표명(表明)되다〈발표9-②〉
푸념하다〈불평9-①, 전달34-②〉
품명(稟命)하다〈명령23-②〉

풍떨다(風-)〈허풍16-①〉
풍치다(風-)〈허풍17-①〉
프로포즈(propose)하다〈회의6-②〉
피명(被命)하다〈명령24-②〉
피방(被謗)되다〈비방36-①〉
피탈(避脫)하다〈평계25-①〉
핀둥이쏘이다〈꾸지람28-①〉
핀잔먹다〈꾸지람70-①〉
핀잔주다〈꾸지람27-①〉
필담(筆談)하다〈언표4-①〉
필답(筆答)하다〈질의응답55-①〉
필문필답(筆問筆答)하다〈질의응답89-①〉
필전(筆戰)하다〈언쟁·논쟁163-②〉
평계대다〈평계15-①〉
평계하다〈평계14-①〉

(ㅎ)

하게하다〈언표31-①〉
하답(下答)하다〈질의응답58-①〉
하략(下略)되다〈언표46-①〉
하령(下令)하다〈명령5-②〉
하례(賀禮)하다〈축하6-②〉
하리놓다〈비방10-①〉
하리하다〈비방9-①〉
하명(下命)하다〈명령4-②〉
하사(賀詞)하다〈축하5-②〉
하소연하다〈호소8-②〉
하소하다〈언표29-①〉

하수(賀壽)하다〈축하11-②〉
하오하다〈언표28-①〉
하의(賀儀)하다〈축하7-②〉
하합(呀呷)하다〈꾸지람21-①〉
학극(謔劇)하다〈야유41-①〉
학랑(謔浪)하다〈야유42-①〉
한담(閑談)하다〈담화13-①〉
한담객설(閑談客說)하다〈담화15-①〉
한담설화(閑談屑話)하다〈담화16-①〉
한화(閑話)하다〈담화14-①〉
할랑할랑하다〈허풍21-①〉
함구(緘口)하다〈함구무언9-①〉
함구무언(緘口無言)하다〈함구무언10-①〉
함구물설(緘口勿說)하다〈함구무언11-①〉
함구불언(緘口不言)하다〈함구무언12-①〉
함묵(緘默)하다〈함구무언13-①〉
함묵(含默)하다〈함구무언14-①〉
함성치다(喊聲-)〈절규19-②〉
함헌수작(喊喧酬酌)하다〈수다떨다138-①〉
함호(含糊)하다〈모호한 언표39-①〉
합쇼하다〈언표26-①〉
합시오하다〈언표27-①〉
합의(合議)되다〈논의100-②〉
합의이혼(合議離婚)하다〈논의68-②〉
합조(合調)하다〈방송18-②〉
항언(抗言)하다〈언쟁·논쟁103-②〉
항언(恒言)하다〈언표9-①〉
해라하다〈언표32-①〉

해설(解說)되다〈설명2-②〉

해어(解語)하다〈청취14-②〉

해조(解嘲)하다〈변명5-①〉

행문(行文)하다〈편지31-②〉

행호시령(行號施令)하다〈명령16-②〉

행회(行會)하다〈회의49-②〉

향인설화(向人說話)하다〈담화31-①〉

허론(虛論)하다〈논의82-②〉

허문(虛聞)하다〈청취6-②〉

허설(虛說)하다〈거짓말6-①〉

허성(虛聲)하다〈모호한 언표78-①〉

허언(虛言)하다〈모호한 언표79-①, 거짓
말7-①〉

허위자백(虛僞自白)하다〈진술22-②〉

허전(虛傳)되다〈거짓말35-①〉

허전관령(虛傳官令)하다〈거짓말36-①〉

허전장령(虛傳將令)하다〈거짓말37-①〉

허텅거리다〈모호한 언표92-①〉

허풍떨다(虛風-)〈허풍18-①〉

허풍치다(虛風-)〈허풍19-①〉

헌언(獻言)하다〈직언24-②〉

헐렁헐렁하다〈허풍22-①〉

헐후(歇後)하다〈언표47-①〉

험구(險口)하다〈비방22-①〉

험구덕(險口德)하다〈비방23-①〉

험담(險談)하다〈비방24-①〉

험언(險言)하다〈비방25-①〉

헛기침하다〈전달2-②〉

헛맹서하다(-盟誓-)〈맹서13-①〉

헛소리하다〈모호한 언표75-①〉

헛장담하다(-壯談-)〈허풍24-①〉

혀굳다〈모호한 언표36-①〉

혀굴리다〈언표7-①〉

혀놀리다〈언표8-①〉

혀짜래기소리하다〈모호한 언표38-①〉

혀쌀배기소리하다〈모호한 언표37-①〉

혀차다〈불평44-①〉

현로(顯露)되다〈소문9-②〉

현하구변(懸河口辯)하다〈능변22-①〉

현하웅변(懸河雄辯)하다〈능변23-①〉

현하지변(懸河之辯)하다〈능변24-①〉

협상(協商)하다〈회의45-②〉

협상조약(協商條約)하다〈논의95-②〉

협약(協約)되다〈논의94-②〉

협약(脅弱)하다〈공갈치다9-①〉

협의(協議)하다〈회의44-②〉

협의이혼(協議離婚)하다〈논의67-②〉

협정(協定)되다〈논의96-②〉

호년하다(呼-)〈욕설14-①〉

호담(豪談)하다〈장담59-①〉

호들갑떨다〈수다떨다114-①〉

호들갑부리다〈수다떨다115-①〉

호령(號令)하다〈꾸지람34-①〉

호령질하다(號令-)〈꾸지람39-①〉

호령호령(號令號令)하다〈꾸지람35-①〉

호명(呼名)하다〈질의응답63-①〉

호미(狐媚)하다〈아첨9-①〉

호설(胡說)하다〈실언47-①〉

호소(呼訴)하다〈호소9-②〉

호어(豪語)하다〈장담58-①〉

호언(豪言)하다〈장담57-①〉

호언난설(胡言亂說)하다〈실언48-①〉

호언장담(豪言壯談)하다〈장담60-①〉

호언장담(豪言壯談)하다〈허풍8-①〉

호우경보(豪雨警報)하다〈방송14-②〉

호우주의보(豪雨注意報)하다〈방송12-②〉

호원(呼冤)하다〈호소24-②〉

호응(呼應)하다〈질의응답73-①〉

호천(呼天)하다〈절규34-②〉

호천(呼薦)하다〈질의응답72-①〉

호천고지(呼天叩地)하다〈절규35-②〉

호칭(呼稱)하다〈질의응답65-①〉

호칭(互稱)하다〈질의응답67-①〉

호통(號筒)하다〈꾸지람49-①〉

호통질치다(號筒-)〈꾸지람51-①〉

호통치다(號筒-)〈꾸지람50-①〉

호호(呼號)하다〈발표19-②〉

혹세무민(惑世誣民)하다〈거짓말40-①〉

혹평(酷評)하다〈논의59-②〉

혼선(混線)되다〈전화·전보17-②〉

혼신(混信)되다〈전화·전보18-②〉

혼야애걸(昏夜哀乞)하다〈호소30-②〉

혼잣말하다〈담화157-①〉

혼잣소리하다〈담화158-①〉

혼정(昏定)하다〈인사7-②〉

혼정신성(昏定晨省)하다〈인사9-②〉

홍경(弘經)하다〈발표22-②〉

홍계(弘戒)하다〈설명29-②〉

홍동(哄動)하다〈수다떨다85-①〉

홍수경보(洪水警報)하다〈방송15-②〉

홍수예보(洪水豫報)하다〈방송11-②〉

화의(和議)하다〈논의65-②〉

화충협의(和衷協議)하다〈논의30-②〉

화협(和協)하다〈논의29-②〉

확문(確聞)되다〈청취12-②〉

확언(確言)하다〈언표124-①〉

환담(歡談)하다〈담화82-①〉

환성지르다(歡聲-)〈절규43-②〉

환어(歡語)하다〈담화83-①〉

환언(換言)하다〈설명5-②〉

환영사(歡迎辭)하다〈인사39-②〉

환호(歡呼)하다〈절규42-②〉

환호작약(歡呼雀躍)하다〈절규44-②〉

황태(荒怠)하다〈실언54-①〉

회(會)하다〈회의21-②〉

회견담(會見談)하다〈담화40-①〉

회고담(懷古談)하다〈담화37-①〉

회구담(懷舊談)하다〈담화38-①〉

회담(會談)하다〈회의48-②〉

회답(回答)하다〈편지57-②〉

회맹(會盟)하다〈맹서12-①〉

회보(回報)하다〈보고44-②,편지63-②〉

회시(司會)하다〈회의1-②〉

회상(會商)하다〈회의43-②〉

회상담(回想談)하다〈담화39-①〉

회서(回書)하다〈편지58-②〉

회신(回申)하다〈질의응답60-①〉

회신(回信)하다〈편지62-②〉

회의(會議)하다〈회의20-②〉

회전(回電)하다〈전화·전보22-②〉

회전(悔悛)하다〈진술26-②〉

회전(回傳)하다〈편지60-②〉

회통(回通)하다〈편지61-②〉

회포풀다(懷抱-)〈언표93-①〉

회한(回翰)하다〈편지59-②〉

횡경문난(橫經問難)하다〈질의응답14-①〉

횡담(橫談)하다〈실언38-①〉

횡설수설(橫說竪說)하다〈모호한 언표83-①〉

횡수설거(橫竪說去)하다〈모호한 언표84-①〉

횡수설화(橫竪說話)하다〈모호한 언표85-①〉

후략(後略)되다〈언표45-①〉

후략(後略)하다〈논의12-②〉

후술(後述)하다〈논의10-②〉

훈령(訓令)하다〈명령14-②〉

훈유(訓諭)하다〈발표17-②〉

훤소(喧騷)하다〈수다떨다4-①〉

훤언(諠言)하다〈수다떨다1-①〉

훤요(喧擾)하다〈수다떨다121-①〉

훤자(喧藉)하다〈수다떨다122-①〉

훤쟁(喧爭)하다〈언쟁·논쟁105-②〉

훤전(喧傳)하다〈수다떨다120-①〉

훤조(喧噪)하다〈수다떨다3-①〉

훤화(喧譁)하다〈수다떨다2-①〉

훼단(毀短)하다〈비방13-①〉

훼방(毀謗)하다〈비방15-①〉

훼언(毀言)하다〈비방14-①〉

훼욕(毀辱)하다〈비방21-①〉

휴강(休講)하다〈강의8-②〉

휴전회담(休戰會談)하다〈회의50-②〉

휴제(休題)하다〈논의113-②〉

흉질하다(凶-)〈비방19-①〉

흐물거리다〈야유13-①〉

흠흠하다〈청취18-②〉

흥감부리다〈허풍14-①〉

흥감피우다〈허풍15-①〉

흥감하다〈허풍13-①〉

흥야부야하다〈말참견13-①〉

흥야황야하다〈말참견14-①〉

흥얼거리다〈모호한 언표68-①〉

흥얼흥얼하다〈모호한 언표69-①〉

흥와조산(興訛造訕)하다〈비방11-①〉

흥와주산(興訛做訕)하다〈비방12-①〉

흥이야황이야하다〈말참견15-①〉

희담(戲談)하다〈담화69-①〉

희답(戲答)하다〈질의응답41-①〉

희롱(戲弄)하다〈야유31-①〉

희롱지거리하다(戲弄-)〈야유35-①〉

희롱질하다(戲弄-)〈야유34-①〉

희언(戲言)하다〈담화70-①〉

희영수하다(戲-)〈담화71-①〉

희학(戲謔)하다〈담화65-①〉

희학질하다(戲謔-)〈담화67-①〉
히히덕거리다〈담화74-①〉
힐거(詰拒)하다〈언쟁·논쟁132-②〉
힐난(詰難)하다〈언쟁·논쟁130-②〉
힐논의(詰論議)하다〈언쟁·논쟁138-②〉
힐론(詰論)하다〈언쟁·논쟁136-②〉
힐문(詰問)하다〈심문2-②〉
힐문답(詰問答)하다〈언쟁·논쟁137-②〉
힐항(頡頏)하다〈언쟁·논쟁133-②〉
힐항(詰抗)하다〈언쟁·논쟁134-②〉
힐항(頡抗)하다〈언쟁·논쟁135-②〉

찾아보기

412

(ㅍ)

(ㅎ)

[외국인 인명·작품]

著者略歷/ 金應模

忠比 沃川 出生
高麗大學校 文科大學 國譜國文學科 卒業
同 大學院 碩士·博士課程 修了, 文學博士
徽文高等學校 敎師
高麗大學校 文科大學 講師
現 釜山外國誘大學校 敎授

著書
『國語 平行移動 自動詞 낱말밭』(1989). 翰信文化社
『國語 移動自動詞 낱말밭(Ⅰ) 平行移動篇』(1993). 書光學術資料社
『國語移動自動詞 낱말밭(Ⅱ) 垂直移動篇』(1993) 書光學術資料社
『韓國語 宗敎·冠婚喪祭 自動詞 낱말밭』(1995), 도서출판 박이정
『韓國語 身體關聯 自動詞 낱말밭』(1996) 도서출판 박이정
『韓國語 運動競技 動詞의 낱말밭』(1997), 도서출판 박이정
『韓國語 球技競技 動詞의 낱말밭』(1997) 도서출판 박이정
『어문학에 담긴 술의 멋』(1997), 도서출판 박이정
『한국어학의 이해와 전망』(1998), 도서출판 박이정
『술어휘의 내용 연구』(1998), 세종출판부
『韓國語 餘暇善用 自動詞 낱말밭』(1998). 도서출판 박이정
『한국어 싸움·국방의무 자동사 낱말밭』(1999), 도서출판 박이정
『통일대비 남북한어 이해』(1999), 세종출판사

언어표현 자동사 내용연구

저자 김응모 / 펴낸이 김진수 / 펴낸곳 한국문화사 / 주소 서울특별시 성동구 성수1가 2동 13-156 / 등록 2-1276 / 전화 (02)464-7708·3409-4488 / 팩시밀리 (02)499-0846 / 이메일 munhwasa@hanmail.net / 인쇄 2000년 6월 26일 / 발행 2000년 7월 1일 / 가격 20,000원 / 이 책의 내용은 저작권법에 따라 보호 받고 있습니다 / Copyright ⓒ 한국문화사 / ISBN 89-7735-746-2 93710